원가관리회계

정균범 · 이상혁 · 김용식

박영사

머리말
FREFACE

이 책은 원가관리회계를 처음 공부하는 학생을 대상으로 하는 원가회계 또는 관리회계 과목의 교재로 사용될 것을 염두에 두고 집필한 책이다. 그렇기에 원가관리회계의 모든 것을 담는다는 생각보다는 처음 공부하는 학생들이 이해하는 데 큰 어려움 없이, 쉽게 접근할 수 있도록 하는 것이 이 책의 가장 큰 목표이다.

이러한 목표를 위해 이 책에서는 꼭 필요한 용어나 개념들의 설명은 하였으나 처음 접하는 학생들에게 혼란 또는 어려움을 줄 수 있는 용어나 개념들에 대해서는 과감하게 생략하였다. 그렇다고 해서 어려운 부분들을 모두 생략할 수는 없기에 어렵지만 필요한 개념들의 설명에 있어서는 말로 설명만 해서는 이해하기 힘든 부분들에 대한 적절한 예제를 통해 해당 개념에 대한 이해를 높이고자 하였다.

이 책에서는 예제를 통해 높인 이해도를 바탕으로 이를 응용할 수 있도록 여러 가지 자격증 시험 기출 문제들을 수록하여 습득한 지식이 과목에서 끝나는 것이 아니라 여러 분야에서 쓰일 수 있다는 것을 확인하고, 이 책에서 습득한 지식만으로도 충분히 해결할 수 있는 문제들이 실제로 많다는 것을 느낄 수 있도록 하였다. 이를 통해 원가관리회계를 처음 접하는 학생들도 자신감을 얻어 더 어려운 단계까지 도전할 수 있는 용기를 심어 줄 수 있도록 하였다.

Chapter의 마지막 부분에는 해당 Chapter와 관련된 이슈를 확인하고, 이에 대해 생각해 볼 수 있도록 하는 'Let's talk'를 수록하였다. 이 부분을 통해 원가관리회계와 현실과의 연결고리를 확인할 수 있고, 학습한 내용과 연결하여 생각해 볼 수 있는 기회를 제공하고자 하였다.

책의 전체 내용은 크게 원가회계와 관리회계로 Part를 나누어 구성하였다. 물론 원가관리회계를 원가회계와 관리회계로 완벽하게 분리하는 것은 불가능하겠지만, 원가회계와 관리회계로 과목을 나누어 개설하는 경우도 많기에 이에 맞추어 Part를 분리해 보고자 하였다.

원가회계 Part에서는 원가관리회계의 목적과 특징, 재무회계와의 차이 등에 대해 먼저 살펴보고, 기본적인 원가에 대한 개념들을 학습한다. 그리고 원가의 기본적인 배부방법에 대해 알아보고, 이를 기반으로 여러 가지 원가계산방법들에 대해 자세히 살펴본다. 관리회계 Part에서는 먼저 간단한 원가의 추정과 원가·조업도·이익분석 방법을 학습하여 기본적인 관리회계의 분석 방법을 배울 수 있도록 하였다. 그리고 본격적으로 의사결정에 대한 관련원가, 예산, 성과평가 등의 경영자들의 의사결정을 서포트할 수 있는 방법들에 대해 알아봄으로써 관리회계정보가 경영자들의 의사결정에 어떠한 역할을 할 수 있는지를 확인할 수 있도록 하였다.

이 책을 통해 원가관리회계를 처음 접하는 학생들이 어려움보다는 흥미와 자신감을 가질 수 있기를 바란다.

2023년 8월
대표 저자 씀

차례
CONTENTS

Chapter 09 표준원가계산

viii

Part 2. 관리회계

Chapter 14 자본예산

Chapter 15 책임회계와 성과평가

본 QR코드를 스캔하면 객관식 문제의 해답을 확인할 수 있습니다.

원가회계

Part **1**

01

원가·관리회계의 역할

- 회계의 역할을 이해한다.
- 재무회계와 원가·관리회계 역할의 차이를 이해한다.
- 경영자와 원가·관리회계 담당자의 역할을 이해한다.
- 최근의 관리회계 동향을 이해한다.

경영자는 이해관계자들에게 기업의 재무상태나 경영성과 등 회계정보를 제공할 의무가 있다. 이때 기업의 외부이해관계자들에게 재무제표를 작성하고 제공하는 것을 목적으로 하는 재무회계, 제품 또는 서비스의 원가계산을 목적으로 하는 원가회계, 기업의 내부이해관계자, 특히 경영자의 합리적인 의사결정에 도움을 주기 위해 회계정보를 제공하는 것을 목적으로 하는 관리회계, 기업이 제공하는 회계정보의 신뢰성을 제고하는 것을 목적으로 하는 회계감사, 그리고 기업의 법인세를 계산하고 납부하기 위한 세무회계로 구분된다. 이러한 회계정보가 경영자와 원가·관리회계 담당자의 역할을 수행할 때 어떠한 기능을 하는지 알아보자.

마지막으로 고객중심, 다기능적 가치사슬, 글로벌 경쟁, 서비스 산업 발전과 규제철폐, 하이테크 산업의 출현, 그리고 제품수명주기의 단축과 다양화로 인한 변화가 최근 관리회계시스템에 어떠한 영향을 주는지 본 장을 통해서 알아보자.

1 회계의 역할

기업은 제품이나 서비스를 판매하여 이익을 창출함으로써 기업가치를 극대화하는 것을 목적으로 한다. 매출 증대를 위한 필요한 자금을 모집하기 위해서 주주나 채권자로부터 투자를 받고, 다시 주주에게 배당을 지급하고 채권자에게 이자와 원금을 상환할 것이다. 이러한 과정에서 **경영자는 이해관계자들에게 기업의 재무상태나 경영성과 등 회계정보를 제공**할 의무가 있다. 따라서 주주와 채권자를 포함한 외부이해관계자에게 회계정보를 제공하기 위해서 재무제표를 작성하는데, 이때 재무회계를 수행한다.

재무제표 중의 하나인 포괄손익계산서상 매출원가와 재무상태표상 재고자산의 가치를 결정하기 위해서 원가회계정보가 필요하다. 또한 기업의 내부이해관계자에게 회계정보를 제공할 때 관리회계를 수행하는데, 특히 경영자가 합리적인 의사결정을 하는 데 도움을 주기 위한 목적으로 수행된다.

한편, 기업이 제공하는 회계정보의 신뢰성을 제고하기 위해서 독립적인 공인회계사에게 회계감사를 받는다. 그리고 기업은 법인세를 납부하기 위해서 법인세를 계산해야 하는데, 이때 세무회계를 수행한다.

각 회계의 역할을 나타내면 다음 〈그림 1−1〉과 같다.

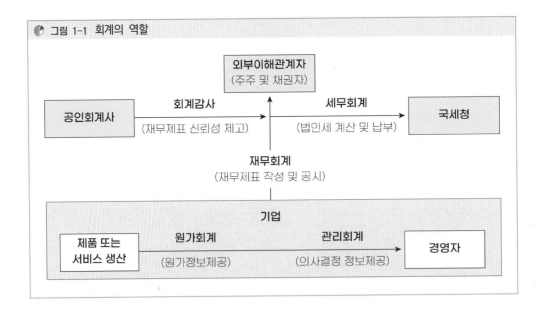

그림 1-1 회계의 역할

재무회계(financial accounting)는 기업의 외부이해관계자가 경제적 의사결정을 하는 데 유용한 정보를 제공하는 것을 목적으로 한다. 경영자는 재무제표를 작성하여 주주와 채권자를 포함한 외부이해관계자에게 기업의 재무상태나 경영성과, 현금흐름변동과 자본변동 등에 대한 정보를 제공한다.

원가회계(cost accounting)는 제품원가의 계산과 통제, 이를 통한 성과측정 및 평가를 위한 정보제공을 목적으로 한다. 포괄손익계산서상 매출원가와 재무상태표상 재고자산의 가치를 결정하기 위한 제품원가계산과 표준원가를 통한 원가통제, 그리고 성과측정 및 평가를 위한 원가정보를 제공한다.

관리회계(managerial accounting)는 기업의 내부이해관계자가 경제적 의사결정을 하는 데 유용한 정보를 제공하는 것을 목적으로 한다. 기업의 내부이해관계자 중에서 특히, 경영자가 합리적인 의사결정을 하는 데 유용한 정보를 제공한다.

세무회계(tax accounting)는 기업이 과세당국에 납부하는 법인세를 계산하는 것을 목적으로 한다. 법인세는 포괄손익계산서상의 법인세비용차감전순이익을 적절히 조정하여 계산된 과세소득에 법인세율을 곱해서 계산된다. 이를 세무조정이라고 하며 세무회계는 이러한 세무조정을 위한 분야이다.

회계감사(auditing)는 재무제표의 신뢰성을 제고하는 것을 목적으로 한다. 회계감사는 기업으로부터 독립적인 공인회계사의 감사를 통하여 재무제표가 기업회계기준에 따라 중요성의 관점에서 적정하게 작성되었는지 여부에 대한 감사의견을 감사보고서에 제공함으로써 외부이해관계자들이 기업이 작성한 재무제표를 믿고 이용할 수 있도록 한다.

2 재무회계와 원가·관리회계의 역할

2.1 재무회계의 역할

재무회계는 기업의 외부이해관계자가 경제적 의사결정을 하는 데 유용한 정보를 제공한다. 따라시 기업이 제공하는 재무회계정보를 외부이해관계자가 올바르게 이해하기 위해서는 기업 내부의 정보생산자(경영자)가 재무회계정보를 제공할 때 일반적으로 인정된 회계원칙(GAAP: Generally Accepted Accounting Principles)을 준수해야 한다. 한국채택국제회계기준(K-IFRS: Korean International Financial Reporting Standards)이 GAAP의 대표적인 예이다. 재무회계에서는 기업의 외부이해관계자에게 주로 재무제표의 형태로 정보를 제공하고, 이러한 정보는 기본적으로 기업의 과거 영업·투자·재무활동을 요약한 정보이다.

2.2 원가·관리회계의 역할

원가·관리회계는 기업의 내부이해관계자, 특히 경영자에게 정보를 제공하는 것을 주된 목적으로 한다. 원가·관리회계는 기업의 내부이해관계자가 이용할 회계정보를 산출하기 때문에 반드시 회계원칙을 따라야 하는 것이 아니고 합리적이고 과학적인 방법을 이용하여 도출하면 된다. 또한 재무회계에서 제공하는 정보는 기업의 과거활동을 요약한 정보인 반면, 원가·관리회계가 제공하는 정보는 주로 미래와 관련된 정보이다. 즉, 원가·관리회계정보는 경영자의 미래 경영활동 관련 의사결정을 돕기 위해 제공되는 정보이다.

위에서 설명한 재무회계와 원가·관리회계를 비교하면 다음 〈표 1-1〉과 같다.

☑ 표 1-1 재무회계와 원가·관리회계의 비교

구 분	재무회계	원가·관리회계
목 적	외부정보이용자의 경제적 의사결정에 유용한 정보의 제공	내부정보이용자의 경제적 의사결정에 유용한 정보의 제공
보고대상	외부이해관계자(주주, 채권자 등)	내부이해관계자(주로 경영자)
준거기준	K-IFRS와 같은 일반적으로 인정된 회계원칙	일정한 기준이 없음
보고수단	재무제표	일정한 형식 없음
특 징	과거와 관련된 정보 위주	미래와 관련된 정보 위주

2.3 원가회계와 관리회계의 영역

원가회계와 관리회계는 서로 구분되지만 일반적으로 결합되어 사용되는 이유는 원가회계와 관리회계가 일정부분에서는 서로의 영역이 상호 중복되어 구분이 애매한 측면이 있기 때문이다. 예를 들어, 표준원가를 이용하여 제품의 단위당원가를 계산했다면 이것은 제품원가를 계산한 것이기 때문에 원가회계의 영역에 속한다. 만약 제품원가를 제품의 판매가격에 대해 의사결정하는 데 이용하였다면 이것은 원가정보를 의사결정의 목적으로 이용한 것이므로 관리회계의 영역에 속한다고 할 수 있다.

원가회계와 관리회계의 영역을 나타내면 다음 〈그림 1-2〉와 같다.

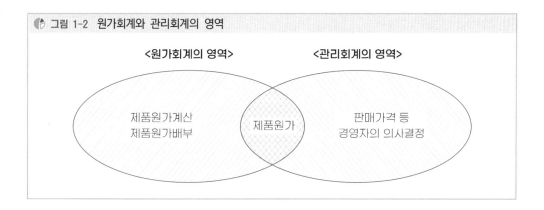

그림 1-2 원가회계와 관리회계의 영역

<원가회계의 영역>   <관리회계의 영역>

제품원가계산
제품원가배부

제품원가

판매가격 등
경영자의 의사결정

3 경영자의 역할과 원가·관리회계정보의 기능

원가·관리회계는 기업의 내부이해관계자, 특히 경영자에게 유용한 정보를 제공하는 것을 목적으로 한다. 경영자는 그 정보를 활용하여 조직 내의 인적·물적 자원을 효과적으로 관리함으로써 조직의 가치창출을 하고자 노력한다. 여기서는 경영자와 컨트롤러 및 트레저러의 역할과 그들이 이러한 역할을 수행할 때 원가·관리회계정보가 어떠한 기능을 하는지 알아본다.

3.1 경영자의 역할

경영자는 조직의 목표를 계획하고, 조직 내의 인적·물적 자원을 조직화하고 통제하며, 최종적인 의사결정을 통해 조직의 목표를 효율적으로 달성하고자 한다. 이러한 경영자의 역할을 나타내면 다음 〈그림 1-3〉과 같다.

(1) 계획

계획(planning)이란 조직의 목표를 설정하고 그 목표를 달성하기 위한 여러 대안을 탐색하며 원하는 결과를 얻기 위한 방안을 설정하는 것을 말한다. 계획은 기간에 따라 중장기계획과 단기계획으로 나눈다. 중장기계획은 전략적 계획이라고도 하는데, 생산할 제품이나 서비스를 결정하고 생산된 제품이나 서비스를 판매할 판매전략을 수립한다. 중장기계획이 수립되면 이를 효과적으로 달성할 수 있도록 고객신용정책, 할인정책 등 단기계획을 수립한다.

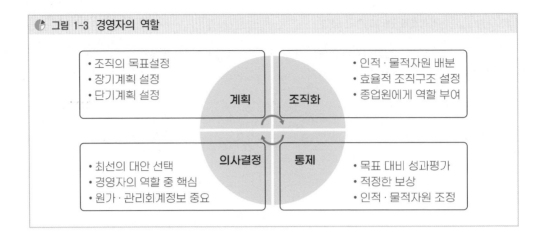

그림 1-3 경영자의 역할

- 조직의 목표설정
- 장기계획 설정
- 단기계획 설정

계획

조직화

- 인적 · 물적자원 배분
- 효율적 조직구조 설정
- 종업원에게 역할 부여

의사결정

- 최선의 대안 선택
- 경영자의 역할 중 핵심
- 원가 · 관리회계정보 중요

통제

- 목표 대비 성과평가
- 적정한 보상
- 인적 · 물적자원 조정

(2) 조직화

조직화(organizing)란 경영자가 수립된 계획을 효과적으로 달성하기 위하여 조직 내의 인적·물적 자원을 어떻게 적절히 배분할 것인가를 결정하는 것이다. 즉, 수립된 계획을 가장 효율적으로 수행하기 위해서는 어떠한 조직구조를 설정해야 하며, 어떠한 인사정책을 수립해야 하는가, 그리고 종업원 개개인에게 어떠한 역할을 부여해야 하는가에 대하여 의사결정을 한다.

(3) 통제

통제(controlling)란 경영자가 조직의 모든 활동이 계획대로 진행되고 있는가를 확인하는 절차를 말한다. 경영자는 통제라는 과정을 통해서 조직의 각 부서가 설정된 목표를 달성하고 있는가를 확인할 수 있다. 경영자가 조직 활동을 통제하기 위해서는 조직의 실제 활동결과를 정리한 성과보고서에 보고(피드백)된 내용을 검토하고 사전에 설정된 계획과 대비하여 성과를 평가한다. 경영자에게 보고되는 이러한 성과보고서는 원가·관리회계정보의 일부이다. 성과에 대한 평가뿐만 아니라 성과평가 후에 적정한 보상과 필요한 경우에는 인적·물적 자원에 대한 조정이 필요할 수도 있다.

(4) 의사결정

의사결정(decision making)이란 조직의 목표를 달성하기 위하여 기업에게 주어진 여러 가지 행동 대안 중에서 최선의 대안을 선택하는 것을 말한다. **의사결정은 경영자의 역할 중 가장 핵심**이라고 볼 수 있다. 모든 의사결정은 정보를 바탕으로 이루어지며, 대부분의 경우 경영자가 선택하는 의사결정의 질은 원가·관리회계정보를 포함한 정보의 질에 달려있다. 따라서 원가·관리회계정보의 질이 우수하면 경영자가 최선의 의사결정을 내릴 수 있지만, 원가·관리회계정보의 질이 낮으면 잘못된 의사결정을 내릴 가능성이 높다.

3.2 컨트롤러와 트레저러의 역할

조직 내에서 원가·관리회계 담당자의 역할을 이해하기 위해서는 조직구조를 이해해야 한다. 조직의 목표를 달성하기 위해서는 관리활동이 필요하다. 조직의 전반적인 관리활동은 최고경영자에 의해서 이루어지지만 일부 관리의 권한과 책임을 하부조직에 위임한다. 권한과 책임이 위임된 공식적인 조직구조를 표로 나타낸 것을 **조직도**(organization chart)라고 하는데, 이를 통하여 하부 경영자의 권한과 책임이 어떻게 구분되고, 보고 및 의사소통의 루트를 알 수 있다.

(1) 라인과 스탭의 관계

경영자는 **라인**(line)**경영자**와 **스탭**(staff)**경영자**로 나눌 수 있다. 라인경영자는 기업의 목표를 효율적으로 달성하는 것에 대한 책임을 직접적으로 부담하게 되며, 원가·관리회계 담당자와 같은 스탭경영자는 라인경영자들이 목표를 달성하는 데 필요한 의사결정을 지원하거나 정보 등을 제공한다. 생산이나 마케팅담당이사는 라인경영자이고, 구매나 재무, 회계, 인사담당이사는 스탭경영자의 예이다. 라인과 스탭의 관계를 이해하기 위한 조직도를 나타내면 다음 〈그림 1-4〉와 같다.

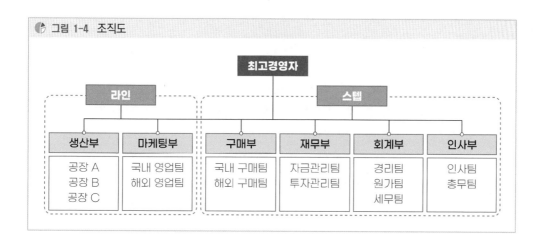

그림 1-4 조직도

(2) 컨트롤러와 트레저러

컨트롤러(controller)와 **트레저러**(treasurer)는 각각 조직의 회계담당이사와 재무담당이사이다. 컨트롤러가 단순히 재무제표를 작성하고 세금을 계산하는 업무가 주된 역할인 기업도 있으나, 관리회계가 차지하는 비중이 증가하면서 컨트롤러는 최고경영진의 일원으로 경영계획과 통제 및 의사결정에 참여하는 중요한 역할을 수행한다. 컨트롤러는 전반적인 회계기능에 대한 책임을 지며, 기업내부 및 외부의 회계보고, 원가계산, 세금 등에 대한 업무를 담당한다. 트레저러는 전반적인 재무관리기능에 대한 책임을 지며, 자본의 조달, 현금 및 투자관리, 신용정책과 대금회수, 보험 등에 대한 업무를 담당한다. 컨트롤러와 트레저러의 업무를 비교하면 다음 〈표 1-2〉와 같다.

☑ **표 1-2 컨트롤러와 트레저러의 업무**

구 분	컨트롤러	트레저러
담당 업무	• 전반적인 회계기능 • 기업내부 및 외부의 회계보고 • 원가계산 • 세금업무	• 전반적인 재무관리기능 • 자금조달, 현금 및 투자관리 • 신용정책과 대금회수 • 보험업무

3.3 원가·관리회계정보의 기능

경영자가 계획, 조직화, 통제 및 의사결정을 수행하는 데 있어서 원가·관리회계정보가 필요하다. 원가·관리회계정보의 기능을 경영자 지원, 종업원 동기부여, 조직에 대한 성과평가 및 경쟁력 추구로 나누어 볼 수 있다.

(1) 경영자 지원

경영자는 계획, 조직화, 통제 및 의사결정 등 모든 과정에서 원가·관리회계정보에 의존한다. 경영자는 계획과정 중 예산을 편성할 때, 조직화과정 중 인적·물적 자원의 투입을 결정할 때 원가·관리회계정보를 필요로 한다. 또한 통제과정에서 성과보고서를 작성·보고할 때 원가·관리회계정보를 필요로 한다. 마지막으로 의사결정과정에서 최선의 대안을 선택할 때 역시 원가·관리회계정보를 필요로 한다. 따라서 원가·관리회계정보는 경영자의 모든 경영활동 수행과정을 지원하는 필수적인 요소이다.

(2) 종업원 동기부여

조직은 목표를 가지고 있으며, 이 목표를 달성해야 하는 종업원도 개인의 목표가 있다. 그러나 개인의 목표가 조직의 목표와 항상 일치하는 것은 아니다. 따라서 **조직의 목표달성을 위해 원가·관리회계정보는 경영자 및 종업원에게 동기를 부여하는 기능을** 한다. 이를 위해 조직에서는 예산 등을 활용한다. **예산**(budget)은 미래 일정기간에 대한 수익과 비용 금액을 편성하고, 조직의 목표를 달성할 수 있도록 예산집행에 대한 통제 및 예산과 실적 간의 차이분석 등을 통해서 경영자 및 종업원에게 동기를 부여한다.

(3) 조직에 대한 성과평가

조직의 목표를 달성하기 위해 중요한 것은 조직 및 구성원에 대해 조직의 목표를 달성하는 데 어떠한 공헌을 했는지를 적절히 평가하는 것이다. 앞서 언급한 것처럼 경영자의 통제과정에서 성과평가가 이루어지며, 그 결과가 성과보고서이므로 **원가·관리회계정보의 또 하나의 기능을 조직에 대한 성과평가로 볼 수 있다.**

조직의 목표를 달성하기 위해서는 성과평가뿐만 아니라 성과평가 후에 적정한 보상이 이루어져야 하며, 필요한 경우에는 인적·물적 자원을 조정할 수도 있다. 따라서 원가·관리회계정보는 성과평가 결과와 피드백을 통한 보상과 인적·물적 자원을 조정하는 데 기초자료로 활용될 수 있다.

(4) 조직의 경쟁력 추구

오늘날의 경영환경은 급변하고 있다. 이러한 급격한 변화는 글로벌 경쟁, 하이테크 산업의 출현 등 다양한 요인에 의하며, 그 변화의 속도는 점차 빨라지고 있다. **원가·관리회계정보는 이러한 급변하는 경영환경하에서 조직의 경쟁력을 확보할 수 있도록 도와준다.** 경영환경이 변할 때마다 앞으로 여러분들이 배울 새로운 원가·관리회계시스템이 개발된 것을 그 예로 들 수 있다. 따라서 조직이 생존하고 경쟁력을 확보하기 위해서 경영자는 변화하는 경영환경에 맞추어 새로운 원가·관리회계시스템을 받아들이고 이를 적절히 활용해야 할 것이다.

4 원가·관리회계의 동향

앞서 언급한 것처럼 오늘날 기업이 당면하고 있는 경영환경은 급변하고 있으며, 이와 같은 변화는 새로운 환경에 적응할 수 있는 원가·관리회계시스템을 요구하고 있다. 환경의 변화에 따라 전통적인 원가·관리회계시스템은 더 이상 적용가능하지 않게 되었고, 이에 따라 많은 기업들이 새로운 원가·관리회계시스템을 채택하게 되었다. 변화의 주요 요인들을 내부적 요인과 외부적 요인으로 구분할 수 있으며, 이를 정리하면 다음 〈표 1-3〉과 같다.

표 1-3 원가·관리회계의 동향

구 분	내부적 요인	외부적 요인
요 인	• 고객중심 • 다기능적 가치사슬	• 글로벌 경쟁 • 제품수명주기의 단축과 다양화 • 서비스 산업의 발전과 규제철폐 • 하이테크 산업의 출현

4.1 고객중심(customer orientation)

기업은 고객중심의 경영을 통한 고객가치를 창출하기 위해 노력하고 있다. 고객가치는 고객이 구매한 제품으로부터 받는 유·무형의 혜택과 고객이 제품을 구매하기 위해 포기해야 하는 원가와 시간 및 노력의 차이를 말한다.

고객가치를 중시하는 것은 원가·관리회계시스템이 고객이 얻는 혜택과 포기해야 하는 희생에 대한 정보를 제공해야 한다는 것을 의미한다. 가능한 저렴한 비용으로 고객의 만족을 극대화하는 것이 목표라면, 고객가치를 증가시키는 데 필수적인 것은 가치사슬(value chain)을 효과적으로 관리하는 것이다. 가치사슬이란 연구개발, 제품 및 공정의 설계, 생산, 마케팅, 물류, 고객서비스와 같이 제품의 가치를 창조하기 위한 일련의 활동들을 의미한다. 그러므로 고객가치를 강조하는 경영자는 가치사슬에서 고객에게 필요한 활동이 무엇인지를 결정해야 한다. 현대적인 관리회계에서는 가치사슬 내에 있는 다양한 활동에 대한 정보를 추적한다. 예를 들면, 물류부서에서 제품을 제시간에 배달하는 것이 고객에게 가치 있는 활동이라면, 고객가치는 제품배달시간을 단축시킴으로써 증가할 수 있다.

4.2 다기능적 가치사슬(cross-functional value chain)

오늘날 기업의 가치사슬은 협의의 가치사슬에서 다기능적 가치사슬로 대체되고 있다. 다기능적 가치사슬은 제품의 개발, 원자재 조달, 생산, 품질관리, 제품판매 및 고객서비스까지 기업의 전체 가치사슬의 효율적 관리에 초점을 두는 것이다. 예를 들어, 고객이 요구하는 제품을 생산하기 위해서 마케팅 부문은 고객의 요구를 파악하고, R&D 부문은 고객의 요구에 부응하는 제품을 개발하고 최저의 원가로 생산가능한 제품 및 공정설계를 한다. 구매부문은 최고의 품질 및 최저의 원가로 제품을 생산하도록 원자재를 조달하고, 생산부문은 가능한 기술로 최고품질의 제품을 생산한다. 이와 같이 다기능적 가치사슬에서 원가·관리회계시스템은 기업의 외부 환경 변화와 내부 가치사슬에 관련된 모든 정보를 분석하여 제공한다.

4.3 글로벌 경쟁(global competition)

기업들은 운송방법과 정보통신의 발달로 인해 전 세계시장을 상대로 경쟁하게 되었다. 과거에는 국내에 있는 기업들과 경쟁하였지만, 지금은 단시간 내에 전 세계에서 생산된 제품이 국내시장에서 판매될 수 있게 되었다. 경쟁이 치열할수록 정밀하지 못한 정보를 사용하여 잘못된 의사결정을 내리는 경우에 기업의 손실은 급격히 증가한다. 그러므로 글로벌 경쟁은 보다 진화된 원가·관리회계정보를 요구하고 있으며, 이러한 요구에 부응할 수 있는 원가·관리회계시스템을 필요로 한다.

4.4 제품수명주기의 단축과 다양화
(reduction and diversity of product life cycle)

글로벌 경쟁의 심화로 제품은 다양화되고, 제품이 다양할수록 제품의 수명주기는 짧고 다양해진다. 이러한 제품수명주기의 변화에 효과적으로 대응하기 위해 경영자는 다양한 제품수명주기에 따른 원가의 특성을 파악해야 한다. 예를 들어, 글로벌 경쟁의 심화와 제품수명주기의 단축 및 다양화는 고정원가의 증가를 초래하므로 원가계산에서 고정원가의 원가동인을 정확히 파악하여 적절히 배분하는 것이 더욱 중요해지고 있다.

4.5 서비스 산업의 발전과 규제철폐
(growth and deregulation in the service industry)

전통적인 제조업에 대한 중요성은 감소하는 반면, 서비스 산업에 대한 중요성은 증가하고 있고 계속해서 성장할 것으로 전망된다. 또한 금융업, 정보통신업과 같은 분야에서의 규제철폐는 서비스 산업의 경쟁을 가속화하고 있다. 규제가 철폐된 상황에서 제조업체가 직면하는 것과 동일한 문제들, 예를 들면, 품질, 생산성, 원가효율, 고객만족 등과 같은 문제들이 서비스 산업에도 나타나고 있다. 따라서 서비스 산업에서도 관련 정보를 제공할 수 있는 원가·관리회계시스템을 도입하고 있다.

4.6 하이테크 산업의 출현(emergence of high-tech industries)

과학의 발달은 새로운 기술을 창출하고, 이러한 기술을 이용한 하이테크 산업이 출현하고 있다. 예를 들면, 유전자공학 및 우주산업 등의 발전은 새로운 사업을 낳고 있다. 원가·관리회계시스템은 이러한 하이테크 산업과 관련된 정보를 제공하기 위하여 지속적으로 진화하고 있다.

"위기에 꼭 필요한 '원가경쟁력' … 도요타에서 배워라"

코로나19, 러시아·우크라이나 전쟁, 중국의 도시 봉쇄 등의 복합적인 요인의 영향으로 전례 없는 수준의 인플레이션이 전 세계로 확산하고 있다. 우리나라의 올해 물가상승률 전망치는 24년 만에 가장 높은 수준인 4.8%로 예상된다. 인플레이션을 잡기 위해서 미국의 연방준비은행이 0.75% 포인트 금리를 인상한 것에 이어서 한국은행도 0.5%포인트 금리 인상을 거론하고 있다. 달러당 원화값은 13년 만에 1,300원을 넘나들고 있다.

경기 하강으로 시장의 수요가 둔화하고, 물가·금리·환율이 원가구조를 악화시키는 상황에서도 이익을 창출하기 위해서는 원가경쟁력이 필수다. 강건한 원가구조를 가진 모범 기업으로 도요타자동차는 주목할 만하다. 도요타는 2021년 세계 판매 1위, 매출 308조원, 영업이익 29조 4,000억원으로 창사 이후 최대 실적을 달성했다. 지난 5월 실적 발표를 하면서 도요타가 특별히 강조한 것은 이익구조의 변화다. 도요타의 손익분기점 판매 대수는 2008년 금융위기 때부터 지속적으로 감소해 2021년엔 2008년 대비 60~70% 수준이라고 한다. 즉, 13년 전과 비교하여 30~40% 적게 판매해도 손해를 보지 않을 정도로 원가구조가 개선되었다는 것을 시사한다.

그러면 도요타에 있어 원가경쟁력의 원천은 무엇일까. 먼저 원가에 대한 시각이 남다르다. 통상 기업은 원가에 목표 이윤을 가산하여 판매 가격을 도출한다. 하지만 도요타는 가격은 시장에서 고객이 결정하기 때문에 기업은 이윤을 창출하기 위해 반드시 원가를 절감해야 한다고 강조한다. 도요다 아키오 회장은 이러한 관점이 도요타의 진정한 핵심 가치라고 주장한다.

도요타는 2009년 이후 지금까지 매년 3,000억엔의 원가절감을 목표로 하고 있다. 어떤 방법으로 이 목표를 달성하고 있을까. 먼저 제품 설계 구조 변경을 통해 부품 공용화를 확대하고 있다. 공용화된 부품이 많을수록 대량 구매로 부품단가를 낮출 수 있고, 개발시간을 단축할 수 있으며 동시에 생산 설비를 재설계하여 효율성도 증대할 수 있다. 2012년에 도요타가 도입한 TNGA(Toyota New Global Architecture)는 플랫폼 통합 및 부품 공용화를 위한 설계원칙이다. 이를 통해 엔진, 변속기, 조향 시스템 등 2,000여 개의 주요 부품을 차종 간에 공유한다. 또한, 신형 생산 설비를 도입하고 공정 혁신을 통해 기존 대비 20~30%의 원가 절감을 시도했다.

두 번째는 디지털 시뮬레이션을 활용한 가상 설계를 적용하고 있다. 도요타는 마쓰다자동차가 개발한 모델 기반 개발(Model-Based Development: MBD) 방식을 활용해 자동차, 고객, 이용환경의 가상 시뮬레이션을 통해서 설계 변경, 시제품 제작 횟수를 최소화함으로써 개발 비용과 개발시간을 절감하고 있다. 최근에 도요타는 혼다·닛산·마쓰다 등 완성차 및 주요 부품기업과 연계해 MBD 방식을 산업 표준으로 정하고, 중소 부품업체들도 이 방식을 도입할 수 있노록 지원하고 있다.

세 번째는 협력회사와 연계해 지속적인 원가절감을 시도하고 있다. 완성차 업체의 부품 구매 비용은 제조원가의 80% 이상을 차지한다. 결국 협력회사의 원가감축 없이 완성차 업체의 원가경쟁력을 기대하기 어렵다. 도요타는 TNGA 프로그램과 연계하여 협력회사와는 RRCI(양품·염가·원가·혁신) 원가절감 활동을 진행하였다. RRCI의 핵심은 TNGA와 연동하여 부품업체도 설계 변경을 하고 차종 간 부품 공용화를 실현하는 것이다.

　네 번째는 원자재 가격 급등으로 인한 비용 상승분을 흡수하기 위해서 주요 원자재를 사급하고 있다. 사급이란 완성차 업체가 주요 원자재를 직접 구매하여 부품업체에 제공하는 행위다. 도요타는 닛폰스틸과 직접 협상하여 자동차용 강판을 구매한 후에 주요 부품사에 공급하고 있는데, 최근 철판 가격이 상승하면서 부품업체의 피해를 흡수하기 위해서 100% 사급제를 고려하고 있다. 최근에 가격이 급등한 리튬, 니켈, 희토류도 직접 사급하여 배터리 업체에 제공하고 있다.

　도요타에서 원가절감은 일회성 이벤트가 아니다. 또한 직원과 협력회사를 원가절감의 대상이 아니라 원가절감 활동의 주체로 인지한다. "원가에 주목한다는 것은 우리가 하는 일에 주목하는 것이다. 원가와 시장을 항상 의식하면서 우리 모두가 일상 업무에서 낭비를 철저하게 제거해야 한다"는 도요다 회장의 말에 주목할 필요가 있다.

(매일경제 2022년 7월 7일)

Talk about

✓ 도요타자동차가 원가경쟁력을 향상시키기 위해서 어떠한 노력을 하고 있는가? 도요타자동차의 원가경쟁력을 향상시키기 위해 더 고려해야 할 것이 있는가?

Let's Talk

"로켓 재활용(스페이스X) 우주탐사비 10분의 1로"

엘론 머스크 테슬라 최고경영자(CEO)가 이끄는 미국의 민간 우주사업체 스페이스X는 원가 우위 전략을 극대화해 아예 새로운 시장을 개척한 사례다. 그간 한 번 쓰고 폐기하던 로켓(발사 추진체)을 재활용해 우주 탐사 비용과 시간을 크게 절감했다. 가령 1회 발사에 700억원에 달하는 로켓을 회수, 재활용하면 발사 비용이 30~40%에서 많게는 10분의 1 수준으로 떨어질 전망이다. 발사 대기 시간도 수년에서 이젠 수 주 내로 단축됐다. 스페이스X는 지난해에만 총 18건의 우주선 발사에 성공했고 이 중 14건은 로켓 회수에도 성공했다.

로켓 재활용으로 저비용 우주 탐사의 문이 열리자 새로운 사업 기회들이 생겨나고 있다. 미국항공우주국(NASA)은 스페이스X의 재활용 로켓 발사 프로젝트가 안정 단계에 들어가면 화물용 우주선으로 사용하는 계약을 추진할 계획이다. 엘론 머스크 CEO는 올해 우주여행자 2명을 달 근처로 보내고, 현세대 내에 화성에 인류가 살 수 있는 도시를 건설하겠다는 포부를 밝혔다.

일본 출판사 '트랜스뷰'는 서점과 직거래로 침체된 출판업계에 새로운 수익 모델을 제시했다. 도매상을 통한 밀어내기식 영업에서 서점이 원하는 만큼만 책을 택배로 보내는 방식으로 공급사슬을 바꿨다. 대신 서점이 스스로 책을 찾을 만한 품질을 유지하기 위해 1년에 10권 안팎의 책만 냈다. 또 서점이 직거래 방식에 불편을 느끼지 않도록 단 한 권의 책만 주문해도 즉시 택배를 보냈다. 도매상이 챙기던 이익도 서점과 나눠 가졌다. 덕분에 서점은 평균 마진율(32%)이 도매상과 거래할 때(22%)보다 10%포인트나 높아졌다.

트랜스뷰 방식이 성공하자 자기네 책도 팔아달라는 다른 출판사 직거래 대행 요청이 쇄도했다. 2015년 말부터는 트랜스뷰 물량보다 거래 대행 물량이 더 많아졌을 정도다. 물량이 늘자 택배 배송료가 저렴해졌다. 또 서점이 원하는 만큼만 책을 보내니 평균 책 반품률은 40%에서 10%로 크게 줄었다. 그 결과 트랜스뷰 매출은 창립 첫해인 2001년 683만엔에서 2015년에는 매출 1억 4,722만엔으로 14년 만에 22배나 급성장했다.

원가를 절감해 성공한 국내 사례는 다이소가 대표적이다. 다이소는 1,000원짜리 상품이 절반, 2,000원 이하가 80%에 달하는 초저가 전략으로 유명하다. 이 같은 초저가에도 본사와 납품업체, 점주, 소비자가 모두 윈-윈할 수 있는 비결은 탁월한 원가관리에 있다. 다이소는 소비자가 만족하는 가격을 조사한 후 해당 가격에 맞춰 원가를 관리한다.

이때 주효한 게 직영점 전략이었다. CU, GS25 등 편의점 직영 비율은 1%가 채 안 된다. 직영점보다는 가맹점을 늘리는 게 초기 자본 투입을 줄여 리스크를 낮추고 빨리 규모의 경제를 실현할 수 있어서다. 그러나 가맹점은 본사보다 투자 여력이 적어 점포를 크게 내지 못한다. 또 가맹점 상권을 보호해줘야 하는 프랜차이즈 특성상 출점 상권도 제한된다. 때문에 다이소는 높은 리스크 부담에도 직영점 위주 출점을 고집했다. 사업 초기에는 직영점이 90%가 넘었을 정도다. 이렇게 초저가 전략에 성공한 다이소는 저가숍 중 유일하게 소 난위 매출을 서두는 중견기업으로 거듭났다.

(매일경제 2018년 2월 2일)

Talk about

✓ 스페이스X, 트랜스뷰, 다이소의 원가절감은 어떠한 원가관리를 통해서 이루어지는가?

"치솟는 식품 원료 수입가에 무역거래 빅데이터로 승부수"

"20% 가깝게 저렴한 가격의 원료를 직접 들여올 수 있도록 해외 공급사를 찾고, 기업이 필요한 모든 수입 과정을 지원해 원가절감에 도움을 줍니다. 중간 유통 과정을 없애고 해외 제조사와 국내 실수요자 간 직접 수입이 이뤄지기에 가능한 일이죠." 노다랩의 이상윤(38) 대표는 고공행진하는 국제 식품 원료 가격 상승에 고전을 면치 못하던 한 식품업체의 원가절감 사례를 설명하면서 9일 이같이 밝혔다. 노다랩은 창업한 지 3년 된 빅데이터 기반의 무역거래플랫폼으로, 현재 190개국 360만개의 식품 원재료 공급사 데이터를 확보하고 있다.

국내 식품 제조기업에서 제품 생산에 사용하는 농·축·수산물 원료는 2020년 기준 1천 855만t(톤) 수준으로, 이 가운데 수입 원료 사용 비중은 약 68%에 달했다. 수입 원료를 사용하는 이유의 열에 여섯은 다름 아닌 가격경쟁력 때문이다.

그러나 지난해 2월 러시아·우크라이나 전쟁으로 촉발된 곡물 등의 수급 차질, 기후 위기에 따른 생산 감소, 환율 상승과 물류 차질 등으로 식품 원재료 수입 부담은 날로 커지는 실정이다. 국내 식품 가공업체들이 수입처를 다변화하거나 원산지를 교체하는 식으로 원가절감에 나서는 상황에서 노다랩은 국내 중소 식품 기업들에 활로를 모색할 기회를 제공하고 있다.

이 대표는 "노다랩은 한국에 수입되는 모든 식품의 모니터링이 가능한 시스템을 갖추고 있다"며 "1개의 데이터를 만들기 위해 관세청, 통계청 등 7개 기관에서 얻는 정보와 각기 분산된 데이터들을 번역·취합해 검증하는 단계를 거친다"고 설명했다. 이어 "만들어진 데이터는 고객의 요청에 따라 10초 안에 시각화돼 표현되는 것이 핵심"이라면서 "작년 하반기에 데이터 수집에 대한 특허를 취득했다"고 밝혔다.

노다랩의 플랫폼 서비스는 해외 공급사 발굴을 위한 '실크원 바이어'와 '실크원 서플라이어'로 나뉜다. 현재 서비스되는 실크원 바이어는 국내 기업들이 해외 식품 원료 공급사를 찾으려고 의뢰를 하면 노다랩에서 직접 해외 공급사를 발굴해 이어주는 플랫폼이다. 실크원 서플라이어는 해외 공급사들이 플랫폼에 정보를 올리면 국내 기업들이 플랫폼에 업데이트된 정보를 조회하고 직접 연락할 수 있는 플랫폼으로, 올해 상반기에 서비스를 선보일 예정이라고 이 대표는 소개했다.

그는 "무역 거래 빅데이터로 사업의 승부수를 띄웠다"며 "한국은 식품 수입량이 세계 4위를 차지할 정도로 수입 의존도가 매우 높은 나라인데, 국제정세와 환율 등에 따라 해외로부터의 공급 문제가 국내 식품 기업에 바로 영향을 미쳐 결국은 원가 인상과 소비자 가격 인상으로 이어질 수밖에 없기 때문"이라고 말했다. 그러면서 "세계의 식품 원재료를 안정적으로 공급받을 수 있는 수입처의 다변화가 필요한 시점이라고 판단했다"고 했다. 노다랩은 무역 사기 확률을 제로(0)에 가깝도록 빅데이터를 세분화하고, 최종적으로 인증이 완료된 기업만 등록이 가능하도록 할 계획이다.

(연합뉴스 2023년 2월 9일)

Talk about

✓ 빅데이터 기반 무역거래플랫폼이 수입업체의 원가절감에 어떻게 도움을 주는가? 또 다른 빅데이터 기반 플랫폼을 이용한 원가절감 기회를 어느 산업 또는 사업에서 찾아 볼 수 있는가?

객관식 문제

01

다음 중 원가회계 영역이 아닌 것은?

① 제품원가계산

② 계획과 통제

③ 의사결정

④ 재무제표 작성

02

원가회계의 관리회계적 측면을 기술한 것으로 옳지 않은 것은?

① 통제를 위한 원가자료 제공

② 기업 특수의사결정을 위한 원가자료 제공

③ 전반적인 경영계획을 위한 원가자료 제공

④ 기업 외부의 이해관계자들을 위한 원가자료 제공

⑤ 생산부서의 성과평가를 위한 원가자료 제공

03

다음 원가관리회계에 관한 설명 중 가장 거리가 먼 항목은?

① 제품원가계산을 위한 원가정보를 제공한다.

② 경영계획수립과 통제를 위한 원가정보를 제공한다.

③ 예산과 실제 간의 차이분석을 위한 원가정보를 제공한다.

④ 외부 이해관계자들에게 기업분석을 위한 원가정보를 제공한다.

04 재경관리사 2010

원가회계는 재무회계와 관리회계에서 필요로 하는 원가정보를 제공한다. 다음 중 원가회계가 제공하는 정보와 거리가 가장 먼 것은?

① 제조와 영업 활동 등에 관한 원가정보를 제공하며 합리적인 의사결정을 위한 기초자료를 제공한다.
② 회사의 모든 자산과 부채에 대한 평가자료를 제공한다.
③ 외부공표용 재무제표에 계상될 매출원가와 기말재고자산평가의 근거자료가 된다.
④ 경영자와 종업원의 활동의 성과를 평가하기 위한 기본적인 정보를 제공한다.

05 재경관리사 2019

다음 중 원가회계의 한계점 등에 대한 설명으로 올바르지 않은 것은?

① 원가회계가 제공하는 정보는 화폐단위로 표시되는 계량적 자료로서, 비화폐성 정보와 질적인 정보는 제공하지 못한다.
② 원가회계는 객관적으로 측정가능한 회계자료를 기초로 수익과 비용을 인식한다. 그러나 재무회계는 경영자의 목적에 따라 다양한 회계절차를 적용해야 하는 어려움이 있다.
③ 제품의 원가는 기업이 채택하고 있는 원가회계방법에 의하여 자동적으로 계산되기 때문에 특정한 시점에서 원가회계가 모든 의사결정에 목적적합한 원가정보를 제공할 수는 없다.
④ 경영자는 어떤 의사결정을 할 때 원가회계가 제공하는 정보가 그 의사결정에 부합되는 정보인지 여부를 사전에 충분히 검토해야 한다.

06

경영자의 역할이 아닌 것은?

① 계획   ② 원가계산
③ 조직화   ④ 통제

07

컨트롤러의 역할이 아닌 것은?

① 전반적인 회계기능   ② 원가계산
③ 신용정책과 대금회수   ④ 세무업무

08

트레저러의 역할이 아닌 것은?

① 전반적인 재무관리기능   ② 자금조달, 현금 및 투자관리

③ 보험업무   ④ 기업내부 및 외부의 회계보고

09

원가·관리회계정보의 기능이 아닌 것은?

① 외부이해관계자 지원   ② 종업원의 동기부여

③ 조직에 대한 성과평가   ④ 조직의 경쟁력 추구

10

원가·관리회계가 변화하는 요인 중 외부적 요인이 아닌 것은?

① 다기능적 가치사슬   ② 서비스 산업의 발전과 규제철폐

③ 제품수명주기의 단축과 다양화   ④ 하이테크 산업의 출현

02

원가의 개념

- 원가의 의의를 이해한다.
- 산업별 원가구성을 이해한다.
- 원가의 다양한 분류기준을 이해한다.

본 장에서는 원가의 개념을 이해한다. 원가의 개념을 이해하기 위해서는 원가의 흐름을 이해해야 한다. 생산과정에서 발생한 원가를 자산으로 계상하였다가 수익창출에 기여한 원가는 비용이 되고, 수익창출에 기여하지 못한 원가는 손실로 처리된다.

또한 원가의 구성은 산업별로 차이가 있다. 제조업과 유통업은 각각 제품과 상품을 판매하지만, 서비스업은 무형의 서비스를 판매하므로 유형의 원가가 발생하지 않는다.

이러한 원가를 다양한 기준에 따라 분류할 수 있다. 제조와의 관련성에 따라 제조원가와 비제조원가로 구분할 수 있으며, 원가의 추적가능성에 따라 직접원가와 간접원가로 구분할 수 있다. 또한 원가행태에 따라 변동원가, 고정원가, 순변동원가 및 준고정원가로 구분할 수 있고, 원가에 대한 통제가능성에 따라 통제가능원가와 통제불능원가로 구분할 수 있다. 마지막으로 경영자의 의사결정과의 관련성에 따라 관련원가와 비관련원가로 구분할 수 있다. 본 장을 통해서 각 원가의 개념을 알아보자.

1 원가란 무엇인가?

1.1 원가의 의의

원가(cost)란 특정 목적을 달성하기 위하여 희생되거나 잠재적으로 희생될 경제적 자원을 화폐단위로 측정한 것을 말한다. 한편, **자산**(asset)은 과거사건의 결과로 기업이 통제하는 현재의 경제적 자원을 뜻하는데, 이를 **미소멸원가**(unexpired cost)로 정의하기도 한다. 이에 반해서 비용이나 손실은 **소멸원가**(expired cost)라고 한다. 생산과정에서 발생한 원가를 자산으로 계상하였다가 수익의 실현에 기여한 부분은 **비용**(expense)으로 인식하고, 수익실현에 기여하지 못한 부분은 **손실**(loss)로 인식한다. 따라서 자산과 원가, 비용 및 손실의 관계를 요약하면 〈그림 2-1〉과 같다. 자산이 기업의 생산활동에 투입되면 원가가 되며, 원가 중에서 기업의 판매활동을 통하여 수익의 창출에 기여한 부분은 비용이 되고 수익의 창출에 기여하지 못한 부분은 손실이 된다.

예를 들어, 제품의 생산에 사용할 원재료를 구입하여 보관하고 있다면, 이것은 '원재료'라는 자산으로 계상된다. 이 원재료가 제품의 생산을 위하여 생산과정에 투입되었다면, 이것은 '직접재료원가'라는 원가가 된다. 그리고 제품이 판매되어 매출이라는 수익이 실현되면 직접재료원가는 '매출원가'라는 비용이 되고, 이 제품이 판매되지 않고 비경상적으로 소실되었다면 '재고자산감모손실'이라는 손실로 처리된다.

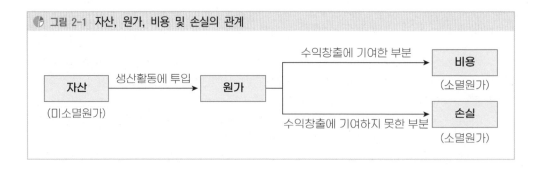

그림 2-1 자산, 원가, 비용 및 손실의 관계

1.2 산업별 원가구성

원가회계의 관점에서 산업을 크게 제조업, 유통업 및 서비스업으로 구분할 수 있다. 제조업은 공장에서 직접 제조과정을 거친 제품을 생산·판매하지만, 유통업은 외부에서 완성된 상품을 구입하여 판매한다. 서비스업은 제조업이나 유통업과 달리 금융업 또는 통신업처럼 무형의 서비스를 판매한다. 따라서 산업별로 원가의 구성내용이 다르다.

제조업은 공장에서 직접 제조과정을 거치므로 원재료, 공장에서 근무하는 직원의 인건비, 공장 건물이나 기계장치의 감가상각비 등이 제품을 만드는 원가, 즉 **제조원가를** 구성한다. 유통업은 외부에서 완성된 상품을 구입하므로 **상품의 취득원가가** 원가를 구성한다. 그러나 서비스업은 무형의 서비스를 판매하므로 제조업이나 유통업과 같은 원가는 발생하지 않는다.

한편, **제조업, 유통업 및 서비스업 모두 영업비용이** 발생한다. 고객에게 홍보하기 위한 광고비, 판매직원의 인건비, 본사 건물 및 다양한 비품의 감가상각비 등이 영업비용에 해당한다. 서비스업의 포괄손익계산서에서는 이를 **영업비용이라고** 하고, 제조업과 유통업의 포괄손익계산서에서는 이를 **판매관리비라고** 한다. 산업별 원가구성을 나타내면 다음 〈그림 2-2〉와 같다.

그림 2-2 산업별 원가구성

2 원가의 분류

원가를 다양한 기준에 따라 분류할 수 있으며, 다음 〈표 2-1〉에서 보는 바와 같이 분류할 수 있다.

☑ 표 2-1 **원가의 분류**

분류기준	원가의 분류	
제조와의 관련성	• 제조원가	• 비제조원가
추적가능성	• 직접원가	• 간접원가
원가행태(조업도에 따른 분류)	• 변동원가 • 준변동원가	• 고정원가 • 준고정원가
통제가능성	• 통제가능원가	• 통제불능원가
의사결정과의 관련성	• 관련원가(차액원가, 기회원가)	• 비관련원가(매몰원가)

2.1 제조와의 관련성에 따른 분류

제조와의 관련성에 따라 분류하면 원가를 제조원가와 비제조원가로 나눌 수 있다. **제조원가**(manufacturing cost)는 제품을 생산하는 과정에 직접적으로 투입된 원가를 말하며, 재료원가, 노무원가, 기타제조원가 등이 있다. **비제조원가**(non-manufacturing cost)는 제품을 생산하는 과정과 직접적인 관련 없이 발생한 원가로서 판매관리비가 대표적인 예이다.

자산화 여부에 따라 원가를 분류하면 제품원가와 기간원가로 나눌 수 있다. **제품원가**(production cost)는 제조원가 중 제품으로 완성된 원가로서 제조된 시점에서는 재고자산의 원가를 구성하였다가 제품이 판매되는 시점에서 매출원가라는 비용이 된다. 제조원가의 이러한 속성으로 인해 **재고가능원가**(inventoriable cost)라고 표현한다. **기간원가**(period cost)는 일정기간의 수익에 직접 대응되지 못하는 원가로서 발생하는 시점에서 즉시 비용화되는 원가이며 판매관리비가 대표적인 예이다. 따라서 제품원가는 제조원가와 유사한 개념이며 기간원가는 비제조원가와 유사한 개념이다.

2.2 추적가능성에 따른 분류

원가의 특정 원가대상별로 추적가능성에 따라 직접원가와 간접원가로 구분된다. 여기서 **원가대상**(cost object)이란 원가가 발생할 때 부담하는 특정 제품이나 부문, 고객, 활동 등을 말한다. 예를 들면, 냉장고를 생산하기 위한 원가를 파악하고자 하면 냉장고가 원가대상이 되고, 수선부문의 원가를 파악하고자 한다면 수선부문이 원가대상이 된다.

직접원가(direct cost)란 특정 원가대상과 직접적인 관련이 있는 원가로서 그 원가대상에 직접적으로 추적할 수 있는 원가이다. 반면에 **간접원가**(indirect cost)란 특정 원가대상과 관련이 있지만 직접적으로 추적할 수 없는 원가이다. 예를 들어, 원가대상이 제조부문이라면 A 또는 B 제조부문이라는 특정 제조부문에서만 발생하는 재료원가 또는 노무원가는 직접원가이며, A 제조부문과 B 제조부문에서 공통적으로 발생하는 원가는 간접원가이다.

직접원가는 원가대상과의 관련성을 찾기가 쉬우므로 원가의 추적이 비교적 용이하고 간편한 반면, 간접원가의 배부는 직접원가의 추적만큼 간단하지가 않다. 예를 들어, 공장의 감가상각비는 제품의 제조를 위하여 발생한 것이지만 특정 제품에 직접적으로 추적할 수 없기 때문에 인위적인 배부과정을 거치게 되며, 원가의 배부는 제3장에서 다룬다.

제조원가는 직접재료원가와 직접노무원가에 해당하는 직접원가와 제조간접원가를 포함한다. **직접재료원가**(direct material cost)는 특정 원가대상에 직접적으로 추적할 수 있는 재료원가이며, **직접노무원가**(direct labor cost)는 특정 원가대상에 직접적으로 추적할 수 있는 노무원가를 말한다. 한편, **제조간접원가**(manufacturing overhead cost 또는 indirect manufacturing cost)는 직접재료원가나 직접노무원가에 포함되지 않는 모든 원가를 말한다.

직접재료원가와 직접노무원가는 제품을 제조하는데 직접적으로 관련 있는 원가이므로 이를 합하여 **기초원가**(prime cost)라고 하며, 직접노무원가와 제조간접원가는 원재료를 가공하여 제품을 제조하는데 기여하므로 이를 **가공원가**(conversion cost)라고 한다. 이를 나타내면 〈그림 2-3〉과 같다.

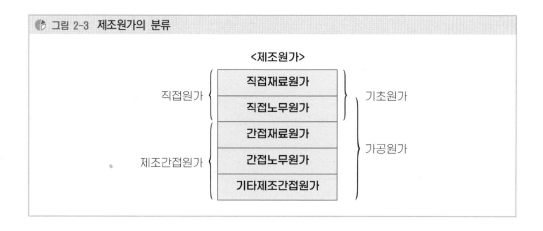

그림 2-3 제조원가의 분류

예제 **1.** 제조원가의 계산

㈜서울방직은 의류를 제조·판매하는 회사이다. 20×1년 8월에 의류의 생산과 관련된 자료는 다음과 같다.

계 정	금 액
직접재료원가	₩150,000
직접노무원가	135,000
간접재료원가	80,000
간접노무원가	55,000
기타제조간접원가	70,000

물음)

총제조원가, 기초원가, 제조간접원가 및 가공원가를 계산하시오.

[풀이]

- 총제조원가 = ₩150,000 + 135,000 + 80,000 + 55,000 + 70,000 = ₩490,000
- 기초원가 = ₩150,000 + 135,000 = ₩285,000
- 제조간접원가 = ₩80,000 + 55,000 + 70,000 = ₩205,000
- 가공원가 = 직접노무원가 + 제조간접원가 = ₩135,000 + 205,000 = ₩340,000

2.3 원가행태에 따른 분류

원가행태(cost behavior)란 관련범위 내에서 제품의 생산량이나 작업시간으로 표시되는 조업도의 변화에 따른 원가의 변동양상을 말한다. 여기서 관련범위(relevant rage)란 원가행태를 단순히 추정하기 위한 제한된 범위를 말한다. 원가행태에 따라 원가를 세분하면 변동원가, 고정원가, 준변동원가 및 준고정원가 등으로 나눌 수 있다.

변동원가와 고정원가를 결정할 때 관련범위 내로 한정한다. 기간을 길게 정하는 경우는 대부분의 원가는 변동원가가 될 것이고, 반대로 기간을 매우 짧게 정하는 경우는 대부분의 원가는 고정원가가 되기 때문이다.

변동원가와 고정원가의 원가행태를 함수로 나타내면 다음과 같다.

원가함수 : $Y = a + bX$

Y : 총원가 a : 고정원가

b : 조업도단위당 변동원가 X : 조업도

(1) 변동원가

변동원가(variable cost)는 조업도가 변화함에 따라 원가가 비례적으로 변동하는 원가를 말한다. 변동원가의 대표적인 예로는 직접재료원가, 직접노무원가, 변동제조간접원가 등이 있다. 변동원가는 원가함수에서 고정원가인 a가 0인 경우로 $Y = bX$로 표시된다. 총원가를 조업도로 나눈 단위당 원가의 관점에서 보면 변동원가는 조업도가 변화함에 따라 원가는 비례적으로 변동하지만 단위당 원가는 b로 일정하다. 변동원가를 총원가와 단위당 원가로 구분하여 원가행태를 나타내면 다음 〈그림 2-4〉와 같다.

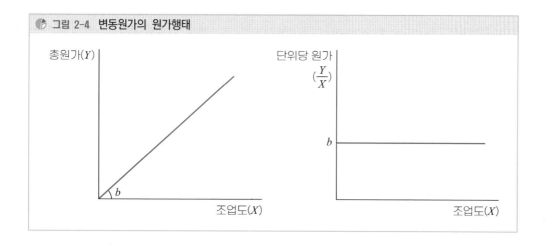

🍎 그림 2-4 변동원가의 원가행태

(2) 고정원가

고정원가(fixed costs)는 일정한 관련범위 내에서는 조업도가 변화함에도 불구하고 총원가가 일정한 원가이다. 고정원가의 개념을 이해할 때 주의해야 하는 점은 고정원가는 관련범위 내에서 일정하다는 의미이며, 관련범위를 벗어나면 변동할 가능성이 있는 원가이다.

고정원가의 대표적인 예로는 고정제조간접원가가 있다. 고정원가는 원가함수에서 단위당 변동원가인 b가 0인 경우로 $Y = a$로 표시된다. 단위당 원가의 관점에서 보면 고정원가는 조업도가 변화함에 따라 단위당 원가가 감소하는 원가를 의미한다. 고정원가를

총원가와 단위당 원가로 구분하여 원가행태를 나타내면 다음 〈그림 2-5〉와 같다.

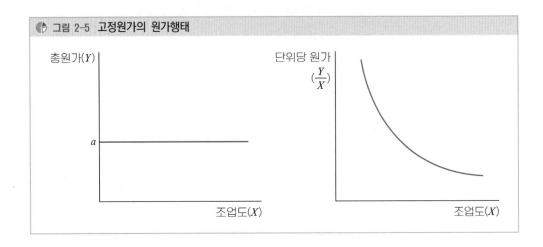

그림 2-5 고정원가의 원가행태

(3) 준변동원가

준변동원가(semi-variable costs)는 조업도가 0인 경우에도 일정한 원가가 발생하고 조업도가 증가함에 따라 총원가도 비례적으로 증가하는 원가이다. 변동원가와 고정원가의 요소를 모두 가지고 있기 때문에 **혼합원가**(mixed costs)라고도 한다. 이러한 준변동원가를 나타내면 다음 〈그림 2-6〉과 같다. 준변동원가는 원가함수에서 $a \neq 0$이고, $b \neq 0$인 원가

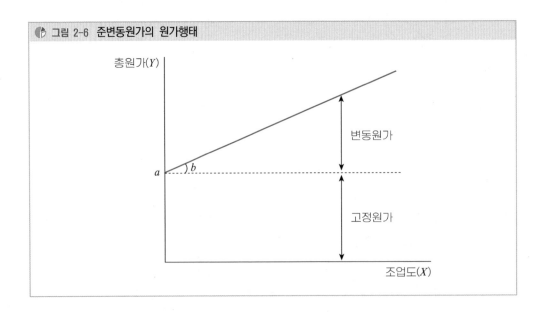

그림 2-6 준변동원가의 원가행태

를 말한다. 준변동원가의 예로는 핸드폰요금이나 수도요금처럼 기본요금이 있고 사용량
에 따라 요금이 증가하는 원가를 들 수 있다.

(4) 준고정원가

준고정원가(semi-fixed costs)는 일정한 관련범위 내에서 조업도가 변화함에도 불구하
고 총원가는 일정하지만, 관련범위를 벗어나면 원가가 변동하여 새로운 관련범위 내에서
총원가가 일정한 원가를 말한다. 원가가 계단식으로 증가하기 때문에 **계단원가**(step costs)
라고도 한다. 이러한 준고정원가를 나타내면 다음 〈그림 2-7〉과 같다.

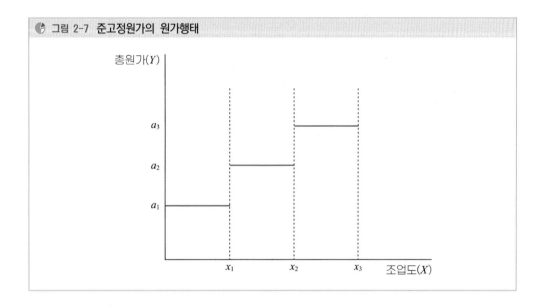

그림 2-7 준고정원가의 원가행태

〈그림 2-7〉은 조업도가 0부터 x_1까지는 a_1만큼의 원가가 발생하지만 조업도가 x_1
부터 x_2까지는 a_2만큼의 원가가 발생하며, x_2부터 x_3까지는 a_3만큼의 원가가 발생하는
것으로 전형적인 준고정원가의 한 예를 보여주고 있다.

이러한 준고정원가의 예로는 공장의 감독자 급여 등이 있다. 일정한 조업도까지는
고정된 수의 인원으로 감독이 가능하지만 일정한 조업도를 초과하게 되면 추가로 감독
할 수 있는 인원을 충원하게 되고, 따라서 감독자 급여총액은 충원된 인원만큼 증가하게
된다.

지금까지 원가행태에 따른 4가지 원가를 정리하면 다음 〈표 2-2〉와 같다.

☑ **표 2-2 변동원가·고정원가·준변동원가·준고정원가의 비교**

원가행태	개 념	원가함수
변동원가	조업도가 변화함에 따라 원가가 비례적으로 변동하는 원가	$Y=bX$
고정원가	조업도가 변화하여도 관련범위 내에서 일정한 총원가를 나타내는 원가	$Y=a$
준변동원가	조업도가 0인 경우에도 일정한 원가가 발생하고 조업도가 증가함에 따라 총원가도 비례적으로 증가하는 원가	$Y=a+bX$
준고정원가	서로 다른 관련범위에서 서로 다른 일정한 총원가를 나타내는 원가	$Y=a_i$

2.4 통제가능성에 따른 분류

원가를 경영자의 통제가능성에 따라 분류하면 통제가능원가와 통제불능원가로 나눌 수 있다. **통제가능원가**(controllable costs)는 경영자에 의하여 통제가능한 원가를 말하며 **통제불능원가**(uncontrollable costs)는 경영자에 의하여 통제불가능한 원가를 말한다. 기업 내에서 원가의 발생이 경영자에 의하여 통제가능하다는 것은 경영자가 그러한 원가의 발생에 영향을 줄 수 있다는 것을 의미하며, 따라서 경영자는 그 원가에 대해서 책임이 있다고 볼 수 있다. 통제가능원가와 통제불능원가의 구분은, 특히 경영자의 성과를 평가하는 경우에 유용한 개념이다. 예를 들어, 회사 전체적인 연구개발비의 경우 최고경영자의 입장에서는 통제가능한 원가이지만, 특정 사업부 관리책임자의 입장에서는 통제불가능한 원가이다. 따라서 최고경영자의 성과를 평가할 때는 연구개발비를 반영해야 하지만, 특정 사업부 관리책임자의 성과를 평가할 때는 포함시켜서는 안 될 것이다.

2.5 의사결정과의 관련성에 따른 분류

경영자의 의사결정과정에서 올바른 의사결정을 하도록 지원하기 위해서는 그 의사결정에 적합한 원가정보가 제공되어야 한다. 경영자의 의사결정과의 관련성에 따라 원가를 구분하면 관련원가와 비관련원가로 나눌 수 있다.

(1) 관련원가와 비관련원가

관련원가(relevant costs)는 여러 대안 간에 차이가 있는 미래원가로서 특정 의사결정과 직접적으로 관련된 원가이며, **비관련원가**(irrelevant costs)는 여러 대안 간에 차이가 없는 원가이거나 특정 의사결정과 관련이 없는 원가를 말한다. 어떤 원가가 관련원가인가 아닌가의 여부는 항상 정해져 있는 것이 아니라 의사결정의 내용에 따라 결정된다. 즉, 어느 원가가 특정 의사결정을 할 때는 관련원가일 수 있지만, 다른 의사결정을 할 때는 비관련원가일 수 있다. 일반적으로 차액원가와 기회원가는 관련원가이며 매몰원가는 비관련원가이다.

(2) 차액원가

차액원가(differential costs)는 두 대안 사이에서 나타나는 원가차이를 말하며, 여기에는 대부분의 변동원가뿐만 아니라 고정원가도 포함될 수 있다. 즉, 차액원가는 변동원가나 고정원가에 관계없이 대안 간에 차이가 있는 원가를 말한다. 차액원가에 대응되는 수익 개념으로 **차액수익**(differential revenue)이 있는데, 차액수익은 특정 대안의 총수익과 다른 대안의 총수익의 차이를 말한다. 일반적으로 여러 대안 중에서 하나를 선택하는 경우 각 대안의 총원가를 비교해도 동일한 결과를 얻게 되지만 차액원가만을 분석하면 더 빠르고 쉽게 분석할 수 있는 장점이 있다.

$$차액원가 = Y_1 - Y_2 = (a_1 + b_1 X_1) - (a_2 + b_2 X_2)$$

Y_i : i대안의 총원가 a_i : i대안의 고정원가

b_i : i대안의 조업도단위당 변동원가 X_i : i대안의 조업도

(3) 기회원가

기회원가(opportunity costs)는 하나의 대안을 배제하고 다른 대안을 선택하였을 때 희생된 효익(benefit)을 말한다. 기회원가는 자원이 한정되어 있는 상황에서 유용한 개념이며, 만약 자원이 무한정하다면 기회원가는 영(0)이 된다. 기회원가는 의사결정과정에서 여러 대안 간의 차이를 비교하고 분석할 때 매우 유용하다.

예를 들어, 기계장치 A를 이용할 수 있는 방법에 3가지가 있다고 가정하자. 첫 번째는 기계장치 A를 ₩1,000,000에 처분하는 방법이다. 두 번째는 기계장치 A를 직접 사용하여 제품을 만들어 판매하는 방법이며 ₩900,000의 순현금유입이 예상된다. 세 번째는 기계장치 A를 ₩800,000에 임대하는 방법이다. 이때 최선의 대안인 첫 번째 방법을 선택할 것이다. 따라서 희생된 효익은 차선의 대안인 두 번째 방법이며, ₩900,000이 기회원가가 된다.

(4) 매몰원가

매몰원가(sunk costs)는 과거 의사결정의 결과에 의하여 이미 발생한 원가로서 현재 또는 미래의 의사결정에 영향을 주지 않거나 미래의 원가에 영향을 미치지 않는 원가를 말한다. 즉, 매몰원가는 과거에 이미 발생한 원가로서 경영자가 통제할 수 없고 경영자가 고려하고 있는 대안 간에 차이도 없는 원가이기 때문에 의사결정과정에서 배제해야 한다.

예를 들어, 과거에 ₩1,000,000을 지급하고 취득한 기계장치 A에 대한 운영비용을 매년 ₩200,000씩 지급하면서 향후 10년 더 사용할 수 있다고 가정하자. 새로운 기계장치 B를 ₩1,600,000에 취득하여 운영비용 없이 향후 10년을 사용할 수 있다면, 두 대안 간에 ₩400,000(=₩200,000×10년−1,600,000)의 차액원가가 발생하므로 새로운 기계장치 B를 취득하기로 의사결정한다. 이때 기계장치 A의 취득원가는 매몰원가로서 의사결정과 관련이 없는 원가이다.

예제 **2.** 관련원가와 비관련원가

㈜경기운수는 택시회사이다. ㈜경기운수는 기존에 ₩180,000을 지급하고 취득한 택시 1대가 노후화되어 다음과 같은 3가지 안을 고려하고 있다. 단, 현재 기존 택시 및 8년 후 신형 택시를 처분할 경우 순현금흐름은 영(0)이고, 3가지 안의 품질은 동일하다고 가정한다.

구분	내 용
1안	기존 택시에 대한 정비비용을 매년 ₩40,000씩 지급하면서 향후 8년을 더 사용할 수 있다.
2안	신형 택시를 ₩230,000에 취득하고 정비비용을 매년 ₩5,000씩 지급하면서 향후 8년을 사용할 수 있다.
3안	리스로 택시를 대여할 수 있으며, 처음 4년간은 리스료로 매년 ₩35,000씩, 그리고 이후 4년간은 리스료로 매년 ₩28,000씩 지급하면서 사용할 수 있다.

물음)
1. 3가지 안에 대한 관련원가와 비관련원가를 구분하시오.
2. 최선의 대안과 차선의 대안 간의 차액원가를 계산하시오.

[풀이]
1. 3가지 안에 대한 관련원가와 비관련원가의 구분
   〈관련원가〉
   • 1안: ₩40,000×8년=₩320,000

- 2안: ₩230,000 + 5,000 × 8년 = ₩270,000
- 3안: ₩35,000 × 4년 + 28,000 × 4년 = ₩252,000

〈비관련원가〉

- 기존 택시 취득원가인 ₩180,000은 매몰원가로서 비관련원가이다.

2. 최선의 대안과 차선의 대안 간의 차액원가

최선의 대안은 3안이고, 차선의 대안은 2안이다.

따라서 차액원가는 ₩270,000 − 252,000 = ₩18,000이다.

"'갤폴드4' 뜯어 본 日, 깜짝 놀랐다 … '부품·원가' 아이폰과 비교 분석"

삼성전자의 최신형 폴더블폰 '갤럭시Z폴드4'가 애플의 신형 스마트폰 '아이폰14프로맥스'보다 수익성이 높다는 분석이 나왔다. 폴더블폰 제조에 필요한 부품의 절반 이상이 한국산이어서 부가가치 면에서도 우수하다는 진단이다.

일본 유력지인 니혼게이자이신문(닛케이)은 모바일기기 전문 조사업체인 포말하우트테크노솔루션의 도움을 받아 삼성전자 '갤럭시Z폴드4'를 분해해 부품을 정밀 분석한 결과 추정원가가 670달러(약 88만원) 수준으로 판매가 대비 원가율이 40%를 밑돈다고 전했다.

이는 애플의 '아이폰14프로맥스'의 원가율 46%보다 낮은 것으로, 제품 한 개를 팔 때마다 남는 수익은 '갤럭시Z폴드4'가 더 높다고 닛케이는 설명했다. 이 매체가 기준으로 삼은 '갤럭시Z폴드4'의 판매가(256GB 기준)는 1,800달러(약 237만원)로 한국 판매가(약 200만원선)보다 높다. 한국 판매가에 닛케이가 분석한 부품 원가를 적용하면 국내 원가율은 44%로 다소 높아진다.

또 일반 스마트폰은 하드웨어 부문에서 차이를 내기 어렵지만, 폴더블폰의 경우 부가가치가 상대적으로 높다고 닛케이는 짚었다. 무엇보다 폴더블폰의 핵심인 접히는 액정 유기EL(OLED)을 비롯한 부품 절반 이상이 한국산이라는 점에 주목했다.

'갤럭시Z폴드4'에 사용하는 메인 반도체는 미국 퀄컴 제품이지만, 데이터를 일시적으로 기억하는 메모리와 저장장치인 플래시메모리 등은 모두 삼성 제품이다. LG에너지솔루션의 배터리를 비롯해 다른 핵심 부품도 거의 한국산을 사용한다.

이에 비해 애플 아이폰의 자국산 부품 사용 비율은 삼성 갤럭시폰의 절반에도 못 미친다는 점도 강조했다. 미국의 제재 조치로 다른 국가로부터 반도체 부품을 납품받기 어려운 중국 화웨이 등을 제외하면 글로벌 스마트폰 업계에서 자국산 부품 비중이 '갤럭시Z폴드4'처럼 높은 고성능 기종은 드물다고 봤다.

애플 등 경쟁사들이 심각한 지정학적 리스크에 시달리면서 최근 부품 공급망 분산에 골몰하고 있는 가운데 삼성전자는 자국 내 부품 조달로 안정적인 생산 라인을 구축하는 한편 비용 절감까지 이뤄냈다고 닛케이는 평가했다.

닛케이는 이번에 삼성전자 '갤럭시Z폴드4' 외에 중국산 폴더블폰인 화웨이의 '메이트Xs'와 샤오미의 '미믹스폴드'도 분해, 비교 분석한 결과를 공개했다. 이들 제품의 판매가격은 1,500~2,000달러로 일반 스마트폰보다 높았지만 원가율은 30~40%에 그쳤다. 특히 두 기종 모두 핵심 부품인 접히는 액정의 경우 삼성의 유기EL을 사용했다. 화웨이의 경우 전체 부품의 50%, 샤오미는 36%가 한국산으로 이뤄진 것으로 나타났다.

(머니투데이 2022년 12월 8일)

Talk about

✓ 삼성전자의 '갤럭시Z폴드4'가 애플의 '아이폰14프로맥스'에 비해 원가율을 낮출 수 있는 요인은 무엇인가?

"'2만원' 육박한 평양냉면 … 원가는 4,000원이라는데"

날씨가 급격히 따뜻해진 요즘, 생각나는 음식이 있습니다. 바로 냉면인데요. 최근 유명 평양냉면 가게들이 일제히 가격을 올리면서 '평뽕족'(평양냉면에 중독된 사람들)에게 충격을 안겼습니다.

2일 한국소비자원 가격 정보 사이트 '참가격'에 따르면 지난달 말 기준 서울 지역의 냉면 1인분 평균 가격은 1만 692원으로 지난해 같은 달 평균 가격(9,962원)과 비교해 7.3% 인상됐습니다. 2년 전 같은 달과 비교하면 무려 18.8%가 오른 모습입니다. 통상 냉면 가격 인상은 여름 성수기를 맞기 전 곳곳에서 이뤄져 왔습니다. 서울 마포구 염리동에 본점을 둔 을밀대는 올해 초 2년 만에 가격을 인상했습니다. 물냉면과 비빔냉면 가격을 각각 기존의 1만 3,000원에서 1만 5,000원으로 2,000원씩 높였죠.

올해 미쉐린 가이드에 등재된 서울 충무로 필동면옥도 지난해에 이어 2년 연속으로 냉면 가격을 1,000원 인상했습니다. 서울 송파구 방이동에 본점을 둔 봉피양은 지난달 평양냉면과 비빔냉면의 가격을 기존 1만 5,000원에서 1만 6,000원으로 6.7% 올렸습니다.

70년 전통으로 유명한 우래옥은 올해 가격 조정이 없었지만, 기존에도 냉면을 1만 6,000원에 판매하고 있었습니다. 우래옥까지 포함하면 서울 상당수의 유명 냉면집은 냉면 한 그릇을 1만 5,000원 이상으로 판매하고 있다는 사실을 알 수 있는데요. 물가 상승을 고려하더라도 평양냉면은 유독 비싼 가격을 자랑합니다. 화려한 고명이 올라가는 것도 아닌데, 가격은 왜 매년 오름세를 보이는 걸까요?

사실 가격이 오르는 것은 평양냉면뿐만이 아닙니다. 위에서도 언급했지만 국제 곡물가격이 급등하면서 자장면, 칼국수 등 면 요리 대부분의 가격이 올랐는데요. 이에 '누들플레이션'(누들＋인플레이션의 합성어)이라는 말이 나올 정도죠.

그러나 평양냉면은 다른 면 음식에 비해서도 유독 비싼 가격을 자랑합니다. 업계에서는 평양냉면이 만들어지는 과정이 까다롭기 때문이라고 설명하는데요. 육수만 하더라도 고기 선별, 핏물 제거, 육수 제조, 수육 분리, 간 맞추기 등 길고 복잡한 과정을 거쳐야 한다는 겁니다. 면의 경우도 비슷합니다. 대부분 평양냉면 가게에서는 제분·반죽·숙성·제면 등을 거쳐 직접 면을 만드는 경우가 많습니다. 특히 메밀 100%인 순면은 반죽하기도 힘들고 손실도 커 가격이 높은 편입니다.

여기에 탄탄한 팬덤을 구축하고 있는 노포들의 가격 인상 행보도 주목할 필요가 있습니다. 오랜 역사로 평뽕족을 대거 양성한 우래옥을 필두로 평양면옥, 필동면옥, 부원면옥, 을밀대 등 유명 노포들의 냉면 가격이 기준이 된 건데요. 신생 점포들도 상향평준화 된 이들 가격을 쫓아가는 경향이 있고, 아직 가격을 인상하지 않은 업체가 있더라도 유명 업체에서 가격을 인상하면 함께 가격을 올려 받을 수 있는 명분이 생깁니다.

(이투데이 2023년 4월 3일)

Talk about

✓ 냉면의 재료원가 4,000원 이외의 다른 원가로 무엇이 있을까?

"서울시, SH 아파트 원가 첫 공개 … 민간건설사로 불똥 튀나"

서울시가 서울주택도시공사(SH공사)가 건설한 아파트의 택지조성원가를 포함한 분양 원가 71개 항목을 전면 공개하기로 했다. 택지조성원가를 포함한 아파트 분양원가 공개는 이번이 전국 최초다. 택지조성원가를 부풀리는 일부 건설사의 관행에 경고장을 보내는 것으로 풀이된다.

고덕강일4단지 분양원가		(단위 : 만원)
총 분양원가	1,765억	80
택지조성원가	691억	880
건설원가	1,073억	200
총 분양수익	980억	5,300

자료 : 서울시 SH공사

작년 8월 준공된 고덕강일4단지는 총 1,239가구 규모로 이 중 642가구가 일반 분양됐다. 당시 분양가는 전용 59㎡가 평균 4억 6,700만원이었다.

이 단지의 총 분양원가는 택지조성원가 691억 880만원과 건설원가 1,073억 200만원을 합쳐 총 1,765억 80만원으로 산정됐다. 분양수익으로 980억 5,300만원을 올려 원가 대비 수익률이 55%에 달한다.

이 같은 고수익에 대해 SH공사 관계자는 "그린벨트, 농지 등을 매입해 공공택지를 개발하기 때문에 택지조성원가가 낮은 단지들이 있다"며 "분양수익을 얻어 임대주택 건설 등 시민 다수에게 환원하는 게 공사의 역할"이라고 했다. 분양가를 더 낮추면 수분양자에게만 혜택이 돌아가기 때문에 적정한 이익을 내는 게 필요하다는 설명이다. 고덕강일4단지 분양수익은 임대주택 건설비(260억 1,100만원), 2019년 SH공사 임대주택 수선유지비(475억 4,500만원)와 다가구 임대주택 매입(244억 9,700만원) 등에 사용됐다.

이날 고덕강일4단지를 시작으로 최근 10년 내 건설 단지 34곳의 분양원가를 내년까지 모두 공개한다. 사업 정산을 완료한 28개 단지(마곡지구, 내곡지구, 세곡2지구, 오금지구, 항동지구)는 내년 상반기, 준공과 정산을 앞두고 있는 5개 단지(마곡지구 9단지, 고덕강일지구 8단지·14단지, 위례신도시A1-5BL·A1-12BL)는 내년 하반기 공개할 계획이다. 택지조성원가 10개 항목은 △용지비 △용지부담금 △조성비 △기반시설설치비 △이주대책비 △직접인건비 △판매비 △일반관리비 △자본비용 등이다.

김헌동 SH공사 사장은 "택지조성원가와 설계·도급·하도급 내역서까지 공개 범위를 대폭 확대한다"며 "풍선처럼 부풀려진 주택 분양가의 거품 제거에 기여할 것"이라고 말했다.

공공 아파트와 민간 아파트 원가를 단순 비교하는 곳은 곤란하다는 의견도 있다. 이은형 대한건설정책연구원 책임연구원은 "민간 건설사들이 짓는 단지들은 최고급 커뮤니티 시설과 최첨단 시스템을 적용해 건축비가 올라간다"며 "택지조성원가 역시 단지 위치 등에 따라 크게 달라지는 구조"라고 했다.

(한국경제 2021년 12월 15일)

Talk about ...

✓ 건설사의 분양원가 공개가 분양가에 어떠한 영향을 미칠 것으로 생각하는가?

"발전사 경쟁시켜 한전 전력구매가 인하 … 전기료 인상 압박 낮춘다"

전력시장 개편 방향의 핵심은 전력도매가 결정 과정에서 시장 기능이 작동할 수 있도록 가격입찰제를 도입하는 것이 핵심이다. 가격입찰제는 1단계와 2단계로 나눠 추진된다. 1단계에선 각 발전사가 기준연료비(직전 1년간 연료비 평균치)의 ±5~10% 범위에서 연료비, 변동비, 고정비 등 각종 비용에 적정이윤을 고려해 자율적으로 입찰에 참여할 수 있다. 발전사가 써낸 입찰가로 낙찰받으면 그 가격에 한전에 전기를 공급하게 된다. 입찰에서 떨어진 발전사는 전기를 팔지 못해 손해를 보기 때문에 가격경쟁이 활발해지고 결과적으로 한전의 전력구매가가 낮아질 가능성이 크다. 정부는 이런 방식이 안착되면 2단계로 '기준연료비의 ±5~10%'와 같은 제한이 없는 전면 가격입찰제를 도입할 계획이다.

현재는 전력거래소가 발전단가를 고려해 각 발전사에 급전(전기공급) 지시를 내린다. 통상 발전단가가 낮은 순서대로 원자력, 석탄, LNG 등으로 급전 순서가 정해진다. 이때 가동된 발전기 중 단가가 가장 높은 발전기 가격이 전력도매가로 결정된다. 발전단가가 비싼 LNG발전소를 기준으로 전력구매가가 결정되다 보니 발전사는 손해 보지 않는 데 비해 한전의 부담은 커진다. 한전이 올해 30조원 이상의 대규모 영업적자를 볼 것으로 예상되는 배경 중 하나다.

전력시장 개편안에는 가격입찰제 외에 다양한 경쟁 활성화 방안이 담겼다. 전력 수급 여건을 실시간 반영해 정확한 전력의 가치를 산정한 뒤 보상하는 '실시간시장'이 대표적이다. 실시간 예측 수요를 토대로 15분 단위로 전력 거래를 허용할 방침이다.

발전사뿐만 아니라 전력 수요자인 한전도 원하는 가격으로 전력구매 입찰에 나설 수 있는 양방향 입찰제가 도입된다. 발전사가 직접 전력 수요 기업 등과 계약을 맺고 전기를 파는 직접전력구매계약(PPA)도 확대된다. PPA 제도는 지금은 기업의 'RE100(재생에너지 100% 사용)' 참여 확대를 지원하는 정도에 그치고 있다. PPA가 확대되면 전력소비자의 선택권이 늘어난다.

기저발전원이면서 발전단가가 싼 원전과 석탄발전소는 사전에 한전과 협의해 전력공급 가격을 정하는 계약(정부승인차액계약)을 맺을 수 있는 길도 열린다. 이렇게 되면 발전사와 한전 모두 전력도매가의 급격한 변동에 대비할 수 있다. 또 이 제도 도입을 전제로 한전이 임의로 발전사 수익을 조정할 수 있도록 한 정산조정제도는 폐지할 계획이다. 정부승인차액계약이 허용되면 적정 투자보수를 고려한 계약 가격이 설정되는 만큼 석탄발전소의 과다수익을 제한할 이유가 줄어들기 때문이다. 정산조정제도는 시장경쟁과 배치되는 대표적인 반(反) 시장제도란 비판을 받아왔다.

(한국경제 2022년 11월 3일)

Talk about

✓ '가격입찰제'등 전력시장 개편안이 한전의 원가부담을 감소시켜 줄 수 있는가? 또 다른 방안으로 무엇이 있는가?

객관식 문제

01 경영지도사 2019

원가 및 원가행태에 관한 설명으로 옳은 것은?

① 관련범위 내에서 단위당 고정원가는 각 생산량의 수준에서 일정하다.
② 관련범위 내에서 단위당 변동원가는 생산량이 증가함에 따라 감소한다.
③ 제품의 생산과 관련하여 비정상적으로 발생한 경제적 자원의 소비는 제조원가에 포함하지 아니한다.
④ 제조기업의 제품배달용 트럭의 감가상각비는 재고가능원가이다.
⑤ 서비스기업의 본사에서 사용하는 컴퓨터 전기료는 재고가능원가이다.

02 재경관리사 2015

원가의 개념에 관한 설명으로 옳지 않은 것은?

① 직접원가는 특정 원가대상에 직접 추적할 수 있는 원가를 말한다.
② 변동원가는 관련범위 내에서 조업도가 증가할수록 발생원가 총액이 증가하고 조업도가 감소할수록 발생원가 총액이 감소한다.
③ 준변동원가는 관련범위 내에서 조업도와 관계없이 총원가가 일정한 부분과 조업도에 따라 총원가가 비례하여 변동하는 부분으로 혼합되어 있다.
④ 매몰원가란 이미 발생된 원가로 특정 의사결정과 직접적으로 관련이 없는 원가이다.
⑤ 제품생산량이 증가함에 따라 관련범위 내에서 제품단위당 고정원가는 증가한다.

03 재경관리사 2017

다음 설명과 관련된 원가회계 용어로 가장 옳은 것은?

> ㄱ. 직접적인 대응이나 간접적인 원가배분방법에 의한 원가측정을 통하여 원가가 집계되는 활동이나 항목
> ㄴ. 이것에 대한 전통적인 예로는 제품, 부문 등이 있으나 최근에는 활동(activity), 작업(operation) 등으로 다양화되고 있음

① 원가대상   ② 매출원가   ③ 조업도   ④ 제조원가명세서

04 재경관리사 2016

원가 발생을 원가 대상에 추적하여 인식할 수 있는지 여부에 따른 원가 분류는?

① 차액원가, 관련원가

② 판매비와 관리비, 매출원가

③ 변동원가, 고정원가

④ 직접원가, 간접원가

⑤ 재료원가, 노무원가, 경비

05 재경관리사 2014

의사결정을 위한 원가에 관한 설명으로 옳지 않은 것은?

① 관련원가는 의사결정에 있어 대안 간에 차이가 나는 원가를 말한다.

② 회피가능원가는 의사결정에 있어서 다른 대안 대신특정 대안을 선택함에 따라 감소할 수 있는 원가를 말한다.

③ 변동원가는 생산라인의 폐지와 관련한 의사결정과 관련이 없다.

④ 기회원가는 한 대안이 다른 대안에 우선하여 선택되는 경우 포기되는 잠재적 효익을 의미한다.

⑤ 매몰원가는 현재 또는 미래의 의사결정에 의하여 변하지 않는 이미 발생한 원가를 말한다.

06 경영지도사 2017

매몰원가(sunk cost)에 관한 설명으로 옳은 것은?

① 특정 대안을 선택하지 않음으로써 원가의 발생을 회피할 수 있는 원가이다.

② 과거에 이미 발생하여 현재 혹은 미래의 의사결정에 의하여 회피 불가능한 원가이다.

③ 특정 대안을 선택함으로써 포기된 효익으로 의사결정시 반드시 고려해야 하는 원가이다.

④ 현금지출이 이루어지지 않으나 의사결정과 관련이 있는 원가이다.

⑤ 고려중인 모든 대안에 대한 공통원가로서 특정 대안에 합리적으로 배분할 수 있는 원가이다.

07 감정평가사 2018

원가가산 가산결정방법에 의해서 판매가격을 결정하는 경우 (   )에 들어갈 금액으로 옳은 것은? (단, 영업이익은 총원가의 30%이고, 판매비와관리비는 제조원가의 50%이다)

				영업이익 (ㅁ)	
			판매비와관리비 (ㄷ)		판매가격 ₩58,500
	제조간접원가 (ㄱ)		제조원가 (ㄹ)	총원가 (ㅂ)	
직접재료원가 ₩12,500	기초원가 (ㄴ)				
직접노무원가 ₩12,500					

	(ㄱ)	(ㄴ)	(ㄷ)	(ㄹ)	(ㅁ)	(ㅂ)
①	₩5,000	₩25,000	₩15,000	₩30,000	₩13,500	₩45,000
②	5,000	25,000	17,500	35,000	10,500	48,000
③	10,000	25,000	15,000	30,000	13,500	45,000
④	10,000	25,000	17,500	35,000	10,500	48,000
⑤	10,000	25,000	17,500	30,000	10,500	48,000

08 재경관리사 2017

다음은 ㈜삼일의 제조원가 자료이다. 아래 자료를 이용하여 ㈜삼일의 기초원가와 가공원가를 계산하면 얼마인가?

제조원가명세서	
ㄱ. 직접재료원가	₩300,000
ㄴ. 직접노무원가	200,000
ㄷ. 변동제조간접원가	150,000
ㄹ. 고정제조간접원가	250,000
ㅁ. 당기총제조원가	900,000

	기초원가	가공원가		기초원가	가공원가
①	₩300,000	₩500,000	②	₩300,000	₩600,000
③	₩500,000	₩400,000	④	₩500,000	₩600,000

09 재경관리사 2017

㈜삼일은 한 공장에서 100명의 직원 모두가 팀 구분 없이 승용차와 트럭을 생산하고 있다. 승용차 생산과 관련하여 원가를 원가행태와 추적가능성에 따라 아래와 같이 분류하는 경우 (ㄱ)의 사례로 가장 옳은 것은?

구분	직접원가	간접원가
변동원가	(ㄱ)	(ㄴ)
고정원가	(ㄷ)	(ㄹ)

① 승용차용 타이어 원가
② 공장 감가상각비
③ 공장장 급여
④ 식당 운영비

※ ㈜대한의 다음 〈자료〉를 이용하여 10번과 11번에 대해 각각 답하시오.

- 1안: ㈜대한은 과거 ₩500,000에 취득한 아반떼 자동차를 매년 운영비용을 ₩80,000씩 지급하면서 향후 10년을 더 사용할 수 있다.
- 2안: ㈜대한은 현재 신형 아반떼 자동차를 ₩600,000에 취득하여 매년 운영비용을 ₩15,000씩 지급하면서 향후 10년을 사용할 수 있다.

10

㈜대한의 〈자료〉 중 관련원가가 아닌 것은?

① 과거 아반떼 취득원가 ₩500,000
② 과거 아반떼 운영비용 ₩70,000
③ 신형 아반떼 취득원가 ₩600,000
④ 신형 아반떼 운영비용 ₩15,000

11

㈜대한의 1안과 2안의 차액원가(절댓값)는 얼마인가?

① ₩50,000
② ₩100,000
③ ₩150,000
④ ₩200,000

CHAPTER

03

원가의 배부

- 원가배부의 목적 및 기준을 이해한다.
- 보조부문원가의 배부방법을 이해한다.
- 보조부문원가의 배부와 관련된 기타 고려사항을 이해한다.

본 장에서는 원가의 배부를 이해한다. 원가를 배부하는 이유는 간접원가 등을 원가대상에 추적할 수 없기 때문에 일정한 원칙을 적용하여 원가대상에 배부해야 한다. 보조부문원가를 제조부문에 배부하는 방법으로 직접배부법, 단계배부법 및 상호배부법 등이 있으며, 각 방법의 장·단점을 파악하여 가장 적절한 방법을 선택하여 사용할 수 있다.

보조부문원가를 제조부문에 배부할 때 배부방법뿐만 아니라 여러 가지 고려할 사항들이 있다. 이 중에서 배부기준을 선택하는 문제가 가장 중요하다. 어떠한 배부기준을 선택하느냐에 따라 제조부문에 배부되는 금액이 달라지므로 적정한 배부기준을 선택하는 것이 제품의 원가를 결정하는 핵심사항이다. 이러한 내용을 포함하여 본 장을 통해서 각 원가배부의 방법을 알아보자.

1 원가배부의 의의

경영자는 계획, 조직화, 통제 및 의사결정을 위해 그 목적에 적합한 원가정보를 필요로 하는데, 이러한 원가정보를 얻기 위해 원가를 추적하고 배부하여 집계하는 과정을 거쳐야 한다.

제2장에서 설명한 것처럼 원가는 특정 원가대상(cost object)별로 추적가능성에 따라 직접원가(direct cost)와 간접원가(indirect cost)로 구분된다. 직접원가는 특정 원가대상과 관련이 있는 원가로서 경제적으로 실행가능한 방법에 의해 추적될 수 있는 원가이다. 반면에 간접원가는 특정 원가대상과 관련이 있기는 하지만 경제적으로 실행가능한 방법에 의해 추적할 수 없는 원가이다. 따라서 **원가배부**(cost allocation)는 발생한 원가를 원가대상에 추적할 수 없기 때문에 원가대상에 할당해야 하는 간접원가를 대상으로 하는 것이 일반적이다.

1.1 원가배부의 목적

원가배부의 목적은 다음 〈그림 3-1〉과 같이 제품원가계산, 경제적 의사결정을 위한 정보제공, 동기부여 및 성과평가, 원가의 정당화, 이익과 자산의 측정 등 5가지로 설명할 수 있다.

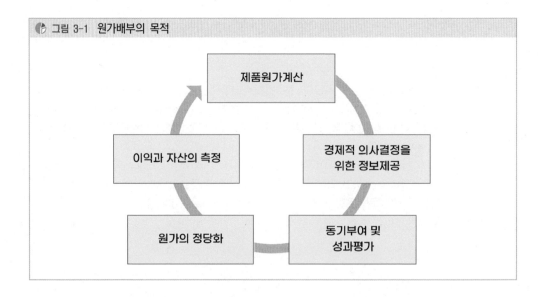

그림 3-1 원가배부의 목적

(1) 제품원가계산

제품의 제조원가는 직접원가(직접재료원가, 직접노무원가)와 간접원가(제조간접원가)의 합으로 구성된다. 따라서 **제품원가를 계산하기 위해서는 직접원가와 간접원가를 모두 알아야 하는데**, 직접원가는 추적을 통하여 쉽게 계산되는 반면에 간접원가는 추적이 거의 불가능하므로 원가대상에 배부해야 한다.

(2) 경제적 의사결정을 위한 정보제공

경영자는 경제적 의사결정을 합리적으로 수행하기 위해서 원가정보를 활용한다. 원가배부를 통해 제품원가에 대한 정보를 알게 되면 판매가격의 결정, 부품의 자가제조 또는 외부구입 여부 등에 대한 경제적 의사결정을 하는 데 도움이 된다. 따라서 **원가배부는 경영자의 경제적 의사결정을 위한 정보를 제공한다.**

(3) 동기부여 및 성과평가

경영자와 종업원에 대한 **성과평가를 위해 원가배부가 이루어지고, 이것은 경영자와 종업원에게 원가절감에 대한 동기를 부여한다.** 효율적인 원가통제가 경영성과평가에 영향을 미치기 때문에 경영자는 원가절감에 대한 유인을 갖게 된다. 또한 각 부서에 배부되는 원가가 부서성과평가에 영향을 미치기 때문에 종업원 역시 원가절감에 대한 유인을 갖게 된다.

(4) 원가의 정당화

원가배부는 원가를 정당화하고 보상액 등을 결정하는 데 활용된다. 예를 들어, 건설회사가 건설계약을 할 때 원가의 일정비율이나 정액의 수수료를 원가에 가산하여 보상하는 **원가보상계약**(cost−plus contract)이 주로 이루어지는데, 이때 원가정보는 보상액을 결정하는 중요한 역할을 한다.

(5) 이익과 자산의 측정

원가배부는 외부보고를 위한 이익의 측정과 자산의 평가를 가능하게 해준다. 예를 들어, 외부에 재무보고나 세무보고를 위한 재고자산을 측정하려면 제품의 제조원가를 파악해야 하는데, 이를 위해서는 원가배부가 우선적으로 이루어져야 한다. 또한 원가배부를 통해서 매출원가가 결정되므로 이익에도 영향을 미친다.

1.2 원가배부기준

원가배부기준은 원가를 배부하기 위한 일정한 기준을 말한다. 원가배부기준을 정함에 있어 임의적이라는 한계가 있다. 이를 극복하기 위해서 경영자는 특정원가를 배부하는 목적을 선정하고, 원가배부 목적에 적합한 기준을 선정해야 한다. 일반적으로 주로 사용되는 원가배부기준은 다음과 같다.

(1) 인과관계기준

인과관계기준(cause−and−effect criterion)은 원가와 원가대상 간의 인과관계에 따라 원가를 배부하는 기준이며, **원가배부에 있어서 가장 우선시 되는 기준**이다. 구매부문의 원가를 주문 횟수에 비례해서 배부하는 것은 인과관계기준의 한 예라고 할 수 있다. 이러한 인과관계는 직접재료원가와 직접노무원가의 경우에는 높으나 제조간접원가의 경우는 낮은 것이 일반적이다. 또한 인과관계는 **상관관계**(correlation)와 구별해야 한다. 매출액과 연구개발비 간의 관계는 인과관계보다는 상관관계라고 보는 것이 타당하다. 즉, 매출액의 증가가 연구개발비를 증가시키기도 하지만, 연구개발비의 증가도 매출액을 증가시키기 때문이다.

(2) 수혜기준

수혜기준(benefits−received criterion)은 원가대상이 제공받는 경제적 효익에 따라 원가를 배부하는 기준이다. 예를 들어, 전기요금을 배부할 때에는 각 원가대상이 사용한 전기의 양에 따라 원가를 배부하는 것이 합리적일 것이며, 이때 수혜기준에 따라 전기요금을 배부할 것이다. 전기를 많이 사용한 경우 전기로 인한 경제적 효익을 더 많이 받았기 때문에 전기요금을 더 많이 부담해야 한다는 개념이다.

(3) 부담능력기준

부담능력기준(ability−to−bear criterion)은 각 원가대상이 원가를 부담할 수 있는 능력에 따라 원가를 배부하는 기준이다. 매출액이나 이익을 많이 내는 사업부문이 원가를 부담할 능력이 더 있기 때문에 보다 많은 원가를 배부하는 경우가 부담능력기준의 예이다. 이런 경우 경영자와 종업원의 원가절감에 대한 동기가 저하될 수 있기 때문에 주의해야 한다.

(4) 공정성기준

공정성기준(fairness criterion)은 원가대상에 원가를 공정하고 공평하게 배부해야 한다는 기준으로, 원가를 기초로 하여 일정비율 또는 일정금액을 더해서 가격이 정해지는 정부와의 계약에서 많이 활용된다. 공정성기준은 **공평성기준**(equity criterion)이라고도 하며, 원가배부기준을 의미하기보다는 원가배부를 통해 달성해야 하는 목표를 의미한다.

위의 4가지 원가배부기준 중에서 인과관계기준 또는 수혜기준이 가장 바람직한 것으로 받아들여지고 있다. 즉, 인과관계기준 또는 수혜기준에 따라 원가를 배부하되 이것을 이용하기 어려울 때는 차선책으로 다른 기준을 선택하는 것이 일반적이다. 원가배부기준을 정리하면 다음 〈표 3-1〉과 같다.

☑ 표 3-1 원가배부기준

기 준	개 념
인과관계기준	원가와 원가대상 간의 인과관계에 따라 원가배부
수혜기준	원가대상이 제공받는 경제적 효익에 따라 원가배부
부담능력기준	원가대상이 원가를 부담할 수 있는 능력에 따라 배부
공정성기준	원가대상에 원가를 공정하고 공평하게 배부

2 보조부문원가의 배부

2.1 보조부문 원가배부의 의의

기업에서 제조활동이 이루어지는 생산 공장은 제조활동을 직접 수행하는 제조부문과 제조활동을 지원하는 보조부문으로 나누어진다.

제조부문(production department)은 조직의 중심목적인 제조활동을 수행하는 부문 또는 구성단위로서 조립부문, 성형부문, 완성부문, 도장부문 등으로 구성된다. 반면에 **보조부문**(support department)은 제조활동에 직접적으로 관여하기보다는 제조활동을 촉진시키는 활동을 수행하거나 제조활동을 지원하는 활동을 수행하는 부문이나 구성단위로서 수선유지부문, 동력부문, 관리부문 등을 예로 들 수 있다.

제조부문은 제품의 생산과 직접적으로 관련되어 있기 때문에 직접적으로 추적가능하다. 따라서 제조부문원가를 제품에 배부하는 데에는 별 문제가 없다. 그러나 보조부문과 제품 간에는 직접적인 관련성을 찾기 어려우므로 보조부문원가를 제품에 직접적으로 추적하여 배부하기는 쉽지 않다. 그렇기 때문에 제조부문원가에 **보조부문에서 배부된 제조간접원가를 합하여 이를 제품에 배부하는 과정을 거치는 것이** 일반적이다. 이러한 보조부문원가의 배부과정을 간단히 요약하면 다음 〈그림 3-2〉와 같다.

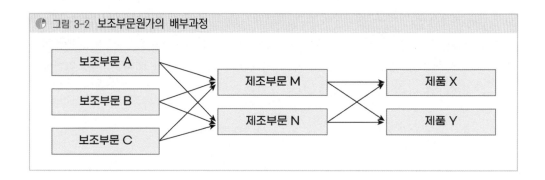

그림 3-2 보조부문원가의 배부과정

〈그림 3-2〉와 같이 각 제조부문에 배부된 보조부문원가는 제조부문에서 자체적으로 발생한 원가와 함께 각각의 제품에 배부된다. 제조부문에 배부된 보조부문원가는 제조부문의 성과를 평가하는 요인이 된다. 따라서 **정확한 보조부문원가의 배부는 정확한 제품원가계산과 제품가격결정을 가능하게 해줄 뿐만 아니라, 결국 정확한 성과평가를 가능하게 한다.**

2.2 보조부문원가의 배부

보조부문이 제조부문에만 용역을 제공하는 것이 아니라 보조부문 상호 간에도 용역을 주고받는다. 예를 들어, 보조부문인 수선유지부문과 동력부문이 제조부문에 용역을 제공할 뿐만 아니라, 수선유지부문과 동력부문 상호 간에도 용역을 주고받는다. 이와 같이 보조부문 상호 간에 용역을 주고받는 경우에 보조부문원가를 어떻게 배부해야 하는지에 대해 고려해야 한다.

보조부문 상호 간에 용역을 주고받는 경우 보조부문원가를 제조부문에 배부하는 방법에는 직접배부법, 단계배부법 및 상호배부법이 있다. 다음 (예 1)을 통해서 각각의 방법에 대해 살펴보자.

| 예 1 | 보조부문원가의 배부 |

㈜성북은 두 개의 보조부문 A, B와 두 개의 제조부문 M, N으로 구성되어 있다. 20×1년 8월에 각 부문의 용역수수관계와 발생한 제조간접원가는 다음과 같다.

사용부문 제공부문	보조부문		제조부문		합 계
	A	B	M	N	
A	–	30%	50%	20%	100%
B	40%	–	25%	35%	100%
제조간접원가	₩210,000	₩42,000	₩150,000	₩120,000	₩522,000

(1) 직접배부법

직접배부법(direct allocation method)은 보조부문 상호 간의 용역수수관계를 무시하고 보조부문원가를 제조부문에만 직접 배부한다. 이 방법은 보조부문 상호 간의 용역수수관계를 무시하므로 **정확한 원가배부가 이루어지지 않는다는 단점**이 있다. 1단계에서 정확하지 못한 보조부문원가의 배부가 이루어지기 때문에 2단계에서도 부정확한 원가배부가 이루어지게 되어 제품에 대한 원가정보를 왜곡시킬 수 있다. 그러나 직접배부법은 보조부문 상호 간의 용역수수관계를 고려하지 않으므로 **계산이 간단하다는 장점**이 있기 때문에 보조부문 상호 간의 용역수수관계가 중요하지 않을 때 적합한 방법이다. 직접배부법에 의하여 보조부문원가를 제조부문에 배부하면 다음과 같다.

《 직접배부법에 의한 보조부문원가의 배부 》

사용부문 제공부문	보조부문		제조부문		합 계
	A	B	M	N	
제조간접원가	₩210,000	₩42,000	₩150,000	₩120,000	₩522,000
A 원가배부	(210,000)	–	150,000	60,000	0
B 원가배부	–	(42,000)	17,500	24,500	0
배부후 원가	₩0	₩0	₩317,500	₩204,500	₩522,000

1) 보조부문 A의 원가배부

• 제조부문 M: $₩210,000 \times \dfrac{50}{70} = ₩150,000$

- 제조부문 N: $₩210,000 \times \dfrac{20}{70} = ₩60,000$

2) 보조부문 B의 원가배부

- 제조부문 M: $₩42,000 \times \dfrac{25}{60} = ₩17,500$

- 제조부문 N: $₩42,000 \times \dfrac{35}{60} = ₩24,500$

(2) 단계배부법

단계배부법(step allocation method)은 보조부문 상호 간의 용역수수관계를 부분적으로 고려하는 방법이다. 즉, 보조부문원가를 제조부문과 다른 보조부분에 순차적으로 배부한다. 이 방법에 의하면 한 번 배부된 보조부문원가는 원래 배부된 보조부분에는 다시 배부되지 않고 다른 보조부분에만 배부된다.

단계배부법은 보조부문원가를 배부하는 순서에 따라 배부 결과가 달라지므로 **배부순서가 합리적이지 못할 경우에는 오히려 직접배부법보다도 정확하지 못한 결과를 초래할 수 있다.** 따라서 배부순서를 결정할 때 다음과 같은 방법이 많이 사용된다.

① 다른 보조부문에 제공하는 보조부문의 원가 금액이 큰 보조부문부터 배부하는 방법
② 다른 보조부문에 제공하는 용역제공비율이 큰 보조부문부터 배부하는 방법
③ 자신의 용역을 제공받는 다른 보조부문의 수가 많은 보조부문부터 배부하는 방법

《 단계배부법에 의한 보조부문원가의 배부(보조부문 A부터 배부) 》

사용부문 / 제공부문	보조부문		제조부문		합 계
	A	B	M	N	
제조간접원가	₩210,000	₩42,000	₩150,000	₩120,000	₩522,000
A 원가배부	(210,000)	63,000	105,000	42,000	0
B 원가배부	–	(105,000)	43,750	61,250	0
배부후 원가	₩0	₩0	₩298,750	₩223,250	₩522,000

1) 보조부문 A의 원가배부

- 보조부문 B: $\text{₩}210,000 \times \dfrac{30}{100} = \text{₩}63,000$

- 제조부문 M: $\text{₩}210,000 \times \dfrac{50}{100} = \text{₩}105,000$

- 제조부문 N: $\text{₩}210,000 \times \dfrac{20}{100} = \text{₩}42,000$

2) 보조부문 B의 원가배부

- 제조부문 M: $\text{₩}105,000 \times \dfrac{25}{60} = \text{₩}43,750$

- 제조부문 N: $\text{₩}105,000 \times \dfrac{35}{60} = \text{₩}61,250$

〈 단계배부법에 의한 보조부문원가의 배부(보조부문 B부터 배부) 〉

사용부문 / 제공부문	보조부문 A	보조부문 B	제조부문 M	제조부문 N	합 계
제조간접원가	₩210,000	₩42,000	₩150,000	₩120,000	₩522,000
B 원가배부	16,800	(42,000)	10,500	14,700	0
A 원가배부	(226,800)	–	162,000	64,800	0
배부후 원가	₩0	₩0	₩322,500	₩199,500	₩522,000

1) 보조부문 B의 원가배부

- 보조부문 A: $\text{₩}42,000 \times \dfrac{40}{100} = \text{₩}16,800$

- 제조부문 M: $\text{₩}42,000 \times \dfrac{25}{100} = \text{₩}10,500$

- 제조부문 N: $\text{₩}42,000 \times \dfrac{35}{100} = \text{₩}14,700$

2) 보조부문 A의 원가배부

- 제조부문 M: $\text{₩}226,800 \times \dfrac{50}{70} = \text{₩}162,000$

- 제조부문 N: $\text{₩}226,800 \times \dfrac{20}{70} = \text{₩}64,800$

(3) 상호배부법

상호배부법(reciprocal allocation method)은 보조부문 상호 간의 용역수수관계를 완전히 고려하는 방법이다. 즉, 보조부문원가를 그 보조부문이 제공하는 용역을 소비하는 다른 모든 보조부문에 배부한다. 상호배부법은 보조부문 상호 간의 용역수수관계를 연립방정식을 통해 표시하고, 여기서 계산된 원가를 다른 보조부문과 제조부문에 배부한다.

상호배부법은 **이론적으로 가장 정확한 방법**이지만, 실무에서 적용하기 복잡하다는 단점이 있다.

〈 상호배부법에 의한 보조부문원가의 배부 〉

사용부문 / 제공부문	보조부문		제조부문		합 계
	A	B	M	N	
제조간접원가	₩210,000	₩42,000	₩150,000	₩120,000	₩522,000
A 원가배부	(257,727)	77,318	128,864	51,545	0
B 원가배부	47,727	(119,318)	29,830	41,761	0
배부후 원가	₩0	₩0	₩308,694	₩213,306	₩522,000

1) 보조부문 A와 B에서 배부할 보조부문원가를 a와 b라 하면,

- $a = 210,000 + 0.4b$
- $b = 42,000 + 0.3a$

  연립방정식을 풀면, $a = 257,727$, $b = 119,318$이다. 이 값을 이용하여 다른 보조부문과 제조부분에 배부한다.

2) 보조부문 A의 원가배부

- 보조부문 B: $\text{₩}257,727 \times \dfrac{30}{100} = \text{₩}77,318$

- 제조부문 M: $\text{₩}257,727 \times \dfrac{50}{100} = \text{₩}128,864$

- 제조부문 N: $\text{₩}257,727 \times \dfrac{20}{100} = \text{₩}51,545$

3) 보조부문 B의 원가배부

- 보조부문 A: ₩119,318 × $\dfrac{40}{100}$ = ₩47,727

- 제조부문 M: ₩119,318 × $\dfrac{25}{100}$ = ₩29,830

- 제조부문 N: ₩119,318 × $\dfrac{35}{100}$ = ₩41,761

3 보조부문원가의 배부와 관련된 기타 고려사항

3.1 배부기준의 선택

보조부문원가를 제조부문에 합리적으로 배부하기 위해서는 정확한 배부기준의 선택이 중요하다. 보조부분원가를 배부하기 위한 기준 중에서 **가장 바람직한 것은 인과관계기준**이다. 그러나 현실적으로 정확한 인과관계를 찾기 어려울 때는 수혜기준, 부담능력기준, 공정성 기준 중에서 합리적인 방법을 사용해야 한다.

일반적으로 많이 사용되는 인과관계 배부기준의 예를 들면 다음 〈표 3-2〉와 같다.

☑ **표 3-2 보조부문원가 배부기준의 예**

보조부문	배부기준의 예
건물관리부문	건물점유면적(m^2)
공장인사관리부문	종업원 수
구매부문	주문횟수
수선유지부문	작업시간
동력부문	전기사용량(kw)
전산부문	CPU 사용시간
창고부문	창고점유면적(m^2)

3.2 단일배부율법과 이중배부율법

(1) 단일배부율법

단일배부율법(single-rate method)이란 보조부문원가를 제조부문에 배부할 때 변동원가와 고정원가로 구분하지 않고 하나의 배부기준을 이용하여 총원가를 배부하는 방법을 말한다. 지금까지 설명한 배부방법이 단일배부율법이다.

(2) 이중배부율법

이중배부율법(dual-rate method)이란 보조부문원가를 제조부문에 배부할 때 변동원가와 고정원가를 구분하여 각각 별개의 배부기준을 이용하여 총원가를 배부하는 방법을 말한다.

이중배부율을 이용하여 총원가를 배부할 때 **고정원가는 각 부문의 최대사용가능량을 기준으로 배부하고, 변동원가는 각 부문의 실제사용량을 기준으로 배부한다.** 고정원가는 각 부문의 최대사용가능량을 기준으로 배부하는 이유는 공장의 생산설비를 각 보조부문 또는 제조부문의 최대조업도에 맞추어 구입하는 것이 일반적이기 때문이다. 또한 변동원가는 각 부문의 실제사용량을 기준으로 배부하는 이유는 보조부문의 변동원가가 각 보조부문 또는 제조부문의 실제사용량에 비례하여 발생하기 때문이다.

예제 **1.** **단일배부율법과 이중배부율법**

㈜충북식품은 한 개의 보조부문(동력부문)과 두 개의 제조부문(조리부문과 포장부문)으로 구성되어 있다. 보조부문은 두 개의 제조부문에 전력을 공급하는데, 각 제조부문의 월간 최대사용가능량과 20×1년 8월의 실제사용량은 다음과 같다.

구 분	제조부문		합 계
	조리부문	포장부문	
최대사용가능량	1,200kw	1,800kw	3,000kw
실제사용량	800kw	1,600kw	2,400kw

한편, 20×1년 8월에 각 부문에서 발생한 제조간접원가 중 변동원가와 고정원가는 다음과 같다.

구 분	보조부문 (동력부문)	제조부문		합 계
		조리부문	포장부문	
변동원가	₩90,000	₩100,000	₩50,000	₩240,000
고정원가	60,000	25,000	35,000	120,000
제조간접원가	₩150,000	₩125,000	₩85,000	₩360,000

물음)

1. 단일배부율법을 이용하여 보조부문원가를 제조부문에 배부하시오. 단, 실제사용량을 배부기준으로 한다.

2. 이중배부율법을 이용하여 보조부문원가를 제조부문에 배부하시오.

[풀이]

1. 단일배부율법(배부기준: 실제사용량)

   • 조리부문: $₩150,000 \times \dfrac{800kw}{2,400kw} = ₩50,000$

   • 포장부문: $₩150,000 \times \dfrac{1,600kw}{2,400kw} = ₩100,000$

구 분	보조부문 (동력부문)	제조부문		합 계
		조리부문	포장부문	
제조간접원가	₩150,000	₩125,000	₩85,000	₩360,000
원 가 배 부	(150,000)	50,000	100,000	0
배부후 원가	₩0	₩175,000	₩185,000	₩360,000

2. 이중배부율법

   ① 변동원가(배부기준: 실제사용량)

   • 조리부문: $₩90,000 \times \dfrac{800kw}{2,400kw} = ₩30,000$

   • 포장부문: $₩90,000 \times \dfrac{1,600kw}{2,400kw} = ₩60,000$

   ② 고정원가(배부기준: 최대사용가능량)

   • 조리부문: $W60,000 \times \dfrac{1,200kw}{3,000kw} = ₩24,000$

   • 포장부문: $₩60,000 \times \dfrac{1,800kw}{3,000kw} = ₩36,000$

구 분	보조부문 (동력부문)	제조부문		합 계
		조리부문	포장부문	
제조간접원가	₩150,000	₩125,000	₩85,000	₩360,000
원 가 배 부	(150,000)	54,000❶	96,000❷	0
배부후 원가	₩0	₩179,000	₩181,000	₩360,000

❶ ₩30,000(변동원가) + 24,000(고정원가) = ₩54,000

❷ ₩60,000(변동원가) + 36,000(고정원가) = ₩96,000

3.3 보조부문에서 수익이 창출되는 경우

대부분의 보조부분에서는 수익의 창출 없이 원가만 발생하는 것이 일반적이다. 그러나 보조부문에서 수익이 창출되는 경우도 있을 수 있다. 예를 들어, 공장의 동력부문에서 남는 전력을 외부회사에 판매하고 그에 대한 대가를 받는 경우에 수익이 발생한다. 이때에는 동력부문의 총원가를 배부하는 것이 아니고, **총원가에서 수익을 차감한 순원가를 배부**해야 한다. 만약 총원가를 배부하게 되면 외부회사가 동력부문에 지급한 대가를 다른 부문이 다시 부담하는 경우가 발생하기 때문이다.

예제 **2.** 보조부문에서 수익이 창출되는 경우

㈜충남철강은 한 개의 보조부문(수선유지부문)과 두 개의 제조부문(제선부문과 제강부문)으로 구성되어 있다. 20×1년 8월에 각 부문의 용역수수관계와 발생한 제조간접원가는 다음과 같다.

사용부문 제공부문	보조부문 (수선유지부문)	제조부문		합 계
		제선부문	제강부문	
수선유지부문	–	70%	30%	100%
제조간접원가	₩210,000	₩150,000	₩120,000	₩480,000

한편, 20×1년 8월에 수선유지부문은 ㈜부여자원에 폐자원을 처분하여 ₩21,000의 수익이 발생하였다.

물음)

보조부문원가를 제조부문에 배부하시오.

[풀이]

보조부문원가의 배부

사용부문 제공부문	보조부문 (수선유지부문)	제조부문		합 계
		제선부문	제강부문	
제조간접원가	₩189,000**❶**	₩150,000	₩120,000	₩459,000
원 가 배 부	(189,000)	132,300**❷**	56,700**❸**	0
배부후 원가	₩0	₩282,300	₩176,700	₩459,000

❶ 총원가에서 수익을 차감한 순원가를 제조부문에 배부한다.

　순원가 = ₩210,000 − 21,000 = ₩189,000

❷ 제선부문에 배부되는 원가 = ₩189,000 × 70% = ₩132,300

❸ 제강부문에 배부되는 원가 = ₩189,000 × 30% = ₩56,700

3.4 공장전체 및 부문별 제조간접원가배부율

제조기업이 두 개 이상의 제조부문을 운영하는 경우에 제조간접원가를 개별 제품에 배부하는 방법으로 공장전체 제조간접원가배부율과 부문별 제조간접원가배부율이 있다.

(1) 공장전체 제조간접원가배부율

공장전체 제조간접원가배부율은 공장전체의 제조간접원가를 단일배부기준(조업도)에 의하여 개별 제품에 배부하는 방법이다. 이 방법은 단일의 공장전체 제조간접원가배부율을 사용하므로 제조간접원가를 부문별로 집계한 후 보조부문원가를 앞서 언급한 직접배부법, 단계배부법 및 상호배부법 등을 이용하여 제조부문에 배부할 필요가 없다. 공장전체 제조간접원가배부율은 다음과 같이 계산한다.

$$공장전체\ 제조간접원가배부율 = \frac{공장전체의\ 제조간접원가}{공장전체의\ 단일배부기준(조업도)}$$

(2) 부문별 제조간접원가배부율

부문별 제조간접원가배부율은 제조간접원가를 부문별로 집계한 후 보조부문원가를 제조부문에 배부하고, 제조부문별로 서로 다른 부문별 제조간접원가배부율을 이용하여 개별 제품에 배부하는 방법이다. 이 방법은 보조부문원가를 어떠한 방법(직접배부법, 단계배부법, 상호배부법 등)을 이용하여 배분하느냐에 따라 각 제조부문에 집계된 제조간접원가가 달라지므로 배부방법을 선택하는 것이 중요한 문제이다. 부문별 제조간접원가배부율은 다음과 같이 계산한다.

$$부문별\ 제조간접원가배부율 = \frac{부문별\ 제조간접원가}{부문별\ 배부기준(조업도)}$$

예제 3. 공장전체 및 부문별 제조간접원가배부율

㈜동해수산은 두 개의 보조부문(수선유지부문과 동력부문)과 두 개의 제조부문(절단부문과 가공부문)으로 구성되어 있다. ㈜동해수산은 20×1년 8월에 제품인 참치, 연어, 꽁치통조림 을 착수하여 완성하였다. 각 제품과 관련하여 발생한 제조원가와 기타자료는 다음과 같다.

구 분	참치	연어	꽁치	합 계
직접재료원가	₩250,000	₩100,000	₩150,000	₩500,000
직접노무원가	600,000	150,000	250,000	1,000,000
직접노동시간				
절단부문	500시간	200시간	300시간	1,000시간
가공부문	60	15	20	95
기 계 시 간				
절단부문	30시간	10시간	20시간	60시간
가공부문	300	100	100	500

한편, 20×1년 8월에 각 부문의 용역수수관계와 발생한 제조간접원가는 다음과 같다.

사용부문 제공부문	보조부문		제조부문		합 계
	수선유지부문	동력부문	절단부문	가공부문	
수선유지부문	–	30%	50%	20%	100%
동 력 부 문	40%	–	25%	35%	100%
제조간접원가	₩210,000	₩42,000	₩150,000	₩120,000	₩522,000

물음)

1. 공장전체 제조간접원가배부율을 이용하여 제조간접원가를 각 제품에 배부하시오. 단, 공장 전체 제조간접원가배부율은 직접노무원가를 기준으로 제조간접원가를 배부한다.

2. 다음의 방법하에서 부문별 제조간접원가배부율을 이용하여 제조간접원가를 각 제품에 배부하시오. 단, 절단부문은 직접노동시간을 기준으로, 가공부문은 기계시간을 기준으로 제조간접원가를 배부한다.
   (1) 직접배부법
   (2) 단계배부법(수선유지부문부터 배부)
   (3) 상호배부법

[풀이]

1. 공장전체 제조간접원가배부율
   ① 공장전체 제조간접원가배부율
   - $\dfrac{\text{공장전체의 제조간접원가}}{\text{공장전체의 직접노무원가}} = \dfrac{₩522,000}{₩1,000,000} = 0.522$

   ② 제품별 제조간접원가배부

구 분	참치	연어	꽁치	합 계
직접재료원가	₩250,000	₩100,000	₩150,000	₩500,000
직접노무원가	600,000	150,000	250,000	1,000,000
제조간접원가	313,200❶	78,300❷	130,500❸	522,000
합 계	₩1,163,200	₩328,300	₩530,500	₩2,022,000

   ❶ ₩600,000×0.522=₩313,200
   ❷ ₩150,000×0.522=₩78,300
   ❸ ₩250,000×0.522=₩130,500

2. 부문별 제조간접원가배부율
   (1) 직접배부법
   ① 보조부문원가의 배부(예 1 참조)

사용부문 \ 제공부문	보조부문 수선유지부문	보조부문 동력부문	제조부문 절단부문	제조부문 가공부문	합 계
제조간접원가	₩210,000	₩42,000	₩150,000	₩120,000	₩522,000
수선유지부문	(210,000)	–	150,000	60,000	0
동 력 부 문	–	(42,000)	17,500	24,500	0
배부후 원가	₩0	₩0	₩317,500	₩204,500	₩522,000

   ② 부문별 제조간접원가배부율
   - 절단부문: $\dfrac{\text{절단부문의 제조간접원가}}{\text{절단부문의 직접노동시간}} = \dfrac{₩317,500}{1,000시간} = ₩317.5$
   - 가공부문: $\dfrac{\text{가공부문의 제조간접원가}}{\text{가공부문의 기계시간}} = \dfrac{₩204,500}{500시간} = ₩409$

③ 제품별 제조간접원가배부

구 분	참치	연어	꽁치	합 계
직접재료원가	₩250,000	₩100,000	₩150,000	₩500,000
직접노무원가	600,000	150,000	250,000	1,000,000
절단부문 원가배부	158,750❶	63,500❷	95,250❸	317,500
가공부문 원가배부	122,700❹	40,900❺	40,900❻	204,500
합 계	₩1,131,450	₩354,400	₩536,150	₩2,022,000

❶ 500시간×₩317.5＝₩158,750 ❷ 200시간×₩317.5＝₩63,500
❸ 300시간×₩317.5＝₩95,250 ❹ 300시간×₩409＝₩122,700
❺ 100시간×₩409＝₩40,900 ❻ 100시간×₩409＝₩40,900

(2) 단계배부법

① 보조부문원가의 배부(예 1 참조)

사용부문 / 제공부문	보조부문		제조부문		합 계
	수선유지부문	동력부문	절단부문	가공부문	
제조간접원가	₩210,000	₩42,000	₩150,000	₩120,000	₩522,000
수선유지부문	(210,000)	63,000	105,000	42,000	0
동 력 부 문	-	(105,000)	43,750	61,250	0
배부후 원가	₩0	₩0	₩298,750	₩223,250	₩522,000

② 부문별 제조간접원가배부율

• 절단부문: $\dfrac{절단부문의\ 제조간접원가}{절단부문의\ 직접노동시간}＝\dfrac{₩298,750}{1,000시간}＝₩298.75$

• 가공부문: $\dfrac{가공부문의\ 제조간접원가}{가공부문의\ 기계시간}＝\dfrac{₩223,250}{500시간}＝₩446.5$

③ 제품별 제조간접원가배부

구 분	참치	연어	꽁치	합 계
직접재료원가	₩250,000	₩100,000	₩150,000	₩500,000
직접노무원가	600,000	150,000	250,000	1,000,000
절단부문 원가배부	149,375❶	59,750❷	89,625❸	298,750
가공부문 원가배부	133,950❹	44,650❺	44,650❻	223,250
합 계	₩1,133,325	₩354,400	₩534,275	₩2,022,000

❶ 500시간×₩298.75＝₩149,375
❷ 200시간×₩298.75＝₩59,750
❸ 300시간×₩298.75＝₩89,625
❹ 300시간×₩446.5＝₩133,950
❺ 100시간×₩446.5＝₩44,650
❻ 100시간×₩446.5＝₩44,650

(3) 상호배부법

① 보조부문원가의 배부(예 1 참조)

사용부문 제공부문	보조부문		제조부문		합 계
	수선유지부문	동력부문	절단부문	가공부문	
제조간접원가	₩210,000	₩42,000	₩150,000	₩120,000	₩522,000
수선유지부문	(257,727)	77,318	128,864	51,545	0
동 력 부 문	47,727	(119,318)	29,830	41,761	0
배부후 원가	₩0	₩0	₩308,694	₩213,306	₩522,000

② 부문별 제조간접원가배부율

- 절단부문: $\dfrac{\text{절단부문의 제조간접원가}}{\text{절단부문의 직접노동시간}} = \dfrac{₩308,694}{1,000\text{시간}} = ₩308.694$

- 가공부문: $\dfrac{\text{가공부문의 제조간접원가}}{\text{가공부문의 기계시간}} = \dfrac{₩213,306}{500\text{시간}} = ₩426.612$

③ 제품별 제조간접원가배부

구 분	참치	연어	꽁치	합 계
직접재료원가	₩250,000	₩100,000	₩150,000	₩500,000
직접노무원가	600,000	150,000	250,000	1,000,000
절단부문 원가배부	154,347❶	61,739❷	92,608❸	308,694
가공부문 원가배부	127,984❹	42,661❺	42,661❻	213,306
합 계	₩1,132,331	₩354,400	₩535,269	₩2,022,000

❶ 500시간×₩308.694＝₩154,347

❷ 200시간×₩308.694＝₩61,739

❸ 300시간×₩308.694＝₩92,608

❹ 300시간×₩426.612＝₩127,984

❺ 100시간×₩426.612＝₩42,661

❻ 100시간×₩426.612＝₩42,661

"'기름값 원가 모른다'는 정유사, '제품값 - 원가' 마진은 1년새 9배 올라"

주유소에서 판매하는 기름값이 유류세 인하분을 제대로 반영하지 못하는 이유 중 하나로 정유업계의 '사후정산' 체제가 꼽히는 가운데, 정유사들은 "기름값의 정확한 원가를 모르기 때문에 사후정산 체제가 필요하다"는 입장이다. 사후정산은 정유사가 주유소에 임의의 가격으로 기름을 팔고 약 한 달 뒤 정산하는 것을 말한다. 주유소업계는 사 오는 기름 가격을 정확히 모르기 때문에 국제유가가 떨어졌다고 바로 기름값을 낮추기 어렵다고 주장한다.

정유사들은 원가를 모른다고 주장하지만, 정유사가 도입한 원유 가격과 이를 정제해 생산한 석유제품 간 가격 차이인 '정제마진'은 1년 전에 비해 약 9배 오른 것으로 나타났다. 정제마진은 정유사의 핵심 수익지표로 꼽힌다. 일각에서는 기름값의 원가를 모른다는 정유사가 높은 수준의 정제마진을 유지하는 것은 앞뒤가 맞지 않는 설명이라는 지적이 나온다.

19일 정유업계에 따르면 7월 첫째 주 정제마진은 배럴당 16.13달러로 집계됐다. 올해 6월 넷째 주 정제마진이 29.5달러까지 치솟았던 점과 비교하면 약 45% 하락했으나, 작년 7월 첫째 주의 정제마진의 9배로 올랐다. 정제마진은 4~5달러 수준을 손익분기점(BEP)으로 보고 있어 최근 정제마진이 하락했음에도 여전히 높은 수준이다.

정제마진은 정유사가 판매하는 휘발유, 경유, 나프타 등 석유 제품 가격에서 원재료인 원유 가격과 수송, 운영 등의 비용을 제외한 것을 뜻한다. 유가 변동폭보다 휘발유·경유·나프타의 가격 변동폭이 더 크기 때문에 지금과 같은 유가 상승기에는 정제마진이 커지고, 정유사들도 수익성이 좋아진다. 정유사들은 원가를 따로 공개하지 않기 때문에 동아시아 시장의 기준이 되는 싱가포르 시장의 복합 정제마진으로 추정하고 있다.

증권가에서는 정제마진이 여전히 높은 만큼, 올해 2분기에 정유사들이 역대급 실적을 기록할 것으로 내다봤다. 정치권에서는 유류세 인하로 올해 세금이 8조원 정도 줄어들 것으로 예상되는데도 기름값은 제대로 내리지 않고 정유사들은 역대급 실적을 거두고 있어 이들의 원가 구조를 들여다봐야 한다는 움직임이 나타나고 있다. 지난 6일 이장섭 더불어민주당 의원은 정부가 탄력세율로 세금을 인하하는 경우, 정유사는 정부 요구시 세율 조정 전후 원가를 제출해야 하는 '교통·에너지·환경세법 일부개정법률안'을 발의했다. 이 의원은 "유류세 인하에도, 납세 의무자인 대형 정유회사들이 이를 소비자 최종 가격에 반영하였는지 여부를 확인하기 어렵다"라며 법안 발의 이유를 설명했다.

이서혜 에너지·석유시장감시단 연구실장은 "정유사들의 주장처럼 제품별 원가를 정확하게 계산하기는 어렵겠지만, 생산수율이나 수입 물량 원가를 통해 일정 부분 계산은 가능할 것"이라며 "원가 정보는 (계산을 못해서가 아니라) 비밀이기 때문에 공개하지 않는 것으로 보인다"라고 말했다.

(조선비즈 2022년 7월 19일)

Talk about

✓ 정유사가 제품별 원가를 정확하게 계산하기 어려운 이유는 무엇인가? 정유사의 정확한 제품별 원가를 계산하기 위해 무엇이 필요한가?

"천연가스 공급규정 '영업이익 무관·합리적 원가배부'"

한국가스공사가 1분기 흑자 배경과 LNG 비용을 발전사에 책임지게 했다는 부정적 신문기사에 이례적으로 해명하고 나서 주목받고 있다. 이 같은 가스공사의 적극적인 해명은 5월 소비자물가 상승률이 14년 만에 최고인 5.4%를 기록하면서 정부가 원료비 연동제에도 불구하고 또다시 천연가스요금 조정에 강제 개입할 가능성을 경계하고 있기 때문으로 보인다. 아울러 자칫 잘못된 정보로 부정적 여론이 형성될 경우 올해 3월 말까지 누적된 원료비 미수금 6조원 이상에 대한 회수가 늦어질 가능성도 있기 때문인 것으로 분석된다.

원료비 연동제 시행지침상 2021년 말 누적 원료비 손실분(미수금)을 2022년 5월부터 1년간 원료비 정산단가로 회수토록 규정하고 있다. 이에 따라 정부는 기존 도시가스원료비 정산단가 '0원'에서 2022년 5~6월 1.23원/MJ을 요금에 반영한바 있다. 또 7~9월 1.90원/MJ, 10월 2.30원/MJ으로 순차적으로 조정키로 한 바 있다.

우선 가스공사는 "1분기 역대급인 9,126억원의 흑자를 냈으나, 한전은 7조 7,869억원의 최악 적자를 기록했고, 정부가 승인한 마진(적정투자보수)에 의한 정부 도움으로 '횡재'를 얻은 것 아닌지 의문"이라는 보도에 대해 적극 해명하고 나섰다. 이에 가스공사는 원료비는 Pass-through(마진을 더하지 않고 도입가격 그대로 판매)로, 공급규정 개정과 영업이익은 무관하다고 해명했다.

가스공사의 국내 부문 이익은 판매 특성상 1분기(1~3월)에 연간 영업이익의 대부분이 발생하며, 전년 대비 올해 1분기 영업이익 증가는 판매물량 증가 및 국제 유가 상승에 따른 해외법인의 이익 증가 등에 기인한다고 설명했다. 특히 민수용 원료비 동결 등에 따라 올해 3월말 원료비 미수금 총액은 6조원 이상이며, 이에 따른 차입금 조달로 부채비율 400% 초과해 민수용 요금의 단계적인 현실화가 필요한 실정이라고 밝혔다.

아울러 "가스공사는 지난해 12월 공급규정을 개정해 장기계약 대신 현물시장에서 비싸게 도입한 LNG 비용을 발전사에 책임지게 했다"는 보도내용에 대해서도 적극 해명했다. 지난해 가스공사는 국제 현물가격 급등에 따른 소비자 간 원가 왜곡 발생이 심화된다는 판단에 따라 기존의 발전용 요금에 대해 평균요금제를 적용하던 것을 용도별 원료비를 도입하는 것으로 공급규정을 변경했다. 즉 발전용 공급에 소요된 스팟비용은 발전용에서 부담하고, 도시가스용으로 공급한 스팟비용은 도시가스용에서 부담토록 합리적으로 공급규정을 개정했다.

가스공사는 공급규정 개정으로 인과관계에 따른 용도별 원가 배분으로 요금의 합리성 제고 및 소비자 부담이 경감됐다고 평가하고 있다. 인과관계에 따라 용도별 원가 기준 요금을 부담토록 함으로써 에너지 가격 위기 대응을 위한 요금시스템으로 개선해 원가배부 합리성을 제고했다는 것이다. 또한 현물가격 상승시 가격 시그널 제공으로 상대적으로 저렴한 타 발전원 가동을 유도함으로써 국가 수급관리 비용도 최소화해 가격 위기 대응력도 높였다는 설명이다.

(에너지신문 2022년 6월 8일)

Talk about

✓ **한국가스공사의 공급규정 개정, 즉 인과관계에 따른 용도별 원가 배분이 어떻게 소비자 부담을 경감시키는가?**

"원가정보 산출, '건보 주도 계산법' + '병원 자율참여' 전제 돼야"

적정수가 마련을 위해 수집되는 원가정보 산출에 있어 표준이 될 수 있는 수집·검증 방안 연구결과가 나왔다. 연구자들은 정확한 원가정보 산출을 위한 개선방안을 제시하는 동시에, 건보공단 주도의 원가계산법과 요양기관 필요에 의한 적극적·자율적 참여가 기본 방향이 돼야 한다고 제언했다.

'원가정보의 효율적 수집 및 체계적 검증 방법 개발 연구' 보고서에 따르면, 이번 연구는 패널기관 원가자료의 효율적 수집 및 체계적 검증방법을 개발하고, 적정수가 보상 등 보건의료정책 활용성 제고를 위한 원가정보 공유체계 마련을 위해 진행됐으며, 국내외 원가수집 관련 문헌을 고찰하고 현황조사를 실시해 △원가자료 수집 간소화 △수집자료 검증 프로토콜 개발 △원가정보 구축 및 단계별 공유방안을 마련했다.

'원가자료 수집 간소화'를 위해서는 현행 책자 형태의 제출을 전자적 형태로 전환해 제출작업을 간소화하고, 관련기관 간 정보공유체계를 확립해 공통정보 중복제출을 방지하며, 관리부재 해결을 위한 건보공단 주도의 적정한 관리기준 마련이 필요하다고 분석했다.

'원가정보 체계적 검증 방안'에서는 항목별·단계별 검증기준을 설정하는데, 의료수익과 의료비용은 항목별 상호검증하고, 의료외 수익과 의료 외 비용은 시계열 검증하도록 했다. 항목별 및 시계열 1단계 검증에서 부적합하면 2단계 검증을 실시하도록 했다.

'의료기관 시스템 개선 방안'은 통합의료정보시스템과 원가계산시스템, 공단 원가수집시스템, 의사결정 시 개선방안이 제시됐다. 우선 의료기관 통합의료정보시스템은 내부통합자료 간 상호 연동을 위해 플랫폼 기능을 더해 의료기관, 공공기관, 외부연계 기관과 데이터 및 솔루션 등을 연동하고, 원무시스템, 진료시스템, 간호시스템, 진료지원시스템, 병원ERP지원시스템, 병원원가정보시스템 등 내부시스템을 효과적으로 연계하며, 관련 의료기관, 공공기관, 외부연계 기관 시스템과 효과적 연계가 이뤄져야 한다고 설명했다.

의료기관 원가계산시스템은 공단 주도의 원가계산 방법(상용프로그램 및 검증프로그램 포함)을 개발해 보급하도록 했다. 이는 연구에서 상급종합병원 및 종합병원을 제외한 대부분의 병원이 원가계산시스템을 갖추고 있지 못한 상황을 근거로 제시된 의견으로, 공단이 별도 원가계산 체계를 확립해야 한다는 내용이다. 건보공단 원가수집시스템(Data Collection System, DCS)은 하나의 시스템으로 통합해 구축 운용하도록 제안했는데, 의료기관 원가계산, 원가정보 수집과 검증을 일원화할 수 있는 시스템이어야 한다고 전제했다.

건보 주도의 원가계산 방법에 대해서는 "중장기적으로 이를 기초로 건보 주도 원가계산 프로그램을 개발·보급해야 국가 전체의 사회적 비용을 절감할 수 있을 것"이라고 밝혔다.

의료기관 원가수집에 대해서는 "의료기관의 자율적 입장 및 필요에 의한 입장으로 방향 전환돼야 한다"며 "타율적, 제도적 규제에 의한 정확한 원가계산·수집은 한계가 있을 수밖에 없다. 향후 의료기관 경영환경 변화와 이해관계자들의 관심심화, 재정수지 악화 등으로 정확한 원가정보에 대한 사회적 요구가 증대될 것"이라고 전망했다.   (의학신문 2021년 11월 12일)

Talk about ••••

✓ 국민건강보험공단 주도의 원가계산 방법과 의료기간 자율적 원가계산 방법 각각의 장·단점은 무엇인가?

객관식 문제

01 세무사 2016

부문별 원가계산에 관한 설명으로 옳지 않은 것은?

① 단계배부법은 보조부문의 배부순서가 달라져도 배부금액은 차이가 나지 않는다.

② 단계배부법은 보조부문 간의 서비스 제공을 한 방향만 고려하여 그 방향에 따라 보조부문의 원가를 단계적으로 배부한다.

③ 상호배부법은 보조부문 간의 상호배부를 모든 방향으로 반영한다.

④ 단계배부법은 한 번 배부된 보조부문의 원가는 원래 배부한 보조부문에는 다시 배부하지 않고 다른 보조부문과 제조부문에 배부한다.

⑤ 직접배부법은 보조부문 간에 주고받는 서비스 수수관계를 전부 무시한다.

02 재경관리사 2017

다음 중 원가배부에 관한 설명으로 옳은 것은?

① 부문별 제조간접원가배부율을 사용하는 경우에는 보조부문원가 배분방법에 의해 제조간접원가배부율이 영향을 받지 않는다.

② 이중배부율법은 변동원가와 고정원가를 구분해서 변동원가는 최대사용가능량을 기준으로 배분하고 고정원가는 서비스의 실제사용량을 기준으로 배분한다.

③ 공장 전체 제조간접원가배부율을 사용하는 경우에는 보조부문의 원가를 제조부문에 배분할 필요가 없다.

④ 단계배부법과 상호배부법에서는 배분순서와 관계없이 배분후의 결과는 일정하게 계산된다.

03 보험계리사 2019

다음 중 보조부문원가의 배부에 대한 설명으로 옳은 것은?

① 보조부문원가는 제조부문에 배부하지 않고 기간비용으로 처리해야 한다.

② 단계배부법은 보조부문의 배부순서가 달라져도 배부금액에 차이가 나지 않는다.

③ 상호배부법은 보조부문 상호 간의 용역수수관계가 중요하지 않을 때 적용하는 것이 타당하다.

④ 직접배부법은 보조부문 상호 간의 용역수수관계를 고려하지 않는 방법이다.

04 관세사 2021

다음은 ㈜관세의 부문원가를 배부하기 위한 배부기준과 원가자료이다.

구분	보조부문		제조부문	
	S1	S2	P1	P2
기계시간	–	200	400	400
전력량(kwh)	100	–	300	200
점유면적	10	20	30	40
부문개별원가	₩240,000	₩160,000	₩400,000	₩600,000
부문공통원가	₩100,000			

부문공통원가는 점유면적을 기준으로 배부한다. 보조부문원가는 S1은 기계시간, S2는 전력량을 기준으로 직접배부법을 사용하여 제조부문에 배부한다. 제조부문 P1의 배부 후 총원가는?

① ₩663,000　　　　　② ₩674,000　　　　　③ ₩682,000
④ ₩686,000　　　　　⑤ ₩694,000

05 경영지도사 2022

㈜한국은 보조부문과 제조부문을 이용하여 제품을 생산하고 있으며, 관련 자료는 다음과 같다.

제공부문	보조부문	제조부문			계
	동력	수선	절단	조립	
동력	20kw	30kw	10kw	40kw	100kw
수선	40시간	40시간	60시간	60시간	200시간

동력부문과 수선부문에 집계된 부문원가는 각각 ₩80,000, ₩70,000이다. ㈜한국은 단계배부법을 사용하여 보조부문원가를 제조부문에 배분한다. 절단부문에 배부될 보조부문원가는? (단, 보조부문원가는 동력부문의 원가를 먼저 배분한다)

① ₩45,000　　　　　② ₩60,000　　　　　③ ₩75,000
④ ₩90,000　　　　　⑤ ₩105,000

06 세무사 2020

㈜세무는 제조부문(금형, 조립)과 보조부문(유지, 동력)을 이용하여 제품을 생산하고 있다. 유지부문원가는 기계시간, 동력부문원가는 전력량을 기준으로 단계배부법을 사용하여 보조부문원가를 제조부문에 배부한다. 보조부문원가를 배부하기 위한 20×1년 원가자료와 배부기준은 다음과 같다.

구분	보조부문		제조부문	
	유지	동력	금형	조립
부문개별원가	₩120,000	₩80,000	₩200,000	₩300,000
부문공통원가	₩200,000			
기계시간(시간)	–	200	400	400
전력량(kwh)	100	–	300	200
점유면적(m²)	10	20	30	40

㈜세무의 부문공통원가 ₩200,000은 임차료이며, 이는 점유면적을 기준으로 각 부문에 배부한다. 20×1년 ㈜세무의 배부 후, 금형부문의 총원가는? (단, 보조부문원가는 유지부문, 동력부문의 순으로 배부한다)

① ₩144,800   ② ₩148,800   ③ ₩204,800
④ ₩344,800   ⑤ ₩404,800

07 관세사 2023

㈜관세는 제조부문(사출, 열처리)과 보조부문(냉방, 전력)을 이용하여 제품을 생산하고 있다. 냉방부문의 원가는 ₩330,000, 전력부문의 원가는 ₩200,000이며, 각 부문 간 용역수수관계는 다음과 같다.

사용부문 / 제공부문	제조부문		보조부문	
	사출	열처리	냉방	전력
냉방	40%	50%	–	10%
전력	30%	10%	60%	–

㈜관세는 보조부문원가를 단계배부법으로 배부하며 전력부문부터 배부한다. ㈜관세의 열처리부문에 배부된 보조부문원가 합계액은?

① ₩220,000   ② ₩225,000   ③ ₩245,000
④ ₩250,000   ⑤ ₩270,000

08 회계사 2020

㈜대한은 두 개의 제조부문(절단부문, 조립부문)과 두 개의 지원부문(전력부문, 수선부문)을 통해 제품을 생산한다. ㈜대한은 상호배부법을 사용하여 지원부문의 원가를 제조부문에 배부하고 있다. 원가배부 기준은 전력부문은 전력(kw)이며, 수선부문은 수선(시간)이다. 제조부문에 배부된 원가 및 배부기준과 관련된 내역은 다음과 같다. 전력부문에서 발생한 부문원가는 얼마인가?

구분	제조부문		지원부문	
	절단부문	조립부문	전력부문	수선부문
배부 받은 원가(₩)	7,400	4,200		
전력(kw)	100	60	50	40
수선(시간)	60	30	60	30

① ₩4,000   ② ₩6,300   ③ ₩7,600
④ ₩10,000   ⑤ ₩12,500

09 감정평가사 2018

㈜감평은 수선부문과 동력부문이 두 개의 보조부문과 도색부문과 조립부문의 두 개의 제조부문으로 구성되어 있다. ㈜감평은 상호배부법을 사용하여 보조부문의 원가를 제조부문에 배부한다. 20×1년도 보조부문의 용역제공은 다음과 같다.

사용부문 / 제공부문	보조부문		제조부문	
	수선	동력	도색	조립
수선(시간)	–	20%	50%	30%
동력(kw)	20%	–	40%	40%

20×1년도 보조부문인 수선부문과 동력부문으로부터 도색부문에 배부된 금액은 ₩100,000이고, 조립부문에 배부된 금액은 ₩80,000이었다. 동력부문의 배부전 원가는?

① ₩75,000   ② ₩80,000   ③ ₩100,000
④ ₩105,000   ⑤ ₩125,000

10 감정평가사 2020

㈜감평은 두 개의 제조부문(P1, P2)과 두 개의 보조부문(S1, S2)을 두고 있다. 각 부문간의 용역수수관계는 다음과 같다.

제공부문 \ 사용부문	보조부문		제조부문	
	S1	S2	P1	P2
S1	—	50%	20%	?
S2	20%	—	?	?
부문발생원가	₩270,000	₩450,000	₩250,000	₩280,000

㈜감평은 보조부문의 원가를 상호배부법으로 배분하고 있다. 보조부문의 원가를 배분한 후의 제조부문 P1의 총원가가 ₩590,000이라면, 보조부문 S2가 제조부문 P1에 제공한 용역 제공비율은?

① 20%   ② 25%   ③ 30%

④ 35%   ⑤ 40%

11 감정평가사 2022

㈜감평은 두 개의 제조부문 X, Y와 두 개의 보조부문 S1, S2를 운용하고 있으며, 배부 전 부문발생원가는 다음과 같다.

부문		부문발생원가
보조부문	S1	₩90
	S2	180
제조부문	X	158
	Y	252

보조부문 S1은 보조부문 S2에 0.5, 제조부문 X에 0.3, 보조부문 S2는 보조부문 S1에 0.2의 용역을 제공한다. 보조부문의 원가를 상호배부법에 의해 제조부문에 배부한 후 제조부문 X의 원가가 ₩275인 경우, 보조부문 S2가 제조부문 X에 제공한 용역제공비율은?

① 0.2   ② 0.3   ③ 0.4

④ 0.5   ⑤ 0.6

12 회계사 2023

㈜대한은 두 개의 보조부문 A와 B, 그리고 두 개의 생산부문 C와 D를 이용하여 제품을 생산하고 있다. 20×3년 2월의 각 부문에 대한 자료는 다음과 같다.

제공부문	보조부문		제조부문		계
	A	B	C	D	
A	200시간	800시간	800시간	400시간	2,200시간
B	4,000kw	1,000kw	2,000kw	2,000kw	9,000kw

- 제조간접원가는 A부문에서 시간당 ₩100, B부문에서 kW당 ₩20의 변동원가가 발생하며, C부문과 D부문에서 각각 ₩161,250과 ₩40,000이 발생하였다.
- 보조부문의 원가는 상호배분법을 사용하여 생산부문에 배분한다.
- C부문에서 생산하는 갑제품에 대한 단위당 기초원가(prime costs)는 ₩10,000이며, 생산 단위는 50단위이다.
- 갑제품에 대한 월초 및 월말재공품은 없다.

갑제품의 단위당 원가는 얼마인가?

① ₩4,775 ② ₩14,775 ③ ₩18,000
④ ₩22,775 ⑤ ₩24,000

13 세무사 2022

㈜세무는 제조부문인 절단부문과 조립부문을 통해 제품을 생산하고 있으며, 동력부문을 보조부문으로 두고 있다. 각 부문에서 발생한 제조간접원가 및 각 제조부문의 전력 실제사용량과 최대사용가능량에 관한 자료는 다음과 같다.

구분	동력부문	절단부문	조립부문	합계
변동제조간접원가	₩240,000	₩400,000	₩650,000	₩1,290,000
고정제조간접원가	300,000	700,000	750,000	1,750,000
실제사용량	–	500kwh	300kwh	800kwh
최대사용가능량	–	600	600	1,200

절단부문에 배부되는 동력부문의 원가는 이중배분율법을 적용하는 경우, 단일배분율법과 비교하여 얼마만큼 차이가 발생하는가?

① ₩30,000 ② ₩32,500 ③ ₩35,000
④ ₩37,500 ⑤ ₩40,000

14 세무사 2017

㈜세무는 가공부문(도색 및 조립)과 보조부문(수선 및 동력)으로 구성된다. 다음의 서비스 공급량 자료를 이용하여 상호배부법으로 보조부문의 원가를 가공부문에 배부한다.

사용부문 제공부문	보조부문		가공부문	
	수선	동력	도색	조립
수선	–	75시간	45시간	30시간
동력	200kw	–	100kw	200kw

수선부문과 동력부문에 각각 집계된 원가는 ₩300,000과 ₩200,000이다. 가공부문에 배부된 원가는 도색 횟수와 조립시간에 비례하여 각각 제품 A와 제품 B에 전액 배부된다. 제품 A와 제품 B에 사용된 도색 횟수와 조립시간이 다음과 같을 때, 제품 B에 배부되는 보조부문의 총원가는?

구분	제품 A	제품 B
도색 횟수	10회	13회
조리시간	200시간	100시간

① ₩210,000 ② ₩220,000 ③ ₩240,000
④ ₩250,000 ⑤ ₩280,000

CHAPTER

04

개별원가계산

원   가   회   계

학습 목표

- 개별원가계산의 의의를 이해한다.
- 개별원가계산의 구체적 절차를 이해한다.
- 실제원가계산과 정상원가계산의 차이를 이해한다.
- 제조간접원가의 차이조정에 대해 이해한다.
- 개별원가계산에서의 공손원가계산 방법을 이해한다.

원가계산시스템에는 개별원가계산시스템과 종합원가계산시스템이 있다. 그 중 개별원가계산은 다른 종류의 제품을 개별적으로 생산하는 생산 형태에 적용하는 방법이다. 개별원가계산을 이용하면 개별작업별로 원가를 계산하게 되는데, 이를 위해 각각의 직접원가와 간접원가를 집계하는 구체적인 절차 및 이와 관련된 회계처리과정을 알아보고자 한다. 그리고 이 과정에서 사용할 수 있는 2가지 원가측정방법인 실제원가계산과 정상원가계산의 차이점과, 정상원가계산으로 원가를 측정함에 따라 생기는 제조간접원가의 차이를 조정하는 과정도 살펴본다. 마지막으로 개별원가계산시스템에서 공손원가를 계산하는 방법도 함께 알아보자.

1 원가계산시스템

　　원가계산시스템은 제품을 생산하는 과정에서 발생하는 원가를 추적하여 **원가대상인 제품에 배부하는** 전체적인 체계이다. 제품원가는 기본적으로 관리회계에서 계획, 원가통제, 경영자의 의사결정 등에 필요한 정보를 제공하는 과정에서 광범위하게 필요하다. 원가는 관리회계 분야뿐만 아니라 재무회계에서 외부 보고 목적으로도 이용될 수 있다. 재무회계에서 제품원가는 재무상태표상에 보고되는 재고자산의 평가와 손익계산서상에 보고되는 매출원가의 산정에 필요하다.

　　기업이 속한 산업의 특성에 따라 생산활동의 성격이 서로 다르기 때문에, 원가계산시스템도 산업에 따라 개별원가계산과 종합원가계산의 2가지로 구분된다. **개별원가계산**(job-order-costing)은 다른 종류의 제품을 개별적으로 생산하는 생산 형태를 가진 기업에서 이용하는 원가계산시스템이다(원가계산준칙 제18조). 개별원가계산에 적합한 산업으로는 항공기·가구·기계 제조업, 건설업, 인쇄업 등이 있다. 이들 산업에서는 항공기·가구·기계 종류별, 건설현장별, 인쇄건별로 원가를 집계 및 배부하는 개별원가계산 방법이 적용되는 것이 적합하다.

　　종합원가계산(process costing)은 동일종류 또는 다른 종류의 제품을 연속하여 반복적으로 생산하는 생산 형태를 가진 기업에서 이용하는 원가계산시스템이다(원가계산준칙 제19조). 종합원가계산에 적합한 산업으로는 화학, 원유정제, 주류, 화학비료 및 섬유 제조업 등이 있다. 같거나 거의 유사한 제품을 수년간 끊임없이 생산하는 이와 같은 업종들에서는 제품의 원가를 계산하기 위해, 발생한 제조원가를 완성품과 재공품에 배부하는 것이 핵심 이슈가 되어 종합원가계산 방법이 적용되는 것이 적합하다. 종합원가계산에 대해서는 5장에서 자세히 다룬다.

2 개별원가계산의 방법과 절차

　　개별원가계산에서는 발생한 직접재료원가, 직접노무원가 및 제조간접원가를 개별 제품별로 부과한다. 직접원가인 직접재료원가와 직접노무원가는 별도로 집계하고 간접원가인 제조간접원가는 전체 발생한 원가를 개별 제품별로 배부하는 과정을 거치게 된다.

　　예를 들어, 베이커리에서 베이글 한 개를 만드는 데 발생한 원가를 계산하기 위해,

베이글 한 개를 만드는 데 발생한 원가 중 개별적으로 분리하여 집계할 수 있는 직접원가를 별도로 집계하고, 이 베이커리에서 베이글뿐만 아니라 다른 빵 및 음료의 제조에도 공통적으로 발생한 원가를 집계하여 베이글 한 개에 배부하여 계산하는 것이다.

각 작업별로 원가를 계산할 때는 작업원가표(job-cost sheet)를 이용하여 집계한다.

2.1 직접재료원가와 직접노무원가의 측정

직접재료원가는 작업별로 필요한 재료를 파악하여 그 필요한 재료에 대해 단위당 가격을 곱하여 계산할 수 있다. 이는 작업원가표의 직접재료원가 부분을 통해 확인할 수 있다.

$$직접재료원가 = 재료수량 \times 재료단위당가격$$

📊 표 4-1 작업원가표(직접재료원가 부분)

직접재료원가			
재료명	수량	단위원가	원가
밀가루	300kg	@1,500	₩450,000

또한 직접노무원가는 각 작업별로 필요한 작업시간을 파악하고 이 작업시간에 시간당 노무원가(임금)를 곱하여 계산할 수 있다. 마찬가지로 작업원가표의 직접노무원가 부분에서 이를 확인할 수 있다.

$$직접노무원가 = 작업시간 \times 시간당 \ 노무원가(임금)$$

📊 표 4-2 작업원가표(직접노무원가 부분)

직접노무원가			
작업자명	작업시간	시간당 노무원가	원가
김○○	200시간	@12,000	₩2,400,000
이○○	100시간	@13,000	1,300,000
합계			₩3,700,000

직접재료원가와 직접노무원가는 각 제품별로 집계가 가능한 추적가능원가이기 때문에 제품의 원가 계산에 있어 각 제품별로 직접 계산이 가능하다.

2.2 제조간접원가의 배부

제조간접원가에는 전기 및 수도요금, 설비 및 도구 등의 감가상각비 등이 있다. 제조간접원가의 전체 금액의 측정 자체는 각 발생된 금액들을 합산하면 되기 때문에 어려움 없이 가능하다. 그러나 제조간접원가는 개별 제품 단위로 계산한 것이 아니므로 각 제품에 해당되는 금액으로 배부할 필요가 있는데, 이를 **제조간접원가의 배부**라 한다. 이러한 제조간접원가의 배부는 배부하는 기준을 어떠한 기준으로 정하느냐에 따라 달라진다. 그러므로 제조간접원가의 **배부기준을 적절히 선택**하여 **제조간접원가의 배부율을 결정**하고, 이에 따라 제조간접원가의 배부액을 결정하는 것이 제조간접원가 배부의 핵심이라 할 수 있다.

제조간접원가배부액 = 배부기준량 × 제조간접원가배부율

$$제조간접원가배부율 = \frac{제조간접원가총액}{총\ 배부기준량}$$

☑ 표 4-3 작업원가표(제조간접원가 부분)

제조간접원가			
	배부기준량 (예: 작업시간)	배부율 (예: 작업시간당 제조간접원가)	배부액
배부액	300시간	@1,500	₩450,000

2.3 제조간접원가 배부율 결정 방법(실제배부율 vs. 예정배부율)

제조간접원가의 배부기준을 정한 이후에도 이 배부기준을 이용한 배부율을 계산하기 위해서는 또 다른 선택이 필요하다. 해당 배부기준량의 계산을 위해 실제 발생한 수치를 쓸 것인지 예상되는 수치를 쓸 것인지를 결정해야 한다. 만약 실제 발생한 수치를 사용하고자 한다면 배부기준량의 계산을 위해서는 **기말까지 기다려 모든 실제 발생 수치가 집**

계되었을 때 계산이 가능하다. 총 배부기준량이 결정되어야 배부율을 계산할 수 있고 이를 이용하여 배부액을 계산할 수 있기 때문에 총 배부기준량이 결정되는 기말 시기까지 기다려야만 하는 것이다. 반면, 예상되는 수치를 사용한다면 배부기준량의 계산은 **미리 예상수치를 이용하여 배부율을 계산할 수 있어 기말까지 기다리지 않아도 언제든 배부액을 제때에 계산할 수 있다.**

　이처럼 실제 발생한 수치를 이용하는 실제배부율과 예상되는 수치를 이용하는 예정배부율 중에서 어떤 배부율을 이용하여 제조간접원가의 배부액을 결정하느냐에 따라 전체 제품원가 또는 작업원가의 계산 방법이 달라지고 각각의 방법마다 장단점이 존재하기 때문에 상황에 따라 적절한 방법을 선택할 필요가 있다.

3 실제원가계산

　제품의 원가 또는 작업의 원가를 계산할 때 실제 발생한 원가를 알아보기 위해 전체 **제조원가를 모두 실제원가로 계산하는 개별원가계산 방법을 실제원가계산**(actual costing)이라 한다. 실제원가계산에서의 제조원가의 흐름을 각 재고자산 계정을 이용하여 나타내면 다음과 같다.

그림 4-1　실제원가계산에서의 제조원가 흐름

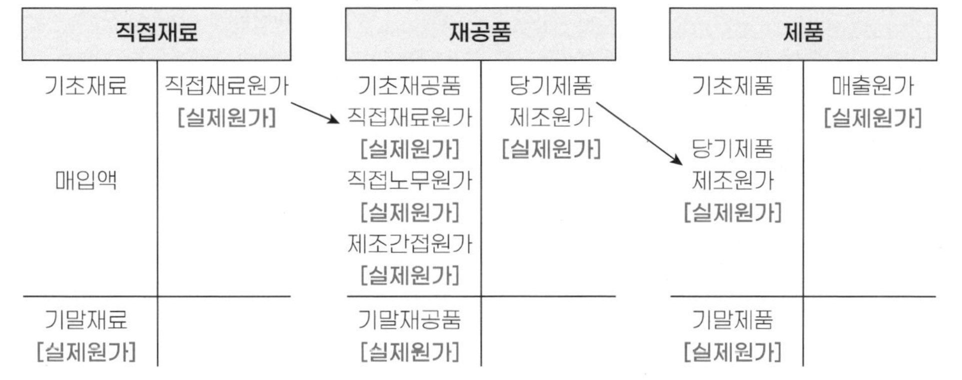

　실제원가계산에서는 〈그림 4−1〉에서와 같이 직접재료원가와 직접노무원가도 실제로 발생한 원가를 그대로 제품별로 집계하고, 제조간접원가 또한 제조간접원가의 실제배

부율을 이용하여 계산된 배부액으로 제품별로 합산한다. 이때 제조간접원가의 실제배부율은 실제 발생된 제조간접원가의 총액을 실제 발생된 총배부기준량으로 나누어 계산하게 된다.

$$제조간접원가실제배부율 = \frac{실제제조간접원가총액}{실제총배부기준량}$$

이러한 실제원가계산 방법을 이용한 제품의 원가 계산을 다음의 예제를 통해 살펴보고자 한다.

예제 1. 실제원가계산

㈜서울은 항공기 제조기업으로 20×1년에 제조를 시작한 항공기 A를 20×2년에 완성하였고, 20×2년에 제조를 시작한 항공기 B와 C중에서 항공기 B는 20×2년에 완성하였으나 항공기 C는 완성하지 못하였다. 20×2년에 실제로 발생한 원가와 기초재공품재고는 다음과 같다. 이때 기초재공품재고는 전년도부터 제조를 시작한 항공기 A에 대한 전년도에 투입된 제조원가를 의미한다. 또한 ㈜서울은 제조간접원가의 배부기준량으로 직접제조원가를 사용한다.

〈20×2년 항공기별 원가〉

	항공기 A	항공기 B	항공기 C (미완성)	합계
기초재공품재고	1,500억원	0억원	0억원	1,500억원
실제 직접재료원가	100	800	500	1,400
실제 직접노무원가	400	1,200	1,000	2,600
실제 직접제조원가	500	2,000	1,500	4,000
실제 제조간접원가				1,600
당기 실제 총제조원가				5,600
총제조원가 합계				7,100억원

물음)

주어진 자료를 이용하여 각 항공기별 제조간접원가의 배부액을 실제원가계산 방법으로 계산하면 각각 얼마인지 구하고, 당기제품제조원가와 기말재공품재고는 얼마인지 계산해 보시오.

[풀이]
1) 각 항공기별 제조간접원가 배부액

　항공기별 제조간접원가 배부액은 각 항공기별 배부기준량(직접제조원가)에 제조간접원가 실제배부율(실제 제조간접원가 총액/실제 총배부기준량)을 곱하여 계산한다.
- 항공기 A＝500×(1,600/4,000)＝200억원
- 항공기 B＝2,000×(1,600/4,000)＝800억원
- 항공기 C＝1,500×(1,600/4,000)＝600억원

2) 당기제품제조원가 및 기말재공품재고

〈20×2년 실제원가계산〉

	항공기 A	항공기 B	항공기 C (미완성)	합계
기초재공품재고	1,500억원	0억원	0억원	1,500억원
실제 직접재료원가	100	800	500	1,400
실제 직접노무원가	400	1,200	1,000	2,600
실제 직접제조원가	500	2,000	1,500	4,000
실제 제조간접원가	200	800	600	1,600
당기 실제 총제조원가	700	2,800	2,100	5,600
총제조원가 합계	2,200억원	2,800억원	2,100억원	7,100억원

당기제품제조원가는 20×2년에 항공기 A와 B만 완성되었으므로 항공기 A와 B의 총제조원가인 2,200억원과 2,800억원을 더한 5,000억원이 된다.

또한 기말재공품재고는 당기에 제조를 시작하였으나 완성되지 않은 항공기 C의 총제조원가인 2,100억원이 된다.

4 정상원가계산

　　제조간접원가 배부율을 실제 금액으로 계산하기 위해 기말까지 기다려야 하는 단점을 보완할 수 있도록 배부율을 미리 정하여 회계기간 동안 같은 배부율을 적용하는 방법, 즉 **제조간접원가 예정배부율로 배부액을 결정**하여 제품 또는 작업원가를 계산하는 개별원가계산 방법을 **정상원가계산**(normal costing)이라 한다. 정상원가계산에서도 직접재료원가와 직접노무원가는 실제원가를 사용한다. 그러나 제조간접원가는 예정배부율을 통한 예정원가를 계산하여 배부한다. 〈그림 4-2〉는 이러한 정상원가계산에서의 제조원가가 재고자산 계정들에서 어떠한 흐름을 보이는지를 나타낸 것이다. 여기서 정상원가는

실제원가인 직접제조원가와 예정원가인 제조간접원가가 혼합된 원가를 의미한다.

그림 4-2 정상원가계산에서의 제조원가 흐름

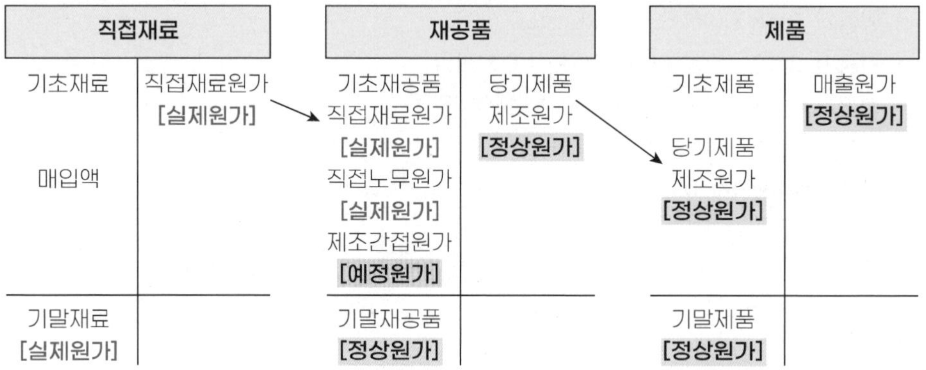

직접재료		재공품		제품	
기초재료	직접재료원가 [실제원가] →	기초재공품 직접재료원가 [실제원가] 직접노무원가 [실제원가] 제조간접원가 [예정원가]	당기제품 제조원가 [정상원가] 당기제품 제조원가 [정상원가] →	기초제품	매출원가 [정상원가]
매입액					
기말재료 [실제원가]		기말재공품 [정상원가]		기말제품 [정상원가]	

제조간접원가 예정배부율은 회계기간이 시작되기 전에 미리 예상한 제조간접원가 총액을 예상한 총배부기준량으로 나누어 계산한다. 그러므로 실제원가계산에서와는 달리 회계기간이 시작되면서 이미 예정배부율이 정해져 있기 때문에 이를 통한 배부가 적시에 가능하다.

$$제조간접원가예정배부율 = \frac{예상제조간접원가총액}{예상총배부기준량}$$

예정배부율이 사전에 정해지면, 예정배부율을 이용하여 제조간접원가를 배부할 때는 이 예정배부율에 실제 발생한 배부기준량을 곱하여 제조간접원가 배부액을 계산한다.

정상원가계산 제조간접원가 배부액 = 실제배부기준량 × 예정배부율

정상원가계산에서 예정배부율을 이용하여 제조간접원가 배부액을 결정하여 사용하면 적시성 있는 정보를 제공할 수 있지만, 예상된 금액을 사용하여 계산하는 것이므로 결국 실제 금액과의 차이가 생길 수 밖에 없다. 이러한 차이는 기말에 실제 금액에 맞도록 조정을 거쳐야 한다는 단점이 있다.

예제 **2.** 정상원가계산

예제 1에서와 마찬가지로, 항공기 제조기업인 ㈜서울은 20×1년에 제조를 시작한 항공기 A를 20×2년에 완성하였고, 20×2년에 제조를 시작한 항공기 B와 C중에서 항공기 B는 20×2년에 완성하였으나 항공기 C는 완성하지 못하였다. 20×2년에 실제로 발생한 원가와 기초재공품재고는 다음과 같다. 이때 기초재공품재고는 전년도부터 제조를 시작한 항공기 A에 대한 전년도에 투입된 제조원가를 의미한다. 또한 ㈜서울은 제조간접원가의 배부기준량으로 직접제조원가를 사용한다.

〈20×2년 항공기별 원가〉

	항공기 A	항공기 B	항공기 C (미완성)	합계
기초재공품재고	1,500억원	0억원	0억원	1,500억원
실제 직접재료원가	100	800	500	1,400
실제 직접노무원가	400	1,200	1,000	2,600
실제 직접제조원가	500억원	2,000억원	1,500억원	4,000억원
제조간접원가 배부액 (예정원가)				
당기 총제조원가				
총제조원가 합계				

물음)

㈜서울이 항공기별 원가정보를 빠르게 얻기 위해 정상원가계산을 사용하고, 20×2년의 예상 총직접제조원가가 3,800억원, 예상 총제조간접원가가 1,900억원이라고 할 때, 주어진 자료를 이용하여 각 항공기별 제조간접원가의 배부액을 계산하면 각각 얼마인지 구하고, 당기제품제조원가와 기말재공품재고는 얼마인지 계산해 보시오.

[풀이]

1) 정상원가계산을 사용한다면, 20×2년 초에 제조간접원가 예정배부율을 계산하여 이용하게 된다. 20×2년의 예상 총배부기준량인 예상 총직접제조원가가 3,800억원이고 예상 총제조간접원가가 1,900억원이므로, 제조간접원가 예정배부율은 0.5가 된다.

$$제조간접원가\ 예정배부율 = 예상\ 총제조간접원가/예상\ 총배부기준량$$
$$= 1,900/3,800 = 0.5$$

각 항공기별 제조간접원가 배부액(예정원가)은 각 항공기별 실제배부기준량(직접제조원가)에 제조간접원가 예정배부율을 곱하여 계산한다.

- 항공기 A = 500 × 0.5 = 250억원
- 항공기 B = 2,000 × 0.5 = 1,000억원
- 항공기 C = 1,500 × 0.5 = 750억원

2) 당기제품제조원가 및 기말재공품재고

〈20×2년 정상원가계산〉

	항공기 A	항공기 B	항공기 C (미완성)	합계
기초재공품재고	1,500억원	0억원	0억원	1,500억원
실제 직접재료원가	100	800	500	1,400
실제 직접노무원가	400	1,200	1,000	2,600
실제 직접제조원가	500	2,000	1,500	4,000
제조간접원가 배부액 (예정원가)	250 (500×0.5)	1,000 (2,000×0.5)	750 (1,500×0.5)	2,000
당기 총제조원가	750	3,000	2,250	6,000
총제조원가 합계	2,250억원	3,000억원	2,250억원	7,500억원

당기제품제조원가는 20×2년에 항공기 A와 B만 완성되었으므로 항공기 A와 B의 총제조원가인 2,250억원과 3,000억원을 더한 5,250억원이 된다.

또한 기말재공품재고는 당기에 제조를 시작하였으나 완성되지 않은 항공기 C의 총제조원가인 2,250억원이 된다.

5 정상원가계산에서의 제조간접원가 차이조정

정상원가계산에서 예상한 금액을 이용한 예정배부율을 계산하여 사용하였기 때문에 이러한 예상이 실제와 비슷한 금액이더라도 완벽히 일치하기는 어렵다. 그러므로 예상했던 부분과의 차이에 의해 발생되는 **제조간접원가 배부액의 실제발생액과의 차이를 조정**하여 실제발생액에 맞추어야 한다.

제조간접원가 배부액이 실제 발생된 원가보다 큰 경우에는 정상원가계산에서 제조간접원가 배부액이 **과대배부**(over-applied)되었다고 표현하고, 배부액이 실제 발생된 원가보다 작은 경우에는 **과소배부**(under-applied)되었다고 표현한다. 이렇게 과대 또는 과소배부되어 생긴 제조간접원가 배부차이는 조정 과정을 거쳐 실제 발생액으로 하향 또는 상향 조정을 하게 된다. 배부차이액을 정확히 조정하려면 제조간접원가가 흘러가게 되는 재공품, 제품, 매출원가 모두에 대해 조정해야 하는데, 이러한 조정 방법을 **비례배부법**이

라고 한다. 그러나 과소 또는 과대배부된 금액이 크지 않은 경우에는 차이를 간단하게 모두 매출원가에서만 조정하는 방법인 **매출원가 조정법**도 이용할 수 있다.

5.1 매출원가 조정법

매출원가 조정법은 제조간접원가의 배부액과 실제발생액의 차이가 크지 않은 경우에 차이의 전액을 매출원가에서만 조정하는 방법으로, 그 계산이 간단하여 널리 이용되고 있는 방법이다.

예제 2에서 정상원가계산 방법을 이용하여 계산한 제조간접원가의 총배부액은 2,000억원이다. 그런데 실제 총제조간접원가의 발생액은 예제 1에서와 같이 1,600억원이므로, 이로 인해 배부액이 실제 발생액에 비해 400억원이 더 크게 배부된 과대배부 상태라고 볼 수 있다. 이 과대배부액을 매출원가 조정법을 이용하여 모두 매출원가에서 조정하려면 과대배부되어있는 400억원만큼을 매출원가에서 줄여주는 하향 조정 회계처리를 하면 된다.

5.2 비례배부법

비례배부법은 과대 또는 과소배부된 제조간접원가를 매출원가뿐만 아니라 재공품과 제품에도 영향을 미친 부분까지 고려하여 재공품, 제품, 매출원가에 비례적으로 조정하는 방법이다. 각 계정에 조정되는 금액은 각 계정에 배부된 제조간접원가의 배부액을 기준으로 계산하는 방법인 **원가요소 기준법**(원가요소법)과 각 계정의 기말잔액, 즉 각 계정별 총원가에 비례하여 계산하는 방법인 **총원가 기준법**(총원가법)이 있다.

(1) 원가요소 기준법(원가요소법)

원가요소 기준법은 제조간접원가에 대한 배부차이를 재공품, 제품 및 매출원가에 배부된 제조간접원가 금액 비율에 비례하여 배부하는 방법이다. 원가요소 기준법에 의해 예제 1과 2에서의 제조간접원가 배부차이 400억원에 대해 재공품, 제품, 매출원가에 하향 조정하면 다음과 같다.

원가요소 기준법을 적용하기 위해 먼저 당기제조간접원가 배부액이 재공품, 제품, 매출원가에 각각 얼마씩 배부되어 있었는지를 계산해야 한다. 예제 2에서 계산한 바와 같이 각 항공기별 제조간접원가 배부액은 항공기 A에 250억원, 항공기 B에 1,000억원,

표 4-4 제조간접원가 차이조정(원가요소 기준법)

	당기제조간접원가배부액	구성비	하향조정 금액	조정전 총원가	조정후 총원가
재공품(항공기 C)	750억원	37.5%	150억원	2,250억원	2,100억원
제 품	0	0%	0	0	0
매출원가(항공기 A, B)	1,250	62.5%	250	5,250	5,000
합 계	2,000억원	100%	400억원	7,500억원	7,100억원

항공기 C에 750억원이었다. 이 중 재공품은 항공기 C에 해당되므로 재공품에 배부된 금액은 750억원이 된다. 항공기 A와 B는 20×2년에 완성되었고 항공기는 미리 주문하여 제작하는 것이 일반적이므로 완성됨과 동시에 발주자에게 넘겨진다면 제품의 재고는 없이 바로 매출이 일어나 항공기 A와 B에 배부된 1,250억원이 매출원가로 계산된다. 전체 2,000억원의 제조간접원가 중에서 재공품에 750억원이 배부되었으므로 전체 제조간접원가 배부액 중 37.5%가 재공품에 배부된 것이고, 1,250억원은 62.5%에 해당되므로 매출원가에는 62.5%가 배부된 것으로 볼 수 있다. 그러므로 제조간접원가 배부차이 400억원 중 37.5%만큼인 150억원만큼이 재공품에서 하향조정되어야 하고, 62.5%에 해당되는 250억원만큼이 매출원가에서 하향조정되어야 함을 알 수 있다. 이러한 하향조정금액을 예제 2에서 계산했던 조정전 각 계정의 총원가인 2,250억원과 5,250억원에 반영해주면, 각각 2,100억원과 5,000억원이 되어 예제 1에서 계산했던 실제원가계산에서의 결과와 같아진 것을 확인할 수 있다.

(2) 총원가 기준법(총원가법)

총원가 기준법은 제조간접원가 배부차이를 차이 조정 전 각 계정별 총원가의 비율에 비례하여 배부하는 방법이다. 총원가 기준법에 의해 마찬가지로 예제 1과 2에서의 제조간접원가 배부차이 400억원에 대해 재공품, 제품, 매출원가에 하향 조정하면 다음과 같다.

총원가 기준법으로 제조간접원가 배부차이를 조정하기 위해 재공품, 제품, 매출원가 각 계정별 총원가를 계산하면, 예제 2에서 계산한 기말재공품재고인 2,250억원이 재공품에 대한 총원가이고, 당기제품제조원가인 5,250억원이 매출원가에 대한 총원가가 된다. 이들을 비율로 계산해보면, 전체 7,500억원 중 2,250억원은 30%에 해당되고, 5,250억원은 70%에 해당된다. 따라서 배부차이 400억원 중 30%인 120억원은 재공품에서, 70%인

☑ 표 4-5 제조간접원가 차이조정(총원가 기준법)

	총원가	구성비	하향조정 금액	조정후 총원가
재공품(항공기 C)	2,250억원	30.0%	120억원	2,130억원
제 품	0	0%	0	0
매출원가(항공기 A, B)	5,250	70.0%	280	4,970
합 계	7,500억원	100%	400억원	7,100억원

280억원은 매출원가에서 하향조정하면 된다. 이를 각 총원가에 반영하여 계산한 조정후 총원가는 2,130억원과 4,970억원이 된다.

6 개별원가계산에서의 공손원가계산

제품의 원가를 정확하게 계산하려면 생산과정에서 발생하는 공손을 파악하여 회계처리에 반영해야 한다. **공손**(spoilage)은 생산과정에서 품질에 대한 검사를 실시했을 때 발견된, 기준을 통과하지 못한 불량품을 말한다. 이러한 공손의 파악은 공손이 초래하는 낭비를 파악하여 관리하는 데 있어서도 도움을 줄 수 있다. 공손은 크게 정상공손과 비정상공손으로 구분할 수 있다. **정상공손**(normal spoilage)은 기업이 정한 일정한 기준에 의해 정상적인 수준(어느 정도 불가피한 것으로 판단되는 수준)으로 생각되어 생산의 일부로 간주할 수 있는 공손을 말하고, 이러한 정상공손의 범위를 초과한 공손을 **비정상공손**(abnormal spoilage)이라 한다.

정상공손의 원가는 기본적으로 정상제품의 일부로 취급하여 각 개별작업에 배부한다. 정상공손이 특정 개별작업에만 해당되는 경우도 있고, 모든 작업에 공통적으로 해당되는 경우도 있기 때문에 이를 구분하여 회계처리에 반영해야 한다. 정상공손이 특정 작업에 의해서만 발생된 것이라면 개별작업의 원가를 계산할 때 해당 공손의 처분가액을 차감하여 계산하면 되고, 모든 작업에 공통적으로 해당되는 것이라면 개별작업에 배부하는 것이 아니라 제조간접원가로 처리하게 된다. 공통적으로 발생된 공손원가는 제조간접원가의 배부를 통해 모든 작업에 배부된다.

공손이 비정상적으로 발생된 경우에는 해당 비정상공손의 원가를 비정상공손이라는 별개의 계정을 이용하여 당기비용으로 처리하여 포괄손익계산서상 손실로 기록되게 된다.

객관식 문제

01 재경관리사 2018

다음 중 개별원가계산에 관한 설명으로 가장 올바르지 않은 것은?

① 수요자의 요구에 따라 개별적으로 제품을 생산하는 업종에서 주로 사용한다.

② 직접원가와 간접원가의 구분이 중요하다.

③ 개별작업에 집계되는 실제원가를 예산액과 비교하여 미래예측에 이용할 수 있다.

④ 각 작업별로 원가가 계산되기 때문에 비용과 시간이 절약된다.

02 재경관리사 2018

㈜삼일은 개별원가계산제도를 채택하고 있으며, 제품 A의 작업원가표가 아래와 같을 때 제조간접원가 배부율(직접노무시간당)은 얼마인가?

• 직접재료 투입액	₩100,000	• 직접노무시간	200시간
• 직접노무원가 임률	₩500/시간	• 제품 A의 제조원가	₩360,000

① ₩500   ② ₩750   ③ ₩800   ④ ₩1,000

03 관세사 2022

㈜관세는 정상개별원가계산을 채택하고 있으며, 제조간접원가 배부차이를 총원가비례배분법에 의해 기말재고자산과 매출원가에 배분한다. 다음은 당기 말 제조간접원가 배부차이를 조정하기 전 각 계정의 잔액이다.

• 재고자산	• 매출원가 680,000
원재료 ₩250,000	
재공품 90,000	
제 품 230,000	

당기에 발생한 제조간접원가 배부차이가 ₩150,000(과소배부)일 경우, 배부차이 조정 후 기말재고자산은?

① ₩358,400   ② ₩368,000   ③ ₩608,400   ④ ₩618,000   ⑤ ₩638,400

04 관세사 2020

㈜관세는 20×1년 영업을 개시하여 선박을 제작·판매하고 있으며, 직접노무시간을 기준으로 제조간접원가를 배부하는 정상개별원가계산을 채택하고 있다. 제조와 관련된 원가 및 활동 자료는 다음과 같다.

	화물선	유람선	LNG선
직접재료원가	₩240,000	₩400,000	₩520,000
직접노무원가	280,000	520,000	640,000
실제직접노무시간	700시간	1,200시간	1,600시간

㈜관세는 20×1년 초 연간 제조간접원가 ₩2,000,000과 직접노무시간 5,000시간을 예상하였으며, 20×1년에 실제 발생한 제조간접원가는 ₩1,500,000이다. 20×1년 말 화물선은 완성되어 판매되었고, 유람선은 완성되었으나 판매되지 않았으며, LNG선은 미완성 상태이다. ㈜관세가 제조간접원가 배부차이를 매출원가에서 전액 조정한다면 제조간접원가 배부차이를 조정한 후의 매출원가는?

① ₩700,000   ② ₩780,000   ③ ₩800,000   ④ ₩820,000   ⑤ ₩900,000

05 세무사 2022

㈜세무는 20×1년에 영업을 시작하였으며, 정상원가계산을 적용하고 있다. 다음은 ㈜세무의 20×1년 배부차이를 조정하기 전의 제조간접원가 계정과 기말재공품, 기말제품 및 매출원가에 관한 자료이다.

제조간접원가	
630,000	?

	기말재공품	기말제품	매출원가
직접재료원가	₩225,000	₩250,000	₩440,000
직접노무원가	125,000	150,000	210,000
제조간접원가	150,000	200,000	250,000
합 계	₩500,000	₩600,000	₩900,000

제조간접원가의 배부차이를 매출원가조정법으로 회계처리하는 경우, 총원가비례배분법에 비해 당기순이익이 얼마나 증가(혹은 감소)하는가?

① ₩16,500 감소   ② ₩13,500 감소   ③ ₩13,500 증가
④ ₩16,500 증가   ⑤ ₩30,000 증가

06 세무사 2021

㈜세무는 정상개별원가계산을 사용하고 있으며, 제조간접원가는 직접노무시간을 기준으로 배부하고, 제조간접원가 배부차이는 전액 매출원가에 조정하고 있다. 당기의 직접재료매입 액은 ₩21,000이고, 제조간접원가 배부차이는 ₩7,000(과소배부)이며, 제조간접원가 배부 차이 조정 전 매출원가는 ₩90,000이다. 당기 재고자산 관련 자료는 다음과 같다.

구분	직접재료	재공품	제품
기초재고	₩3,000	₩50,000	₩70,000
기말재고	4,000	45,000	60,000

직접노무원가가 기초원가(prime cost)의 60%인 경우, 당기에 실제 발생한 제조간접원가는?

① ₩18,000 ② ₩25,000 ③ ₩30,000 ④ ₩32,000 ⑤ ₩37,000

07 세무사 2020

㈜세무는 개별원가계산제도를 채택하고 있으며, 제품A와 제품B를 생산하고 있다. 기초재공 품은 없으며, 제품이 모두 기말에 완성되었다. ㈜세무의 20×1년 원가자료는 다음과 같다. 제조간접원가를 직접노무원가 발생액에 비례하여 배부하는 경우, 제품A와 제품B의 제조원 가는?

	제품A	제품B
직접재료원가		
기초재고액	₩20,000	₩10,000
당기매입액	40,000	30,000
기말재고액	10,000	15,000
직접노무원가		
전기말 미지급액	₩22,000	₩30,000
당기지급액	45,000	60,000
당기말 미지급액	20,000	27,000
제조간접원가	₩30,000	

① 제품A: ₩94,900 제품B: ₩110,100
② 제품A: ₩99,100 제품B: ₩105,900
③ 제품A: ₩105,900 제품B: ₩94,900
④ 제품A: ₩105,900 제품B: ₩99,100
⑤ 제품A: ₩110,100 제품B: ₩94,900

08 세무사 2020

㈜세무는 단일 제품을 생산하며, 정상원가계산제도를 채택하고 있다. 제조간접원가는 기계시간을 기준으로 배부한다. 20×1년 제조간접원가 예산은 ₩40,000이고, 예정 기계시간은 2,000시간이다. 20×1년 실제 기계시간은 2,100시간, 제조간접원가 과대배부액은 ₩3,000이다. 20×1년 ㈜세무의 제조간접원가 실제발생액은?

① ₩39,000 ② ₩40,000 ③ ₩41,000

④ ₩42,000 ⑤ ₩45,000

09 회계사 2022

㈜대한은 정상원가계산제도를 채택하고 있다. 제조간접원가 예정배부율은 직접노무원가의 50%이며, 제조간접원가 배부차이는 전액 매출원가에서 조정한다. ㈜대한의 20×1년 2월 원가 관련 자료는 다음과 같다.

- 직접재료 구입액은 ₩40,000이다.
- 직접노무원가는 기본원가(기초원가, prime costs)의 40%이다.
- 직접재료 기말재고액은 ₩10,000, 제품 기말재고액은 ₩4,000이다.
- 당기제품제조원가에는 직접재료원가 ₩25,500이 포함되어 있다.
- 기말재공품에는 제조간접원가 배부액 ₩1,500이 포함되어 있다.
- 실제 발생한 제조간접원가는 ₩8,000이다.

제조간접원가 배부차이를 조정한 후 ㈜대한의 2월 매출원가는 얼마인가? 단, 기초재고자산은 없다.

① ₩44,000 ② ₩45,000 ③ ₩46,000

④ ₩47,000 ⑤ ₩49,000

10 회계사 2021

㈜대한은 20×1년 초에 설립되었으며 정상원가계산을 적용하고 있다. 제조간접원가 배부기준은 기계시간이다. ㈜대한은 20×1년 초에 연간 제조간접원가를 ₩80,000으로, 기계시간을 4,000시간으로 예상하였다. ㈜대한의 20×1년 생산 및 판매 관련 자료는 다음과 같다.

- 20×1년 중 작업 #101, #102, #103을 착수하였다.
- 20×1년 중 작업별 실제 발생한 원가 및 기계시간은 다음과 같다.

구 분	#101	#102	#103	합 계
직접재료원가	₩27,000	₩28,000	₩5,000	₩60,000
직접노무원가	₩25,000	₩26,000	₩13,000	₩64,000
기계시간	1,400시간	1,800시간	600시간	3,800시간

- 20×1년 실제 발생한 제조간접원가는 총 ₩82,000이다.
- 작업 #101과 #102는 20x1년 중 완성되었으나, #103은 20×1년 말 현재 작업 중이다.
- 20×1년 중 #101은 ₩120,000에 판매되었으나, #102는 20×1년 말 현재 판매되지 않았다. ㈜대한의 매출은 #101이 유일하다.

㈜대한이 총원가기준 비례배부법을 이용하여 배부차이를 조정한다면, 20×1년 매출총이익은 얼마인가?

① ₩24,600 　　② ₩27,300 　　③ ₩28,600
④ ₩37,600 　　⑤ ₩39,400

11 회계사 2023

㈜대한은 20×3년 초에 설립되었으며, 정상원가계산제도를 채택하고 있다. ㈜대한은 제조간접원가를 예정배부하며, 예정배부율은 직접노무원가의 80%이다. 제조간접원가 배부차이는 전액 매출원가에서 조정한다. 당기에 실제로 발생한 직접재료원가는 ₩50,000, 직접노무원가와 제조간접원가는 각각 ₩50,000과 ₩30,000이다. 기말재공품에는 직접재료원가 ₩10,000과 제조간접원가 배부액 ₩8,000이 포함되어 있다. 제조간접원가 배부차이를 조정한 후 매출원가 ₩100,000이라면, 20×3년 기말제품원가는 얼마인가?

① ₩0 　　② ₩2,000 　　③ ₩8,000
④ ₩10,000 　　⑤ ₩12,000

MEMO

05

종합원가계산

학습 목표

- 종합원가계산과 개별원가계산의 차이를 이해한다.
- 종합원가계산의 구체적 절차를 이해한다.
- 종합원가계산에서의 공손원가계산 방법을 이해한다.

종합원가계산은 같은 제품이 대량으로 반복 생산되거나 비슷한 제품이 연속하여 반복적으로 생산하는 생산형태에 적용하는 원가계산방법이다. 이는 앞서 얘기한 개별원가계산과는 여러 가지 차이점이 있다. 구체적인 종합원가계산의 절차를 이해하기 위해 재공품의 완성도를 반영한 완성품 환산량의 개념을 먼저 설명한다. 그리고 직접재료원가와 가공원가에 대한 완성품 환산량 단위당 원가를 구하여 원가계산을 하는 구체적인 절차를 알아보고자 한다. 또한 기초재공품이 있는 경우, 선입선출법, 가중평균법을 사용하여 원가계산이 이루어져야 하므로 각각의 방법을 적용했을 때의 구체적 종합원가계산 절차도 함께 알아보고자 한다. 마지막으로 종합원가계산에서는 공손원가를 어떻게 계산하여 처리하는지에 대해서도 살펴보고자 한다.

1 종합원가계산의 의의와 개별원가계산과의 차이

1.1 종합원가계산의 의의

종합원가계산(process costing)은 앞서 4장에서 알아본 바와 같이 동일 종류 또는 다른 종류의 제품을 연속하여 반복적으로 생산하는 생산 형태를 가진 기업에서 이용하는 원가계산시스템이다(원가계산준칙 제19조). 화학, 원유정제, 주류, 화학비료 및 섬유 제조업 등의 산업에서 이러한 종합원가계산을 주로 사용한다. 같거나 거의 유사한 제품을 수년간 끊임없이 생산하는 이들 업종에서는 제품의 원가를 계산하기 위해, 발생한 제조원가를 완성품과 재공품에 배부하는 것이 핵심 이슈가 된다.

1.2 종합원가계산과 개별원가계산의 차이

개별원가계산에서는 원가가 개별 작업별 또는 개별 제품별로 집계된다. 특정 작업 또는 특정 제품에 대한 단위당 원가는 총원가를 특정 작업에서 생산된 수량 또는 특정 제품이 생산된 수량으로 나누어 계산할 수 있다.

그러나 종합원가계산에서는 원가가 **일련의 공정**을 지나면서 발생되므로 공정별로 원가를 집계한다. 제품에 대한 단위당 원가는 한 단위 생산을 위해 발생한 총 평균원가를 적용하게 된다. 이때 완성된 제품에 대해서는 모든 생산 공정을 거쳤기 때문에 100% 완성되었다고 할 수 있지만, 재공품에 대해서는 어떤 공정까지 진행된 것인지에 따라서 어떤 종류의 원가가 어느 정도 투입되는지가 다를 수 있기 때문에, 이를 반영한 **완성도**라는 개념을 사용하여 원가를 배부하는 것이 바람직하다. 즉, 완성품 대비 50%의 완성도를 가지고 있는 재공품에 대해서는 완성품 하나에 투입된 원가의 50%로 배부하는 것이 바람직하다는 것이다. 이를 달리 표현하면 50% 완성도의 재공품 2개의 원가가 완성품 1개의 원가와 같아야 한다는 의미가 되기 때문에, 종합원가계산에서는 재공품의 완성도를 반영하여 재공품의 물량까지 완성품의 단위로 환산하는 **완성품환산량**(equivalent units)을 계산하여 제품원가의 계산에 활용하게 된다.

2 종합원가계산의 절차

　　종합원가계산 방법을 이용하여 제품 및 재공품의 원가를 계산하기 위해서는 먼저 1) 물량의 흐름을 파악하고, 2) 원가요소별로 완성품환산량을 계산해야 한다. 그리고 각 원가요소별 3) 완성품환산량 단위당 원가를 계산하여 4) 완성품(제품)과 재공품의 원가를 계산하게 된다. 종합원가계산의 절차를 이해하기 위해 다음 예제를 살펴보고자 한다.

예제 1. 종합원가계산

㈜서울은 일련의 공정을 거쳐 간장을 제조하여 판매하는 제조기업이다. 이 기업의 6월 생산 및 원가에 관한 자료는 다음과 같다.

〈6월 생산자료〉

	물량	완성도	
완성품(제품) 수량	10,000통	100%	
기말재공품 재고	2,000	직접재료원가	90%
		가공원가	50%
합 계	12,000통		

〈6월 원가자료〉

	금액
직접재료원가	₩11,800,000
직접노무원가	2,700,000
제조간접원가	5,000,000
총제조원가 합계	₩19,500,000

물음)

　주어진 자료를 이용하여 6월의 각 원가요소별(직접재료원가, 가공원가) 완성품환산량, 완성품환산량 단위당 원가를 구하고, 기말재공품과 완성품의 원가를 각각 계산해 보시오.

[풀이]

1) 원가요소별 완성품환산량의 계산

　　완성품의 경우에는 완성도가 100%이므로 완성품 수량이 그대로 완성품의 완성품환산량이 되지만 기말재공품의 경우에는 직접재료원가와 가공원가에 대한 완성도가 다르므로 각각 다른 완성도를 기말재공품 재고량에 곱하여 완성품환산량을 따로 계산한다.

직접재료원가 완성품환산량＝2,000통×0.9＝1,800통

가공원가 완성품환산량＝2,000통×0.5＝1,000통

이를 포함한 각 완성품환산량과 총 완성품환산량을 계산하면 다음과 같다.

	물량	완성도		완성품환산량	
				직접재료원가	가공원가
완성품(제품) 수량	10,000통	100%		10,000통	10,000통
기말재공품 재고	2,000	직접재료원가	90%	1,800	
		가공원가	50%		1,000
합 계	12,000통			11,800통	11,000통

2) 원가요소별 완성품환산량 단위당 원가계산

직접재료원가의 완성품환산량 단위당 원가＝총직접재료원가/직접재료원가 완성품환산량

＝₩11,800,000/11,800통

＝₩1,000

가공원가의 완성품환산량 단위당 원가＝총가공원가/가공원가 완성품환산량

＝(₩2,700,000＋5,000,000)/11,000통

＝₩700

총가공원가는 총직접노무원가와 총제조간접원가의 합이므로 이를 계산하여 가공원가의 완성품환산량 단위당 원가계산에 활용하면 된다.

3) 기말재공품 및 완성품 원가계산

직접재료원가는 완성품환산량 단위당 ₩1,000이고 가공원가는 완성품환산량 단위당 ₩700이므로 완성품 1통의 원가는 이 둘을 합한 ₩1,700이 된다. 그러므로 6월의 완성품 수량인 10,000통에 대한 총원가는 ₩17,000,000이라는 것을 알 수 있다.

기말재공품은 각 원가요소별로 완성품환산량이 다르기 때문에 6월의 기말재공품 총원가를 구하기 위해서는 원가요소별로 따로 계산한 뒤에 합산해야 한다.

기말재공품의 직접재료원가＝직접재료원가의 완성품환산량 단위당 원가

×기말재공품의 직접재료원가 완성품환산량

＝@1,000×1,800통

＝₩1,800,000

기말재공품의 가공원가＝가공원가의 완성품환산량 단위당 원가

×기말재공품의 가공원가 완성품환산량

＝@700×1,000통

＝₩700,000

기말재공품의 총원가는 이 두 금액을 더한 ₩2,500,000이 된다. 완성품과 기말재공품의 총원가를 합하면 ₩19,500,000으로 6월의 총제조원가 합계 금액과 같다는 것을 확인할 수 있다.

위의 예제 1에서는 기초재공품 재고가 없었기 때문에 비교적 간단하게 계산이 가능하였다. 그러나 기초재공품 재고가 존재하면 이 기초재공품 재고에 대한 원가 금액이 당기의 제조원가계산에 포함되어야 하기 때문에 이 기초재고액을 당기에 모두 완성품이 된 것으로 보고 완성품원가로 전부 반영할 것인지 아니면 당기 기말재공품 재고에도 포함이 되는 것으로 반영할 것인지가 문제가 된다. 기초재공품 재고가 먼저 완성이 되어 완성품이 되고 추가적으로 당기에 투입된 원가에 의해 추가적으로 완성품이 된다고 볼 수도 있지만 그렇지 않고 기초재공품 재고 중 일부 또는 전부가 기말재공품 재고로 남게 될 수도 있기 때문이다. 이 때문에 기초재공품 재고가 존재하면 가중평균법, 선입선출법, 후입선출법 등의 가정이 필요하다. 이 중에서 K-IFRS하에서 적용할 수 있는 가중평균법과 선입선출법의 2가지 방법을 적용했을 때의 원가계산에 대해 알아보고자 한다.

2.1 가중평균법에 의한 종합원가계산

기본적인 종합원가계산 방법을 이용한 제품 및 재공품의 원가 계산 절차는 예제 1에서 본 바와 마찬가지로 먼저 물량의 흐름을 파악한 후, 원가요소별로 완성품환산량을 계산한 다음, 원가요소별 단위당 원가를 계산하여 최종적으로 완성품원가와 기말재공품원가를 계산하게 된다. 다음 예제를 통해 가중평균법에 의한 종합원가계산 과정을 알아보자.

예제 2. **가중평균법에 의한 종합원가계산**

㈜서울의 7월 생산 및 원가에 관한 자료는 다음과 같다.

〈7월 생산자료〉

	물량	완성도	
기초재공품 재고	2,000통	직접재료원가	90%
		가공원가	50%
당기 투입량	17,000		
총투입량	19,000통		

	물량	완성도	
완성품(제품) 수량	15,000통	100%	
기말재공품 재고	4,000	직접재료원가	80%
		가공원가	50%
합 계	19,000통		

〈7월 원가자료〉

	직접재료원가	가공원가	합계
기초재공품 원가	₩1,800,000	₩700,000	₩2,500,000
당기제조원가	12,760,000	6,100,000	18,860,000
누적제조원가	₩14,560,000	₩6,800,000	₩21,360,000

물음)

주어진 자료를 이용하여 7월의 가중평균법에 의한 각 원가요소별(직접재료원가, 가공원가) 완성품환산량, 완성품환산량 단위당 원가를 구하고, 기말재공품과 완성품의 원가를 각각 계산해 보시오.

[풀이]

1) 원가요소별 완성품환산량의 계산

완성품은 완성품 수량이 그대로 완성품환산량이 되고, 기말재공품의 경우에는 직접재료원가와 가공원가에 대한 완성도가 다르므로 각각 다른 완성도를 기말 재공품 재고량에 곱하여 완성품환산량을 따로 계산한다.

직접재료원가 완성품환산량 = 4,000통 × 80% = 3,200통
가공원가 완성품환산량 = 4,000통 × 50% = 2,000통

이를 포함한 각 완성품 환산량과 총 완성품환산량을 계산하면 다음과 같다.

	물량	완성도		완성품환산량	
				직접재료원가	가공원가
완성품(제품) 수량	15,000통	100%		15,000통	15,000통
기말재공품 재고	4,000	직접재료원가	80%	3,200	
		가공원가	50%		2,000
합 계	19,000통			18,200통	17,000통

2) 원가요소별 완성품환산량 단위당 원가계산

가중평균법을 이용하여 각 원가요소별 완성품환산량 단위당 원가를 계산하기 위해서는 기초재공품을 포함한 누적총제조원가를 각각의 원가요소별로 계산하여 각 원가요소의 총완성품환산량, 즉 완성품과 기말재공품의 완성품환산량의 합으로 나누어 계산해야 한다.

직접재료원가의 완성품환산량 단위당 가중평균원가

$$= 누적총직접재료원가/직접재료원가 \ 총완성품환산량$$
$$= ₩14,560,000/18,200통$$
$$= ₩800$$

가공원가의 완성품환산량 단위당 가중평균원가 = 누적총가공원가/가공원가 총완성품환산량
$$= ₩6,800,000/17,000통$$
$$= ₩400$$

3) 기말재공품 및 완성품 원가계산

가중평균법에 의해 계산된 직접재료원가는 완성품환산량 단위당 ₩800이고 가공원가는 완성품환산량 단위당 ₩400이므로 완성품 1통의 원가는 이 둘을 합한 ₩1,200이 된다. 그러므로 7월의 완성품 수량인 15,000통에 대한 총원가는 ₩18,000,000이라는 것을 알 수 있다. 기말재공품은 예제 1에서와 마찬가지로 각 원가요소별로 서로 다른 완성품환산량을 적용하여 따로 계산한 뒤에 합산해야 한다.

기말재공품의 직접재료원가 = 직접재료원가의 완성품환산량 단위당 가중평균원가
$$× 기말재공품의 \ 직접재료원가 \ 완성품환산량$$
$$= @800 × 3,200통$$
$$= ₩2,560,000$$

기말재공품의 가공원가 = 가공원가의 완성품환산량 단위당 원가
$$× 기말재공품의 \ 가공원가 \ 완성품환산량$$
$$= @400 × 2,000통$$
$$= ₩800,000$$

기말재공품의 총원가는 이 두 금액을 더한 ₩3,360,000이 된다. 완성품과 기말재공품의 총원가를 합하면 ₩21,360,000(= ₩18,000,000 + 3,360,000)으로 7월의 누적 총제조원가 합계 금액과 같다는 것을 확인할 수 있다.

2.2 선입선출법에 의한 종합원가계산

선입선출법에 의해 종합원가계산을 하면 먼저 투입된 물량, 즉 기초재공품 물량이 먼저 완성된다고 가정하게 되므로 가중평균법에서와는 다르게 원가계산에 있어 기초재공품의 원가를 모두 완성품에 포함시키고 당기에 투입된 원가에 대해서는 완성품과 기말재공품에 배부하는 방식으로 계산해야 한다. 다음 예제를 이용하여 선입선출법에 의한 종합원가계산 방법을 이해해 보자.

예제 **3.** 선입선출법에 의한 종합원가계산

예제 2에서와 마찬가지로, ㈜서울의 7월 생산 및 원가에 관한 자료는 다음과 같다.

〈7월 생산자료〉

	물량	완성도	
기초재공품 재고	2,000통	직접재료원가	90%
		가공원가	50%
당기 투입량	17,000		
총투입량	19,000		
완성품(제품) 수량	15,000	100%	
기말재공품 재고	4,000	직접재료원가	80%
		가공원가	50%
합 계	19,000통		

〈7월 원가자료〉

	직접재료원가	가공원가	합계
기초재공품 원가	₩1,800,000	₩700,000	₩2,500,000
당기제조원가	12,760,000	6,100,000	18,860,000
누적제조원가	₩14,560,000	₩6,800,000	₩21,360,000

물음)

주어진 자료를 이용하여 7월의 선입선출법에 의한 각 원가요소별(직접재료원가, 가공원가) 완성품환산량, 완성품환산량 단위당 원가를 구하고, 기말재공품과 완성품의 원가를 각각 계산해 보시오.

[풀이]

1) 원가요소별 완성품환산량의 계산

선입선출법에서는 먼저 투입된 물량인 기초재공품 물량이 먼저 완성된다고 가정하게 되므로 완성품에 대한 완성품환산량을 기초재공품과 당기 착수 완성량으로 나누어 계산해 줄 필요가 있다. 이때 기초재공품이 완성된 부분에 대한 완성품환산량을 계산하는 데 있어 완성도는 기초재공품의 완성도를 제외한 나머지 부분으로 계산하면 된다. 즉, 90% 완성도의 직접재료원가는 남은 10%가 되고, 50% 완성도의 가공원가 부분은 나머지 50%가 당기 완성도가 된다. 이를 적용하여 구한 각각의 완성품환산량은 다음과 같다.

	물량	완성도		완성품환산량	
				직접재료원가	가공원가
완성품(제품) 수량					
기초재공품	2,000통	직접재료원가	10%	200통	
		가공원가	50%		1,000통
당기 착수	13,000	100%		13,000	13,000
기말재공품 재고	4,000	직접재료원가	80%	3,200	
		가공원가	50%		2,000
합 계	19,000통			16,400통	16,000통

2) 원가요소별 완성품환산량 단위당 원가계산

　　선입선출법을 이용하여 각 원가요소별 완성품환산량 단위당 원가를 계산하기 위해서는 기초재공품 원가를 제외한 당기에 투입된 당기제조원가에 대한 요소별 완성품환산량 단위당 원가를 계산하면 된다.

　　기초재공품은 모두 완성품이 된 것으로 가정하기 때문에 당기제조원가에 대해서만 완성품과 기말재공품으로 배부하면 되기 때문이다.

　　당기제조원가를 각 원가요소의 총완성품환산량, 즉 직접재료원가 및 가공원가에 대한 당기 완성품환산량으로 나누어 계산해야 한다.

	직접재료원가	가공원가	합계
당기제조원가	₩12,760,000	₩6,100,000	
당기완성품환산량	16,400통	16,000통	
완성품환산량 단위당 원가	₩778.05	₩381.25	₩1159.3

3) 기말재공품 및 완성품 원가 계산

　　선입선출법에 의해 기말 재공품 및 완성품의 원가를 계산하려면 단계를 나누어 계산해야 한다. 먼저 완성품에 대한 원가는 기초재공품에 이미 투입되어 있던 원가가 포함되고 나머지는 위에서 구한 각 원가요소별 완성품환산량 단위당 원가에 완성품에 대한 각 원가요소별 완성품환산량을 곱한 뒤에 더해주면 계산할 수 있다. 기말재공품에 대한 원가는 당기에 투입된 부분에 의해서만 계산되므로, 위에서 구한 각 원가요소별 완성품환산량 단위당 원가에 기말재공품에 대한 각 원가요소별 완성품환산량을 곱한 뒤에 더해주기만 하면 계산할 수 있다.

　　완성품의 직접재료원가 = 기초재공품에 이미 투입된 직접재료원가
　　　　　　　　　　　　+ (직접재료원가의 완성품환산량 단위당 원가
　　　　　　　　　　　　× 완성품의 당기 투입 직접재료원가 완성품환산량)
　　　　　　　　　= ₩1,800,000 + (@778.05 × (200통 + 13,000통))
　　　　　　　　　= ₩1,800,000 + 10,270,260
　　　　　　　　　= ₩12,070,260

완성품의 가공원가 = 기초재공품에 이미 투입된 가공원가
  + (가공원가의 완성품환산량 단위당 원가
  × 기말재공품의 당기 투입 가공원가 완성품환산량)
  = ₩700,000 + (@381.25 × (1,000통 + 13,000통))
  = ₩700,000 + 5,337,500
  = ₩6,037,500

그러므로 완성품의 총원가는 이 두 금액을 더한 ₩18,107,760이 된다.

기말재공품의 직접재료원가 = 직접재료원가의 완성품환산량 단위당 원가
  × 기말재공품의 직접재료원가 완성품환산량
  = @778.05 × 3,200통
  = ₩2,489,760

기말재공품의 가공원가 = 가공원가의 완성품환산량 단위당 원가
  × 기말재공품의 가공원가 완성품환산량
  = @381.25 × 2,000통
  = ₩762,500

그러므로 기말재공품의 총원가는 이 두 금액을 더한 ₩3,252,260이 된다.
완성품과 기말재공품의 총원가를 합하면 ₩21,360,020(=₩18,107,760 + 3,252,260)으로
7월의 누적 총제조원가 합계 금액(₩21,360,000)과 ₩20 차이가 나는데, 이는 단위당 원가
계산 시의 소수점 반올림에 의한 오차이다.

2.3 가중평균법과 선입선출법에 의한 종합원가계산 비교

같은 자료를 이용한 가중평균법에 의한 종합원가계산 결과와 선입선출법에 의한 종합원가계산 결과를 비교해 보면, 먼저 가중평균법에 의한 완성품원가는 ₩18,000,000이고 선입선출법에 의한 완성품원가는 ₩18,107,760이므로 선입선출법에 의한 완성품원가가 더 높게 평가되었다. 그러나 가중평균법에 의한 기말재공품원가는 ₩3,360,000이고 선입선출법에 의한 기말재공품 원가는 ₩3,252,260으로 기말재공품에 대해서는 가중평균법에 의해 계산된 원가가 더 높게 평가되었다는 것을 확인할 수 있다. 전체 누적 총제조원가는 동일한 상황에서 완성품과 기말재공품에 어떻게 원가를 배부하였는지에 따라 다르게 계산되는 것이기 때문에 이처럼 완성품원가가 높게 평가되면 기말재공품에 대해

서는 그만큼 낮게 평가되는 것이다.

일반적으로 가중평균법에 의해 원가계산을 할 때는 기초재공품과 당기투입량을 구분하지 않고 계산하기 때문에 계산은 더 용이하지만, 전기와 당기의 원가를 가중평균하여 당기에 완성된 모든 완성품의 원가를 동일하게 계산하게 되어 정확성은 떨어지게 된다. 그러나 선입선출법에 의해 원가계산을 하게 되면 기초재공품과 당기투입량을 구분하여 계산하기 때문에 계산은 더 복잡해지지만, 더 정확하게 계산할 수 있다.

📈 표 5-1 가중평균법과 선입선출법에 의한 종합원가계산 차이

	가중평균법	선입선출법
원가 배부	기초재공품 원가와 당기투입원가의 합계액으로 가중평균을 내어 완성품과 기말재공품으로 배부	기초재공품 원가는 완성품원가의 일부로 포함시키고, 당기투입원가는 완성품과 기말재공품으로 배부
완성품환산량 단위당 원가	완성품환산량 단위당 원가에 기초재공품에 이미 투입된 원가가 포함됨	완성품환산량 단위당 원가에는 당기 투입원가만 포함됨
완성품 원가	완성품원가는 당기완성 수량에 완성품환산량 단위당 원가를 곱해서 계산	완성품원가는 기초재공품 원가에 당기 투입원가 중 완성품에 배부된 부분을 더해서 계산

3 종합원가계산에서의 공손원가계산

4장의 개별원가계산에서도 간단히 살펴본 바와 같이, 기업이 제품을 생산하는 과정에서 제품이 품질에 대한 검사를 통과하지 못하여 불량품이 생기기도 하는데, 이를 공손 (Spoilage)이라 하였다. 그리고 이러한 공손품에 대한 회계처리는 생산과정에서 불가피하게 생기는 범위로 생각할 수 있는 정상공손인지 이를 넘어서는 범위에 해당하는 비정상공손인지에 따라 달라진다는 것 또한 언급한 바 있다. 이 장에서는 앞서 알아본 종합원가계산을 적용할 때, 이러한 공손에 대한 원가를 어떻게 구체적으로 계산할 수 있는지에 대해 알아보고자 한다. 종합원가계산에서의 공손원가계산은 품질검사 시점이 언제인지에 따라 다르게 적용해야 한다.

3.1 품질검사 시점이 생산 완료 시점일 때의 공손원가계산

품질검사 시점이 생산 완료 시점일 경우에는 완성품 중 일부가 공손품으로 확인되게 된다. 앞서 살펴본 가중평균법의 예제와 동일한 상황에서, 생산 완료 시점에서의 품질검사 시 발견되는 공손품에 대해 공손원가계산은 어떻게 이루어지는지를 살펴보자.

예제 4. 품질검사 시점이 생산 완료 시점일 때의 공손원가계산 (가중평균법)

㈜서울의 7월 생산 및 원가에 관한 자료는 다음과 같다.

〈7월 생산자료〉

	물량	완성도	
기초재공품 재고	2,000통	직접재료원가	90%
		가공원가	50%
당기 투입량	17,000		
총투입량	19,000		
완성품(정상제품) 수량	12,000	100%	
공손품 수량	3,000	100%	
기말재공품 재고	4,000	직접재료원가	80%
		가공원가	50%
합 계	19,000통		

〈7월 원가자료〉

	직접재료원가	가공원가	합계
기초재공품 원가	₩1,800,000	₩700,000	₩2,500,000
당기제조원가	12,760,000	6,100,000	18,860,000
누적제조원가	₩14,560,000	₩6,800,000	₩21,360,000

물음)

주어진 자료를 이용하여 7월의 가중평균법에 의한 각 원가요소별(직접재료원가, 가공원가) 완성품환산량, 완성품환산량 단위당 원가를 구하고, 기말재공품과 완성품(정상제품), 공손품의 원가를 각각 계산해 보시오. 또한 이 회사가 정상제품의 10%까지를 정상적인 공손이라고 허용한다면 정상공손원가와 비정상공손원가는 얼마인지 계산하시오.

[풀이]

1) 원가요소별 완성품환산량의 계산

완성품은 정상제품이든 공손품이든 모두 수량 그대로 완성품환산량이 되고, 기말재공품의 경우에는 직접재료원가와 가공원가에 대한 완성도가 다르므로 각각 다른 완성도를 기말 재 공품 재고량에 곱하여 완성품환산량을 따로 계산한다.

직접재료원가 완성품환산량 = 4,000통 × 80% = 3,200통
가공원가 완성품환산량 = 4,000통 × 50% = 2,000통

이를 포함한 각 완성품 환산량과 총완성품환산량을 계산하면 다음과 같다.

	물량	완성도		완성품환산량	
				직접재료원가	가공원가
완성품(정상제품) 수량	12,000통	100%		12,000통	12,000통
공손품 수량	3,000	100%		3,000	3,000
기말재공품 재고	4,000	직접재료원가	80%	3,200	
		가공원가	50%		2,000
합 계	19,000통			18,200통	17,000통

2) 원가요소별 완성품환산량 단위당 원가계산

예제 2에서와 마찬가지로, 가중평균법을 이용하여 각 원가요소별 완성품환산량 단위당 원가 를 계산하기 위해 기초재공품을 포함한 누적총제조원가를 각각의 원가요소별로 계산하여 각 원가요소의 총완성품환산량, 즉 완성품과 기말재공품의 완성품환산량의 합으로 나누어 계산해야 한다.

직접재료원가의 완성품환산량 단위당 가중평균원가
= 누적총직접재료원가/직접재료원가 총완성품환산량
= ₩14,560,000/18,200통
= ₩800

가공원가의 완성품환산량 단위당 가중평균원가
= 누적총가공원가/가공원가 총완성품환산량
= ₩6,800,000/17,000통
= ₩400

3) 기말재공품, 완성품(정상제품) 및 공손품 원가계산

예제 2에서와 마찬가지로, 가중평균법에 의해 계산된 직접재료원가는 완성품환산량 단위당 ₩8000이고 가공원가는 완성품환산량 단위당 ₩400이므로 완성품 1통의 원가는 이 둘을 합 한 ₩1,200이 된다. 그러므로 7월의 완성품(정상제품) 수량인 12,000통에 대한 총원가는 ₩14,400,000(=@1,200×12,000통)이 되고, 공손품 3,000통에 대한 총원가는 ₩3,600,000

(=@1,200×3,000통)이 된다.

기말재공품은 예제 1, 2에서와 마찬가지로 각 원가요소별로 서로 다른 완성품환산량을 적용하여 따로 계산한 뒤에 합산하여 계산하면 같은 결과를 얻을 수 있다.

기말재공품의 직접재료원가 = 직접재료원가의 완성품환산량 단위당 가중평균원가
　　　　　　　　　　　　　×기말재공품의 직접재료원가 완성품환산량
　　　　　　　　　　　= @800×3,200통
　　　　　　　　　　　= ₩2,560,000

기말재공품의 가공원가 = 가공원가의 완성품환산량 단위당 원가
　　　　　　　　　　　×기말재공품의 가공원가 완성품환산량
　　　　　　　　　　= @400×2,000통
　　　　　　　　　　= ₩800,000

기말재공품의 총원가는 이 두 금액을 더한 ₩3,360,000이 된다. 완성품과 기말재공품의 총원가를 합하면 ₩21,360,000(=₩18,000,000+3,360,000)으로 7월의 누적 총제조원가 합계 금액과 같다는 것도 마찬가지로 확인할 수 있다.

4) 정상공손원가와 비정상공손원가 계산

이 회사에서는 정상제품의 10%까지를 정상공손으로 허용하므로, 전체 공손품 3,000통 중에서 정상제품 12,000통의 10%인 1,200통까지가 정상공손, 나머지 1,800통은 비정상공손에 해당된다. 그러므로 정상공손원가는 공손품 중에서 1,200통에 해당하는 원가인 ₩1,440,000 (=@1,200×1,200통)이 되고, 비정상공손원가는 1,800통의 원가인 ₩2,160,000(=@1,200× 1,800통)이 된다. 정상공손원가와 비정상공손원가의 합은 물론 위에서 계산한 전체 공손품의 원가인 ₩3,600,000이 된다.

3.2 품질검사 시점이 생산과정 중간일 때의 공손원가계산

품질검사를 생산과정 중간에 하게 되면 품질검사에서 발견된 공손품은 완성품이 아니게 된다. 이때 주의해야 할 부분은 기말재공품이 품질검사를 통과한 것인지 아닌지의 여부이다. 품질검사 시점과 기말재공품의 완성도를 비교하여 이 부분을 판단하고 공손원가계산에 반영해야 정확한 공손원가계산이 가능하다. 다음 예제를 이용하여 품질검사 시점이 생산과정 중간일 때의 공손원가계산 방법에 대해 자세히 살펴보자.

예제 **5.** 품질검사 시점이 생산과정 중간일 때의 공손원가계산 (가중평균법)

㈜서울의 7월 생산 및 원가에 관한 자료는 다음과 같다.

〈7월 생산자료〉

	물량	완성도	
기초재공품 재고	2,000통	직접재료원가	90%
		가공원가	50%
당기 투입량	17,000		
총투입량	19,000		
완성품(정상제품) 수량	12,000	100%	
공손품 수량	3,000	직접재료원가	80%
		가공원가	40%
기말재공품 재고	4,000	직접재료원가	80%
		가공원가	50%
합 계	19,000통		

〈7월 원가자료〉

	직접재료원가	가공원가	합계
기초재공품 원가	₩1,800,000	₩700,000	₩2,500,000
당기제조원가	12,760,000	6,100,000	18,860,000
누적제조원가	₩14,560,000	₩6,800,000	₩21,360,000

물음)

이 회사에서 품질검사를 가공원가 기준 완성도 40% 시점에 실시하여 공손품을 파악하였고, 직접재료원가의 80%는 검사시점 이전에 투입된 것으로 가정할 때, 주어진 자료를 이용하여 7월의 가중평균법에 의한 각 원가요소별(직접재료원가, 가공원가) 완성품환산량, 완성품환산량 단위당 원가를 구하고, 기말재공품과 완성품(정상제품), 공손품의 원가를 각각 계산해 보시오. 또한 이 회사가 정상제품의 10%까지를 정상적인 공손이라고 허용한다면 정상공손원가와 비정상공손원가는 얼마인지 계산하시오.

[풀이]

먼저, 품질검사가 가공원가 기준 완성도 40% 시점에 실시되었기 때문에, 가공원가 완성도 50%에 해당하는 기말재공품은 모두 검사를 통과한 물량으로 판단할 수 있다.

1) 원가요소별 완성품환산량의 계산

완성품(정상제품)은 그 수량 그대로 완성품환산량이 되고, 공손품과 기말재공품의 경우에는 직접재료원가와 가공원가에 대한 완성도가 다르므로 각각 다른 완성도를 기말 재공품 재고량에 곱하여 완성품환산량을 따로 계산한다.

공손품 직접재료원가 완성품환산량＝3,000통×80%＝2,400통
공손품 가공원가 완성품환산량＝3,000통×40%＝1,200통
기말재공품 직접재료원가 완성품환산량＝4,000통×80%＝3,200통
기말재공품 가공원가 완성품환산량＝4,000통×50%＝2,000통

이를 포함한 각 완성품 환산량과 총 완성품환산량을 계산하면 다음과 같다.

	물량	완성도		완성품환산량	
				직접재료원가	가공원가
완성품(정상제품) 수량	12,000통	100%		12,000통	12,000통
공손품 수량	3,000	직접재료원가	80%	2,400	
		가공원가	40%		1,200
기말재공품 재고	4,000	직접재료원가	80%	3,200	
		가공원가	50%		2,000
합 계	19,000통			17,600통	15,200통

2) 원가요소별 완성품환산량 단위당 원가계산

예제 4에서와 마찬가지로, 가중평균법을 이용하여 각 원가요소별 완성품환산량 단위당 원가를 계산하기 위해 기초재공품을 포함한 누적총제조원가를 각각의 원가요소별로 계산하여 각 원가요소의 총완성품환산량, 즉 완성품과 기말재공품의 완성품환산량의 합으로 나누어 계산해야 한다.

직접재료원가의 완성품환산량 단위당 가중평균원가
= 누적총직접재료원가/직접재료원가 총완성품환산량
= ₩14,560,000/17,600통
= ₩827.27

가공원가의 완성품환산량 단위당 가중평균원가
= 누적총가공원가/가공원가 총완성품환산량
= ₩6,800,000/15,200통
= ₩447.37

3) 기말재공품, 완성품(정상제품) 및 공손품 원가계산

예제 4에서와 마찬가지로, 가중평균법에 의해 계산된 직접재료원가는 완성품환산량 단위당 ₩827.27이고 가공원가는 완성품환산량 단위당 ₩447.37이므로 완성품 1통의 원가는 이 둘을 합한 ₩1,274.64가 된다. 그러므로 7월의 완성품(정상제품) 수량인 12,000통에 대한 총원가는 ₩15,295,680(=@1,274.64×12,000통)이 된다.

공손품은 예제 4에서와는 달리, 기말재공품과 마찬가지로 각 원가요소별로 서로 다른 완성

품환산량을 적용하여 따로 계산한 뒤에 합산하여 계산하면 된다.

공손품의 직접재료원가 = 직접재료원가의 완성품환산량 단위당 가중평균원가
　　　　　　　　　　　　×공손품의 직접재료원가 완성품환산량
　　　　　　　　　 = @827.27×2,400통
　　　　　　　　　 = ₩1,985,448

공손품의 가공원가 = 가공원가의 완성품환산량 단위당 원가×공손품의 가공원가 완성품환산량
　　　　　　　　 = @447.37×1,200통
　　　　　　　　 = ₩536,844

기말재공품의 직접재료원가 = 직접재료원가의 완성품환산량 단위당 가중평균원가
　　　　　　　　　　　　　×기말재공품의 직접재료원가 완성품환산량
　　　　　　　　　　 = @827.27×3,200통
　　　　　　　　　　 = ₩2,647,264

기말재공품의 가공원가 = 가공원가의 완성품환산량 단위당 원가
　　　　　　　　　　　×기말재공품의 가공원가 완성품환산량
　　　　　　　　　 = @447.37×2,000통
　　　　　　　　　 = ₩894,740

공손품의 총원가는 ₩2,522,292(=₩1,985,448+536,844)이 되고, 기말재공품의 총원가는 ₩3,542,004(=₩2,647,264+894,740)이 된다.

4) 정상공손원가와 비정상공손원가 계산

이 회사에서는 정상제품의 10%까지를 정상공손으로 허용하므로, 전체 공손품 3,000통 중에서 정상제품 12,000통의 10%인 1,200통까지가 정상공손, 나머지 1,800통은 비정상공손에 해당된다. 그러므로 정상공손원가는 공손품의 총원가인 ₩2,522,292 중에서 1,200통에 해당하는 원가인 ₩1,008,917(=₩2,522,292×40%)이 되고, 비정상공손원가는 1,800통의 원가인 ₩1,513,375(=₩2,522,292×60%)이 된다.

객관식 문제

01 관세사 2020

㈜관세는 종합원가계산을 채택하고 있으며, 제품생산 관련 정보는 다음과 같다.

- 기초재공품수량 1,000개(완성도 60%)
- 당기착수량 2,000개
- 당기완성품수량 2,400개
- 기말재공품수량 600개(완성도 50%)

직접재료는 공정 초에 모두 투입되고 전환(가공)원가는 공정 전반에 걸쳐 균등하게 발생한다.
평균법과 선입선출법하의 완성품환산량에 관한 다음 설명 중 옳지 않은 것은?

① 평균법에 의한 직접재료원가의 완성품환산량은 3,000개이다.
② 선입선출법에 의한 직접재료원가의 완성품환산량은 2,000개이다.
③ 평균법에 의한 전환(가공)원가의 완성품환산량은 2,700개이다.
④ 선입선출법에 의한 전환(가공)원가의 완성품환산량은 2,200개이다.
⑤ 평균법과 선입선출법간에 각 원가요소의 완성품환산량 차이가 발생하는 것은 기초재공품
때문이다.

02 감정평가사 2022

다음은 종합원가계산제도를 채택하고 있는 ㈜감평의 당기 제조활동에 관한 자료이다.

- 기초재공품 ₩3,000(300단위, 완성도 60%)
- 당기투입원가 ₩42,000
- 당기완성품수량 800단위
- 기말재공품 200단위(완성도 50%)

모든 원가는 공정 전체를 통하여 균등하게 발생하며, 기말재공품의 평가는 평균법을 사용하고
있다. 기말재공품원가는? (단, 공손 및 감손은 없다)

① ₩4,200   ② ₩4,500   ③ ₩5,000
④ ₩8,400   ⑤ ₩9,000

03 세무사 2020

㈜세무는 종합원가계산제도를 채택하고 있다. ㈜세무의 20×1년 당기제조착수량은 100단위, 기말재공품은 40단위(전환원가 완성도 25%)이며, 당기투입원가는 직접재료원가 ₩40,000, 전환원가(conversion cost) ₩70,000이다. 직접재료는 공정이 시작되는 시점에서 전량 투입되며, 전환원가는 공정전반에 걸쳐 균등하게 발생할 때, 기말재공품의 원가는?

① ₩10,000   ② ₩16,000   ③ ₩26,000   ④ ₩28,000   ⑤ ₩56,000

04 세무사 2022

㈜세무는 종합원가계산제도를 채택하고 있다. 직접재료는 공정의 초기에 전량 투입되며, 전환원가(conversion costs)는 공정 전반에 걸쳐 균등하게 발생한다. 당기 제조활동과 관련하여 가중평균법과 선입선출법에 의해 각각 계산한 직접재료원가와 전환원가의 완성품환산량은 다음과 같다.

	직접재료원가 완성품환산량	전환원가 완성품환산량
가중평균법	3,000단위	2,400단위
선입선출법	2,000단위	1,800단위

기초재공품의 전환원가 완성도는?

① 20%   ② 30%   ③ 40%   ④ 50%   ⑤ 60%

05 감정평가사 2020

㈜감평은 단일공정을 통해 단일제품을 생산하고 있으며, 선입선출법에 의한 종합원가계산을 적용하고 있다. 직접재료는 공정 초에 전량 투입되고, 가공원가는 공정 전반에 걸쳐 균등하게 발생한다. ㈜감평의 20×1년 기초재공품은 10,000단위(가공원가 완성도 40%), 당기착수량은 30,000단위, 기말재공품은 8,000단위(가공원가 완성도 50%)이다. 기초재공품의 직접재료원가는 ₩170,000이고, 가공원가는 ₩72,000이며, 당기투입된 직접재료원가와 가공원가는 각각 ₩450,000과 ₩576,000이다. 다음 설명 중 옳은 것은? (단, 공손 및 감손은 발생하지 않는다)

① 기말재공품원가는 ₩192,000이다.
② 가공원가의 완성품환산량은 28,000단위이다.
③ 완성품원가는 ₩834,000이다.
④ 직접재료원가의 완성품환산량은 22,000단위이다.
⑤ 직접재료원가와 가공원가에 대한 완성품환산량 단위당원가는 각각 ₩20.7과 ₩20.3이다

06 회계사 2020

㈜대한은 단일상품을 제조하는 기업으로 종합원가계산제도를 채택하고 있으며, 재고자산 평가방법은 선입선출법(FIFO)을 사용한다. 제품제조 시 직접재료는 공정 초에 전량 투입되며 전환원가(가공원가)는 공정에 걸쳐 균등하게 발생한다. 다음은 ㈜대한의 당기 생산 및 제조에 관한 자료이다.

항목	물량
기초재공품(가공완성도%)	1,800개(90%)
당기착수물량	15,000개
기말재공품(가공완성도%)	3,000개(30%)

당기에 발생한 직접재료원가는 ₩420,000이며, 전환원가는 ₩588,600이다. 당기 매출원가는 ₩1,070,000, 기초제품재고는 ₩84,600, 기말제품재고는 ₩38,700이다. 당기 기초재공품은 얼마인가?

① ₩140,000   ② ₩142,000   ③ ₩144,000

④ ₩145,000   ⑤ ₩146,000

07 감정평가사 2023

㈜감평은 가중평균법에 의한 종합원가계산제도를 채택하고 있으며, 단일공정을 통해 제품을 생산한다. 모든 원가는 공정 전반에 걸쳐 균등하게 발생한다. ㈜감평의 당기 생산 관련 자료는 다음과 같다.

구분	물량(완성도)	직접재료원가	전환원가
기초재공품	100단위(?)	₩4,300	₩8,200
당기착수	900	20,000	39,500
기말재공품	200(?)	?	?

㈜감평의 당기 완성품환산량 단위당 원가가 ₩80이고 당기 완성품환산량이 선입선출법에 의한 완성품환산량보다 50단위가 더 많을 경우, 선입선출법에 의한 기말재공품 원가는? (단, 공손 및 감손은 발생하지 않는다)

① ₩3,500   ② ₩4,500   ③ ₩5,500

④ ₩6,500   ⑤ ₩7,000

08 감정평가사 2021

㈜감평은 단일 제품을 대량생산하고 있으며, 가중평균법을 적용하여 종합원가계산을 하고 있다. 직접재료는 공정초에 전량 투입되고, 전환(가공)원가는 공정 전체에서 균등하게 발생한다. 당기 원가계산 자료는 다음과 같다.

- 기초재공품 3,000개(완성도 80%)
- 당기착수수량 14,000개
- 당기완성품 13,000개
- 기말재공품 2,500개(완성도 60%)

품질검사는 완성도 70%에서 이루어지며, 당기 중 검사를 통과한 합격품의 10%를 정상공손으로 간주한다. 직접재료원가와 전환원가의 완성품환산량 단위당 원가는 각각 ₩30과 ₩20이다. 완성품에 배부되는 정상공손원가는?

① ₩35,000   ② ₩44,000   ③ ₩55,400
④ ₩57,200   ⑤ ₩66,000

09 관세사 2021

㈜관세는 종합원가계산을 채택하고 있으며, 제품생산 관련 정보는 다음과 같다.

- 기초재공품수량 2,000단위(전환(가공)원가 완성도 60%)
- 당기착수량 18,000단위
- 당기완성품수량 14,000단위
- 기말재공품수량 3,000단위(전환원가 완성도 80%)

원재료는 공정초에 전량 투입되고 전환원가는 공정 전반에 걸쳐 균등하게 발생한다. ㈜관세는 재고자산 평가방법으로 평균법을 사용하며, 공정의 종료시점에서 품질검사를 실시하였다. ㈜관세가 당기 중 품질검사를 통과한 물량의 10%를 정상공손으로 간주할 경우, 비정상공손수량은?

① 1,300단위   ② 1,400단위   ③ 1,600단위
④ 1,700단위   ⑤ 2,000단위

10 세무사 2020

㈜세무는 종합원가계산제도를 채택하고 있다. 직접재료는 공정이 시작되는 시점에서 전량 투입되며, 전환원가는 공정전반에 걸쳐서 균등하게 발생한다. 당기완성품환산량 단위당 원가는 직접재료원가 ₩2,000, 전환원가 ₩500이었다. 생산 공정에서 공손품이 발생하는데 이러한 공손품은 제품을 검사하는 시점에서 파악된다. 공정의 50% 시점에서 검사를 수행하며, 정상공손수량은 검사 시점을 통과한 합격품의 10%이다. ㈜세무의 생산활동 자료가 다음과 같을 때, 정상공손원가는?

- 기초재공품 500단위(전환원가 완성도 30%)
- 당기완성량 1,800단위
- 당기착수량 2,000단위
- 기말재공품 400단위(전환원가 완성도 70%)

① ₩440,000 ② ₩495,000 ③ ₩517,000
④ ₩675,000 ⑤ ₩705,000

MEMO

06

결합원가와 부산물회계

- 결합원가의 의의를 이해한다.
- 여러 가지 결합원가 배부 방법에 대해 이해한다.
- 추가가공에 대한 의사결정 과정을 이해한다.
- 부산물과 작업폐물에 대한 회계처리를 이해한다.

　　같은 재료를 이용하여 동일한 생산 공정을 거쳐 여러 가지 제품으로 분리되어 생산될 때, 이러한 제품들을 결합제품 또는 연산품이라고 한다. 이러한 결합제품을 생산하면서 생기는 원가들은 공통적으로 발생하는 부분도 존재하고 중간 지점에서 각 제품으로 분리되어 발생하는 부분도 동시에 존재하게 된다. 이러한 결합제품의 생산과정에서 발생하는 공통적인 원가에 대해서는 여러 제품에 배부해야 하는데, 이를 어떻게 배부할 수 있는지 여러 가지 배부 방법들에 대해 알아보고자 한다. 또한 추가가공원가의 개념을 설명하면서 결합제품에 대한 추가가공여부 의사결정 문제에 대해서도 살펴보고, 부산물 및 작업폐물의 회계처리에 대해서도 살펴본다.

1 결합원가의 의의

공통의 원재료를 이용하여 동일한 생산 공정을 통해 두 개 이상의 서로 다른 제품이 생산될 때, 이러한 제품들을 결합제품 또는 연산품이라고 한다. 이러한 결합제품 또는 연산품을 생산하는 산업에는 낙농업, 정유, 화학, 정육 산업 등이 있다. 예를 들어, 정유 산업에서는 원유라는 공통의 원재료를 이용하여 일련의 생산과정을 거치다가 특정 시점이 되면 LPG가스, 휘발유, 경유, 등유, 아스팔트 등의 다양한 제품으로 나뉘어 생산된다. 이때, 원재료가 동일한 생산 공정을 거쳐 오다가 여러 결합제품으로 나뉘게 되는 시점을 **분리점**(split-off point)이라 하고, 분리점 이전의 공통으로 지나가게 되는 생산과정에서 발생하는 원가를 결합제품에 대한 공통적인 원가라는 뜻에서 **결합원가**(joint cost)라고 한다. 분리점 이후에 각 결합제품별로 분리하여 발생되는 원가를 **추가가공원가**(additional processing cost) 또는 **분리가능원가**(seperable cost)라 한다. 분리점 이후에 발생되는 추가가공원가의 경우에는 해당 제품으로 직접적으로 추적이 가능하기에 원가의 배부 문제가 발생하지 않으나 결합원가의 경우에는 여러 결합제품에 어떻게 배부하느냐에 대한 문제가 발생하게 된다.

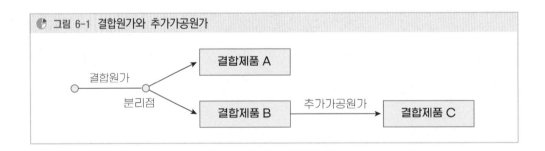

그림 6-1 결합원가와 추가가공원가

2 결합원가의 배부 방법

결합원가는 여러 결합제품을 생산하는데 공통적으로 사용된 원가이기 때문에 결합제품 모두의 원가에 나뉘어서 포함되어야 한다. 결합원가는 기본적으로 결합제품 각각에 추적이 불가능하기에 일정한 기준으로 각 결합제품에 배부가 되어야 한다. 결합원가를 각 결합제품에 배부하는 방법으로는 **물량기준법, 상대적 판매가치법**(분리점 판매가치법), **순실현가치법, 균등이익률법** 등이 있다.

2.1 물량기준법

물량기준법(physical−unit method)은 가장 간편하게 측정할 수 있는 각 결합제품의 물량에 비례하여 결합원가를 배부하는 방법이다. 다음의 예제를 이용하여 적용해보도록 하자.

예제 1. 물량기준법

㈜경기철강은 20×2년에 1,000톤의 철광석을 가공하여 결합제품 A를 200톤, 결합제품 B를 300톤 생산하였다. 이와 관련하여 20×2년에 발생한 원가는 다음과 같다.

〈20×2년 원가자료(결합원가)〉

	금액
직접재료원가	300억원
직접노무원가	400
제조간접원가	200
총제조원가	900억원

물음)

주어진 자료를 이용하여 결합원가를 결합제품 A, B에 물량기준법을 적용하여 배부하면 각각 얼마인지 구하시오.

[풀이]

전체 결합원가는 900억원이고, 이 결합원가를 물량기준법에 의해 배부하려면 결합제품 A와 B의 생산량인 200톤, 300톤에 비례하여 배부하면 된다. 결합제품 A, B의 생산량 비율은 2:3으로, 전체의 40%와 60%의 비중으로 생산되었기 때문에 900억원을 40%와 60%로 나누어 간단하게 배부할 수 있다. 즉, 결합제품 A에는 900억원의 40%인 360억원을, 결합제품 B에는 900억원의 60%인 540억원을 배부하면 된다.

〈20×2년 결합원가 배부(물량기준법)〉

	결합제품 A	결합제품 B	합계
생산 물량	200톤	300톤	500톤
생산 물량 비율	40%	60%	100%
결합원가 배부액	360억원	540억원	900억원
단위당 결합원가 배부액	@1.8억	@1.8억	

결합원가 배부액이 생산 물량에 비례하여 계산되었으므로 단위당 결합원가 배부액은 결합제품 A와 B 모두 동일하게 1.8억원/톤이 된다.

물량기준법은 생산 물량이라는 쉽게 알 수 있는 수치를 이용하여 계산할 수 있어 편리한 장점이 있으나, 각 제품의 물량마다 얻을 수 있는 수익에 차이가 큰 경우에는 적용하는 것이 바람직하지 않다. 예를 들어, 정육업에서 물량에 비례해서 등심이나 안심과 같은 가격이 비싼 제품과 뼈와 같은 가격이 싼 부분에 대해서 같은 물량에 같은 원가를 배부한다면 뼈를 판매했을 때는 이익이 적어지거나 오히려 손실이 발생할 수 있게 될 것이기 때문이다. 또한 물량의 단위가 다른 결합제품 간에는 배부가 어렵다는 단점도 존재한다.

2.2 상대적 판매가치법

상대적 판매가치법(relative sales value method)은 결합원가를 분리점에서의 각 결합제품의 상대적인 판매가치를 기준으로 배부하는 방법이다. 그러므로 이 방법을 적용하기 위해서는 분리점에서의 각 결합제품의 판매가치 즉, 판매가격을 알아야만 한다. 마찬가지로 다음 예제를 이용하여 구체적인 배부 방법을 살펴보도록 하자.

예제 **2.** 상대적 판매가치법

예제 1에서와 마찬가지로, ㈜경기철강은 20×2년에 1,000톤의 철광석을 가공하여 결합제품 A를 200톤, 결합제품 B를 300톤 생산하였다. 이와 관련하여 20×2년에 발생한 원가는 다음과 같다.

〈20×2년 원가자료(결합원가)〉

	금액
직접재료원가	300억원
직접노무원가	400
제조간접원가	200
총제조원가	900억원

단, 결합제품 A의 분리점에서의 판매가격은 톤당 1.5억원이고, 결합제품 B의 분리점에서의 판매가격은 톤당 4억원이다.

물음)

주어진 자료를 이용하여 결합원가를 결합제품 A, B에 상대적 판매가치법을 적용하여 배부하면 각각 얼마인지 구하시오.

[풀이]

결합원가를 상대적 판매가치법에 의해 배부하려면 각 결합제품의 분리점에서의 판매가치를 계산하여 이에 비례하여 배부해야 한다. 결합제품 A와 B의 생산량은 각각 200톤, 300톤이고 분리점에서의 판매가격이 각각 톤당 1.5억원, 4억원이므로 결합제품 A의 분리점에서의 판매가치는 300억원(=200톤×@1.5억), 결합제품 B의 분리점에서의 판매가치는 1,200억원(=300톤×@4억)이다. 따라서 결합제품 A, B의 분리점에서의 상대적 판매가치비율은 1:4로, 전체의 20%와 80%의 비중이다. 그러므로 결합제품 A에는 900억원의 20%인 180억원을, 결합제품 B에는 900억원의 80%인 720억원을 배부하면 된다.

⟨20×2년 결합원가 배부(상대적 판매가치법)⟩

	결합제품 A	결합제품 B	합계
생산 물량	200톤	300톤	500톤
분리점에서의 단위당 판매가격	@1.5억	@4억	
상대적 판매가치	300억원	1,200억원	1,500억원
상대적 판매가치 비율	20%	80%	100%
결합원가 배부액	180억원	720억원	900억원
단위당 결합원가 배부액	@0.9억	@2.4억	
매출총이익	120억원	480억원	600억원
매출총이익률	40%	40%	40%

단위당 결합원가 배부액은 결합제품 A는 0.9억원(=180억원÷200톤), 결합제품 B는 약 2.4억원(=720억원÷300톤)이 된다. 추가적으로 각 결합제품의 매출총이익과 매출총이익률을 계산해본다면, 매출총이익은 판매가치에서 결합원가 배부액을 뺀 값이 되고, 매출총이익률은 계산된 매출총이익을 판매가치로 나눈 값이 된다. 본 예제에서의 매출총이익률은 결합제품 A, B 모두 40%로 동일하게 계산된다. 이는 매출총이익을 계산할 때 매출에 해당하는 판매가치에서 빼주는 원가 금액이 판매가치에 비례하여 배부되어 남은 매출총이익 또한 판매가치에 비례하게 되고, 결국 매출총이익률은 같게 되기 때문이다.

2.3 순실현가치법

결합제품을 분리점에서 바로 판매하는 것이 아니라 제품별로 추가로 가공하여 판매하는 경우에는 추가가공에 대한 원가까지 고려해야 하기 때문에 단순하게 상대적 판매가치법을 적용할 수가 없다. 이때 적용할 수 있는 방법이 **순실현가치법**(net realizable value method)이다. 순실현가치법은 각 결합제품의 추가가공 이후의 순실현가치를 계산하여 이 순실현가치의 비율에 따라 결합원가를 배부하는 방법이다. 순실현가치는 각 제품의 최종 판매가치에서 제품별 추가가공원가와 제품별 판매비용을 차감한 금액을 말한다. 다음 예제를 통해 순실현가치법을 실제로 적용하는 방법을 알아보자.

예제 3. 순실현가치법

예제 1에서와 마찬가지로, ㈜경기철강은 20×2년에 1,000톤의 철광석을 가공하여 결합제품 A를 200톤, 결합제품 B를 300톤 생산하였다. 이와 관련하여 20×2년에 발생한 원가는 다음과 같다.

〈20×2년 원가자료(결합원가)〉

	금액
직접재료원가	300억원
직접노무원가	400
제조간접원가	200
총제조원가	900억원

단, 결합제품 A는 분리점에서 바로 판매가 불가능하여 추가가공 후 판매할 수 있다. 결합제품 A의 추가가공원가는 200억원이며, 추가가공 후의 판매가격은 톤당 5억원이다. 그리고 결합제품 B의 분리점에서의 판매가격은 톤당 4억원이다.

물음)

주어진 자료를 이용하여 결합원가를 결합제품 A, B에 순실현가치법을 적용하여 배부하면 각각 얼마인지 구하시오.

[풀이]

결합원가를 순실현가치법에 의해 배부하려면 각 결합제품의 순실현가치를 계산하여 이에 비례하여 배부해야 한다.

⟨20×2년 결합원가 배부(순실현가치법)⟩

	결합제품 A	결합제품 B	합계
생산 물량	200톤	300톤	500톤
추가가공 후 단위당 판매가격	@5억	@4억	
추가가공 후 총판매가치	1,000억원	1,200억원	2,200억원
추가가공원가	200억원	0	
순실현가치	800억원	1,200억원	2,000억원
순실현가치 비율	40%	60%	100%
결합원가 배부액	360억원	540억원	900억원
매출총이익	440억원	660억원	1,100억원
매출총이익률	44%	55%	50%

결합제품 A는 추가가공 후 판매가 이루어지지만 결합제품 B의 경우에는 분리점에서 바로 판매가 이루어지므로 분리점에서의 판매가격으로 계산이 이루어져야 한다. 결합제품 A의 추가가공 후 총판매가치는 1,000억원(=200톤×@5억), 결합제품 B의 분리점에서의 판매가치는 1,200억원(=300톤×@4억)이다. 따라서 결합제품 A의 순실현가치는 추가가공원가인 200억원을 뺀 800억원이 되고, 결합제품 B는 추가가공이 이루어지지 않으므로 그대로 1,200억원이 순실현가치가 된다. 순실현가치의 상대적 비율은 2:3으로, 전체의 40%와 60%의 비중이다. 그러므로 결합제품 A에는 900억원의 40%인 360억원을, 결합제품 B에는 900억원의 60%인 540억원을 배부하면 된다.

추가적으로 각 결합제품의 매출총이익과 매출총이익률을 계산해본다면, 매출총이익은 순실현가치에서 결합원가 배부액을 뺀 값이 되고, 매출총이익률은 이렇게 계산된 매출총이익을 판매가치로 나눈 값이 된다. 이렇게 계산된 매출총이익률은 각각 44%와 55%로 다르게 나타남을 확인할 수 있다.

2.4 균등이익률법

균등이익률법(constant gross margin percentage method)은 각각의 결합제품에 대한 매출총이익률이 동일하도록 결합원가를 결합제품에 배부하는 방법이다. 균등이익률법을 적용하기 위해서는 먼저 전체 매출총이익률을 계산하고, 전체 매출총이익률을 이용하여 개별 결합제품별 매출원가를 계산해야 한다. 그리고 개별 결합제품별 매출원가에서 추가가공원가를 차감하여 결합원가 배부액을 최종적으로 구할 수 있다. 구체적인 절차는 다음의 예제를 통해 확인해 보도록 하자.

예제 4. 균등이익률법

예제 3에서와 마찬가지로, ㈜경기철강은 20×2년에 1,000톤의 철광석을 가공하여 결합제품 A를 200톤, 결합제품 B를 300톤 생산하였다. 이와 관련하여 20×2년에 발생한 원가는 다음과 같다.

〈20×2년 원가자료(결합원가)〉

	금액
직접재료원가	300억원
직접노무원가	400
제조간접원가	200
총제조원가	900억원

단, 결합제품 A는 분리점에서 바로 판매가 불가능하여 추가가공 후 판매할 수 있다. 결합제품 A의 추가가공원가는 200억원이며, 추가가공 후의 판매가격은 톤당 5억원이다. 그리고 결합제품 B의 분리점에서의 판매가격은 톤당 4억원이다.

물음)

주어진 자료를 이용하여 결합원가를 결합제품 A, B에 균등이익률법을 적용하여 배부하면 각각 얼마인지 구하시오.

[풀이]

1) 전체 매출총이익률의 계산

　　전체 매출액 = 결합제품 A의 매출액 + 결합제품 B의 매출액

　　　　　　 = 1,000억원(=200톤×@5억) + 1,200억원(=300톤×@4억)

　　　　　　 = 2,200억원

　　전체 매출원가 = 결합원가 + 결합제품 A의 추가가공원가

　　　　　　　 = 900억원 + 200억원

　　　　　　　 = 1,100억원

　　전체 매출총이익 = 전체 매출액 − 전체 매출원가

　　　　　　　　 = 2,200억원 − 1,100억원

　　　　　　　　 = 1,100억원

　　전체 매출총이익률 = 전체 매출총이익/전체 매출액

　　　　　　　　　 = 1,100억원/2,200억원 = 50%

2) 전체 매출총이익률과 같은 개별 결합제품의 매출총이익률이 되도록 매출원가 계산한 후, 각
   제품별 결합원가 배부

〈20×2년 결합원가 배부(균등이익률법, 전체 매출총이익률 50%)〉

	결합제품 A	결합제품 B	합계
매출총이익률	50%	50%	50%
매출액(추가가공 후 총판매가치)	1,000억원	1,200억원	2,200억원
매출총이익	500	600	1,100
매출원가	500	600	1,100
추가가공원가	200	0	200
결합원가배부액	300	600	900

전체 매출총이익률인 50%가 각각의 결합제품 A, B에서도 동일하게 유지되기 위해서는 각
각의 매출액인 1,000억원과 1,200억원의 50%인 500억원과 600억원이 매출총이익이 되어
야 한다. 그리고 이러한 매출총이익이 나오기 위해서는 매출액에서 매출총이익을 뺀 값인
500억원과 600억원이 각각의 매출원가가 되어야 한다. 여기에서 결합제품 A는 추가가공원
가인 200억원이 포함된 매출원가가 500억원이라는 뜻이므로 결합원가는 300억원이 배부
되어야 하고, 결합제품 B는 결합원가 배부액이 전체 매출원가가 되므로 600억원이 배부되
어야 한다. 결과적으로 결합제품 A에 300억원, B에 600억원을 배부하면 전체 900억원의
결합원가가 모두 배부되고 각각의 매출총이익률이 전체의 매출총이익률인 50%와 같게 된
다는 것을 확인할 수 있다.

3 추가가공에 대한 의사결정

결합제품을 생산하는 기업들은 결합제품을 추가가공해서 판매할지 그대로 판매할지
에 대한 의사결정 문제가 발생하기도 한다. 결합제품의 추가가공 여부에 대한 의사결정
에서는 추가가공 이전까지 이미 발생한 원가에 대해서는 추가가공 여부와 관계없이 변
하지 않는 기발생원가(매몰원가)로 의사결정에 영향을 미치지 않는 비관련원가이다. 따라
서 추가가공 여부에 대한 의사결정에는 추가가공으로 인해 추가적으로 발생하는 수익
및 원가에 대한 부분만을 고려해야 한다. 추가가공으로 인한 수익의 증가 부분과 추가가
공원가를 비교하여 수익의 증가가 더 크면 추가가공을 하는 것이 바람직하고, 추가가공
원가가 수익의 증가 부분보다 더 크면 추가가공을 하지 않는 것이 바람직할 것이다. 앞

서 살펴본 예제에서 결합제품 A에 대한 추가가공 여부를 결정한다고 했을 때 추가가공이 적절한지를 계산해보면 다음과 같다.

예제 5. 추가가공 의사결정

예제 1에서와 마찬가지로, ㈜경기철강은 20×2년에 1,000톤의 철광석을 가공하여 결합제품 A를 200톤, 결합제품 B를 300톤 생산하였다. 이와 관련하여 20×2년에 발생한 원가는 다음과 같다.

〈20×2년 원가자료(결합원가)〉

	금액
직접재료원가	300억원
직접노무원가	400
제조간접원가	200
총제조원가	900억원

단, 결합제품 A는 분리점에서 바로 판매 또는 추가가공 후 판매가 가능하다고 한다. 분리점에서 바로 판매할 경우에는 예제 2에서와 마찬가지로 톤당 1.5억원에 판매할 수 있고, 추가가공을 하여 판매할 경우에는 예제 3에서와 마찬가지로 추가가공원가는 200억원, 추가가공 후 판매가격은 톤당 5억원이다.

물음)

주어진 자료를 고려해 볼 때, 결합제품 A는 분리점에서 그대로 판매하는 것이 유리한지, 아니면 추가가공 후 판매하는 것이 유리한지 결정하시오.

[풀이]

추가가공 여부에 대한 의사결정에서는 추가가공에 의해 증가되는 수익과 추가가공에 의해 증가되는 원가를 비교하면 된다.

추가가공에 의해 증가되는 수익은 추가가공 후 단위당 판매가격과 분리점에서의 단위당 판매가격의 차이에 생산 물량을 곱하여 계산하면 되고, 추가가공에 의해 증가되는 추가가공원가는 200억원이므로 이를 비교하면 된다.

	결합제품 A
생산 물량	200톤
분리점에서의 단위당 판매가격	@1.5억
추가가공 후 단위당 판매가격	@5억
단위당 수익 증가분	@3.5억
수익 증가분	700억원
원가 증가분(추가가공원가)	200억원
이익 증가분	500억원

추가가공으로 인해 수익은 700억원이 증가하고 원가는 200억원이 증가하여 전체 이익이 500억원 증가하게 되므로 추가가공을 하여 판매하는 것이 유리하다.

4 부산물과 작업폐물에 대한 회계처리

결합제품을 생산하는 과정에서 상대적으로 결합제품들에 비해 판매가치가 낮은 제품이 함께 생산될 때, 이러한 제품을 **부산물**(byproduct)이라고 한다. 또한 결합제품 생산과정에서 판매가치가 상대적으로 거의 없는 제품이 함께 생산되면 이를 **작업폐물**(scrap)이라고 한다. 부산물과 작업폐물은 판매가치를 상대적으로 비교하여 결정하게 되므로 경우에 따라서 구분이 달라지는 경우도 존재한다.

부산물의 회계처리방법은 여러 가지가 있으나 가장 많이 이용되는 2가지 방법은 순실현가치법과 잡이익법이다. 순실현가치법은 상대적으로 낮기는 하지만 부산물에도 순실현가치가 존재하므로 이 순실현가치만큼의 결합원가를 먼저 부산물에 배부하고 나머지 결합원가를 주산품인 결합제품들에 배부하는 방법이다. 이 방법으로 배부하게 되면 부산물은 순실현가치만큼 결합원가가 배부되어 부산물의 판매시 이익이 발생하지 않게 된다.

잡이익법은 부산물의 재고를 전혀 인식하지 않고 있다가 부산물이 판매되는 시점에 판매수익에서 부산물 판매에 발생한 추가비용을 차감한 이익을 잡이익으로 처리하는 방법이다. 이 방법을 적용하면 주산품인 결합제품의 결합원가 배부에 부산물은 전혀 영향을 미치지 않게 된다.

작업폐물의 경우에는 순실현가치가 조금이라도 존재한다면 잡이익법을 따를 수 있겠으나 순실현가치가 음수, 즉 작업폐물의 처리 비용이 판매가치보다 크게 된다면 처리비와 판매가치의 차이만큼을 주산품인 결합제품의 제조원가에 포함시키거나 별도의 손실로 처리할 수 있다.

객관식 문제

01 세무사 2016

결합원가계산에 관한 설명으로 옳지 않은 것은?

① 물량기준법은 모든 연산품의 물량 단위당 결합원가배부액이 같아진다.
② 분리점판매가치법(상대적 판매가치법)은 분리점에서 모든 연산품의 매출총이익률을 같게 만든다.
③ 균등이익률법은 추가가공 후 모든 연산품의 매출총이익률을 같게 만든다.
④ 순실현가치법은 추가가공 후 모든 연산품의 매출총이익률을 같게 만든다.
⑤ 균등이익률법과 순실현가치법은 추가가공을 고려한 방법이다.

02 관세사 2021

20×1년 초 설립된 ㈜관세는 결합된 화학처리 공정을 통해 두 가지 연산품 A제품과 B제품을 생산한다. A제품은 분리점에서 판매되고, B제품은 추가가공을 거쳐 판매된다. 연산품에 관한 생산 및 판매 관련 자료는 다음과 같다.

제품	생산량	기말재고량	kg당 판매가격
A	1,200kg	200kg	₩100
B	800kg	100kg	₩120

결합원가는 ₩40,000이고, B제품에 대한 추가가공원가가 ₩16,000이다. ㈜관세가 결합원가를 순실현가치법으로 배부할 경우, 20×1년 매출원가는? (단, 기말재공품은 없다)

① ₩45,000 ② ₩46,500 ③ ₩48,000
④ ₩49,500 ⑤ ₩50,500

03 관세사 2022

㈜관세는 결합공정을 통해 제품 A와 B를 생산하고 있으며, 결합원가를 순실현가치법에 의해 배분한다. 제품 A는 분리점에서 즉시 판매되고 있으나, 제품 B는 추가가공을 거쳐서 판매된다. ㈜관세의 당기 영업활동 관련 자료는 다음과 같다.

구분	생산량	판매량	단위당 추가가공원가	단위당 판매가격
제품 A	4,000단위	3,000단위	—	₩250
제품 B	6,000	4,000	?	350

당기 결합원가 발생액이 ₩800,000이고, 제품 B에 배분된 결합원가가 ₩480,000일 경우, 제품 B의 단위당 추가가공원가는? (단, 기초 및 기말재공품은 없다)

① ₩32 ② ₩48 ③ ₩69
④ ₩80 ⑤ ₩100

04 세무사 2017

㈜세무는 결합원가 ₩15,000으로 제품 A와 제품 B를 생산한다. 제품 A와 제품 B는 각각 ₩7,000과 ₩3,000의 추가가공원가(전환원가)를 투입하여 판매된다. 순실현가치법을 사용하여 결합원가를 배분하면 제품 B의 총 제조원가는 ₩6,000이며 매출총이익률은 20%이다. 제품 A의 매출총이익률은?

① 23% ② 24% ③ 25%
④ 26% ⑤ 27%

05 감정평가사 2022

㈜감평은 동일 공정에서 결합제품 A와 B를 생산하여 추가로 원가(A:₩40, B:₩60)를 각각 투입하여 가공한 후 판매하였다. 순실현가치법을 사용하여 결합원가 ₩120을 배분하면 제품 A의 총제조원가는 ₩70이며, 매출총이익률은 30%이다. 제품 B의 매출총이익률은?

① 27.5% ② 30% ③ 32.5%
④ 35% ⑤ 37.5%

06 회계사 2020

㈜대한은 동일 공정에서 세 가지 결합제품 A, B, C를 생산한다. 제품 A, 제품 B는 추가가공을 거치지 않고 판매되며, 제품 C는 추가가공원가 ₩80,000을 투입하여 추가가공 후 제품 C+로 판매된다. ㈜대한이 생산 및 판매한 모든 제품은 주산품이다. ㈜대한은 제품 A, 제품 B, 제품 C+를 각각 판매하였을 때 각 제품의 매출총이익률이 연산품 전체매출총이익률과 동일하게 만드는 원가배부법을 사용한다. 다음은 ㈜대한의 결합원가배부에 관한 자료이다. 제품 C+에 배부된 결합원가는 얼마인가?

제품	배부된 결합원가	판매(가능)액
A	?	₩96,000
B	₩138,000	?
C+	?	?
합계	₩220,000	₩400,000

① ₩10,000
② ₩12,000
③ ₩15,000
④ ₩20,000
⑤ ₩30,000

07 세무사 2022

㈜세무는 원유를 투입하여 결합제품 A를 1,000단위, B를 1,500단위 생산하였다. 분리점 이전에 발생한 직접재료원가는 ₩1,690,000, 직접노무원가는 ₩390,000, 제조간접원가는 ₩520,000이다. 제품 A와 B는 분리점에 시장이 형성되어 있지 않아서 추가가공한 후에 판매하였는데, 제품 A는 추가가공원가 ₩850,000과 판매비 ₩125,000이 발생하며, 제품 B는 추가가공원가 ₩1,100,000과 판매비 ₩200,000이 발생하였다. 추가가공 후 최종 판매가치는 제품 A가 단위당 ₩2,000이며, 제품 B는 단위당 ₩3,000이다. 균등매출총이익률법에 따라 결합원가를 각 제품에 배부할 때, 제품 A에 배부되는 결합원가는?

① ₩525,000
② ₩550,000
③ ₩554,000
④ ₩600,000
⑤ ₩604,000

08 세무사 2021

㈜세무는 결합공정을 통하여 연산품 A, B를 생산한다. 제품 B는 분리점에서 즉시 판매되고 있으나, 제품 A는 추가가공을 거친 후 판매되고 있으며, 결합원가는 순실현가치에 의해 배분되고 있다. 결합공정의 직접재료는 공정 초에 전량 투입되며, 전환원가는 공정 전반에 걸쳐 균등하게 발생한다. 당기 결합공정에 기초재공품은 없었으며, 직접재료 5,000kg을 투입하여 4,000kg을 제품으로 완성하고 1,000kg은 기말재공품(전환원가 완성도 30%)으로 남아 있다. 당기 결합공정에 투입된 직접재료원가와 전환원가는 ₩250,000과 ₩129,000이다. ㈜세무의 당기 생산 및 판매 자료는 다음과 같다.

구 분	생산량	판매량	추가가공원가 총액	단위당 판매가격
제품 A	4,000단위	2,500단위	₩200,000	₩200
제품 B	1,000	800	–	200

제품 A의 단위당 제조원가는? (단, 공손 및 감손은 없다)

① ₩98   ② ₩110   ③ ₩120
④ ₩130   ⑤ ₩150

09 세무사 2020

㈜세무는 20×1년 원재료 X를 가공하여 연산품 A와 연산품 B를 생산하는데 ₩36,000의 결합원가가 발생하였다. 분리점 이후 최종제품 생산을 위해서는 각각 추가가공원가가 발생한다. 균등매출총이익률법으로 결합원가를 연산품에 배부할 때, 연산품 B에 배부되는 결합원가는? (단, 공손 및 감손은 없으며, 기초 및 기말재공품은 없다)

제품	생산량	최종 판매단가	최종판매가액	추가가공원가(총액)
A	1,000리터	₩60	₩60,000	₩8,000
B	500	40	20,000	₩4,000
합계	1,500		80,000	₩12,000

① ₩4,000   ② ₩8,000   ③ ₩12,000
④ ₩18,000   ⑤ ₩28,000

10 관세사 2023

㈜관세는 연산품(결합제품) X와 Y를 생산하고 있다. 제품 X는 추가가공원가 ₩100,000을 투입해야 판매가 가능하고, 단위당 판매가격은 ₩50,000이다. 제품 Y는 분리점에서 즉시 판매되며, 단위당 판매가격은 ₩87,500이다. 20×1년 ㈜관세는 제품 X를 30개, 제품 Y를 40개 생산하여 즉시 판매하였고, 두 제품의 결합원가는 ₩1,400,000이다. 각 제품의 판매비 등 다른 비용은 없으며 재공품도 없다. ㈜관세가 고려하는 결합원가 배부방법은 다음과 같다.

ㄱ. 물량기준법	ㄴ. 순실현가치법	ㄷ. 균등이익률법

결합원가 배부방법에 따른 제품 Y의 매출총이익의 크기를 옳게 나열한 것은?

① ㄱ > ㄴ > ㄷ   ② ㄱ > ㄷ > ㄴ   ③ ㄴ > ㄱ > ㄷ

④ ㄴ > ㄷ > ㄱ   ⑤ ㄷ > ㄱ > ㄴ

11

㈜감평은 동일한 원재료를 결합공정에 투입하여 세 종류의 결합제품 A, B, C를 생산·판매하고 있다. 결합제품 A, B, C는 분리점에서 판매될 수 있으며, 추가가공을 거친 후 판매될 수도 있다. ㈜감평의 20×1년 결합제품에 관한 자료는 다음과 같다.

제품	생산량	분리점에서의 단위당 판매가격	추가가공원가	추가가공 후 단위당 판매가격
A	400단위	₩120	₩150,000	₩450
B	450단위	150	80,000	380
C	250단위	380	70,000	640

결합제품 A, B, C의 추가가공 여부에 관한 설명으로 옳은 것을 모두 고른 것은?

(단, 기초 및 기말 재고자산은 없으며, 생산된 제품은 모두 판매된다)

ㄱ. 결합제품 A, B, C를 추가가공하는 경우, 단위당 판매가격이 높아지기 때문에 모든 제품을 추가가공해야 한다.

ㄴ. 제품 A는 추가가공을 하는 경우, 증분수익은 ₩132,000이고 증분비용은 ₩150,000이므로 분리점에서 즉시 판매하는 것이 유리하다.

ㄷ. 제품 B는 추가가공을 하는 경우, 증분이익이 ₩23,500이므로 추가가공을 거친 후에 판매해야 한다.

ㄹ. 제품 C는 추가가공을 하는 경우, 증분수익 ₩65,000이 발생하므로 추가가공을 해야 한다.

ㅁ. 결합제품에 대한 추가가공 여부를 판단하는 경우, 분리점까지 발생한 결합원가를 반드시 고려해야 한다.

① ㄱ, ㄴ
② ㄴ, ㄷ
③ ㄱ, ㄴ, ㄷ
④ ㄴ, ㄷ, ㄹ
⑤ ㄷ, ㄹ, ㅁ

07

전부원가계산과 변동원가계산

학습 목표

- 전부원가계산과 변동원가계산을 이용한 손익계산서를 이해한다.
- 전부원가계산과 변동원가계산을 이용한 영업이익의 차이를 이해한다.
- 변동원가계산의 장점을 이해한다.
- 초변동원가계산에 대해 이해한다.

　　기간 동안의 손익을 계산하기 위한 원가계산방법 중 가장 많이 사용되는 원가계산방법이 전부원가계산과 변동원가계산이다. 대부분 전부원가계산과 변동원가계산에서 도출되는 영업이익에는 차이가 생기게 되는데, 이 차이가 왜 발생하는지를 이해하고 전부원가계산에 비해 변동원가계산이 가지는 장점은 어떤 것이 있는지 알아보고자 한다. 또한 변동원가계산보다 더 극단적인 계산 방법이라고 할 수 있는 초변동원가계산에 대해서도 알아보고, 초변동원가계산을 이용한 손익계산서가 전부원가계산 및 변동원가계산과 어떤 차이점이 있는지 확인해 본다.

1 전부원가계산과 변동원가계산의 의의

지금까지 제품의 제조원가를 계산할 때는 제품의 생산과 관련된 모든 원가를 포함하여 계산하였다. 이러한 방법은 외부보고 목적의 재무제표 작성에서 인정하는 방법으로, **전부원가계산**(absorption costing)이라고 한다. 전부원가계산에서는 직접재료원가, 직접노무원가, 제조간접원가를 모두 포함하여 제품원가를 계산했다. 그러나 모든 제조원가를 제품원가에 포함시키는 방법만 있는 것이 아니라 다른 방법을 사용하는 것도 가능하다. 다른 방법 중에서 가장 많이 사용하는 계산 방법은 **변동원가계산**(variable costing)이다. 변동원가계산은 제품원가를 계산할 때, 직접재료원가, 직접노무원가, 변동제조간접원가까지는 제품의 원가에 포함을 시키고 생산량에 따라 변동되지 않는 고정제조간접원가는 제품원가가 아닌 판매관리비와 같은 기간원가로 처리하는 방법이다. 변동원가계산을 이용하게 되면 제품의 원가에 고정제조간접원가가 포함되지 않으므로 이에 따라 재고자산이나 매출원가 등에도 고정제조간접원가가 포함되지 않아 전부원가계산을 이용했을 때와 차이가 발생하게 된다.

2 전부원가계산과 변동원가계산을 이용한 손익계산서

2.1 전부원가계산 손익계산서

전부원가계산을 이용한 손익계산서는 기존에 보아왔던 외부보고목적의 손익계산서를 의미한다. 즉, 매출액에서 매출원가를 먼저 차감한 매출총이익을 계산하고, 여기에 판매관리비를 차감하여 영업이익을 구하는 순서로 작성된다. 전부원가계산 손익계산서 작성의 예를 다음과 같이 살펴보자.

예제 1. 전부원가계산 손익계산서

㈜강원의 제품 1개당 판매가격은 ₩1,000이고, 20×2년 1월과 2월의 제품에 대한 생산, 판매 및 원가에 관한 자료는 다음과 같고, 재고자산의 원가흐름 가정은 선입선출법이다.

〈20×2년 생산, 판매자료〉

수량	1월	2월
기초재고량	0개	100개
생산량	500	400
판매량	400	300
기말재고량	100	200

〈20×2년 원가자료〉

	금액
단위당 직접재료원가	₩200
단위당 직접노무원가	300
단위당 변동제조간접원가	100
고정제조간접원가	20,000
단위당 변동판매관리비	50
고정판매관리비	30,000

물음)

주어진 자료를 이용하여 20×2년 1월과 2월의 전부원가계산에 의한 손익계산서를 작성해 보시오.

[풀이]

먼저, 제품의 단위당 제조원가를 계산해보면 다음과 같다.

	1월		2월	
직접재료원가	₩100,000	=₩200×500개	₩80,000	=₩200×400개
직접노무원가	150,000	=₩300×500개	120,000	=₩300×400개
변동제조간접원가	50,000	=₩100×500개	40,000	=₩100×400개
고정제조간접원가	20,000		20,000	
제조원가 합계	₩320,000		₩260,000	
생산량	500개		400개	
단위당 제조원가	₩640		₩650	

제품 단위당 제조원가는 1월 ₩640, 2월 ₩650이다.

이에 따라 전부원가계산 손익계산서를 작성하면 다음과 같다.

〈전부원가계산 손익계산서〉

	1월		2월	
매출액		₩400,000		₩300,000
매출원가		256,000		194,000
기초제품재고	₩0		₩64,000	
당기제조원가	320,000		260,000	
기말제품재고	64,000		130,000	
매출총이익		144,000		106,000
판매관리비		50,000		45,000
변동판매관리비	20,000		15,000	
고정판매관리비	30,000		30,000	
영업이익		₩94,000		₩61,000

매출액은 판매량에 판매가격을 곱하여 계산하고 매출원가는 기초제품재고와 당기제조원가의 합에서 기말제품재고를 차감하여 계산한다. 당기제조원가는 위에서 구한 제조원가 합계 금액이고 기말제품재고는 이 회사가 선입선출법을 따르므로 당기 단위당 제조원가에 기말제품재고량을 곱한 값으로 계산할 수 있다. 변동판매관리비는 단위당 변동판매관리비에 판매량을 곱하여 계산한 것이다.

2.2 변동원가계산 손익계산서(공헌이익계산서)

변동원가계산 방법을 이용하여 작성하는 손익계산서를 공헌이익계산서라고도 한다. 전부원가계산에 의한 손익계산서에서 원가를 제조원가인 매출원가와 판매관리비로 구분하는 것과 달리 공헌이익계산서에서는 원가를 변동원가와 고정원가로 나누어 보고한다. 공헌이익계산서에서는 매출액에서 변동원가인 변동매출원가와 변동판매관리비를 먼저 차감하여 공헌이익(contribution margin)을 구하고, 여기에 고정제조원가와 고정판매관리비를 차감하여 영업이익을 구한다. 이 때문에 변동원가계산에 의한 손익계산서를 공헌이익계산서라고도 부르는 것이다. 다음 예제를 통해 공헌이익계산서의 구체적 작성 과정을 살펴보자.

예제 2. 공헌이익계산서

예제 1에서와 마찬가지로, ㈜강원의 제품 1개당 판매가격은 ₩1,000이고, 20×2년 1월과 2월의 제품에 대한 생산, 판매 및 원가에 관한 자료는 다음과 같고, 재고자산의 원가흐름 가정은 선입선출법이다.

〈20×2년 생산, 판매자료〉

수량	1월	2월
기초재고량	0개	100개
생산량	500	400
판매량	400	300
기말재고량	100	200

〈20×2년 원가자료〉

	금액
단위당 직접재료원가	₩200
단위당 직접노무원가	300
단위당 변동제조간접원가	100
고정제조간접원가	20,000
단위당 변동판매관리비	50
고정판매관리비	30,000

물음)

주어진 자료를 이용하여 20×2년 1월과 2월의 변동원가계산에 의한 손익계산서(공헌이익계산서)를 작성해 보시오.

[풀이]

먼저, 변동원가계산에서의 제품 단위당 제조원가의 계산에는 전부원가계산에서와 달리 고정제조간접원가를 뺀 변동제조원가만 포함된다.

그러므로 1월과 2월 모두 변동제조원가인 단위당 직접재료원가, 단위당 직접노무원가, 단위당 변동제조간접원가 금액을 더한 ₩600이 그대로 제품의 단위당 제조원가가 된다. 이를 이용하여 변동매출원가를 구하면 된다.

〈변동원가계산 손익계산서(공헌이익계산서)〉

		1월		2월
매출액		₩400,000		₩300,000
변동원가		260,000		195,000
변동매출원가	₩240,000		₩180,000	
변동판매관리비	20,000		15,000	
공헌이익		140,000		105,000
고정원가		50,000		50,000
고정제조간접원가	20,000		20,000	
고정판매관리비	30,000		30,000	
영업이익		₩90,000		₩55,000

매출액은 전부원가계산에서와 마찬가지로 판매량에 판매가격을 곱하여 계산하고 여기에 변동원 가인 변동매출원가와 변동판매관리비를 차감한 공헌이익을 먼저 구한다. 변동매출원가는 당기 판매량에 위에서 구한 단위당 제조원가 ₩600을 곱하여 계산하고, 변동판매관리비는 당기 판매 량에 주어진 단위당 변동판매관리비 값 ₩50을 곱하여 계산한다. 고정원가인 고정제조간접원가 와 고정판매관리비는 1월과 2월 모두 ₩20,000과 ₩30,000으로 기간원가 처리하면 된다.

---

3 전부원가계산과 변동원가계산의 영업이익 차이

　　전부원가계산과 변동원가계산에서는 고정제조간접원가의 분류 및 처리 과정이 다르 기 때문에 이에 따라 영업이익 금액에 차이가 생기게 된다. 이러한 차이는 구체적으로 어떤 이유로 나타나게 되는지 분석해보기 위해 위에서 살펴본 예제 1과 예제 2의 손익계 산서를 월별로 비교하여 다시 한 번 살펴보자.

　　1월의 전부원가계산 손익계산서와 변동원가계산 손익계산서를 비교해 보면, 수익인 매출액은 같고 비용 중에서 변동판매관리비와 고정판매관리비는 순서가 다르기는 하지 만 금액상으로는 같다. 영업이익을 구하는 과정에서 차이가 생긴 부분은 전부원가계산에 서는 매출원가로 ₩256,000가 차감된 반면, 변동원가계산에서는 이 부분이 변동매출원가 와 고정제조간접원가로 나뉘어져 합계 ₩260,000이 차감되면서 ₩4,000만큼 더 차감된 부분이다. 이로 인해 영업이익도 변동원가계산에 의한 공헌이익계산서에서 ₩4,000만큼 작게 나타난 것이다.

　　조금 더 구체적으로 살펴보면, 전부원가계산에서 차감된 매출원가 ₩256,000은 판

☑ 표 7-1 전부원가계산과 변동원가계산에 의한 손익계산서(1월)

〈전부원가계산 손익계산서〉			〈변동원가계산 손익계산서(공헌이익계산서)〉		
		1월			1월
매출액		₩400,000	매출액		₩400,000
매출원가		256,000	변동원가		260,000
기초제품재고	₩0		변동매출원가	₩240,000	
당기제조원가	320,000		변동판매관리비	20,000	
기말제품재고	64,000		공헌이익		140,000
매출총이익		144,000	고정원가		50,000
판매관리비		50,000	고정제조간접원가	20,000	
변동판매관리비	20,000		고정판매관리비	30,000	
고정판매관리비	30,000				
영업이익		₩94,000	영업이익		₩90,000

매량 400개에 대한 원가로, 단위당 변동제조원가인 ₩600(=₩200+300+100)에 400개를 곱한 변동제조원가 ₩240,000과 함께, 전체 500개를 생산하는 데 발생한 고정제조간접원가 ₩20,000 중에서 판매된 400개에 배부된 부분만큼인 ₩16,000(=₩20,000×400개/500개)이 포함되어 있다. 반면, 변동원가계산에서 차감된 제조원가를 살펴보면 변동매출원가로 차감된 ₩240,000은 전부원가계산에서 차감된 부분과 동일하지만 고정제조간접원가의 경우에는 전체 500개를 생산하는 데 발생한 고정제조간접원가 ₩20,000 모두를 기간원가로 차감하게 되어 판매량에 대해 배부된 부분만으로 계산되지 않았다. 이 부분에 의해 ₩4,000만큼의 차이가 생긴 것으로, 다르게 표현하면 생산량 중 팔리지 않고 기말에 재고로 남게 된 100개에 배부된 고정제조간접원가 만큼의 차이가 생긴 것으로 얘기할 수 있다. 이러한 차이를 일반적인 식으로 표현하면 다음과 같다.

> 전부원가계산과 변동원가계산의 영업이익 차이
> = 전부원가계산의 영업이익 - 변동원가계산의 영업이익
> = 기말재고에 포함된 고정제조간접원가

따라서 생산한 부분 중에 기말재고가 남게 될수록 이 재고에 포함되는 고정제조간접원가가 더 크게 나타나 전부원가계산에서의 영업이익이 변동원가계산에서의 영업이익

☑ 표 7-2 전부원가계산과 변동원가계산에 의한 손익계산서(2월)

〈전부원가계산 손익계산서〉

		2월
매출액		₩300,000
매출원가		194,000
기초제품재고	₩64,000	
당기제조원가	260,000	
기말제품재고	130,000	
매출총이익		106,000
판매관리비		45,000
변동판매관리비	15,000	
고정판매관리비	30,000	
영업이익		₩61,000

〈변동원가계산 손익계산서(공헌이익계산서)〉

		2월
매출액		₩300,000
변동원가		195,000
변동매출원가	₩180,000	
변동판매관리비	15,000	
공헌이익		105,000
고정원가		50,000
고정제조간접원가	20,000	
고정판매관리비	30,000	
영업이익		₩55,000

보다 더 커지게 된다. 그러나 2월의 전부원가계산 손익계산서와 변동원가 손익계산서를 비교해보면 조금 더 달라지게 되는 부분을 확인할 수 있다. 2월의 손익계산서에서도 영업이익에는 ₩6,000의 차이가 발생하였다. 2월에도 전부원가계산과 변동원가계산 모두 수익인 매출액은 동일하고, 판매관리비는 변동 및 고정판매관리비 모두 양쪽에서 순서만 다를 뿐 같게 나타났다. 2월에도 금액이 다르게 나타난 부분은 전부원가계산에서는 매출원가로 ₩194,000이 차감되었으나 변동원가계산에서는 변동매출원가 ₩180,000과 고정제조간접원가 ₩20,000을 합한 ₩200,000이 차감된 부분이다. 이를 조금 더 자세히 살펴보면 1월과 마찬가지로 전부원가계산에서의 매출원가에서 변동제조원가에 해당되는 부분은 ₩180,000(=₩600×300개)으로 변동원가계산에서의 변동매출원가 부분과 같지만, 전체 고정제조간접원가 중 판매량 300개에 배부되어 포함된 금액으로만 계산된 전부원가계산과 전체 고정제조간접원가 ₩20,000 전부를 기간원가 처리하여 차감한 변동원가계산이 차이가 생기게 되었다.

　그러나 이 고정제조간접원가의 차이를 단순히 1월에서처럼 기말재고에 포함된 고정제조간접원가 금액으로 계산하게 되면 그 금액이 맞지 않는다는 것을 확인할 수 있다. 이 기업은 선입선출법을 따르고 있으므로 기말재고는 당기에 생산한 200개로 계산된다는 것을 알 수 있는데, 이렇게 계산한 값은 ₩10,000(=₩20,000×200개/400개)으로 영업이익의 차이인 ₩6,000과 다르다. 1월과 달리 2월에는 기말재고에 포함된 고정제조간접원가 금액만큼의 차이가 그대로 영업이익의 차이가 되지 않는 이유는 기초재고가 있기 때문이다. 1월에는 기초재고가 없었기 때문에 전부원가계산에서의 매출원가에 당기에 제조한 제품만 포함되고, 여기에 포함되는 고정제조간접원가는 당기 전체 고정제조간접원가 중 판매량에 해당하는 부분만 포함되었다. 그러나 2월에는 기초재고가 100개 있었기 때문에 선입선출법을 따르는 이 기업에서는 기초재고에 포함된 고정제조간접원가 부분이 매출원가에 포함되고, 여기에 당기에 제조한 400개 중 200개에 해당하는 고정제조간접원가 부분이 매출원가에 추가로 포함되었다. 그렇기에 당기 전체 고정제조간접원가 중 남은 200개의 재고에 포함된 부분만큼은 전부원가계산에서의 영업이익에 적게 반영되나 기초재고 100개에 포함된 고정제조간접원가 부분만큼은 영업이익에 추가적으로 반영되는 것이다. 결론적으로 기초재고 100개에는 ₩4,000(=₩20,000×100개/500개)만큼의 고정제조간접원가가 포함되어 있었으므로 전부원가계산에서는 변동원가계산에 비해 ₩4,000만큼의 원가가 더 비용처리 되고, 기말재고에 포함된 ₩10,000만큼의 원가가 덜 비용처리 되어 최종적으로 ₩6,000만큼이 덜 비용처리 되는 효과를 가져와 영업이익이 ₩6,000만큼 더 크게 되는 것이다. 이를 일반화시켜 식으로 표현하면 다음과 같다.

> 전부원가계산과 변동원가계산의 영업이익 차이
> =전부원가계산의 영업이익-변동원가계산의 영업이익
> =기말재고에 포함된 고정제조간접원가-기초재고에 포함된 고정제조간접원가

4 변동원가계산의 장점

외부보고목적의 손익계산서는 전부원가계산에 따라 작성해야 함에도 불구하고 변동원가계산에 따른 공헌이익계산서를 작성하는 것은 그만큼 장점이 있기 때문이다.

먼저, 변동원가계산으로 작성한 공헌이익계산서에서는 변동성에 따라 원가를 고려하여 변동원가만을 제외한 공헌이익을 먼저 계산하게 되므로 생산량 조정과 같은 내부적인 의사결정에 있어 유용한 정보를 제공해 줄 수 있다. 생산량을 높이는 데 얼마만큼의 추가적인 비용이 발생되는지, 그리고 판매량 증가에 의한 이익변화는 어떻게 되는지를 파악할 수 있게 함으로써 내부적인 의사결정에 근거자료가 될 수 있다.

또한 관리자의 성과를 평가함에 있어서 더 공정한 자료가 될 수 있다. 전부원가계

산에서는 생산량 중 판매량에 포함되는 고정제조간접원가만이 매출원가로 계산되기 때문에 판매량이 같더라도 생산량이 많으면 많을수록 판매량에 포함되는 고정제조간접원가가 줄어들어 영업이익이 커지는 효과를 가져올 수 있다. 만약 관리자의 성과를 영업이익 수치로 평가한다면 성과를 부풀리기 위해 생산량을 일부러 늘릴 수도 있다는 것이다. 이는 회사 전체적으로 보았을 때 불필요한 손실을 가져올 수 있고 관리자의 성과 자체도 정확하게 평가할 수 없다. 이를 보완하기 위해 변동원가계산에 의한 공헌이익계산서를 작성하여 그 영업이익으로 성과를 평가하게 된다면 생산량과 상관없이 영업이익이 결정되므로 이러한 여지를 차단할 수 있게 된다.

5 초변동원가계산

5.1 초변동원가계산의 의의

기술의 발달로 인해 생산설비가 점점 자동화되고 있는 상황에서 일부 기업들에서는 직접노무원가가 거의 없거나 고정원가가 되는 경우가 발생하고 있다. 직접노무인력이 있다고 하더라도 주로 자동화 설비의 유지, 보수 업무에 그쳐 생산량과는 상관없이 발생하는 원가가 되어 간다는 것이다. 또한 이러한 상황에서는 직접노무원가뿐만 아니라 제조간접원가도 설비의 감가상각비나 수선유지비가 대부분이므로 이들 원가를 모두 고정원가로 처리하는 것이 가능하게 된다. 이처럼 직접재료원가를 제외한 모든 가공원가인 직접노무원가, 변동제조간접원가, 고정제조간접원가를 기간비용처리하는 방법을 **초변동원가계산**(super-variable costing 또는 throughput costing)이라 한다. 초변동원가계산에서는 제품의 원가에 직접재료원가만 포함되어 재고로 남게 되고 매출원가로 처리된다. 이러한 직접재료원가만을 매출액에서 차감한 금액을 재료처리량 공헌이익이라 한다. 여기에 나머지 비용들을 차감하여 영업이익을 계산하게 된다. 다음 예제를 통해 초변동원가계산 손익계산서를 구체적으로 살펴보자.

예제 **3.** 초변동원가계산 손익계산서

예제 1에서와 마찬가지로, ㈜강원의 제품 1개당 판매가격은 ₩1,000이고, 20×2년 1월과 2월의 제품에 대한 생산, 판매 및 원가에 관한 자료는 다음과 같고, 재고자산의 원가흐름 가정은 선입선출법이다.

〈20×2년 생산, 판매자료〉

수량	1월	2월
기초재고량	0개	100개
생산량	500	400
판매량	400	300
기말재고량	100	200

〈20×2년 원가자료〉

	금액
단위당 직접재료원가	₩200
단위당 직접노무원가	300
단위당 변동제조간접원가	100
고정제조간접원가	20,000
단위당 변동판매관리비	50
고정판매관리비	30,000

물음)

주어진 자료를 이용하여 20×2년 2월의 초변동원가계산에 의한 손익계산서를 작성해 보시오.

[풀이]

초변동원가계산에서는 매출액과 직접재료원가는 판매량인 400개에 해당하는 금액으로 계산되고 나머지 직접노무원가, 변동제조간접원가는 기간원가 처리되어야 하므로 생산량인 500개 기준으로 계산되어야 한다. 고정제조간접원가는 당기에 쓰인 금액을 그대로 비용처리하면 된다.

〈초변동원가계산 손익계산서〉

	2월	계산과정
매출액	₩300,000	₩1,000×300개
초변동매출원가		
직접재료원가	60,000	₩200×300개
재료처리량 공헌이익	240,000	
직접노무원가	120,000	₩300×400개
변동제조간접원가	40,000	₩100×400개
고정제조간접원가	20,000	
변동판매관리비	15,000	₩50×300개
고정판매관리비	30,000	
영업이익	₩15,000	

매출액에서 직접재료원가인 ₩60,000만을 차감한 ₩240,000이 재료처리량 공헌이익이 되고, 나머지 제조원가인 직접노무원가, 변동제조간접원가, 고정제조간접원가는 2월에 발생한 모든 금액으로 계산되었다. 그러나 변동판매관리비는 판매량인 300개 기준으로 기존과 같이 계산된다.

5.2 초변동원가계산과 변동원가계산의 영업이익 차이

초변동원가계산에서는 변동원가계산에 추가적으로 직접노무원가와 변동제조간접원가가 기간원가로 분류 및 처리 되었다는 점에서 차이가 있다. 이 때문에 변동원가계산의 영업이익 금액과도 차이가 생기게 된다. 마찬가지로 이러한 차이를 구체적으로 분석해보기 위해 위에서 살펴본 예제 2와 예제 3의 손익계산서를 비교하여 살펴보도록 한다.

초변동원가계산 손익계산서에서의 영업이익은 ₩15,000으로 변동원가계산 손익계산서에서의 영업이익인 ₩55,000보다 ₩40,000이 작게 나타났다. 이 차이가 나타나게 된 이유를 살펴보면, 먼저 변동원가계산과 초변동원가계산 모두 매출액, 직접재료원가, 고정제조간접원가, 변동판매관리비, 고정판매관리비는 순서만 다를 뿐 금액은 같아 영업이익의 차이에 영향을 미치지 않는다. 차이가 나타나는 부분은 직접노무원가와 변동제조간접원가로, 각각 초변동원가계산에서 ₩30,000, ₩10,000이 더 크게 나타나 합계인 ₩40,000만큼의 영업이익 차이를 가져오게 된 것이다.

☑ 표 7-3 변동원가계산과 초변동원가계산에 의한 손익계산서(2월)

〈변동원가계산 손익계산서〉

		2월
매출액		₩300,000
변동매출원가		180,000
직접재료원가	₩60,000	
직접노무원가	90,000	
변동제조간접원가	30,000	
변동판매관리비		15,000
공헌이익		105,000
고정원가		50,000
고정제조간접원가	20,000	
고정판매관리비	30,000	
영업이익		₩55,000

〈초변동원가계산 손익계산서〉

		2월
매출액		₩300,000
직접재료원가		60,000
재료처리량 공헌이익		240,000
직접노무원가		120,000
변동제조간접원가		40,000
고정제조간접원가		20,000
판매관리비		45,000
변동판매관리비	₩15,000	
고정판매관리비	30,000	
영업이익		₩15,000

조금 더 자세히 살펴보면, 변동원가계산에서는 직접노무원가와 변동제조간접원가가 판매량인 300개 기준으로 계산되었는데, 이는 선입선출법에 의해 기초재고 100개와 당기 제조량 200개에 해당된다. 1월과 2월 모두 직접노무원가는 단위당 ₩300, 변동제조간접원가는 단위당 ₩100이기 때문에 각각 ₩90,000, ₩30,000으로 계산되었다. 그러나 초변동원가계산에서는 직접노무원가와 변동제조간접원가 모두 당기 생산량인 400개를 생산하는데 발생한 ₩120,000과 ₩40,000이 그대로 기간원가 처리되어 그 차이가 각각 ₩30,000과 ₩10,000만큼 발생하게 된 것이다. 이를 일반화하여 식으로 표현하면 다음과 같다.

변동원가계산과 초변동원가계산의 영업이익 차이
= 변동원가계산의 영업이익 − 초변동원가계산의 영업이익
= 기말재고에 포함된 직접노무원가와 변동제조간접원가
　− 기초재고에 포함된 직접노무원가와 변동제조간접원가

5.3 초변동원가계산의 장단점

초변동원가계산은 직접재료원가만이 제품원가에 포함되어 재고화 되기 때문에 직접
재료원가와 가공원가의 분리만 이루어지면 쉽게 계산할 수 있다는 장점이 있다. 그리고
이러한 특징 때문에 초변동원가계산에서의 영업이익은 판매량이 같은 상황에서도 생산
량이 증가하면 오히려 감소하게 된다. 판매량이 같을 때 생산량을 증가시켜도 영업이익
이 변하지 않는 변동원가계산이 판매량이 같아도 생산량을 증가시키면 영업이익이 증가
하는 전부원가계산에 비해 생산량 증가로 인한 이익조정을 할 필요가 없게 만들어 준다
면, 초변동원가계산은 불필요한 생산량 증가가 오히려 영업이익을 감소시키기 때문에 불
필요한 생산을 하지 않도록 만들어 줄 수 있다. 그러나 제품에 재고화되는 원가가 지나
치게 낮게 되고, 이로 인해 외부보고목적의 전부원가계산과 영업이익에 차이가 너무 크
게 난다는 단점도 존재한다. 전부원가계산, 변동원가계산, 초변동원가계산의 차이를 전
반적으로 비교해보면 다음과 같다.

표 7-4 전부원가계산, 변동원가계산, 초변동원가계산 비교

	전부원가계산	변동원가계산	초변동원가계산
재고화 되는 원가	직접재료원가 직접노무원가 변동제조간접원가 고정제조간접원가	직접재료원가 직접노무원가 변동제조간접원가	직접재료원가
기간비용	판매관리비	고정제조간접원가 판매관리비	직접노무원가 변동제조간접원가 고정제조간접원가 판매관리비
재고수준에 따른 이익	재고 증가에 따라 이익 증가	재고 증가와 이익 무관	재고 증가에 따라 이익 감소

객관식 문제

01 재경관리사 2018

다음 중 변동원가계산에 의한 손익계산서와 관련된 설명으로 가장 올바르지 않은 것은?

① 판매비와 관리비를 변동비와 고정비로 분리하여 보고한다.
② 고정제조간접원가는 공헌이익 산출에 포함되지 않는다.
③ 공헌이익을 계산한다.
④ 변동제조간접원가는 기간비용으로 처리한다.

02 감정평가사 2018

제조기업인 ㈜감평이 변동원가계산방법에 의하여 제품원가를 계산할 때 제품원가에 포함되는 항목을 모두 고른 것은?

ㄱ. 직접재료원가	ㄴ. 직접노무원가
ㄷ. 본사건물 감가상각비	ㄹ. 월정액 공장임차료

① ㄱ, ㄴ   ② ㄱ, ㄹ   ③ ㄴ, ㄷ
④ ㄴ, ㄹ   ⑤ ㄱ, ㄷ, ㄹ

03 재경관리사 2019

다음 중 변동원가계산, 전부원가계산 및 초변동원가계산에 대한 설명으로 가장 올바르지 않은 것은?

> 가. 전부원가계산에서는 표준원가를 사용할 수 없다.
> 나. 변동원가계산에서는 고정제조간접원가를 기간비용으로 인식한다.
> 다. 초변동원가계산은 판매가 수반되지 않는 상황에서 생산량이 많을수록 영업이익이 낮게 계산되므로 불필요한 재고누적 방지효과가 변동원가계산보다 크다.
> 라. 전부원가계산은 생산량이 이익이 아무런 영향을 미치지 않는다.

① 가, 다   ② 가, 라   ③ 나, 라   ④ 나, 다

04 세무사 2021

20×1년에 영업을 개시한 ㈜세무는 단일제품을 생산·판매하고 있으며, 전부원가계산제도를 채택하고 있다. ㈜세무는 20×1년 2,000단위의 제품을 생산하여 단위당 ₩1,800에 판매하였으며, 영업활동에 관한 자료는 다음과 같다.

• 제조원가
  단위당 직접재료원가: ₩400
  단위당 직접노무원가: 300
  단위당 변동제조간접원가: 200
  고정제조간접원가: 250,000
	• 판매관리비
	  단위당 변동판매관리비: ₩100
	  고정판매관리비: 150,000

㈜세무의 20×1년 영업이익이 변동원가계산에 의한 영업이익보다 ₩200,000이 많을 경우, 판매수량은? (단, 기말재공품은 없다)

① 200단위   ② 400단위   ③ 800단위   ④ 1,200단위   ⑤ 1,600단위

05 회계사 2021

㈜대한은 설립 후 3년이 경과되었다. 경영진은 외부보고 목적의 전부원가계산 자료와 경영의사결정 목적의 변동원가계산에 의한 자료를 비교분석하고자 한다. ㈜대한의 생산과 판매에 관련된 자료는 다음과 같다.

	1차년도	2차년도	3차년도
생산량(단위)	40,000	50,000	20,000
판매량(단위)	40,000	20,000	50,000

• 1단위당 판매가격은 ₩30이다.
• 변동제조원가는 1단위당 ₩10, 변동판매관리비는 1단위당 ₩4이다.
• 고정제조간접원가는 ₩400,000, 고정판매관리비는 ₩100,000이다.
• 과거 3년 동안 ㈜대한의 판매가격과 원가는 변하지 않았다.

위 자료에 대한 다음 설명 중 옳지 않은 것은?

① 3차년도까지 전부원가계산과 변동원가계산에 따른 누적영업손익은 동일하다.
② 3차년도 변동원가계산에 따른 영업이익은 ₩300,000이다.
③ 2차년도의 경우 전부원가계산에 의한 기말제품 원가가 변동원가계산에 의한 기말제품 원가보다 크다.
④ 변동원가계산에서 고정원가는 모두 당기비용으로 처리한다.
⑤ 3차년도 전부원가계산에 의한 매출원가는 ₩1,120,000이다.

06 감정평가사 2021

㈜감평이 20×2년 재무제표를 분석한 결과 전부원가계산보다 변동원가계산의 영업이익이 ₩30,000 더 많았다. 20×2년 기초재고수량은? (단, 20×1년과 20×2년의 생산·판매활동 자료는 동일하고, 선입선출법을 적용하며, 재공품은 없다)

당기 생산량	5,000개
기초재고수량	?
기말재고수량	500개
판매가격(개당)	₩1,500
변동제조간접원가(개당)	500
고정제조간접원가(총액)	750,000

① 580개   ② 620개   ③ 660개
④ 700개   ⑤ 740개

07 관세사 2022

당기에 설립된 ㈜관세는 3,000단위를 생산하여 2,500단위를 판매하였으며, 영업활동 관련 자료는 다음과 같다.

구분	단위당 변동원가	고정원가
직접재료원가	₩250	−
직접노무원가	150	−
제조간접원가	100	?
판매관리비	200	₩150,000

변동원가계산에 의한 영업이익이 전부원가계산에 의한 영업이익에 비해 ₩62,500이 적을 경우, 당기에 발생한 고정제조간접원가는? (단, 기말재공품은 없다)

① ₩312,500   ② ₩325,000   ③ ₩355,000
④ ₩375,000   ⑤ ₩437,500

08 세무사 2023

㈜세무는 20×1년 초에 설립되었다. 20×1년 생산량과 판매량은 각각 3,200개와 2,900개이다. 동 기간 동안 고정제조간접원가는 ₩358,400 발생하였고, 고정판매관리비는 ₩250,000 발생하였다. 전부원가계산을 적용하였을 때 기말제품의 단위당 제품원가는 ₩800이다. 변동원가계산을 적용하였을 때 기말제품재고액은? (단, 재공품은 없다)

① ₩192,600
② ₩198,000
③ ₩206,400
④ ₩224,000
⑤ ₩232,800

09 감정평가사 2022

다음은 제품 A를 생산·판매하는 ㈜감평의 당기 전부원가 손익계산서와 공헌이익 손익계산서이다.

	전부원가 손익계산서		변동원가 손익계산서
매출액	₩1,000,000	매출액	₩1,000,000
매출원가	650,000	변동원가	520,000
매출총이익	₩350,000	공헌이익	₩480,000
판매관리비	200,000	고정원가	400,000
영업이익	₩150,000	영업이익	₩80,000

제품의 단위당 판매가격 ₩1,000, 총고정판매관리비가 ₩50,000일 때 전부원가계산에 의한 기말제품재고는? (단, 기초 및 기말 재공품, 기초제품은 없다)

① ₩85,000
② ₩106,250
③ ₩162,500
④ ₩170,000
⑤ ₩212,500

10 회계사 2022

㈜대한은 20×1년 1월 1일에 처음으로 생산을 시작하였고, 20×1년과 20×2년의 영업활동 결과는 다음과 같다.

구분	20×1년	20×2년
생산량	2,000단위	2,800단위
판매량	1,600단위	3,000단위
변동원가계산에 의한 영업이익	₩16,000	₩40,000

㈜대한은 재공품 재고를 보유하지 않으며, 재고자산 평가방법은 선입선출법이다. 20×1년 전부원가계산에 의한 영업이익은 ₩24,000이며, 20×2년에 발생한 고정제조간접원가는 ₩84,000이다. 20×2년 ㈜대한의 전부원가계산에 의한 영업이익은 얼마인가? 단, 두 기간의 단위당 판매가격, 단위당 변동제조원가와 판매관리비는 동일하다.

① ₩26,000   ② ₩30,000   ③ ₩34,000
④ ₩36,000   ⑤ ₩38,000

11 세무사 2021

㈜세무는 단일제품을 생산·판매하고 있으며, 선입선출법에 의한 종합원가계산을 적용하고 있다. 직접재료는 공정 초에 전량 투입되며, 전환원가는 공정 전반에 걸쳐 균등하게 발생한다. 당기 재고자산 관련 자료는 다음과 같다.

구 분	기초재고	기말재고
재공품(전환원가 완성도)	1,500단위(40%)	800단위(50%)
제 품	800	1,000

㈜세무는 당기에 8,500단위를 제조공정에 투입하여 9,200단위를 완성하였고, 완성품환산량 단위당 원가는 직접재료원가 ₩50, 전환원가 ₩30으로 전기와 동일하다. ㈜세무의 당기 전부원가계산에 의한 영업이익이 ₩315,000일 경우, 초변동원가계산에 의한 영업이익은?

① ₩300,000   ② ₩309,000   ③ ₩315,000
④ ₩321,000   ⑤ ₩330,000

12 관세사 2021

전부원가계산, 변동원가계산, 초변동원가계산에 관한 설명으로 옳지 않은 것은?

① 기초재고가 없다면, 당기 판매량보다 당기 생산량이 더 많을 때 전부원가계산상의 당기영업이익보다 초변동원가계산상의 당기 영업이익이 더 작다.

② 변동원가계산은 전부원가계산에 비해 판매량 변화에 의한 이익의 변화를 더 잘 파악할 수 있다.

③ 초변동원가계산에서는 기초재고가 없고 판매량이 일정할 때 생산량이 증가하더라도 재료처리량 공헌이익(throughput contribution)은 변하지 않는다.

④ 일반적으로 인정된 회계원칙에서는 전부원가계산에 의해 제품원가를 보고하도록 하고 있다.

⑤ 전부원가계산은 변동원가계산에 비해 경영자의 생산과잉을 더 잘 방지한다.

13 회계사 2023

㈜대한은 20×3년 초에 설립되었으며, 단일제품을 생산 및 판매하고 있다. ㈜대한의 20×3년 1월의 생산 및 판매와 관련된 자료는 다음과 같다.

- 생산량은 500개이며, 판매량은 300개이다.
- 제품의 단위당 판매가격은 ₩10,000이다.
- 판매관리비는 ₩200,000이다.
- 변동원가계산에 의한 영업이익은 ₩760,000이다.
- 초변동원가계산에 의한 영업이익은 ₩400,000이다.
- 제조원가는 변동원가인 직접재료원가와 직접노무원가, 고정원가인 제조간접원가로 구성되어 있으며, 1월에 발생한 총제조원가는 ₩3,000,000이다.
- 월말재공품은 없다.

20×3년 1월에 발생한 직접재료원가는 얼마인가?

① ₩600,000   ② ₩900,000   ③ ₩1,200,000
④ ₩1,500,000   ⑤ ₩1,800,000

MEMO

CHAPTER

08

활동기준원가계산

- 활동기준원가계산의 의의와 절차를 이해한다.
- 전통적 원가계산과 활동기준원가계산의 차이점을 이해한다.
- 활동기준원가계산의 장단점을 이해한다.
- 시간동인 활동기준원가계산을 이해한다.

　　최근의 경영환경은 급속도로 변화하고 있다. 생산 설비의 자동화, 전산화로 인해 제조간접원가의 비중이 증가하였다. 제조간접원가 비중의 증가로 제조간접원가 계산의 중요성이 부각되게 되었다. 전통적으로는 정확한 제조간접원가의 계산을 위해 들어가는 비용에 비해 효익이 적었다면, 제조간접원가 비중이 증가한 현재의 경영환경 하에서는 정확한 제조간접원가의 계산이 제품원가에 미치는 영향이 커져 계산을 위해 들어가는 비용을 충분히 감수할 만큼의 중요성을 가지게 되었다. 이러한 환경의 변화에 맞추어 정확한 원가를 측정하기 위해 도입된 방법이 활동기준원가계산이다. 활동기준원가계산이 가지는 의의와 기존의 전통적 원가계산 방법과의 차이점을 살펴보고, 활동기준원가계산을 구체적으로 적용하는 절차에 대해서도 알아보고자 한다. 그리고 활동기준원가계산의 단점을 보완한 시간동인 활동기준원가계산에 대해서도 함께 살펴본다.

1 활동기준원가계산의 의의

1.1 활동기준원가계산의 의의

제품의 제조 및 판매와 관련된 기업환경은 지속적으로 변화해오고 있다. 소비자들의 욕구는 점점 다양해지고 이러한 욕구를 충족시키기 위해 기업들은 제품을 다양화하여 소량으로 생산하는 체제로 변화하게 되었다. 그리고 세계화 추세에 따른 기업 간 경쟁의 심화로 제품의 이윤 폭을 줄이게 되어 작은 원가의 차이도 중요한 상황으로 변모해오게 되었다. 또한 설비의 자동화가 확대되어 사람이 직접 일을 하는 대신 기계 설비로 대체되어 이에 따른 제조간접원가가 커지게 되고, 이러한 제조간접원가의 비중 확대는 제조간접원가 배부의 중요성도 함께 확대되도록 하였다. 이에 따라, 기존에 전통적으로 원가대상별로 원가를 추적하던 방식에서 벗어나 자원을 소비하는 활동별로 원가를 추적하여 더욱 정확한 원가를 계산할 수 있도록 하는 **활동기준원가계산**(activity based costing: ABC)을 도입하게 되었다. 이를 통해 각 소비 활동별로 집계된 원가들을 제품에 배부할 때도 기존에 전통적으로 사용하던 기계의 사용시간 또는 직접노동시간 등의 배부 기준에서 벗어나 활동과 제품과의 인과관계에 맞는 배부 기준인 **원가동인**(cost driver)을 찾아 이에 따라 배부함으로써 더욱 정확한 제조간접원가의 배부가 이루어질 수 있도록 하는 것이 활동기준원가계산의 목적이라고 볼 수 있다. 전통적 원가계산과 활동기준원가계산의 차이점을 보여주는 간단한 예를 살펴보자.

☑ 표 8-1 전통적 원가계산과 활동기준원가계산의 비교(예)

전통적 원가계산		활동기준원가계산	
계정	제조간접원가	활동	제조간접원가
종업원급여	₩150,000	작업준비	₩100,000
소모품비	50,000	기계작업	350,000
감가상각비	300,000	품질검사	50,000
합계	₩500,000	합계	₩500,000
원가를 "어디에" 소비했는지가 중요		원가를 "어떻게" 소비했는지가 중요	

1.2 활동의 수준과 원가동인

활동기준원가계산에서 가장 중요한 것은 기업에서 생산 및 판매를 위해 수행하는 여러 가지 활동을 수준별로 구분하고, 각 활동 수준별로 가지고 있는 특징을 파악하여 이에 맞는 원가동인을 찾아내는 것이다. 이것이 정확하게 정의되어야 이에 따른 제조간접원가의 배부가 정확해질 수 있으며 활동기준원가계산을 사용하는 의미가 있게 된다. 기업의 활동들을 일반적으로 수준에 따라 구분하면 다음과 같이 단위수준, 배치수준, 제품수준, 설비수준 활동으로 구분할 수 있다.

(1) 단위수준 활동

단위수준(unit level) 활동은 생산량에 비례하여 수행되는 활동을 말한다. 지금까지 일반적으로 단위당 소비되는 원가를 집계해오던 활동들이 대부분 여기에 해당된다. 또한 수도, 전력, 가스 등의 소비 활동도 단위수준 활동이라고 볼 수 있다.

(2) 배치수준 활동

배치수준(batch level) 활동은 작업의 묶음 단위를 말하는 배치(batch)마다 수행되는 활동을 말한다. 예를 들어 한 번에 여러 개의 제품을 트럭에 실어 운송을 하게 되면 한 번 운송을 할 때마다 활동이 진행되고, 이 운송 활동의 횟수에 비례하여 원가도 발생되게 된다. 생산량이 한 개일 때나 두 개일 때 모두 한 번에 운송을 진행한다면 운송활동은 1회로 같고 이에 따른 원가는 같게 되는 것이다. 생산량과 전혀 무관하지는 않지만, 단위수준의 활동과 같이 생산량에 직접적으로 비례하여 발생한다고 보기는 어렵다.

(3) 제품수준 활동

제품수준(product level) 활동은 단위수준에서 말하는 제품의 생산량을 의미하는 것이 아니라 제품 종류에 따라 수행되는 활동을 말한다. 즉, 제품의 종류가 몇 개인지에 따라 비례하여 수행되는 활동이다. 제품의 설계나 개발, 유지 개선 등의 활동들이 대표적인 제품수준 활동이라고 볼 수 있다. 제품수준 활동에서는 제품의 종류가 많을수록 이에 비례하여 원가도 증가하게 되며, 제품 생산량이나 배치 수에 비례하지는 않는다.

(4) 설비수준 활동

설비수준(facility level) 활동은 생산설비의 유지 관리 등과 관련하여 발생하는 활동을 말한다. 공장설비, 건물 등의 관리가 여기에 해당된다. 생산량, 배치 수, 제품 종류 수와는 상관없이 설비의 규모에 따라서만 달라지는 활동이다. 가장 큰 단위의 활동으로, 적절하고 직접적인 배부가 가장 어려운 수준의 활동이라고 볼 수 있다.

☑ 표 8-2 활동수준별 원가동인

활동수준	활동	원가동인
단위수준	생산공정, 수도·전력·가스 등의 소비	생산량, 기계시간, 직접노무시간
배치수준	운송, 주문처리	운송횟수, 주문처리시간 또는 횟수
제품수준	제품 설계 및 개발, 신제품 검사	제품 종류 수
설비수준	공장설비 유지보수, 감가상각	임의 배부(단위수준 원가동인 등을 이용)

2 활동기준원가계산의 절차

2.1 활동분석

활동기준원가계산을 위해서는 먼저 기업의 모든 활동이 어떻게 이루어져 있는지 체계적으로 분석하여 파악하는 것이 필요한데, 이를 **활동분석**(activity analysis)이라 한다. 활동분석은 기업 내부의 문서들이나 담당자 및 직원들의 인터뷰 등을 통해 어떤 활동들이 있는지 구분한다. 이때, 활동별로 집계된 원가를 추후에 제품에 정확히 배부하기 위해 활동별로 적합한 원가동인을 함께 파악해야 한다. 다만, 정확한 원가의 측정에는 모든 활동에 대해 모두 각기 다른 원가동인을 사용하는 것이 바람직할 수 있으나 원가동인의 측정에 따른 비용이 커져 비효율적일 수 있으므로 이를 고려하여 적절한 수준의 원가동인으로 결정하는 것이 필요하다.

2.2 활동별 원가의 집계

활동분석을 통해 파악한 각 활동에 원가를 집계하는 단계이다. 각 활동이 어느 정도의 자원을 소비했는지에 대한 원가를 파악하여 총원가를 계산한다.

2.3 원가동인 단위당 원가 계산

활동별로 파악된 총원가를 총원가동인량으로 나누어 원가동인 단위당 원가를 계산한다. 이는 전통적인 원가계산 방법에서의 제조간접원가 배부율을 계산하는 것과 동일한 개념으로 볼 수 있다.

2.4 활동원가계산

각 제품에 대해 활동들마다 원가동인이 얼마나 필요했는지를 측정하고, 이 값에 원가동인 단위당 원가를 곱하여 각 제품별 활동원가 배부액을 결정한다. 활동들마다 제품에 배부된 배부액을 합하여 각 제품에 배부된 전체 활동에 대한 총제조간접원가 배부액이 얼마인지를 파악할 수 있다. 이 총제조간접원가 배부액을 해당 제품의 생산량으로 나누어 주면 제품 1개당 제조간접원가가 얼마로 배부되는지를 계산할 수 있게 된다.

예제 1. 활동기준원가계산

㈜경북은 제품 A와 B를 생산하여 판매하고 있으며 활동기준원가계산을 따르고 있다. ㈜경북은 20×2년에 있었던 활동을 분석하여 총 4가지 활동으로 구분하고 원가동인을 선정하였다. 분석한 ㈜경북의 활동과 원가동인, 원가에 관한 정보는 다음과 같다.

활동	제조간접원가	원가동인	제품 A	제품 B	원가동인 총량
생산준비	₩50,000	준비횟수	2회	3회	5회
자재주문	200,000	주문횟수	4회	6회	10회
기계작업	1,400,000	기계가동시간	2,000시간	1,500시간	3,500시간
품질검사	300,000	검사횟수	100회	50회	150회
합계	₩1,950,000				

물음)

주어진 자료를 이용하여 제조간접원가를 제품 A, B에 활동기준원가계산을 적용하여 배부하면 각각 얼마인지 구하시오.

[풀이]

먼저, 활동기준원가계산을 위해 각 활동에서 쓰인 제조간접원가를 각 활동의 원가동인 총량으로 나누어 원가동인당 배부율을 구한다. 그리고 각 제품별 원가동인 수행량에 배부율을 곱하여 각 제품별 제조간접원가 배부액을 계산하면 된다.

〈활동별 원가동인 배부율〉

활동	제조간접원가	원가동인 총량	배부율
생산준비	₩50,000	5회	₩10,000
자재주문	200,000	10	20,000
기계작업	1,400,000	3,500시간	400
품질검사	300,000	150회	2,000
합계	₩1,950,000		

〈제품별 제조간접원가 배부액〉

활동	제조간접원가	배부율	원가동인 수행량		제조간접원가 배부액	
			제품 A	제품 B	제품A	제품 B
생산준비	₩50,000	₩10,000	2회	3회	₩20,000	₩30,000
자재주문	200,000	20,000	4	6	80,000	120,000
기계작업	1,400,000	400	2,000시간	1,500시간	800,000	600,000
품질검사	300,000	2,000	100회	50회	200,000	100,000
합계	₩1,950,000				₩1,100,000	₩850,000

각 제품별로 활동마다 발생된 제조간접원가를 배부한 결과, 전체 발생한 ₩1,950,000의 제조간접원가 중 제품 A에는 총 ₩1,100,000, 제품 B에는 총 ₩850,0000이 배부되었다.

3 활동기준원가계산의 장단점

3.1 활동기준원가계산의 장점

활동기준원가계산에서는 전통적 원가계산 방식들과 달리 각 부문별로 원가를 집계하지 않고 보다 다양하고 세분화된 활동에 따라 원가를 분류하고 집계하여 이에 따라 적절한 배부기준을 선택할 수 있다. 그렇기에 전통적 원가계산 방식에 비해 비교적 정확한 원가계산이 가능하게 된다는 장점이 있다. 활동기준원가계산은 각 활동별로 다양한 원가동인을 파악하게 되어 이를 통해 어떤 활동에서 어떤 이유로 원가가 많이 발생하는지를 파악할 수 있기에 체계적으로 원가를 관리할 수 있게 해준다. 또한 활동기준원가계산은 보다 정확한 원가계산을 통해 제품가격의 결정이나 제품의 수익성을 올바르게 측정할 수 있도록 도와준다.

3.2 활동기준원가계산의 단점

활동기준원가계산은 정확한 원가의 측정을 위해 세분화된 활동별로 원가를 집계하고 활동별로 각기 다른 원가동인을 측정해야 하기에 여러 가지 활동들에 대한 원가동인의 측정에 비용이 다소 많이 소모된다. 그리고 근본적으로 활동에 대한 분석이 정확히 이루어져야 이에 따른 정확한 측정이 이루어질 수 있는데 활동분석 자체도 정확하게 이루어지기가 쉽지 않다. 또한 아무리 활동기준원가계산을 적용하더라도 설비수준의 활동과 같은 큰 규모의 활동에 대해서는 각 제품별로 배부하기에 적합한 원가동인을 파악하기 어려워 자의적인 배부기준에 의한 배부가 이루어질 수밖에 없다. 예를 들어, 공장의 감가상각비와 같은 원가는 정확히 배부할 수 있는 적합한 원가동인이 없기 때문에 간접적으로 기계시간과 같은 배부 기준을 적용하여 배부할 수 밖에 없어 부정확한 배부가 이루어질 요소가 남게 된다.

4 시간동인 활동기준원가계산

활동기준원가계산에서는 정확한 계산을 위해 각 활동별로 너무 많은 원가동인을 측정하는데 있어 프로세스가 복잡하고 비용이 많이 소모된다는 대표적인 문제점이 있다. 이러한 비효율성을 해결하기 위해 Kaplan과 Anderson에 의해 고안된 방법이 **시간동인 활동기준원가계산**(time driven activity based costing: TDABC)이다. 시간동인 활동기준원가계산은 활동별로 원가동인에 대해 원가대상(제품, 고객 등)에 얼마나 소요되었는지를 파악하던 프로세스를 대폭 단순화시켜 각 자원의 최대처리능력(capacity)과 다양한 활동들에 대한 시간방정식을 통해 원가를 배부한다.

단계별로 구체적으로 살펴보면, 먼저 특정 부서나 프로세스에 공급되는 모든 자원에 대한 총원가를 산정하고 이 총원가를 그 부서 또는 프로세스에서 최대로 사용할 수 있는 시간, 즉 실제 업무 수행 가능한 가용시간의 최대치로 나누어 가용시간당 원가율을 산정한다.

다음 단계로 부서 또는 프로세스에서 처리하는 활동별로 필요한 시간을 추정하여 전체 가용시간을 할당하는 '시간방정식'을 구성한다. 이 과정에서 활동별 필요 시간은 관찰 등을 통해 간단하게 얻어낼 수 있어 기존의 전통적인 활동기준원가계산에서 필요로 하는 종업원 면접 또는 설문조사 등의 과정이 필요 없게 된다. 그리고 시간동인 활동기준원가계산에서는 모든 주문이나 거래가 동일하고 이를 처리하는 데도 동일한 시간이 소요되는 것으로 전제할 필요 없이 단위시간 추정치를 주문과 활동의 특성에 따라 자유롭게 변화시키는 것이 가능하다.

시간동인 활동기준원가계산은 부서 또는 프로세스 전체를 하나의 시간방정식으로 구성하여 표현하기 때문에 관리자로 하여금 여러 요소들의 파악이 한 눈에 가능하도록 도와줄 수 있고, 다른 활동들이 추가되거나 운영상의 변화가 생겼을 때도 이에 따라 시간동인 활동기준원가계산에 쉽게 반영 또는 업데이트 할 수 있다. 구체적으로 시간동인 활동기준원가계산에 대해 이해를 돕기 위해 다음 예제를 활용해보자.

예제 2. 시간동인 활동기준원가계산

㈜경남은 제품 A와 B를 생산하여 판매하고 있으며, 20×2년 자재부서의 총원가는 ₩1,500,000이 발생하였다. 이 부서에서 20×2년에 수행한 활동들은 총 3가지이며 각각의 활동 1회당 관찰된 평균 소요시간 및 활동횟수는 다음과 같다.

활동	1회당 소요시간	총활동횟수
자재검토	10시간	200회
자재주문	3	100
자재검사	5	100

추가적으로, 이 업무를 수행하는 직원 수는 2명이고, 매일 8시간씩 근무하며 1년 동안 총 240일간 근무하여 1인당 최대 총 1,920시간을 근무할 수 있다. 다만, 일반적으로 전체 근무시간을 생산업무에 사용할 수 없고, 휴식, 교육 등에 1년 동안 총 420시간을 사용하여 최대로 생산업무에 사용할 수 있는 시간은 1인당 1년에 1,500시간이다.

물음)

주어진 자료를 이용하여 20×2년 자재부서의 총원가에 활동기준원가계산 및 시간동인 활동기준원가계산을 적용해보시오. (단, 활동기준원가계산을 위해 활동분석을 한 결과 자재검토, 주문, 검사 활동에 각각 70%, 10%, 20%의 비율로 시간을 소비하는 것으로 나타났다)

[풀이]

먼저, 활동기준원가계산을 위해 각 활동에서 쓰인 소요시간의 비율에 따라 전체 발생 원가인 ₩1,500,000을 활동별로 할당한다. 여기에 원가동인 총량으로 나누어 원가동인당 배부율을 구한다. 추후에 각 제품별 원가동인 수행량에 배부율을 곱하여 각 제품별 제조간접원가 배부액을 계산할 수 있다.

⟨활동기준원가계산에 의한 활동별 원가동인 배부율⟩

활동	소요시간 비율	할당 원가	원가동인 총량	원가동인 배부율
자재검토	70%	₩1,050,000	200회	@5,250
자재주문	10	150,000	100	1,500
자재검사	20	300,000	100	3,000
합계	100%	₩1,500,000		

시간동인 활동기준원가계산을 적용하면, 활동분석을 통한 활동별 원가 할당은 필요가 없다. 시간동인 활동기준원가계산에서는 부서의 전체 원가를 부서의 최대가용시간으로 나눈 시간당 원가율을 구한 후, 활동들에 대한 시간방정식을 만들어 활동별로 원가가 얼마만큼씩 실제로 사용되었는지를 확인할 수 있다.

- 부서최대가용시간＝1,500시간×2명＝3,000시간

- 시간당 원가율＝부서전체원가/부서최대가용시간＝₩1,500,000/3,000시간＝₩500

⟨시간동인 활동기준원가계산에 의한 활동 1회당 원가⟩

활동	1회당 소요시간	1회당 원가 배부율
자재검토	10시간	₩5,000
자재주문	3	1,500
자재검사	5	2,500

추후에 각 제품별 활동 수행량에 이 배부율을 곱하여 각 제품별 제조간접원가 배부액을 계산할 수 있다.

또한 3가지 활동에 대한 시간방정식은 다음과 같이 표현할 수 있다.

- 전체활동수행시간＝10시간×자재검토횟수＋3×자재주문횟수＋5×자재검사횟수

이를 이용한 시간동인 활동기준원가계산에 의한 활동별 총원가는 다음과 같다.

〈시간동인 활동기준원가계산에 의한 활동별 총원가〉

활동	1회당 소요시간	원가동인 총량	총소요시간	총원가
자재검토	10시간	200회	2,000시간	₩1,000,000
자재주문	3	100	300	150,000
자재검사	5	100	500	250,000
사용량 합계			2,800	1,400,000
미사용량			200	100,000
전체 합계			3,000시간	₩1,500,000

시간동인 활동기준원가계산에 의해 계산하면 부서의 최대가용시간에 비해 약 93.33%(=2,800시간/3,000시간)만큼만 업무에 사용되었고, 이에 따라 부서 전체 원가 ₩1,500,000 중에서도 93.33%에 해당하는 ₩1,400,000만이 제품에 배부되는 것을 알 수 있다. 이는 전통적인 활동기준원가계산에 비해 시간동인 활동기준원가계산에서는 투입되지 않은 자원에 대해 파악하여 부서의 업무 효율성에 대해서도 함께 파악할 수 있게 해주는 장점이 있다는 것을 확인할 수 있다. 반대로 전통적인 활동기준원가계산에서는 사용하지 않은 자원에 대해서까지 원가를 배부하게 되어 실제 활동 수행에 대한 원가를 과대평가할 수 있다.

객관식 문제

01 관세사 2023

활동기준원가계산에 관한 설명으로 옳지 않은 것은?

① 활동별로 합리적인 원가동인(cost driver)을 설정하므로 실적과 성과평가의 연관성이 명확해진다.
② 제품구성이 자주 변화하는 기업이라도 활동기준원가계산을 사용하면 신축적인 원가계산이 가능하다.
③ 제조간접원가의 비중이 큰 기업일수록 활동기준원가계산을 도입하면 정확한 원가계산이 가능하다.
④ 활동분석을 통해 비부가가치 활동을 제거하므로 원가절감에 도움이 된다.
⑤ 원가동인인 묶음(batch)크기를 줄이면 묶음수준 활동원가가 절감된다.

02 세무사 2022

활동기준원가계산(ABC)에 관한 설명으로 옳지 않은 것은?

① 제조기술이 발달되고 공장이 자동화되면서 증가되는 제조간접원가를 정확하게 제품에 배부하고 효과적으로 관리하기 위한 원가계산기법이다.
② 설비유지원가(facility sustaining cost)는 원가동인을 파악하기가 어려워 자의적인 배부기준을 적용하게 된다.
③ 제품의 생산과 서비스 제공을 위해 수행하는 다양한 활동을 분석하고 파악하여, 비부가가치 활동을 제거하거나 감소시킴으로써 원가를 효율적으로 절감하고 통제할 수 있다.
④ 원가를 소비하는 활동보다 원가의 발생행태에 초점을 맞추어 원가를 집계하여 배부하기 때문에 전통적인 원가계산보다 정확한 제품원가 정보를 제공한다.
⑤ 고객별·제품별로 공정에서 요구되는 활동의 필요량이 매우 상이한 경우에 적용하면 큰 효익을 얻을 수 있다.

03 회계사 2022

활동기준원가계산에 대한 다음 설명 중 옳지 않은 것은?

① 활동기준원가계산은 발생한 원가를 활동중심점별로 집계하여 발생한 활동원가동인수로 배부하는 일종의 사후원가계산제도이다.

② 활동기준원가계산을 활용한 고객수익성분석에서는 제품원가뿐만 아니라 판매관리비까지도 활동별로 집계하여 경영자의 다양한 의사결정에 이용할 수 있다.

③ 제조간접원가에는 생산량 이외의 다른 원가동인에 의하여 발생하는 원가가 많이 포함되어 있다.

④ 활동이 자원을 소비하고 제품이 활동을 소비한다.

⑤ 원재료구매, 작업준비, 전수조사에 의한 품질검사는 묶음수준활동(batch level activities)으로 분류된다.

04 세무사 2023

㈜세무는 20×1년 제품 A와 B를 각각 1,800개와 3,000개를 생산·판매하였다. 각 제품은 배치(batch)로 생산되고 있으며, 제품 A와 B의 배치당 생산량은 각각 150개와 200개이다. 활동원가는 총 ₩1,423,000이 발생하였다. 제품생산과 관련된 활동내역은 다음과 같다.

활동	원가동인	활동원가
재료이동	이동횟수	₩189,000
재료가공	기계작업시간	1,000,000
품질검사	검사시간	234,000
합계		₩1,423,000

제품 생산을 위한 활동사용량은 다음과 같다.

- 제품 A와 B 모두 재료이동은 배치당 2회씩 이루어진다.
- 제품 A와 B의 총 기계작업시간은 각각 300시간과 500시간이다.
- 제품 A와 B 모두 품질검사는 배치당 2회씩 이루어지며, 제품 A와 B의 1회 검사시간은 각각 2시간과 1시간이다.

제품 A에 배부되는 활동원가는? (단, 재공품은 없다)

① ₩405,000 ② ₩477,000 ③ ₩529,000

④ ₩603,000 ⑤ ₩635,000

05 감정평가사 2022

제품 A와 B를 생산·판매하고 있는 ㈜감평의 20×1년 제조간접원가를 활동별로 추적한 자료는 다음과 같다.

	원가동인	제품 A	제품 B	추적가능원가
자재주문	주문횟수	20회	35회	₩55
품질검사	검사횟수	10회	18회	84
기계수리	기계가동시간	80시간	100시간	180

제조간접원가를 활동기준으로 배부하였을 경우 제품 A와 B에 배부될 원가는?

	제품 A	제품 B			제품 A	제품 B
①	₩100	₩219		②	₩130	₩189
③	₩150	₩169		④	₩189	₩130
⑤	₩219	₩100				

06 관세사 2019

세 종류의 스키를 생산·판매하는 ㈜관세의 제조간접원가를 활동별로 분석하면 다음과 같다.

활동	제조간접원가	원가동인	원가동인수		
			초급자용 스키	중급자용 스키	상급자용 스키
절단	₩70,000	절단횟수	150회	250회	300회
성형	180,000	제품생산량	400대	300대	200대
도색	225,000	직접노무시간	400시간	600시간	500시간
조립	88,000	기계작업시간	100시간	?	150시간

㈜관세가 활동기준원가계산에 의해 중급자용 스키에 제조간접원가를 ₩208,000 배부하였다면 중급자용 스키 생산에 소요된 기계작업시간은?

① 100시간   ② 120시간   ③ 150시간

④ 200시간   ⑤ 300시간

07 관세사 2020

활동기준원가계산을 적용하는 ㈜관세는 두 종류의 제품 A, B를 생산하고 있다. 활동 및 활동별 전환(가공)원가는 다음과 같다.

활동	원가동인	배부율
선반작업	기계회전수	회전수당 ₩150
연마작업	부품수	부품당 ₩200
조립작업	조립시간	시간당 ₩50

500단위의 제품 B를 생산하기 위한 직접재료원가는 ₩150,000, 재료의 가공을 위해 소요된 연마작업 부품수는 300단위, 조립작업 조립시간은 1,000시간이다. 이렇게 생산한 제품 B의 단위당 제조원가가 ₩760이라면, 제품 B를 생산하기 위한 선반작업의 기계회전수는?

① 200회   ② 300회   ③ 800회
④ 1,000회   ⑤ 1,200회

08 세무사 2020

㈜세무는 20×1년에 제품A 1,500단위, 제품B 2,000단위, 제품C 800단위를 생산하였다. 제조간접원가는 작업준비 ₩100,000, 절삭작업 ₩600,000, 품질검사 ₩90,000이 발생하였다. 다음 자료를 이용한 활동기준원가계산에 의한 제품B의 단위당 제조간접원가는?

활동	원가동인	제품A	제품B	제품C
작업준비	작업준비횟수	30	50	20
절삭작업	절삭작업시간	1,000	1,200	800
품질검사	검사시간	50	60	40

① ₩43   ② ₩120   ③ ₩163
④ ₩255   ⑤ ₩395

09 　감정평가사 2013

감평회계법인은 컨설팅과 회계감사서비스를 제공하고 있다. 지금까지 감평회계법인은 일반관리비 ₩270,000을 용역제공시간을 기준으로 컨설팅과 회계감사서비스에 각각 45%와 55%씩 배부해 왔다. 앞으로 감평회계법인이 활동기준원가계산을 적용하기 위해, 활동별로 일반관리비와 원가동인을 파악한 결과는 다음과 같다.

활동	일반관리비	원가동인
스태프지원	₩200,000	스태프수
컴퓨터지원	50,000	컴퓨터사용시간
고객지원	20,000	고객수
합계	₩270,000	

컨설팅은 스태프수 35%, 컴퓨터사용시간 30%, 그리고 고객수 20%를 소비하고 있다. 활동기준원가계산을 이용하여 컨설팅에 집계한 일반관리비는 이전 방법을 사용하는 경우보다 얼마만큼 증가 또는 감소하는가?

① ₩32,500 감소　　　　② ₩32,500 증가　　　　③ ₩59,500 감소

④ ₩59,500 증가　　　　⑤ 변화 없음

10 [회계사 2020]

㈜대한은 제품 A와 제품 B를 생산하는 기업으로, 생산량을 기준으로 제품별 제조간접원가를 배부하고 있다. ㈜대한은 제품별 원가계산을 지금보다 합리적으로 하기 위해 활동기준원가계산제도를 도입하고자 한다. 다음은 활동기준원가계산에 필요한 ㈜대한의 활동 및 제조에 관한 자료이다.

활동	활동원가(₩)	원가동인
재료이동	1,512,000	운반횟수
조립작업	7,000,000	기계작업시간
도색작업	7,200,000	노동시간
품질검사	8,000,000	생산량
총합계(제조간접원가)	23,712,000	

원가동인	제품별 사용량	
	제품 A	제품 B
운반횟수	400회	230회
기계작업시간	600시간	800시간
노동시간	3,000시간	6,000시간
생산량	X개	Y개

㈜대한이 위 자료를 바탕으로 활동기준원가계산에 따라 제조간접원가를 배부하면, 생산량을 기준으로 제조간접원가를 배부하였을 때보다 제품 A의 제조간접원가가 ₩3,460,000 더 작게 나온다. 활동기준원가계산으로 제조간접원가를 배부하였을 때 제품 B의 제조간접원가는 얼마인가?

① ₩8,892,000 　② ₩9,352,000 　③ ₩11,360,000
④ ₩12,352,000 　⑤ ₩14,820,000

MEMO

CHAPTER

09

표준원가계산

기존 개별원가계산시스템에서는 제조간접원가에 대해서 실제원가를 기준으로 배부하는 실제원가계산과 함께 예정배부율을 이용하여 배부하는 정상원가계산 방법을 사용할 수 있다는 것을 알아보았다. 여기에서는 제조간접원가에 대해서만 예정배부율을 이용하여 미리 배부하는 것이 아니라, 직접재료원가나 직접노무원가에 대해서까지도 미리 표준을 정하여 제조원가를 계산하는 표준원가계산에 대해 살펴보고 구체적인 방법에 대해 알아본다. 또한 표준원가계산을 통해 배부된 원가 금액과 실제로 발생된 원가 금액의 차이를 분석함으로써 구체적으로 어떤 부분에서 목표로 삼았던 표준원가와 다르게 발생되었는지를 파악하여 어떻게 기업의 운영에 도움을 줄 수 있는지도 알아보고자 한다.

1 표준원가계산의 의의

표준(standard)은 어떤 것을 측정하기 위한 하나의 기준이 되는 것을 의미한다. 그렇기 때문에 **표준원가**(standard cost)는 원가를 측정하는 데 있어 기준이 되는 원가를 의미하는 것이다. 즉, 기업에서 특정 원가가 적절하게 발생 되었을 때의 금액이라고 판단할 수 있는 기준이 되는 원가를 표준원가로 정하고, 이를 달성하도록 노력하게 하는 목표로 삼게 하는 것이 표준원가계산이 주는 의미라고 볼 수 있다. 표준원가계산에서는 각 원가요소별로 적절한 표준원가를 미리 정해야 하는데, 이때 너무 이상적인 표준이 아닌 달성가능한 적절한 표준으로 정해야 기업의 구성원들로 하여금 도전의식과 성취감을 적절히 느낄 수 있게 하여 기업의 성과를 향상시키는 효과를 가져올 수 있다.

2 표준원가의 설정

표준원가계산에서는 먼저 각 원가요소별로 표준원가를 설정해야 하는데, 각각에 대한 설정 방법에 대해 알아보자.

2.1 표준직접재료원가의 설정

직접재료원가는 제품 생산을 위해 투입되는 직접재료의 양과 그 단위당 가격의 곱으로 나타낼 수 있다. 그렇기 때문에 표준직접재료원가를 설정하기 위해서는 제품 한 단위를 만들기 위해 소모되는 직접재료의 수량에 대해서도 표준량을 정하고, 직접재료 단위당 가격에 대해서도 표준가격을 정하여 그 둘의 곱을 통해 표준직접재료원가를 계산해야 한다.

> 제품 단위당 표준직접재료원가
> =제품 단위당 직접재료 표준사용량×직접재료 단위당 표준가격

이렇게 구한 제품 단위당 표준직접재료원가에 실제생산량을 곱해주면 전체 직접재료에 대한 총표준원가가 계산된다.

> 총표준직접재료원가＝제품 단위당 표준직접재료원가×실제생산량

이를 실제생산량에 대한 총표준직접재료사용량에 대한 식으로 바꿔보면 다음과 같다. 총표준직접재료사용량이라 함은 제품 단위당 직접재료의 표준사용량에 실제생산량을 곱한 값으로 실제생산량에 대해 총 사용되어야 하는 직접재료의 표준량이라고 할 수 있다.

> 총표준직접재료원가＝총표준직접재료사용량×직접재료 단위당 표준가격

2.2 표준직접노무원가의 설정

직접노무원가는 제품 생산을 위해 투입되는 직접노무시간과 그 시간당 임금(또는 임률)의 곱으로 나타낼 수 있다. 그러므로 표준직접노무원가를 설정하기 위해서는 제품 한 단위를 만들기 위해 소요되는 직접노무시간에 대해서 표준량을 정하고, 직접노무시간당 임률에 대해서도 표준임률을 정하여 그 둘의 곱을 통해 표준직접노무원가를 계산해야 한다.

> 제품 단위당 표준직접노무원가
> ＝제품 단위당 표준직접노무시간×직접노무시간당 표준임률

이렇게 구한 제품 단위당 표준직접노무원가에 실제생산량을 곱해주면 전체 직접노무에 대한 총표준원가가 계산된다.

> 총표준직접노무원가＝제품 단위당 표준직접노무원가×실제생산량

이를 마찬가지로 실제생산량에 대한 총표준직접노무시간에 대한 식으로 바꿔보면 다음과 같다. 총표준직접노무시간은 제품 단위당 표준직접노무시간에 실제생산량을 곱한 값으로 실제생산량에 대해 총 사용되어야 하는 직접노무시간의 표준량이라고 할 수 있다.

> 총표준직접노무원가＝총표준직접노무시간×직접노무시간당 표준임률

2.3 표준제조간접원가의 설정

(1) 표준변동제조간접원가의 설정

제조간접원가는 변동제조간접원가와 고정제조간접원가로 나누어 표준원가를 설정한다. 변동제조간접원가의 경우에는 직접원가들과 비슷하게 표준수량과 표준가격의 곱으로 설정하게 된다. 변동제조간접원가는 보통 기계작업시간, 직접노동시간 등과 밀접한 관련이 있게 되는데, 각 기업에 따라 이 중에서 적절한 기준조업도를 활용하면 된다. 이러한 기준조업도를 활용한 제품 단위당 표준변동제조간접원가의 설정 방법은 다음과 같다.

> 제품 단위당 표준변동제조간접원가
> ＝제품 단위당 표준기준조업도×기준조업도당 표준변동제조간접원가

여기에 실제생산량을 곱해주면 전체 변동제조간접원가에 대한 총표준원가가 계산된다.

> 총표준변동제조간접원가＝제품 단위당 표준변동제조간접원가×실제생산량

마찬가지로 실제생산량에 대한 총표준조업도에 대한 식으로 바꿔보면 다음과 같다. 총표준조업도는 제품 단위당 표준조업도에 실제생산량을 곱한 값으로 실제생산량에 대해 총 소요되어야 하는 조업도의 표준량이라고 할 수 있다.

> 총표준변동제조간접원가＝총표준조업도×조업도당 표준변동제조간접원가

(2) 표준고정제조간접원가의 설정

고정제조간접원가는 생산량과 무관하게 일정하기 때문에 기업에서 전체 총액 자체를 예산으로 설정하게 된다. 이때 고정제조간접원가의 예산 금액은 기준조업도(일반적으로 예상생산량)를 가정하고 정해지게 되는데, 이러한 기준조업도에 따른 단위당 고정제조간접원가 표준배부율을 거꾸로 계산하면 다음과 같다.

> 단위당 고정제조간접원가 표준배부율＝고정제조간접원가 예산/기준조업도(예상생산량)

여기에 실제생산량을 곱해주면 실제생산량에 대한 고정제조간접원가의 총표준원가가 계산된다.

> 총표준고정제조간접원가＝단위당 고정제조간접원가 표준배부율×실제생산량

3 표준원가 차이분석

미리 설정한 표준원가는 목표치일 뿐 목표와는 달리 실제 발생하는 원가와는 차이가 생기기 마련이다. 이렇게 실제 발생하는 원가와 목표치였던 표준원가와의 차이를 계산하여 그 차이가 발생하는 원인을 분석하는 과정을 표준원가 **차이분석**(variance analysis)이라 한다. 차이분석을 통해 얻은 결과로 여러 가지 조치를 취하게 되는데, 이때 차이가 예외적으로 큰 항목을 중점적으로 조치를 취하는 것이 더 효과적이다. 이러한 관리방법을 **예외에 의한 관리**(management by exception)라 한다. 또한 차이분석 과정에서 목표치였던 표준원가보다 실제 발생된 원가가 더 크면 예상보다 원가가 더 많이 발생되어 이익을 줄어들게 만들기 때문에 이러한 차이를 **불리한 차이**(unfavorable variance)라 하고, 그 반대로 표준원가보다 실제원가가 더 작으면 이익을 커지게 하므로 이러한 차이를 **유리한 차이**(favorable variance)라 한다. 각 원가요소별로 표준원가와 실제 발생된 원가와의 차이를 분석하는 방법을 자세히 살펴보도록 하자.

3.1 직접재료원가 차이분석

직접재료원가에 대한 차이분석을 자세히 이해하기 위해 다음 예제를 이용하기로 한다.

예제 I. 직접재료원가차이

㈜대전은 표준원가계산제도를 채택하고 있으며, 변동제조간접원가에 대한 기준조업도로 직접노무시간을 사용하고 있다. ㈜대전의 20×2년 고정제조간접원가 예산은 ₩70,000이고 3,500개의 예상생산량을 기준조업도로 단위당 ₩20의 고정제조간접원가 표준배부율을 적용하였다. ㈜대전의 20×2년 실제생산량은 3,000개이며, 원가와 관련된 자료는 다음과 같다.

〈20×2년 표준원가〉

	표준수량		단위당 표준가격	총표준원가
	단위당 표준수량	총표준수량		
직접재료원가	1.2kg	3,600kg	₩150	₩540,000
직접노무원가	3시간	9,000시간	30	270,000
변동제조간접원가	2	6,000	25	150,000
합계				₩960,000

〈20×2년 실제원가〉

	실제수량		단위당 실제가격	총실제원가
	단위당 실제수량	총실제수량		
직접재료원가	1.3kg	3,900kg	₩130	₩507,000
직접노무원가	2.8시간	8,400시간	35	294,000
변동제조간접원가	2.5	7,500	22	165,000
고정제조간접원가				63,000
합계				₩1,029,000

물음)

주어진 자료를 이용하여 ㈜대전의 20×2년 직접재료원가차이는 얼마인지 계산해보시오.

[풀이]

20×2년 직접재료원가에 대한 총실제원가는 ₩507,000으로 총표준원가 ₩540,000에 비해 ₩33,000이 더 적게 발생 되었다. 즉, 직접재료원가의 총차이는 ₩33,000(유리)이다.

이 ₩33,000의 차이가 나게 된 이유를 살펴보면 2가지 요소에 의한 차이라는 것을 알 수 있다. 전체 직접재료원가는 투입된 재료의 수량과 재료가격의 곱으로 이루어져 있기 때문에 이 2가지 요소가 실제에서 표준과 차이가 발생하여 직접재료원가 차이를 가져오게 된 것이다.

㈜대전의 직접재료원가에 대한 실제원가가 ₩507,000으로 나타나게 된 것은, 사용된 직접재료의 수량이 3,900kg이고 1kg당 가격이 ₩130이기 때문이고, 표준원가가 ₩540,000으로 설정된 것은, 표준으로 설정한 직접재료 사용 수량이 3,600kg이고 1kg당 가격은 ₩150이었기 때문이다. 이 중 첫 번째 요소인 직접재료의 사용 수량에 있어 표준수량인 3,600kg보다 실제로 3,900kg이 소모되어 표준에 비해 300kg만큼 더 많이 쓰였다. 두 번째 요소인 직접재료의 1kg당 가격에 있어서는 표준으로 설정한 가격인 ₩150보다 실제 가격이 ₩130으로 더 낮았다. 이 두 요소의 차이에 의해 전체 ₩33,000만큼의 차이가 발생한 것이다.

예제 1에서 계산한 바와 같이 직접재료원가 총차이 ₩33,000은 2가지 요소가 각각 실제와 표준간 차이가 발생했기 때문인데, 이 두 요소에 의한 차이를 각각 **직접재료원가 가격차이**(direct material price variance)와 **직접재료원가 수량차이**(direct material quantity variance)라 한다.

직접재료원가 가격차이는 직접재료의 표준가격인 ₩150과 실제가격인 ₩130의 차이에 의해 생기는 원가차이를 의미하며 이를 식으로 표현하면 다음과 같다.

> **직접재료원가 가격차이**
> ＝직접재료실제사용량(AQ)×(재료 단위당 실제가격(AP)－재료 단위당 표준가격(SP))

이때 일반적으로 실제수량은 AQ(actual quantity), 실제가격은 AP(actual price), 표준가격은 SP(standard price)로 표현한다. 이 식에는 표현되지 않았으나 표준수량은 SQ(standard quantity)로 표현한다. 이 식을 예제 1에 적용해보면 직접재료원가 가격차이는 (－)₩78,000(＝3,900kg×(@130－@150))으로, 실제원가가 ₩78,000만큼 덜 발생하게 되어 이익이 커지게 되는 유리한 가격차이가 생기게 되었다는 것을 확인할 수 있다.

또한 직접재료원가 수량차이는 직접재료의 표준사용량인 3,600kg과 실제사용량인 3,900kg의 차이에 의해 생기는 원가차이를 의미하며 이를 식으로 표현하면 다음과 같다.

> **직접재료원가 수량차이**
> ＝(직접재료실제사용량(AQ)－직접재료표준사용량(SQ))×재료 단위당 표준가격(SP)

이 또한 예제 1에서의 ㈜대전에 적용해보면 직접재료원가 수량차이는 ₩45,000(＝(3,900kg－3,600)×@150)으로 계산된다. 즉, 실제사용량이 표준사용량에 비해 300kg만큼 더 쓰이면서 전체 ₩45,000만큼의 원가가 더 발생하게 되어 이익이 줄어들게 되는 불리한 수량차이를 가져오게 된 것이다.

종합해보면, 직접재료원가 가격차이가 ₩78,000만큼 유리하게 나타났고 직접재료원가 수량차이가 ₩45,000만큼 불리하게 나타나 직접재료원가 총차이가 ₩33,000만큼 유리한 차이로 발생하게 된 것이다. 이를 알아보기 쉽게 종합하여 표현하면 다음과 같이 나타낼 수 있다.

📈 그림 9-1 **직접재료원가 차이분석**

실제원가	실제사용량에 대한 표준원가	표준원가
(AP×AQ)	(SP×AQ)	(SP×SQ)
₩130×3,900kg = ₩507,000	₩150×3,900kg = ₩585,000	₩150×3,600kg = ₩540,000

가격차이 ₩78,000(유리)　　　　수량차이 ₩45,000(불리)

직접재료원가 총차이
₩33,000(유리)

〈그림 9-1〉에서 실제원가와 실제사용량에 대한 표준원가 간의 차이가 (AP-SP)×AQ가 되어 직접재료원가 가격차이가 되고, 실제사용량에 대한 표준원가와 표준원가 간의 차이가 SP×(AQ-SQ)가 되어 직접재료원가 수량차이가 되는 것이다. 이러한 틀을 이용하여 계산하면 직접재료원가 차이분석을 쉽게 할 수 있다.

예제 1에서 발생한 가격차이와 수량차이에 대해 원인을 생각해보자. 유리한 가격차이는 매입 규모로 인한 할인, 재료의 품질에 의한 차이 등이 원인이 될 수 있다. 또한 불리한 수량차이가 발생한 부분은 표준보다 더 많은 직접재료를 사용하게 된 것으로, 재료의 품질 불량이나 작업 숙련도 부족, 노후 설비의 사용과 같은 이유로 재료가 낭비되어 발생한 것으로 추측해 볼 수 있다. 유리한 가격차이가 생긴 것과 연계하여 생각해 볼 때, 품질이 낮은 재료를 선택하여 가격적으로는 유리한 차이를 가져올 수 있었으나 떨어지는 품질로 인해 직접재료의 낭비는 오히려 심해져 불리한 수량차이가 생겼을 수 있다. 종합적으로 보았을 때, 품질 낮은 재료로 인해 불리한 수량차이가 발생하였더라도 유리한 가격차이가 이를 초과하여 전체 직접재료원가 총차이는 유리하게 나타났으므로 품질 대비 저렴한 재료를 사용하여 목표로 했던 표준원가보다 원가를 절감할 수 있었던 것으로 해석해 볼 수도 있다. 이러한 차이분석 결과를 이용한 근본적인 원인 파악을 통해 설정했던 목표와의 차이를 메우려는 노력과 함께 향후 목표의 설정에도 도움을 줄 수 있다.

3.2 직접노무원가 차이분석

직접노무원가에 대한 차이분석을 자세히 이해하기 위해 다음 예제를 이용하기로 한다.

예제 **2.** 직접노무원가차이

예제 1에서와 마찬가지로, ㈜대전은 표준원가계산제도를 채택하고 있으며, 변동제조간접원가에 대한 기준조업도로 직접노무시간을 사용하고 있다. ㈜대전의 20×2년 고정제조간접원가 예산은 ₩70,000이고 3,500개의 예상생산량을 기준조업도로 단위당 ₩20의 고정제조간접원가 표준배부율을 적용하였다. ㈜대전의 20×2년 실제생산량은 3,000개이며, 원가와 관련된 자료는 다음과 같다.

〈20×2년 표준원가〉

	표준수량		단위당 표준가격	총표준원가
	단위당 표준수량	총표준수량		
직접재료원가	1.2kg	3,600kg	₩150	₩540,000
직접노무원가	3시간	9,000시간	30	270,000
변동제조간접원가	2	6,000	25	150,000
합계				₩960,000

〈20×2년 실제원가〉

	실제수량		단위당 실제가격	총실제원가
	단위당 실제수량	총실제수량		
직접재료원가	1.3kg	3,900kg	₩130	₩507,000
직접노무원가	2.8시간	8,400시간	35	294,000
변동제조간접원가	2.5	7,500	22	165,000
고정제조간접원가				63,000
합계				₩1,029,000

물음)

주어진 자료를 이용하여 ㈜대전의 20×2년 직접노무원가차이는 얼마인지 계산해보시오.

[풀이]

20×2년 직접노무원가에 대한 총실제원가는 ₩294,000으로 총표준원가 ₩270,000에 비해 ₩24,000만큼 더 크게 발생 되었다. 그러므로 직접노무원가 총차이는 ₩24,000(불리)이라는 것을 알 수 있다.

이 ₩24,000의 차이는 직접재료원가와 마찬가지로 2가지 요소에 의한 차이이다. 전체 직접노무원가는 생산활동에 투입된 직접노무시간과 시간당 임률의 곱으로 이루어져 있기 때문에 이 2가지 요소가 실제에서 표준과 차이가 발생한 부분에 의해 원가 차이가 발생하게 된 것이다.

㈜대전의 직접노무원가에 대한 실제원가가 ₩294,000으로 나타나게 된 것은, 실제로 투입된 직접노무시간이 8,400시간이고 시간당 임률이 ₩35이기 때문이고, 표준원가가 ₩270,000으로 설정된 것은, 표준으로 설정한 직접노무 투입시간이 9,000시간이고 시간당 임률은 ₩30이었기 때문이다. 이 중 첫 번째 요소인 직접노무시간에 있어 표준인 9,000시간보다 실제로 8,400시간이 투입되어 600시간이 덜 투입되었다. 두 번째 요소인 직접노무시간당 임률에 있어서는 표준으로 설정한 임률인 ₩30보다 실제 임률이 ₩35으로 더 높았다. 이 두 요소의 차이에 의해 전체 ₩24,000만큼의 차이가 발생한 것이다.

예제 2에서 계산한 바와 같이 직접노무원가 총차이 ₩24,000 또한 2가지 요소가 각각 실제와 표준간 차이가 발생했기 때문인데, 이 두 요소에 의한 차이를 각각 **직접노무원가 임률차이**(direct labor rate variance)와 **직접노무원가 시간차이**(direct labor time variance)라 한다. 직접노무원가 임률차이를 능률차이(efficiency variance) 또는 수량차이(quantity variance)라고도 부른다.

먼저, 직접노무원가 임률차이는 직접노무시간당 표준임률인 ₩30과 실제임률인 ₩35의 차이에 의해 발생하는 원가차이를 의미하며 이를 식으로 표현하면 다음과 같다.

> 직접노무원가 임률차이
> = 직접노무시간 실제투입량(AQ) × (직접노무시간당 실제임률(AP) − 직접노무시간당 표준임률(SP))

이 식을 위에서 살펴본 예제 2에 적용해보면 직접노무원가 임률차이는 ₩42,000(= 8,400시간 × (₩35−30))으로 실제원가가 ₩42,000만큼 더 발생하게 되어 이익이 줄어들게 되는 불리한 임률차이가 생기게 되었다는 것을 알 수 있다.

또한 직접노무원가 시간차이는 직접노무시간의 표준투입량인 9,000시간과 실제 투입시간인 8,400시간의 차이에 의해 생기는 원가차이를 의미하며 이를 식으로 표현하면 다음과 같다.

> 직접노무원가 시간차이
> = (직접노무시간 실제투입량(AQ) − 직접노무시간 표준투입량(SQ)) × 직접노무시간당 표준임률(SP)

이 식도 예제 2에서의 ㈜대전에 적용해보면 직접노무원가 시간차이는 $(-)$₩18,000 $(=(8,400시간-9,000)\times₩30)$으로 계산된다. 즉, 실제로 투입된 직접노무시간이 표준투입량에 비해 600시간만큼 덜 투입되면서 전체 ₩18,000만큼의 원가가 덜 발생하게 되어 이익이 커지게 되는 유리한 직접노무원가 시간차이가 발생하게 된 것이다.

종합해보면, 직접노무원가 임률차이가 ₩42,000만큼 불리하게 나타났고 직접노무원가 시간차이가 ₩18,000만큼 유리하게 나타나 직접노무원가 총차이가 ₩24,000만큼 불리한 차이로 발생하게 되었다는 것을 알 수 있다. 이번에도 알아보기 쉽게 종합하여 표현해보면 다음과 같이 나타낼 수 있다.

☑ **그림 9-2 직접노무원가 차이분석**

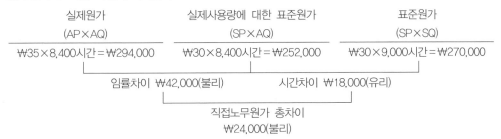

〈그림 9-2〉에서 실제원가와 실제사용량에 대한 표준원가 간의 차이는 $(AP-SP)\times AQ$가 되어 직접노무원가 임률차이가 되고, 실제사용량에 대한 표준원가와 표준원가 간의 차이는 $SP\times(AQ-SQ)$가 되어 직접노무원가 시간차이가 된다. 직접노무원가도 직접재료원가와 마찬가지로 변동원가이기 때문에 이러한 같은 틀을 이용하여 계산하면 직접노무원가 차이분석도 쉽게 할 수 있다.

예제 2에서 발생한 직접노무원가 임률차이와 시간차이에 대해 원인을 생각해보면, 불리한 임률차이는 숙련도 높은 근로자를 투입하면서 임률이 높아졌기 때문일 수 있다. 또한, 유리한 시간차이가 발생한 것은 표준보다 더 적은 직접노무시간을 투입하게 된 것으로, 이는 예상보다 작업 숙련도가 비교적 높은 근로자가 투입되어 직접노무시간이 더 적게 투입될 수 있었던 것으로 추측해 볼 수 있다. 결국, 숙련도 높은 근로자를 투입하여 유리한 시간차이가 발생하였더라도 불리한 임률차이가 이를 넘어섰기 때문에 전체 직접노무원가 총차이도 불리하게 나타나게 되어 원가가 절감되지 않고 오히려 목표보다 커지게 된 것으로 해석해 볼 수 있다.

3.3 변동제조간접원가 차이분석

변동제조간접원가에 대한 차이분석을 자세히 이해하기 위해 다음 예제를 이용하기로 한다.

예제 3. 변동제조간접원가차이

예제 1에서와 마찬가지로, ㈜대전은 표준원가계산제도를 채택하고 있으며, 변동제조간접원가에 대한 기준조업도로 직접노무시간을 사용하고 있다. ㈜대전의 20×2년 고정제조간접원가 예산은 ₩70,000이고 3,500개의 예상생산량을 기준조업도로 단위당 ₩20의 고정제조간접원가 표준배부율을 적용하였다. ㈜대전의 20×2년 실제생산량은 3,000개이며, 원가와 관련된 자료는 다음과 같다.

⟨20×2년 표준원가⟩

	표준수량		단위당 표준가격	총표준원가
	단위당 표준수량	총표준수량		
직접재료원가	1.2kg	3,600kg	₩150	₩540,000
직접노무원가	3시간	9,000시간	30	270,000
변동제조간접원가	2	6,000	25	150,000
합계				₩960,000

⟨20×2년 실제원가⟩

	실제수량		단위당 실제가격	총실제원가
	단위당 실제수량	총실제수량		
직접재료원가	1.3kg	3,900kg	₩130	₩507,000
직접노무원가	2.8시간	8,400시간	35	294,000
변동제조간접원가	2.5	7,500	22	165,000
고정제조간접원가				63,000
합계				₩1,029,000

물음)

주어진 자료를 이용하여 ㈜대전의 20×2년 변동제조간접원가차이는 얼마인지 계산해보시오.

[풀이]

20×2년 변동제조간접원가에 대한 총실제원가는 ₩165,000으로 총표준원가 ₩150,000에 비해 ₩15,000만큼 더 크게 발생되었다. 그러므로 변동제조간접원가 총차이는 ₩15,000(불리)이 된다.

이 ₩15,000의 차이는 직접재료원가, 직접노무원가와 마찬가지로 2가지 요소에 의한 차이로 볼 수 있다. 전체 변동제조간접원가는 기준조업도인 직접노무시간과 시간당 변동제조간접원가의 곱으로 이루어져 있기에 이 2가지 요소가 실제로 표준과 차이가 발생한 부분에 의해 원가차이가 발생하게 된 것이다.

㈜대전의 변동제조간접원가에 대한 실제원가가 ₩165,000으로 나타난 것은 기준조업도인 직접노무시간에 있어 실제로 투입된 직접노무시간이 7,500시간이고 시간당 변동제조간접원가가 ₩22이기 때문이다. 또한 표준원가가 ₩150,000으로 설정된 것은, 표준으로 설정한 직접노무시간이 6,000시간이고 시간당 변동제조간접원가는 ₩25이었기 때문이다.

이 중에서 첫 번째 요소인 직접노무시간의 경우에는 표준인 6,000시간보다 실제로 7,500시간이 투입되어 1,500시간이 더 투입되었고, 두 번째 요소인 시간당 변동제조간접원가에 있어서는 표준으로 설정한 ₩25보다 실제가 ₩22으로 ₩3만큼 더 낮았다. 이 두 요소의 차이에 의해 전체 ₩15,000만큼의 차이가 발생한 것이다.

예제 3에서 계산한 바와 같이 변동제조간접원가 총차이 ₩15,000도 2가지 요소가 각각 실제와 표준간 차이가 발생했기 때문이다. 이 두 요소에 의한 차이를 각각 **변동제조간접원가 소비차이**(variable overhead spending variance)와 **변동제조간접원가 능률차이**(variable overhead efficiency variance)라 한다.

변동제조간접원가 소비차이는 기준조업도당 표준변동제조간접원가인 ₩25과 기준조업도당 실제변동제조간접원가인 ₩22의 차이에 의해 발생하는 원가차이를 의미하며 이를 식으로 표현하면 다음과 같다.

> 변동제조간접원가 소비차이
> ＝기준조업도 실제투입량(AQ)×(기준조업도당 실제변동제조간접원가(AP)−기준조업도당 표준변동제조간접원가(SP))

이 식을 위에서 살펴본 예제 3에 적용해보면 변동제조간접원가 소비차이는 (−)₩22,500 (＝7,500시간×(₩22−25))으로 실제원가가 ₩22,500만큼 덜 발생하게 되어 표준원가 적용시보다 이익이 커지게 되는 유리한 변동제조간접원가 소비차이가 생기게 되었다는 것을 확인해 볼 수 있다.

　또한 변동제조간접원가 능률차이는 기준조업도인 직접노무시간의 표준투입량인 6,000시간과 실제 투입량인 7,500시간의 차이에 의해 생기는 원가차이를 의미하며 이를 식으로 표현하면 다음과 같다.

> 변동제조간접원가 능률차이
> ＝(기준조업도 실제투입량(AQ)−기준조업도 표준투입량(SQ))×기준조업도당 표준변동제조간접원가(SP)

　이 식도 마찬가지로 예제 3에서의 ㈜대전에 적용해보면 변동제조간접원가 능률차이는 ₩37,500(＝(7,500시간−6,000시간)×₩25)으로 계산된다. 즉, 실제로 변동제조간접원가에 대해 투입된 직접노무시간이 표준투입량에 비해 1,500시간만큼 더 투입되면서 전체 ₩37,500만큼의 원가가 더 발생하게 되었고, 이로 인해 이익이 작아지게 되는 불리한 변동제조간접원가 능률차이가 발생하게 되었다.

　결론적으로, 변동제조간접원가 소비차이가 ₩22,500만큼 유리하게 나타났고 변동제조간접원가 능률차이가 ₩37,500만큼 불리하게 나타났기 때문에 변동제조간접원가 총차이가 ₩15,000만큼 불리한 차이로 나타나게 되었다는 것을 알 수 있다. 이러한 차이들을 알아보기 쉽게 종합하여 표현해보면 다음과 같다.

📈 그림 9-3 변동제조간접원가 차이분석

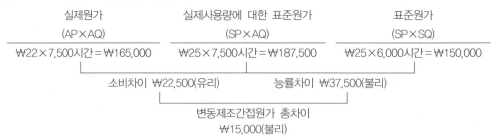

　〈그림 9−3〉에서 실제원가와 실제사용량에 대한 표준원가 간의 차이는 (AP−SP)×AQ가 되어 변동제조간접원가 소비차이를 의미하게 되고, 실제사용량에 대한 표준원가와 표준원가 간의 차이는 SP×(AQ−SQ)가 되어 변동제조간접원가 능률차이를 의미하게 된다. 변동제조간접원가도 기준조업도가 존재하는 상황에서 직접재료원가나 직

접노무원가와 마찬가지로 2가지 요소의 곱으로 표현할 수 있는 변동원가이기 때문에 같은 틀을 이용하여 계산하면 변동제조간접원가의 차이분석도 가능하다.

예제 3에서 발생한 변동제조간접원가의 소비차이와 능률차이에 대해서도 차이가 발생한 원인을 생각해본다면, 유리한 소비차이는 변동제조간접원가의 기준조업도 단위당 원가가 예상보다 더 적게 발생된 것으로, 간접재료의 가격이나 간접노무임률, 수도전기료 등이 예상보다 낮았기 때문인 것으로 해석해 볼 수 있다. 반면, 불리한 능률차이가 발생한 것은 표준보다 더 많은 직접노무시간이 투입된 것인데, 이는 기준조업도가 직접노무시간일 뿐 간접재료나 간접노무 투입량 등의 효율성을 의미한다고 볼 수는 없고 배부기준량이 예상보다 더 많이 투입된 것으로 해석해야 한다. 전반적으로 불리한 능률차이가 유리한 소비차이를 넘어 전체 변동제조간접원가 총차이도 불리하게 나타나게 되었고, 원가가 절감되지 않고 오히려 목표보다 커지게 되었음을 확인해 볼 수 있다.

3.4 고정제조간접원가 차이분석

고정제조간접원가에 대한 차이분석을 자세히 이해하기 위해 다음 예제를 이용하기로 한다.

예제 4. 고정제조간접원가차이

예제 1에서와 마찬가지로, ㈜대전은 표준원가계산제도를 채택하고 있으며, 변동제조간접원가에 대한 기준조업도로 직접노무시간을 사용하고 있다. ㈜대전의 20×2년 고정제조간접원가 예산은 ₩70,000이고 3,500개의 예상생산량을 기준조업도로 단위당 ₩20의 고정제조간접원가 표준배부율을 적용하였다. ㈜대전의 20×2년 실제생산량은 3,000개이며, 원가와 관련된 자료는 다음과 같다.

〈20×2년 표준원가〉

	표준수량		단위당 표준가격	총표준원가
	단위당 표준수량	총표준수량		
직접재료원가	1.2kg	3,600kg	₩150	₩540,000
직접노무원가	3시간	9,000시간	30	270,000
변동제조간접원가	2	6,000	25	150,000
합계				₩960,000

〈20×2년 실제원가〉

	실제수량		단위당 실제가격	총실제원가
	단위당 실제수량	총실제수량		
직접재료원가	1.3kg	3,900kg	₩130	₩507,000
직접노무원가	2.8시간	8,400시간	35	294,000
변동제조간접원가	2.5	7,500	22	165,000
고정제조간접원가				63,000
합계				₩1,029,000

물음)

주어진 자료를 이용하여 ㈜대전의 20×2년 고정제조간접원가차이는 얼마인지 계산해보시오.

[풀이]

20×2년 고정제조간접원가 예산은 주어진 바와 같이 ₩70,000인데, 이는 예상생산량인 3,500 개 기준으로 세워진 예산으로, 생산량 단위당 고정제조간접원가의 배부율이 ₩20이다. 이를 이용하여 실제생산량인 3,000개에 해당하는 고정제조간접원가에 대한 표준원가를 계산해보면 ₩60,000(=₩20×3,000개)이 된다. 고정제조간접원가에 대한 실제원가는 ₩63,000으로 표준원가인 ₩60,000에 비해 ₩3,000만큼 더 크게 발생 되었다. 그러므로 고정제조간접원가 총차이는 ₩3,000(불리)이라고 할 수 있다.

이 ₩3,000의 차이는 예상생산량을 기준으로 세웠던 고정제조간접원가 예산과의 직접적인 차이 부분과 예상생산량과 실제생산량의 차이로 인해 표준원가와의 차이가 생기는 부분으로 나누어 볼 수 있다.

먼저, ㈜대전의 고정제조간접원가에 대한 실제원가 ₩63,000과 예산인 ₩70,000과의 차이가 발생한 부분이 있다. 여기에 예상생산량인 3,500개 기준으로 계산된 예산과 이때의 배부율인 단위당 ₩20을 적용하여 실제생산량인 3,000개에 맞게 배부했을 때의 표준원가는 생산량이 다르기 때문에 차이가 생기게 된다. 이 두 요소의 차이에 의해 고정제조간접원가 총차이 ₩3,000이 발생한 것으로 볼 수 있다.

예제 4에서 계산한 바와 같이 고정제조간접원가 총차이 ₩3,000은 고정제조간접원가 실제발생액과 예산과의 단순 차이와 예산에서의 예상생산량과 실제생산량 간 차이 때문에 발생하는 부분으로 나누어 볼 수 있다.이 두 차이를 각각 **고정제조간접원가 예산차이**(fixed overhead budget variance)와 **고정제조간접원가 조업도차이**(fixed overhead volume variance)라 한다. 고정제조간접원가 예산차이를 고정제조간접원가 소비차이(spending variance)

라고도 부른다.

　고정제조간접원가는 변동원가들과는 달리 어느 정도 범위 내에서 일정하게 발생되기 때문에 원가요소의 효율성에 의한 차이를 나타내는 수량차이 또는 능률차이는 없다고 볼 수 있다. 고정제조간접원가 예산차이는 고정제조간접원가의 예산 금액과 실제 발생된 원가의 차이를 의미하며 이 전체가 가격차이 또는 소비차이라고 볼 수 있는 것이다. 이를 식으로 표현하면 다음과 같다.

　고정제조간접원가 예산차이＝고정제조간접원가 실제발생액－고정제조간접원가 예산

　위에서 살펴본 예제 4를 적용해보면 고정제조간접원가 예산차이는 실제발생액인 ₩63,000에서 예산인 ₩70,000을 뺀 (－)₩7,000으로 계산된다. 즉, 실제로 고정제조간접원가가 ₩63,000이 발생하면서 예산보다 ₩7,000만큼 더 적게 발생하게 되었고, 이로 인해 이익이 예상보다 커지게 되는 유리한 고정제조간접원가 예산차이가 발생하게 된 것이다.

　고정제조간접원가 조업도차이는 예산을 세웠을 때의 예상생산량인 3,500개와 실제 생산량인 3,000개의 차이에 의해 발생하는 원가차이를 의미하며 이를 식으로 표현하면 다음과 같다.

　고정제조간접원가 조업도차이
　＝고정제조간접원가 예산－실제생산량 기준 표준고정제조간접원가

　마찬가지로 예제 4에 적용해보면 고정제조간접원가 조업도차이는 ₩70,000에서 ₩60,000(＝₩20×3,000개)을 뺀 ₩10,000으로, 예산 금액이 ₩10,000만큼 실제생산량 기준으로 계산된 표준고정제조간접원가(실제생산량 기준 고정제조간접원가 배부액)보다 크게 설정되어 불리한 고정제조간접원가 조업도차이가 생기게 되었음을 확인할 수 있다.

　즉, 고정제조간접원가 예산차이가 ₩7,000만큼 유리하게 나타나고 고정제조간접원가 조업도차이가 ₩10,000만큼 불리하게 나타나 고정제조간접원가 총차이가 ₩3,000만큼 불리한 차이로 나타나게 되었다는 것을 알 수 있다. 이러한 차이들을 알아보기 쉽게 종합하여 표현해보면 다음과 같다.

☑ **그림 9-4 고정제조간접원가 차이분석**

〈그림 9-4〉에서 실제원가와 예산 간의 차이는 고정제조간접원가 예산차이를 의미하고, 예산과 실제생산량 기준 표준원가 간의 차이는 고정제조간접원가 조업도차이를 의미하게 된다.

4 표준원가 차이조정

표준원가계산을 적용하는 기업에서는 표준원가를 기준으로 원가를 기록하고 있다가 실제원가와의 차이가 발생한 부분에 대해 조정을 해주게 된다. 이는 정상원가계산에서 고정제조간접원가에 대해 예정배부율을 적용하여 기록하다가 마지막에 실제발생원가와의 차이에 해당하는 부분을 조정해 주는 것과 마찬가지라고 볼 수 있다. 그렇기 때문에 표준원가계산에서의 차이조정도 정상원가계산에서의 고정제조간접원가 배부차이 조정과 마찬가지로, 미리 적용하고 있던 표준원가 금액과 실제 금액과의 차이를 표준원가 금액에서 실제 발생된 금액 쪽으로 조정해주면 된다. 즉, 차이분석에서 유리한 차이가 발생한 부분은 표준원가에 비해 실제원가가 더 적게 발생한 것이므로, 표준원가로 적용하고 있었던 상황에서는 그 차이만큼 원가에 하향조정이 필요한 것이고, 반대로 불리한 차이가 발생한 부분은 표준원가에 비해 실제원가가 더 많이 발생한 것이므로, 표준원가로 적용하고 있었던 상황에서는 그 차이만큼 원가에 상향조정이 필요한 것이다. 원가에 차이를 조정할 때도 정상원가계산에서의 차이조정에서와 마찬가지로 차이 전액을 매출원가에 조정하는 매출원가 조정법과 차이 금액을 매출원가뿐만 아니라 재공품과 제품에도 비례하여 조정해주는 비례배분법을 모두 사용할 수 있다.

객관식 문제

01 재경관리사 2019

다음 중 표준원가에 관한 설명으로 가장 올바르지 않은 것은?

① 유리한 직접노무원가 가격차이가 발생하였다면 실제임률이 표준임률에 비하여 저렴하였다는 의미이다.

② 직접재료원가 가격차이를 재료 사용시점에 분리한다면 직접재료원가 가격차이에 대한 책임은 생산담당자가 지는 것이 바람직하다.

③ 고정제조간접원가 실제발생액이 고정제조간접원가 예산에 비하여 과다하게 발생하였다면 불리한 예산차이가 발생하게 된다.

④ 가격차이는 실제단가와 예산단가의 차액에 실제 사용한 재화나 용역의 수량을 곱하여 산출된다.

02 재경관리사 2019

다음 중 차이분석에 대한 설명으로 올바르지 않은 것은 모두 몇 개인가?

가. 차이분석이란 표준원가와 실제원가를 비교하여 그 차이를 분석하는 것으로서 일종의 투입 – 산출분석이다.

나. 직접재료원가 차이분석시 표준투입량은 사전에 미리 설정해 놓은 최대조업도에 대한 표준투입량이다.

다. 가격차이는 실제원가와 실제투입량에 대한 표준원가의 차이이다.

라. 능률차이는 실제투입량에 대한 표준원가와 표준투입량에 대한 표준원가의 차이이다.

① 0개 　　　　② 1개 　　　　③ 2개 　　　　④ 3개

03 관세사 2021

㈜관세는 표준원가계산을 적용하고 있다. 20×1년 단위당 표준직접재료원가는 다음과 같다.

제품 단위당 직접재료 표준원가 : 6kg×₩10/kg=₩60

20×1년 ㈜관세의 실제생산량은 1,000단위, 직접재료구입량은 7,500kg, kg당 실제 구입가격은 ₩12이다. ㈜관세는 직접재료 6,500kg을 생산에 투입하였다. ㈜관세의 직접재료 가격차이와 수량차이는? (단, 직접재료 가격차이는 구입시점에서 분리한다)

	구입가격차이	수량차이		구입가격차이	수량차이
①	₩13,000(불리)	₩5,000(불리)	②	₩15,000(불리)	₩5,000(불리)
③	₩13,000(유리)	₩5,000(유리)	④	₩15,000(유리)	₩10,000(유리)
⑤	₩15,000(불리)	₩10,000(유리)			

04 감정평가사 2022

㈜감평은 표준원가계산제도를 채택하고 있으며, 20×1년도 직접노무원가와 관련된 자료는 다음과 같다. 20×1년도 실제총직접노무원가는?

실제생산량	100단위
직접노무원가 실제임률	시간당 ₩8
직접노무원가 표준임률	시간당 ₩10
실제생산량에 허용된 표준직접작업시간	생산량 단위당 3시간
직접노무원가 임률차이	₩700(유리)
직접노무원가 능률차이	₩500(불리)

① ₩1,800 ② ₩2,500 ③ ₩2,800
④ ₩3,500 ⑤ ₩4,200

05 세무사 2021

㈜세무는 표준원가계산제도를 채택하고 있으며, 당기 직접노무원가와 관련된 자료는 다음과 같다.

제품 실제생산량	1,000단위
직접노무원가 실제 발생액	₩1,378,000
단위당 표준직접노무시간	5.5시간
직접노무원가 능률차이	₩50,000(유리)
직접노무원가 임률차이	₩53,000(불리)

㈜세무의 당기 직접노무시간당 실제임률은?

① ₩230   ② ₩240   ③ ₩250

④ ₩260   ⑤ ₩270

06 감정평가사 2021

㈜감평은 표준원가제도를 도입하고 있다. 변동제조간접원가의 배부기준은 직접노무시간이며, 제품 1개를 생산하는 데 소요되는 표준직접노무시간은 2시간이다. 20×1년 3월 실제 발생한 직접노무시간은 10,400시간이고, 원가자료는 다음과 같다.

변동제조간접원가 실제 발생액	₩23,000
변동제조간접원가 능률차이	2,000(불리)
변동제조간접원가 총차이	1,000(유리)

㈜감평의 20×1년 3월 실제 제품생산량은?

① 4,600개   ② 4,800개   ③ 5,000개

④ 5,200개   ⑤ 5,400개

07 [세무사 2022]

㈜세무는 표준원가계산제도를 사용하고 있으며, 매월 동일한 표준원가를 적용한다. 20×1년 5월과 6월의 실제 제품 생산량은 각각 100단위와 120단위이었고, 다음과 같은 조업도차이가 발생했다.

기간	조업도차이
5월	₩1,000(불리)
6월	₩600(불리)

㈜세무의 고정제조간접원가 월간 예산은?

① ₩3,000   ② ₩3,200   ③ ₩4,800

④ ₩5,400   ⑤ ₩6,000

08 [회계사 2021]

㈜대한은 표준원가계산을 적용하고 있다. 20×1년 1월과 2월에 실제로 생산된 제품 수량과 차이분석 자료는 다음과 같다.

월	실제 생산된 제품 수량	고정제조간접원가 소비차이(예산차이)	고정제조간접원가 조업도차이
1월	1,500단위	₩500 불리	₩1,000 불리
2월	2,000단위	₩500 유리	₩500 유리

㈜대한이 20×1년 1월과 2월에 동일한 표준배부율을 적용하고 있다면, 제품 1단위당 고정제조간접원가 표준배부율은 얼마인가? 단, 고정제조간접원가의 배부기준은 제품 생산량이다.

① ₩3   ② ₩4   ③ ₩5

④ ₩6   ⑤ ₩7

09 [세무사 2023]

㈜세무는 표준원가계산제도를 적용하고 있다. 20×1년 변동제조간접원가와 고정제조간접원가 예산은 각각 ₩540,000과 ₩625,000이다. 20×1년 기준조업도는 1,000직접노무시간이며, 실제직접노무시간은 900시간이다. 제조간접원가의 조업도차이가 ₩110,000(불리)이라면 제조간접원가의 능률차이는?

① ₩20,820(불리)   ② ₩41,040(불리)   ③ ₩62,680(불리)

④ ₩86,680(불리)   ⑤ ₩95,040(불리)

10 회계사 2023

㈜대한은 단일제품을 생산 및 판매하고 있다. ㈜대한은 20×3년 초에 영업을 개시하였으며, 표준원가계산제도를 채택하고 있다. 표준은 연초에 수립되어 향후 1년 동안 그대로 유지된다. ㈜대한은 활동기준원가계산을 이용하여 변동제조간접원가예산을 설정한다. 변동제조간접원가는 전부 기계작업준비활동으로 인해 발생하는 원가이며, 원가동인은 기계작업준비시간이다. 기계작업준비활동과 관련하여 20×3년 초 설정한 연간 예산자료와 20×3년 말 수집한 실제결과는 다음과 같다.

구분	예산자료	실제결과
생산량(단위수)	600,000단위	500,000단위
뱃치규모(뱃치당 단위수)	250단위	400단위
뱃치당 기계작업준비시간	4시간	6시간
기계작업준비시간당 변동제조간접원가	₩?	₩55

㈜대한의 20×3년도 변동제조간접원가 소비차이가 ₩37,500(불리)일 경우, 변동제조간접원가 능률차이는 얼마인가?

① ₩12,500(불리) ② ₩12,500(유리) ③ ₩25,000(불리)

④ ₩25,000(유리) ⑤ ₩0(차이 없음)

11 관세사 2020

㈜관세는 기준조업도로 연 48,000시간의 직접노무시간을 적용하고 있다. 변동제조간접원가와 고정제조간접원가 연간 예산은 각각 ₩144,000과 ₩192,000이다. 제품 단위당 표준직접노무시간은 2시간이며, 예산차이는 ₩4,000(불리), 조업도차이는 ₩6,000(유리)으로 나타났다. 실제생산량은 몇 단위인가? (단, 재공품은 없다)

① 23,250단위 ② 23,400단위 ③ 23,800단위

④ 24,500단위 ⑤ 24,750단위

관리
회계

Part **2**

CHAPTER

10

원가의 추정

관   리   회   계

- 원가추정의 의의 및 가정을 이해한다.
- 원가추정의 방법을 이해한다.
- 학습곡선(비선형원가행태)을 이해한다.

본 장에서는 원가의 추정을 이해한다. 원가를 추정하는 이유는 관련범위 내에서 예상생산량에 따른 총원가를 미리 예측하기 위해서이다. 원가를 추정하는 방법으로 과거의 원가자료를 이용하지 않는 공학적 방법과 과거의 원가자료를 이용하는 계정분석법, 고저점법, 그리고 회귀분석법 등이 있다.

위의 원가추정방법은 관련범위 내에서 원가행태의 선형관계를 가정한다. 그러나 관련범위 내에서 원가행태의 선형관계를 가정하는 것이 타당하지 않다면 비선형원가함수 중 대표적인 학습곡선을 이용할 수 있다. 학습곡선은 특정작업을 반복적으로 할수록 제품을 생산하는 데 필요한 시간이 일정하게 감소하는 것을 가정하므로 단순한 작업보다는 복잡한 작업일수록 학습효과가 크게 나타난다. 이러한 내용을 포함하여 본 장을 통해서 각 원가추정의 방법을 알아보자.

1 원가의 추정

1.1 원가추정의 의의

원가추정(cost estimation)이란 원가행태를 함수관계로 나타내는 것이다. 2장에서 설명한 것처럼 원가는 원가행태에 따라 변동원가와 고정원가 등으로 나눌 수 있으며, 변동원가와 고정원가의 원가행태를 다음과 같은 함수로 나타낸다.

원가함수 : $Y = a + bX$

Y : 총원가 $\quad\quad\quad\quad$ a : 고정원가
b : 조업도단위당 변동원가 $\quad$ X : 조업도

1.2 원가추정의 가정

원가행태를 추정하는 데 다음과 같은 2가지 가정을 한다.

(1) 하나의 원가동인 가정

총원가의 변화는 단 하나의 원가동인(조업도)의 변화로 설명된다. 원가동인(cost driver)이란 총원가에 영향을 미치는 요소를 말하며, 원가동인의 변화는 관련된 원가대상의 총원가를 변화시킨다. 실제로 총원가에 영향을 미치는 요인에는 여러 가지가 있으나, 단 하나의 원가동인으로 총원가를 추정할 수 있다고 가정한다.

(2) 선형함수 가정

원가행태는 관련범위 내에서 선형함수로 나타낼 수 있다. 선형함수(linear function)란 〈그림 10-1〉에서 보는 바와 같이 관련범위 내에서 총원가와 원가동인(조업도)의 관계를 직선으로 가정하여 나타내는 함수를 말한다. 실제로 총원가와 원가동인(조업도)이 선형관계가 아니지만, 관련범위 내에서 이러한 관계를 가장 잘 나타내줄 수 있는 선형을 가정한다.

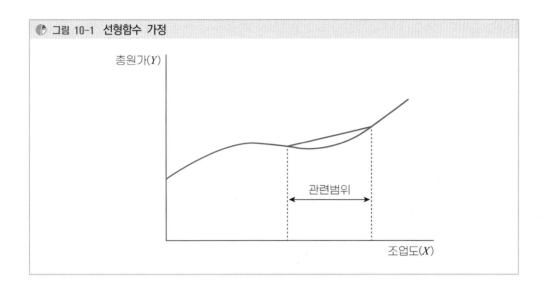

그림 10-1 선형함수 가정

2 원가추정의 방법

원가를 추정하는 방법으로 과거의 원가자료를 이용하지 않는 공학적 방법과 과거의 원가자료를 이용하는 계정분석법, 고저점법, 그리고 회귀분석법 등이 있다.

2.1 공학적 방법

공학적 방법(engineering method)은 원재료, 노동력 등 실물투입량을 근거로 원가행태를 계량적으로 분석하여 원가를 추정하는 방법이다. 예를 들면, 직접재료원가는 제품명세서나 제조지시서 등을 이용하여 추정한다. 직접노무원가는 생산공정에 대한 단계적 분석을 통해 각 단계별 노동시간 등을 이용하여 추정한다. 제조간접원가는 공장건물의 크기와 면적당 건축원가 등을 이용하여 추정한다.

공학적 방법으로 원가를 추정할 경우 장점은 생산공정을 단계별로 상세히 분석하므로 생산공정의 단계별 생산성을 검토하여 해당 생산공정의 구체적인 강점과 약점을 파악할 수 있다는 점이다. 또한 과거의 활동에 대한 자료를 필요로 하지 않으므로 과거의 원가자료를 이용할 수 없거나 과거와는 전혀 다른 활동에 대한 원가를 추정하는 데 이용할 수 있다는 장점이 있다.

그러나 공학적 방법의 단점은 원가추정의 정확성이 중요한 만큼 시간과 비용이 많이

든다는 점이다. 또한 공학적 추정치는 일반적으로 최적의 조건을 기준으로 계산되므로 **실제 작업조건이 최적의 상황에 미치지 못할 경우 실제원가를 정확하게 추정하지 못할 수도 있다.**

2.2 계정분석법

계정분석법(account analysis method)은 장부상 각 계정에 기록된 원가를 전문가적인 판단에 의하여 변동원가와 고정원가 등으로 분석하여 원가함수($Y = a + bX$)를 추정하는 방법이다. 여기서 a는 과거의 고정원가계정의 합으로 추정한다. 조업도단위당 변동원가인 b는 과거의 변동원가계정의 합을 과거의 조업도로 나누어 추정한다.

계정분석법으로 원가를 추정할 경우 장점은 **원가추정이 신속하게 이루어지므로 시간과 비용이 적게 든다는 점이다.** 또한 정확한 원가추정을 하기 전에 **개략적인 추정치를 얻고자 하는 경우에 유용하다.**

그러나 계정분석법의 단점은 주관적 판단이 개입되므로 변동원가와 고정원가를 서로 다르게 분류할 수 있으므로 **정확성과 신뢰성이 떨어진다는 점이다.**

다음 예 1을 통해 계정분석법에 의한 원가함수를 추정해 보자.

예 1	계정분석법에 의한 원가함수 추정

㈜관악은 20×1년 8월에 60,000단위의 제품 Z를 생산하였으며, 발생한 제조원가는 다음과 같다.

구 분	제품 Z
직접재료원가	₩250,000
직접노무원가	600,000
수선유지비	50,000
전력비	60,000
공장소모품비	90,000
감독자급여	120,000
감가상각비	330,000
화재보험료	150,000
합 계	₩1,650,000

제품 Z의 20×1년 8월의 제조원가자료를 변동원가와 고정원가로 구분하면 다음과 같다.

구 분	제품 Z	변동원가	고정원가
직접재료원가	₩250,000	₩250,000	
직접노무원가	600,000	600,000	
수선유지비	50,000	50,000	
전력비	60,000	60,000	
공장소모품비	90,000	90,000	
감독자급여	120,000		₩120,000
감가상각비	330,000		330,000
화재보험료	150,000		150,000
합 계	₩1,650,000	₩1,050,000	₩600,000

제품 Z의 단위당 변동원가를 계산하면 다음과 같다.

- 단위당 변동원가 $= \dfrac{₩1,050,000}{60,000단위} = ₩17.5$

따라서 원가함수는 다음과 같이 추정된다.

- $Y = 600,000 + 17.5X$

만약 20×1년 9월에 제품 Z를 65,000단위 생산하기로 예상한다면, 총원가는 다음과 같이 추정된다.

- ₩600,000 + ₩17.5 × 65,000단위 = ₩1,737,500

2.3 고저점법

고저점법(high-low method)은 최고조업도와 최저조업도 두 개의 관찰자료를 이용하여 원가함수를 추정하는 방법이다. 고저점법으로 원가를 추정할 경우 장점은 **최소한의 자료만으로 원가를 추정할 수** 있으며, 원가를 변동원가와 고정원가로 분류하는 데 **주관적인 판단에 의존하지 않기 때문에 객관적이다.**

그러나 고저점법의 단점은 최고조업도 또는 최저조업도가 정상적인 생산활동에서 나타난 것이 아니라면, 이를 통해 **추정한 원가함수는 나머지 관찰자료를 대표할 수 없다는**

점이다. 따라서 무조건 최고조업도 또는 최저조업도를 선택하기보다는 대표성을 판단하여 상·하로 두 번째나 세 번째에 위치한 조업도를 이용할 수도 있다.

관찰자료 (X, Y)가 그래프에 어떻게 분산되어 있는지를 보여주는 것을 **산포도**(scatter diagram)라고 한다. 다음 〈그림 10-2〉는 산포도와 고저점법에 의한 원가추정선을 나타낸다.

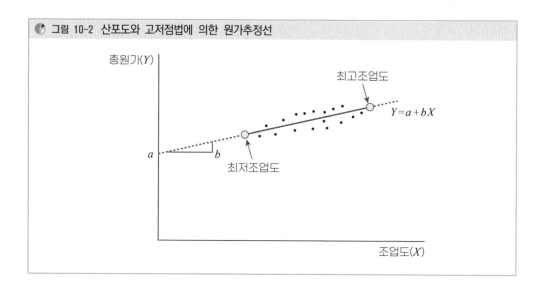

🌑 그림 10-2 산포도와 고저점법에 의한 원가추정선

고저점법에서는 최고조업도와 최저조업도의 고정원가가 동일하고 두 관찰자료에서 총원가의 차이는 변동원가의 차이에 의한 것이라고 가정한다. 이러한 가정하에 조업도단위당 변동원가(b)와 고정원가(a)를 다음과 같이 추정한다.

$$b = \frac{\text{최고조업도에서 총원가} - \text{최저조업도에서의 총원가}}{\text{최고조업도} - \text{최저조업도}}$$

$$a = \text{최고조업도에서의 총원가} - b \times \text{최고조업도}$$

$$(\text{또는 최저조업도에서의 총원가} - b \times \text{최저조업도})$$

a : 고정원가 b : 조업도단위당 변동원가

2.4 회귀분석법

회귀분석법(regression analysis method)이란 독립변수인 X에 따라 변하는 종속변수 Y와의 관계를 가장 적절히 나타내는 원가함수($Y=a+bX$)를 추정하는 방법이다. 여기서 a는 고정원가이고, b는 조업도단위당 변동원가이다. 추정된 원가함수를 통해 총원가 $\hat{Y}$을 추정할 수 있으며, 여기서 $\hat{Y}$은 추정된 총원가이다.

회귀분석법으로 원가를 추정할 경우 장점은 관찰자료를 모두 이용하므로 **추정오차가 작다**는 점이다. 또한 Excel이나 SPSS와 같은 통계프로그램을 통해 산출된 추가적인 통계량을 이용하여 **추정된 원가함수가 원가와 원가동인 간의 관계를 얼마나 잘 나타내는지 판단할 수 있다.**

그러나 회귀분석법의 단점은 **계산과정이 복잡하고** 다수의 관찰자료가 존재하는 경우 **수작업으로 진행하기 어렵다는 점**이다.

회귀분석법에서는 가장 일반적으로 **최소자승법**(least squares method)에 의해 원가함수를 추정한다. 최소자승법은 다음 〈그림 10-3〉과 같이 실제원가(Y)와 추정된 원가($\hat{Y}$)의 차이를 자승(제곱)한 값의 합계($\Sigma(Y-\hat{Y})^2$)를 최소화하는 방법이다.

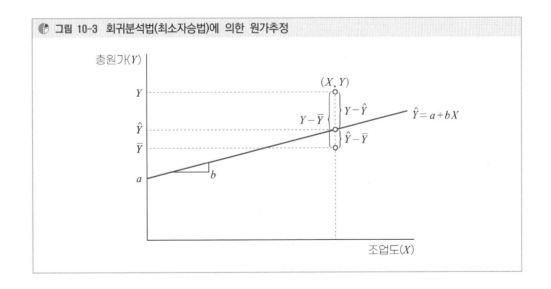

그림 10-3 회귀분석법(최소자승법)에 의한 원가추정

최소자승법에서 고정원가인 a와 조업도단위당 변동원가인 b는 다음과 같이 계산한다. $\hat{a}$와 $\hat{b}$의 도출과정은 본장의 보론에서 설명한다.

$$b = \frac{\sum X \sum Y - n \sum XY}{(\sum X)^2 - n \sum X^2} \ \text{또는} \ \frac{\sum (X - \overline{X})(Y - \overline{Y})}{\sum (X - \overline{X})^2}$$

$$a = \overline{Y} - b\overline{X}$$

Y : 실제원가　　　　　　$\overline{Y}$: Y의 평균값

X : 조업도　　　　　　　$\overline{X}$: X의 평균값

a : 고정원가　　　　　　b : 조업도단위당 변동원가

n : 관찰자료수

예제 1. 고저점법과 회귀분석법에 의한 원가추정

㈜광주바이오는 진단키트를 제조·판매하는 회사이다. 20×1년 1월부터 8월까지 월별 생산량과 제조원가는 다음과 같다.

월	생산량	제조원가
1월	21단위	₩3,800
2월	33	4,800
3월	56	6,200
4월	47	5,700
5월	38	4,900
6월	29	4,100
7월	65	8,200
8월	44	5,100

물음)

1. 8개월 동안의 자료를 이용하여 고저점법에 의한 원가함수를 추정하시오. 그리고 20×1년 9월 생산량을 52단위로 예상할 때 총원가를 추정하시오.

2. 8개월 동안의 자료를 이용하여 회귀분석법(최소자승법)에 의한 원가함수를 추정하시오. 그리고 20×1년 9월 생산량을 52단위로 예상할 때 총원가를 추정하시오.

[풀이]

1. 고저점법

   • 최고조업도: 7월, 최저조업도: 1월

   • $b = \dfrac{8,200 - 3,800}{65 - 21} = 100$

- $a = 8,200 - 100 \times 65 = 1,700$
- 원가함수는 $Y = 1,700 + 100X$로 추정할 수 있다.
- 9월 생산량이 52단위로 예상될 때 추정한 총원가는 ₩6,900($= ₩1,700 + 100 \times 52$)이다.

2. 회귀분석법(최소자승법)

- $b = \dfrac{134,250.0}{1,459.9} = 92$

- $a = 5,350 - 92 \times 41.6 = 1,523$

- 원가함수는 $Y = 1,523 + 92X$로 추정할 수 있다.

- 9월 생산량이 52단위로 예상될 때 추정한 총원가는 ₩6,307($= ₩1,523 + 92 \times 52$)이다.

월	X	Y	$X - \overline{X}$	$Y - \overline{Y}$	$(X - \overline{X})(Y - \overline{Y})$	$(X - \overline{X})^2$
1월	21	3,800	(20.6)	(1,550)	31,968.8	425.4
2월	33	4,800	(8.6)	(550)	4,743.8	74.4
3월	56	6,200	14.4	850	12,218.8	206.6
4월	47	5,700	5.4	350	1,881.3	28.9
5월	38	4,900	(3.6)	(450)	1,631.3	13.1
6월	29	4,100	(12.6)	(1,250)	15,781.3	159.4
7월	65	8,200	23.4	2,850	66,618.8	546.4
8월	44	5,100	2.4	(250)	(593.8)	5.6
합 계	333	42,800			134,250.0	1,459.9
평 균	41.6	5,350				

참고로 고저점법과 회귀분석법(최소자승법)에 의한 실제원가(Y)와 추정된 원가($\hat{Y}$)의 차이를 제곱한 값의 합계($\Sigma(Y - \hat{Y})^2$)를 계산하면 다음과 같다. 회귀분석법에 의한 추정오차를 제곱한 값의 합계가 고저점법보다 2,195,568($= 3,350,000 - 1,154,432$)만큼 작은 것을 알 수 있다.

월	Y	고저점법		회귀분석법	
		$Y - \overline{Y}$	$(Y - \overline{Y})^2$	$Y - \overline{Y}$	$(Y - \overline{Y})^2$
1월	3,800	3,800	0	3,455	119,025
2월	4,800	5,000	40,000	4,559	58,081
3월	6,200	7,300	1,210,000	6,675	225,625
4월	5,700	6,400	490,000	5,847	21,609
5월	4,900	5,500	360,000	5,019	14,161
6월	4,100	4,600	250,000	4,191	8,281
7월	8,200	8,200	0	7,503	485,809
8월	5,100	6,100	1,000,000	5,571	221,841
합 계	42,800	46,900	3,350,000	42,820	1,154,432

3 학습곡선(비선형원가행태)

지금까지 원가행태는 선형관계를 가정하였다. 그러나 관련범위 내에서 원가행태가 선형관계를 가정하는 것이 타당하지 않다면 비선형원가함수를 이용할 수 있다. 비선형원가함수 중 대표적인 학습곡선에 대해 알아보자.

3.1 학습곡선의 의의

학습은 특정작업을 반복함으로써 능률을 증가시킨다. 따라서 학습효과란 특정작업을 반복할수록 한 단위의 제품을 생산하는 데 필요한 시간이 일정한 규칙을 가지고 감소하는 것을 말한다. 이러한 학습효과를 반영하여 추정한 원가함수를 **학습곡선**(learning curve)이라고 한다.

학습효과는 주로 복잡한 작업일수록 크게 나타나는데, 학습효과로 인하여 제품 한 단위를 생산하는 데 필요한 시간이 감소하므로 직접노무원가와 직접노무원가를 기준으로 배부되는 변동제조간접원가에 영향을 미친다. 또한 경우에 따라서는 공손이 감소함으로써 재료비에도 영향을 미칠 수 있다.

다음 〈그림 10-4〉는 학습효과를 반영한 경우 누적생산량과 총원가 및 단위당 평균원가 간의 관계를 나타낸 것이다.

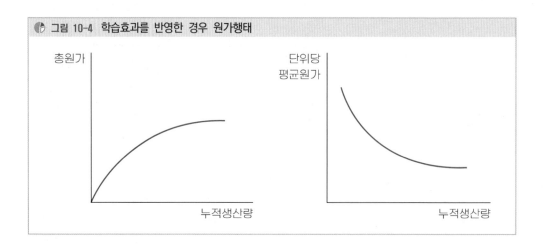

그림 10-4 학습효과를 반영한 경우 원가행태

3.2 학습곡선모형

학습곡선모형은 누적생산량이 두 배로 증가할 때마다 단위당 평균원가(또는 단위당 평균시간)가 일정한 비율로 감소하는 것을 나타내는 모형이며, 누적생산량과 단위당 평균원가(또는 단위당 평균시간) 간의 관계를 함수식으로 나타내면 다음과 같다.

$$Y = aX^{-b}$$

Y : 단위당 평균원가(단위당 평균시간)
X : 누적생산량
a : 첫 번째 단위 생산 원가(시간)
b : 학습지수(기울기)

학습지수(b)에 대해서 알아보면, 누적생산량이 X일 때 단위당 평균원가가 Y_1이고, 누적생산량이 두 배인 $2X$일 때 단위당 평균원가가 Y_2라고 하면 각각 다음의 관계가 성립한다.

$$Y_1 = aX^{-b}$$
$$Y_2 = a(2X)^{-b}$$

그리고 다음과 같이 Y_2를 Y_1으로 나누면 다음과 같이 2^{-b}가 산출되고, 이를 **학습률**(rate of learning)이라고 한다.

$$학습률 = \frac{Y_2}{Y_1} = \frac{a(2X)^{-b}}{aX^{-b}} = 2^{-b}$$

위의 식에서 양변에 log를 취하면 학습지수(b)와 학습률 간의 관계를 다음과 같이 정리할 수 있다.

$$b = -\log_2(학습률)$$

따라서 학습지수(b) 자체가 학습률은 아니지만 학습지수(b)와 학습률 간에는 일정한 관계가 있다는 것을 알 수 있다. 예를 들어, 첫 번째 단위 노동시간이 1,250시간이고 학습률이 80%인 경우 학습곡선을 추정해 보자. 우선 누적생산량과 각 누적생산량에 따른 단위당 평균노동시간은 다음 〈표 10-1〉과 같다.

☑ 표 10-1 학습률이 80%인 경우 단위당 평균노동시간

누적생산량(X)	단위당 평균노동시간(Y)	총누적시간(XY)
1	1,250	1,250
2	1,250×80%=1,000	2,000
4	1,000×80%=800	3,200
8	800×80%=640	5,120

학습률이 80%일 때 학습지수(b)는 다음과 같이 계산된다.

• $b = -\log_2 0.8 = 0.3219$

학습지수(b) 0.3219를 이용하면 다음 〈표 10-2〉와 같이 단위당 평균노동시간(Y)이 계산된다.

☑ 표 10-2 학습지수(b)가 0.3219인 경우 단위당 평균노동시간

누적생산량(X)	단위당 평균노동시간(Y)	총누적시간(XY)	증분노동시간
1	$1,250 \times 1^{-0.3219} = 1,250$	1,250	−
2	$1,250 \times 2^{-0.3219} = 1,000$	2,000	750
3	$1,250 \times 3^{-0.3219} = 878$	2,634	634
4	$1,250 \times 4^{-0.3219} = 800$	3,200	566
5	$1,250 \times 5^{-0.3219} = 745$	3,725	525
6	$1,250 \times 6^{-0.3219} = 702$	4,212	487
7	$1,250 \times 7^{-0.3219} = 668$	4,676	464
8	$1,250 \times 8^{-0.3219} = 640$	5,120	444

따라서 첫 번째 단위의 노동시간이 1,250시간이고 학습률이 80%인 경우 다음과 같은 함수식을 추정할 수 있으며, 이를 학습곡선으로 나타내면 다음 〈그림 10-5〉와 같다.

• $Y = 1,250 X^{-0.3219}$

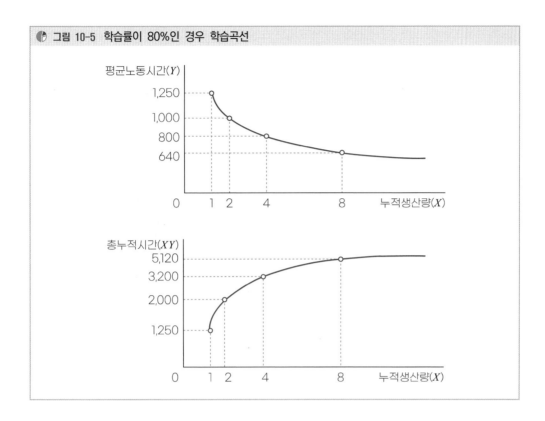

그림 10-5 학습률이 80%인 경우 학습곡선

예제 2. 학습곡선에 의한 원가추정

㈜울산중공업은 선박을 제조·판매하는 회사이다. 선박 제조에는 누적생산량 단위당 평균노동시간에 대해 학습곡선모형이 적용되고 있으며, 학습률은 80%이다. 첫 번째 단위 노동시간이 1,000시간이며, 지금까지 총 4단위를 생산하였다. 단, 학습률 80%의 학습지수(b)는 0.3219이다.

물음)

1. 학습곡선모형에 따른 함수식을 추정하시오.
2. 추가적으로 4단위를 더 생산할 때 소요되는 노동시간을 계산하시오.
3. 직접노무원가가 시간당 ₩500인 경우 추가적으로 생산한 4단위의 직접노무원가를 계산하시오.

[풀이]

1. 첫 번째 단위 노동시간이 1,000시간이고 학습률이 80%인 경우 함수식
   - $Y = 1,000X^{-0.3219}$

2. 추가적으로 4단위를 더 생산할 때 소요되는 노동시간

누적생산량(X)	단위당 평균노동시간(Y)	총누적시간(XY)	증분노동시간
1	1,000	1,000	
2	1,000×80%=800	1,600	
4	800×80%=640	2,560	
8	640×80%=512	4,096	1,536

따라서 추가적으로 4단위를 더 생산할 때 소요되는 노동시간은 1,536시간이다.

또는 (8단위×1,000×8$^{-0.3219}$)−(4단위×1,000×4$^{-0.3219}$)=1,536시간으로 구할 수도 있다.

3. 직접노무원가가 시간당 ₩500인 경우 추가적으로 4단위를 더 생산할 때 소요되는 직접노무
   원가
   • ₩500×1,536시간=₩768,000

보론 회귀분석

1 최소자승법

회귀분석법에서 가장 일반적으로 사용되는 최소자승법을 수식으로 나타내면 다음과 같다.

$$최소화 \sum (Y - \hat{Y})^2 = \sum (Y - (a + bX))^2$$

단, $\hat{Y} = a + bX$

Y : 실제원가 $\qquad$ $\hat{Y}$: 추정된 원가

a : 고정원가 $\qquad$ b : 조업도단위당 변동원가

X : 조업도

위의 식에서 값을 p로 하고, a와 b에 대하여 편미분하여 그 값을 0으로 하면 다음과 같이 나타낼 수 있다.

$$\frac{\partial p}{\partial a} = -2 \sum (Y - a - bX) = 0$$

$$\frac{\partial p}{\partial b} = -2 \sum X (Y - a - bX) = 0$$

위의 식을 정리하면 다음과 같다.

$$\sum Y = na + b \sum X$$

$$\sum XY = a \sum X + b \sum X^2$$

n : 관찰자료수

Y의 평균값을 $\overline{Y}$, X의 평균값을 $\overline{X}$라고 하면, 위의 식으로부터 a와 b의 값은 다음과 같이 정리된다.

$$b = \frac{\sum X \sum Y - n \sum XY}{(\sum X)^2 - n \sum X^2} \quad \text{또는} \quad \frac{\sum (X - \overline{X})(Y - \overline{Y})}{\sum (X - \overline{X})^2}$$

$$a = \overline{Y} - b\overline{X}$$

2 결정계수

결정계수(coefficient of determination)란 종속변수인 Y의 총변동 중에서 독립변수인 X에 의해 설명되는 변동분을 의미하며, R^2으로 표시한다. 결정계수(R^2)를 수식으로 나타내면 다음과 같다.

$$R^2 = \frac{SSR}{SST} = 1 - \frac{SSE}{SST} \ (0 \le R^2 \le 1)$$

R^2 : 결정계수 SST : 종속변수의 총변동
SSR : 독립변수에 의해 설명되는 변동분
SSE : 독립변수에 의해 설명되지 않는 변동분

종속변수 Y의 총변동(SST)을 독립변수 X에 의해 설명되는 부분(SSR)과 설명되지 않는 부분(SSE)으로 분해할 수 있으며, 다음 〈그림 10-6〉과 같이 나타낼 수 있다.

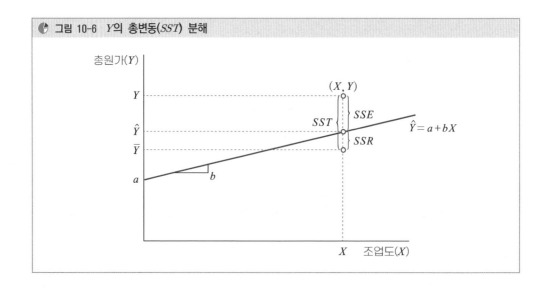

🍀 **그림 10-6** Y의 총변동(SST) 분해

즉, 종속변수 Y의 총변동(SST)을 독립변수 X에 의해 설명되는 부분(SSR)과 설명되지 않는 부분(SSE)으로 나누어 다음과 같은 수식으로 나타낼 수 있다.

$$SST = SSR + SSE$$
$$\sum(Y-\overline{Y})^2 = \sum(\hat{Y}-\overline{Y})^2 + \sum(Y-\hat{Y})^2$$

따라서 결정계수(R^2)를 최소자승법에서 독립변수의 회귀계수인 b를 이용해서 다음과 같이 정리할 수 있다.

$$R^2 = \frac{SSR}{SST} = \frac{b^2\sum(X-\overline{X})^2}{\sum(Y-\overline{Y})^2}$$
$$= \frac{[\sum(X-\overline{X})(Y-\overline{Y})]^2}{\sum(X-\overline{X})^2\sum(Y-\overline{Y})^2}$$

3 표준오차와 신뢰구간

종속변수인 Y와 독립변수인 X 간에 타당성, 즉 논리적인 관계를 확인하기 위해서는 회귀분석의 결과에서 독립변수의 회귀계수인 b가 0이 아닌지를 판단하여야 한다. 이때 통계적인 유의성 수준인 t값을 사용한다. t값은 다음과 같이 회귀계수인 b를 표준오차로 나눈 값이다.

$$t = \frac{b}{SE}$$

t : 통계적인 유의성 수준　　　b : 독립변수(X)의 회귀계수
SE : 회귀계수 b의 표준오차

이때 **표준오차**(standard error)란 확률오차의 표준적인 크기를 말하며, 다음과 같이 잔차의 표준편차($\sqrt{SSE/(n-k)}$)를 독립변수인 X의 편차제곱합의 제곱근($\sqrt{\sum(X-\overline{X})^2}$)으로 나눈 값이다.

$$SE = \frac{\sqrt{SSE/(n-k)}}{\sqrt{\sum(X-\overline{X})^2}}$$

$$= \frac{\sqrt{(Y-\widehat{Y})/(n-k)}}{\sqrt{\sum(X-\overline{X})^2}}$$

SE : 표준오차 n : 관측자료수
k : 상수를 포함한 변수 개수

마지막으로 **신뢰구간**(confidence interval)이란 회귀분석의 결과에서 독립변수의 회귀계수인 b가 속할 것으로 확신할 수 있는 범위를 말하며, 다음과 같이 계산한다.

$$CI = b \pm t' \times SE$$

CI : 신뢰구간
t' : 자유도와 신뢰구간에 따른 t값

예제 3. 결정계수, 표준오차 및 신뢰구간

㈜광주바이오는 진단키트를 제조·판매하는 회사이다. 20×1년 1월부터 8월까지 월별 생산량과 제조원가는 다음과 같다.

월	생산량	제조원가
1월	21단위	₩3,800
2월	33	4,800
3월	56	6,200
4월	47	5,700
5월	38	4,900
6월	29	4,100
7월	65	8,200
8월	44	5,100

물음)

8개월 동안의 자료를 이용하여 회귀분석법(최소자승법)에 의해 추정된 원가함수의 결정계수(R^2) 및 회귀계수 b의 표준오차(SE)와 t값 및 95% 신뢰구간(CI)을 계산하시오.

[풀이]

- 결정계수($R^2 = \dfrac{[\sum(X-\overline{X})(Y-\overline{Y})]^2}{\sum(X-\overline{X})^2\sum(Y-\overline{Y})^2}$)

$$R^2 = \dfrac{18{,}023{,}062{,}500}{19{,}708{,}312{,}500} = 0.914$$

월 별	$(X-\overline{X})$	$(Y-\overline{Y})$	$(X-\overline{X})(Y-\overline{Y})$	$[\sum(X-\overline{X})(Y-\overline{Y})]^2$
1월	(20.6)	(1,550)	31,968.8	
2월	(8.6)	(550)	4,743.8	
3월	14.4	850	12,218.8	
4월	5.4	350	1,881.3	
5월	(3.6)	(450)	1,631.3	
6월	(12.6)	(1,250)	15,781.3	
7월	23.4	2,850	66,618.8	
8월	2.4	(250)	(593.8)	
합 계			134,250.0	18,023,062,500

월 별	$(X-\overline{X})^2$	$(Y-\overline{Y})^2$	$\sum(X-\overline{X})^2\sum(Y-\overline{Y})^2$
1월	425.4	2,402,500	
2월	74.4	302,500	
3월	206.6	722,500	
4월	28.9	122,500	
5월	13.1	202,500	
6월	159.4	1,562,500	
7월	546.4	8,122,500	
8월	5.6	62,500	
합 계	1,459.9	13,500,000	19,708,312,500

- 회귀계수 b의 표준오차($SE = \dfrac{\sqrt{(Y-\widehat{Y})/(n-k)}}{\sqrt{\sum(X-\overline{X})^2}}$)

$$SE = \dfrac{\sqrt{1{,}154{,}432/(8-2)}}{\sqrt{1{,}459.9}} = 11.5$$

월 별	$(Y-\hat{Y})^2$	$(X-\overline{X})^2$
1월	119,025	425.4
2월	58,081	74.4
3월	225,625	206.6
4월	21,609	28.9
5월	14,161	13.1
6월	8,281	159.4
7월	485,809	546.4
8월	221,841	5.6
합 계	1,154,432	1,459.9

- 회귀계수 b의 t값($t = \dfrac{b}{SE}$)

  회귀계수 b는 예제 1을 통해서 92로 계산하였다.

  $t = \dfrac{92}{11.5} = 8$

- 회귀계수 b의 95% 신뢰구간($CI = b \pm t' \times SE$)

  자유도[1]가 6인 경우 95% 신뢰구간의 t값은 2.447이다.

  $CI = 92 \pm 2.447 \times 11.5 = [63.86,\ 120.14]$

  따라서 회귀계수 b가 63.86과 120.14 사이에 있다는 것을 95% 확신할 수 있으며, 이를 다음 〈그림 10-7〉과 같이 나타낼 수 있다.

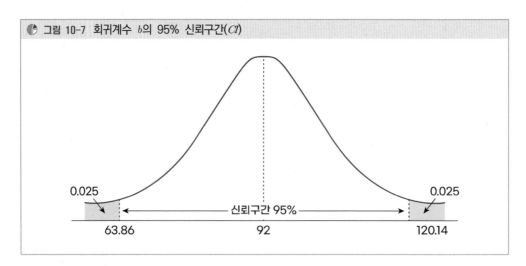

그림 10-7 회귀계수 b의 95% 신뢰구간(CI)

0.025   0.025
신뢰구간 95%
63.86   92   120.14

---

1 자유도(degree of freedom)란 주어진 조건하에서 자유롭게 변화할 수 있는 변수의 수를 말하며, $(n-k)$이다.

"팀워크 좋을수록 학습효과·생산성 오르고 기업 이익률도 높아져"

삼성전자와 HP 등 정보통신 업계의 거인들도 생산성을 향상하는 데 많은 어려움을 겪는 것을 보노라면 새삼스럽게 조직 차원의 노하우 전수와 경험의 공유가 얼마나 중요한지 절감하게 된다. 어떤 조직이 수많은 실수로부터 배우고 또 프로세스를 향상하는지 측정하는 가장 쉬운 방법은 바로 '학습곡선'을 측정하는 것이다. 여기서 '학습곡선'이란, 같은 작업을 여러 번 반복하는 동안 작업의 효율이 개선되는 과정을 측정한 것이다.

아래의 그래프는 '학습곡선'인데, 경험이 축적됨에 따라 생산성이 개선되는 것을 확인할 수 있다. 물론 기업마다 학습곡선의 모양은 다를 수 있다. 이 그래프를 보면 경험이 축적됨에 따라 생산성 향상 속도가 점차 느려지지만, 조직에 따라서는 일정한 속도로 생산성이 향상될 수도 있다.

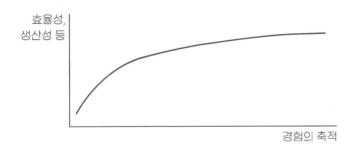

이 대목에서 한 가지 의문이 제기된다. 정말 학습곡선이 존재하기는 할까? 또 어떻게 해야 학습곡선을 탈 수 있을까? 매사추세츠공과대학(MIT)의 레이 레이건스 교수 등은 외과수술을 분석 대상으로 삼아 학습곡선이 실제 존재하는지, 더 나아가 어떻게 해야 습득되는지 분석했다. 레이건스 교수는 정형외과에서 시행하는 팔꿈치와 골반 관절의 교체 수술에 주목했다.

(연구대상) 병원의 정형외과는 규모가 커서 여러 수술팀이 같은 종류의 수술을 시행하고 있었다. 병원의 데이터를 수집하여 분석한 레이건스 교수는 수술 방법의 편차가 크지 않은 관절 교체 수술에서도 수술팀에 따라 소요시간에 큰 차이가 난다는 사실을 알았다. 데이터에 따르면, 전체 수술팀의 평균 소요시간은 2.6시간이었는데, 가장 빠른 팀은 불과 28분밖에 걸리지 않았지만 가장 느린 팀은 무려 11.5시간이나 걸렸다. 레이건스 교수는 수술팀 간에 나타난 수술 소요시간의 차이가 '경험을 통한 학습'과 관련이 있을 것이라고 생각했다. 동일한 수술에 이렇게 시간 차이가 나는 원인은 어디에 있을까? 이에 레이건스 교수는 과거 이 병원에서 시행한 관절 교체 수술 데이터 1,151건을 입수해 분석한 결과 크게 다음의 세 가지 사실을 발견했다.

(발견 1) 구성원의 교체 없이 수술을 반복할수록 해당 팀의 수술 시간은 단축된다. 동일한 구성원이 10회의 수술을 경험할 때마다 수술시간은 약 10분 단축된다. 즉 '팀 차원의 학습곡선'은 존재한다.

(발견 2) '병원 차원의 학습곡선'도 확인되었다. 병원의 모든 수술팀이 100회의 수술을 경험할 때마다 수술팀 전체 평균 수술 시간이 34분 단축되었다. 수술 경험이 늘어날수록 병원 차원의 노하우가 축적되어

각 수술팀에 학습효과를 가져다준다.

(발견 3) 수술팀 구성원 개개인의 경험이 팀의 퍼포먼스에 미치는 영향은 복합적이다. 먼저 구성원 개인이 축적한 수술 경험이 어중간한 경우에는 오히려 소속팀의 수술시간을 늘리는 결과를 가져왔다.

이상의 결과는 팀을 어떻게 구성하는지에 따라, 더 나아가 팀원의 협력관계에 따라 생산성이 크게 달라질 수 있음을 시사한다.

병원뿐만 아니라 기업도 마찬가지다. 캘리포니아대학 로스앤젤레스 캠퍼스의 마빈 리버만 교수 등은 미국의 제조업체 5만 5,000개를 대상으로 학습곡선을 측정한 결과, 다음의 결과를 도출했다.

(발견 1) 미국은 모든 산업에서 기업의 학습곡선이 나타난다.

(발견 2) 학습효과가 높은 기업은 이익률도 높은 경향이 있다.

(발견 3) 산업에 따라 학습효과의 차이가 크다. 산업별로는 컴퓨터, 의약품, 정유산업 등이 가장 학습효과가 컸으며, 반대로 학습효과가 가장 낮은 산업은 가죽, 섬유, 제지산업 등이었다.

이상과 같은 연구의 결과는 두 가지의 시사점을 제시한다. 첫째, 팀을 어떻게 구성하느냐에 따라 학습효과를 극대화할 수 있다. 예를 들어 팀원들에 비해 수준이 크게 차이 나는 사람이 있으면, 그 팀의 성과는 오히려 더 낮아질 수도 있다. 따라서 회사마다 처한 상황에 따라 다양한 조직 문화를 육성할 필요가 있으며, 특히 학습곡선의 기울기가 가파른 혁신적인 산업일수록 팀워크의 형성을 장려하고 직원들의 근속기간을 늘리는 방향으로 대응하는 게 바람직하다.

둘째, 산업별로 학습곡선의 형태는 다르다. 국가경제 차원에서 정보통신 혹은 바이오 산업을 육성해야 하는 이유가 여기에 있는데, 산업의 구조가 학습곡선의 기울기가 완만한 전통산업에 편중되어 있을 경우에는 이 나라의 성장이 느릴 가능성이 높기 때문이다. 따라서 정보통신이나 바이오 등 학습곡선의 기울기가 가파른 산업을 적극 육성하는 등의 산업정책이 시행되어야 할 것이다.

한국은 이런 면에서 볼 때 꽤 긍정적인 평가를 받을 수 있다. 주요 기업들의 조직 구조가 장기간의 근속을 유도하는 방향으로 되어있을 뿐만 아니라 정보통신 등 학습곡선의 기울기가 가파른 산업들의 비중도 높기 때문이다. 물론 정규직 위주의 고용구조로 인해 경기변동에 유연하게 대응하기 어렵고, 특히 정규직/비정규직 임금격차가 크게 확대되는 등 불평등 문제가 부각되는 것 또한 사실이다.

다만 이런 문제가 한국경제의 '강점'과 밀접하게 연관되어 있다는 점도 함께 고려할 필요가 있을 것이다. 노동시장의 문제점을 해결하려다 학습곡선의 기울기를 가파르게 만든 핵심 역량을 자칫하면 잃어버릴 수도 있기 때문이다. 그래서 사회과학이 어렵고 또 개혁이 어려운 것 아니겠는가.

(비즈한국 2018년 2월 20일)

Talk about

✓ 컴퓨터, 의약품, 정유산업 등에서 학습효과가 높고, 반대로 가죽, 섬유, 제지산업 등에서 학습효과가 낮은 이유가 무엇이라고 생각하는가? 어떻게 하면 기업에서 학습효과를 높일 수 있겠는가?

"전기차 업체 '배터리 더 싸게 만들라' 사활 건 경쟁"

배터리는 전기차에서 가장 비싼 부품이다. 중형 세단 배터리 평균 가격은 1만 5,000달러다. 전기차의 고가 배터리가 가격경쟁력을 떨어뜨린다. 판매는 늘었지만 전기차 대중화는 충분하지 않았고 높은 가격은 여전히 전기차 인기를 가로막는 주요 요인이다. 전기차 가격은 동일 차량등급 기존 트럭 및 자동차 가격보다 여전히 약 1만 달러 높다. 따라서 전기차 가격 인하는 배터리 가격을 최대한 낮추는 방법을 찾는 것이다. 전기차의 생산량 확대와 기술 개선은 배터리 가격을 낮추기 위한 경쟁이다.

생산량 증가 측면에서 라이트(Wright)의 법칙(학습곡선 효과)에 따르면 생산량이 2배가 되면 배터리 생산비용이 28% 감소한다(리튬 이온 배터리). 라이트 법칙은 지금까지 배터리 비용 하락을 정확히 예측했다. 따라서 정부는 배터리 공장 투자에 돈을 아끼지 않고, 테슬라 같은 전기차 선두기업은 배터리 회사 구매에 막대한 투자를 하고 있다.

유럽은 세계 2위 배터리 생산국이 되기 위해 '배터리동맹(Battery Alliance)' 프로젝트를 시작했다. 미국 자동차 제조사들은 세계 리튬 이온 배터리의 70% 이상을 생산하는 중국 공급 의존도를 줄이기 위해 공급망 확장에 수백억 달러를 투자하고 있다. 예를 들어, 테슬라는 2016년 태양 에너지 회사 솔라시티(26억 달러) 및 2019년 맥스웰 배터리 회사(2억 1,800만 달러)를 인수했고, 호주에서 배터리 소재 리튬 광석을 구입하기 위해 연간 8억 달러를 지출하거나 세계 니켈 매장량(배터리 산업의 금속)의 23%를 보유한 인니에 배터리 공장을 건설한다.

제한된 자원을 가진 회사는 배터리 제조회사와 협력 및 합작투자를 확대하고 있다. 베트남 전기차 제조업체 빈패스트(VinFast)는 대만 전고체 배터리 제조회사 프로로지움(ProLogium)과 협력해 베트남에서 전기차 배터리를 생산한다. 일본에서 도요타는 파나소닉과 협력, 10분 만에 충전할 수 있고 500km를 주행할 수 있는 전고체 배터리가 장착된 전기차를 판매하는 최초의 자동차 제조업체가 되겠다는 계획을 발표했다.

배터리 외에도 공급망, 조립 라인, 차량 제품 연구 및 개발 프로세스도 전기차 가격을 기존 자동차보다 높게 만드는 요인이다. 전기차의 생산 규모가 여전히 기존 자동차에 비해 훨씬 작기 때문이다. 내연 자동차의 경우 이미 공급망이 5개 대륙에 걸쳐 있고 제품 연구 개발 비용 또는 조립 라인이 오랫동안 투자, 연구 및 개발되었기 때문에 이를 새로운 전기차에는 활용한다면 규모의 경제, 저렴한 비용과 가격 등 이점이 있다. 소규모 전기차 제조기업의 경우 비용이 더 많이 들고 자동차의 가격도 높아진다.

전기차 가격은 최근 몇 년간 하락했지만 여전히 휘발유나 디젤차보다 높다. 평균 배터리 가격이 100달러/kwh에 가까워지는 2023년이 되어서야 전기 자동차의 가격이 내연차의 가격과 동등해질 것이다.

(글로벌이코노믹 2021년 12월 27일)

Talk about

✓ 기사에 따르면 중형 세단의 평균 배터리 가격이 1만 5,000달러이고, 전기차 가격이 기존 동급 자동차보다 평균 1만 달러가 높다. 그리고 리튬 이온 배터리 기준으로 생산량이 2배가 되면 배터리 생산비용이 28% 감소한다면(학습률 72%), 배터리를 얼마나 더 누적생산해야 전기차 가격과 동급 자동차 가격이 동일해지는가? 단, 전기차 가격이 리튬 이온 배터리 생산비용의 학습률에 따라 동일하게 감소한다고 가정한다.

객관식 문제

01 세무사 2009

다음 중 원가추정방법에 관한 설명으로 옳지 않은 것은?

① 회귀분석법은 결정계수(R^2)가 1에 가까울수록 만족스러운 추정을 달성한다.
② 고저점법은 원가자료 중 가장 큰 원가수치의 자료와 가장 작은 원가수치의 자료를 사용하여 추정하는 방법으로 두 원가수치의 차이는 고정비라고 가정한다.
③ 계정분석법을 사용하면 각 계정을 변동원가와 고정원가로 구분하는 데 자의성이 개입될 수 있다.
④ 산업공학분석법(또는 공학분석법)은 간접비 추정에 어려움이 있다.
⑤ 산업공학분석법(또는 공학분석법)은 과거자료 없이 미래원가를 추정하는 데 사용된다.

02 재경관리사 2018

다음은 원가 추정방법에 관한 설명이다. ㄱ과 ㄴ에 해당하는 용어를 순서대로 옳게 연결한 것은?

> ㄱ. 과거의 원가계정들을 전문적인 판단에 의하여 변동원가와 고정원가로 분류하여 단위당 변동원가와 총고정원가를 추정하는 방법
> ㄴ. 과거의 원가자료 중 최고조업도와 최저조업도의 원가자료를 사용하여 원가를 추정하는 방법

① 고저점법 – 회귀분석법
② 회귀분석법 – 고저점법
③ 공학분석법 – 학습곡선법
④ 계정분석법 – 고저점법
⑤ 계정분석법 – 회귀분석법

03 감정평가사 2017

㈜감평의 최근 6개월간 A제품 생산량 및 총원가 자료이다.

월	생산량(단위)	총원가
1	110,000	₩10,000,000
2	50,000	7,000,000
3	150,000	11,000,000
4	70,000	7,500,000
5	90,000	8,500,000
6	80,000	8,000,000

원가추정은 고저점법(high-low method)을 이용한다. 7월에 A제품 100,000단위를 생산하여 75,000단위를 단위당 ₩100에 판매할 경우, 7월의 전부원가계산에 의한 추정 영업이익은? (단, 7월에 A제품의 기말제품 이외에는 재고자산이 없다)

① ₩362,500   ② ₩416,000   ③ ₩560,000
④ ₩652,500   ⑤ ₩750,000

※ 다음 자료를 이용하여 4번과 5번에 답하시오.

(1) 다음은 단일제품 A를 생산하는 ㈜대한의 20×1년도 생산 및 제조에 대한 자료이다.

구분	생산량(개)	제조원가
1월	1,050	₩840,000
2월	1,520	1,160,000
3월	1,380	983,000
4월	2,130	1,427,600
5월	1,400	1,030,000
6월	1,730	1,208,000
7월	1,020	850,400
8월	1,800	1,282,300
9월	1,640	(중략)
10월	1,970	(중략)
11월	1,650	1,137,400
12월	1,420	1,021,800

(2) ㈜대한의 회계담당자는 향후 생산량에 따른 원가를 예측하고, 변동원가계산서 작성에 필요한 자료를 얻기 위해 중략된 자료를 포함한 위 자료를 이용하여 원가모형을 추정하였다. ㈜대한의 회계담당자가 회귀분석을 통해 추정한 원가모형은 다음과 같다.

> - 원가추정모형: $Y = a + b \times X$
> - $Y =$ 제조원가(₩)
> - $a = 296,000(t - value: 3.00,$ 유의도 0.01 이하)
> - $b = 526(t - value: 4.00,$ 유의도 0.01 이하)
> - $X =$ 생산량(개)
> - R^2(결정계수) $= 0.96$

04 회계사 2020

위 자료를 바탕으로 다음 설명 중 가장 옳은 것은?

① R^2는 추정된 회귀분석의 설명력을 나타내는 것으로 1보다 클수록 높은 설명력을 가진다.
② 회귀분석을 통해 추정한 계수값인 a와 b의 유의도와 $t - value$가 낮아 분석결과 값을 신뢰할 수 없다.
③ 제품 A의 단위당 판매액이 ₩700이고 단위당 변동판매관리비가 ₩10일 때 제품 A에 대한 단위당 공헌이익은 ₩26이다.
④ 제품 A를 2,000개 생산한다면 회귀분석을 통해 추정한 제조원가는 ₩1,348,000이다.
⑤ 9월과 10월의 중략된 제조원가자료를 사용하면 고저점법을 통해 더 정확한 원가를 추정할 수 있다.

05 회계사 2020

위 자료를 바탕으로 ㈜대한의 회귀분석으로 추정한 제조원가와 고저점법으로 추정한 제조원가가 같아지는 생산량은 얼마인가?

① 1,000개   ② 1,500개   ③ 2,000개
④ 3,000개   ⑤ 4,000개

06 세무사 2017

㈜세무의 지난 6개월간 기계가동시간과 기계수선비에 대한 자료는 다음과 같다. ㈜세무가 고저점법을 사용하여 7월의 기계수선비를 ₩2,019,800으로 추정하였다면, 예상 기계가동시간은? (단, 기계수선비의 원가동인은 기계가동시간이다)

월	기계가동시간	기계수선비
1	3,410	₩2,241,000
2	2,430	1,741,000
3	3,150	1,827,000
4	3,630	2,149,000
5	2,800	2,192,500
6	2,480	1,870,000

① 2,800시간   ② 3,140시간   ③ 3,250시간
④ 3,500시간   ⑤ 3,720시간

07 관세사 2023

㈜관세의 제조간접원가는 외주가공비, 감가상각비, 기타제조원가로 구성된다. 생산량이 1,000단위와 2,000단위일 때 각각의 제조간접원가 및 추정된 원가함수는 다음과 같다.

구분	원가행태	생산량	
		1,000단위	2,000단위
외주가공비	변동원가	?	₩10,000
감가상각비	고정원가	₩2,000	?
기타제조간접비	혼합원가	?	?
제조간접원가	혼합원가	?	?
고저점법을 이용하여 추정한 원가함수		제조간접원가＝₩9×생산량＋₩5,000	

㈜관세의 생산량이 3,000단위일 때 예상되는 기타제조원가 총액은?

① ₩15,000   ② ₩15,500   ③ ₩16,000
④ ₩17,000   ⑤ ₩17,500

08 세무사 2022

㈜세무는 최근에 신제품을 개발하여 처음으로 10단위를 생산했으며, 추가로 10단위를 생산하는데 필요한 직접노무시간은 처음 10단위 생산에 소요된 직접노무시간의 60%인 것으로 나타났다. ㈜세무의 신제품 생산에 누적평균시간 학습모형이 적용된다면 학습률은?

① 60%   ② 65%   ③ 80%
④ 85%   ⑤ 90%

09 세무사 2021

올해 창업한 ㈜세무는 처음으로 A광역시로부터 도로청소 특수차량 4대의 주문을 받았다. 이 차량은 주로 수작업을 통해 제작되며, 소요될 원가자료는 다음과 같다.

- 1대당 직접재료원가 : ₩85,000
- 첫 번째 차량 생산 직접노무시간 : 100시간
- 직접노무원가 : 직접노무시간당 ₩1,000
- 제조간접원가 : 직접노무시간당 ₩500

위의 자료를 바탕으로 계산된 특수차량 4대에 대한 총제조원가는? (단, 직접노무시간은 80% 누적평균시간학습모형을 고려하여 계산한다)

① ₩542,000   ② ₩624,000   ③ ₩682,000
④ ₩724,000   ⑤ ₩802,000

10 회계사 2018

㈜대한은 A형-학습모형(누적평균시간 모형)이 적용되는 '제품X'를 개발하고, 최초 4단위를
생산하여 국내 거래처에 모두 판매하였다. 이후 외국의 신규 거래처로부터 제품X의 성능이
대폭 개선된 '제품X-plus'를 4단위 공급해 달라는 주문을 받았다. 제품X-plus를 생산하기
위해서는 설계를 변경하고 새로운 작업자를 고용해야 한다. 또한 제품X-plus의 생산에는
B형-학습모형(증분단위시간 모형)이 적용되는 것으로 분석되었다.

누적생산량	A형-학습모형이 적용될 경우 누적평균 노무시간	B형-학습모형이 적용될 경우 증분단위 노무시간
1	120.00	120.00
2	102.00	108.00
3	92.75	101.52
4	86.70	97.20
5	82.28	93.96
6	78.83	91.39
7	76.03	89.27
8	73.69	87.48

㈜대한이 제품X-plus 4단위를 생산한다면, 제품X 4단위를 추가로 생산하는 경우와 비교하
여 총노무시간은 얼마나 증가(또는 감소)하는가?

① 102.00시간 감소 ② 146.08시간 증가 ③ 184.00시간 증가

④ 248.60시간 증가 ⑤ 388.80시간 감소

11 관세사 2015

㈜관세가 신제품 P-1 첫 번째 단위를 생산하는 데 소요된 직접노무시간은 90시간이며, 두 번째 단위를 생산하는 데 소요된 직접노무시간은 54시간이다. 이 신제품 P-1의 생산과 관련된 원가자료는 다음과 같다.

구분	금액
제품 단위당 직접재료원가	₩500
직접노무시간당 임률	₩10
변동제조간접원가(직접노무시간에 비례하여 발생)	직접노무시간당 ₩2.5
고정제조간접원가 배부액	₩2,500

직접노무시간이 누적평균시간 학습모형을 따르는 경우, 신제품 P-1의 최초로 생산된 4단위의 총제조원가는 얼마인가?

① ₩4,880　　　　② ₩5,880　　　　③ ₩6,880

④ ₩7,380　　　　⑤ ₩8,880

12 감정평가사 2023

㈜감평은 제품 생산에 필요한 부품 400단위를 매년 외부에서 단위당 ₩1,000에 구입하였다. 그러나 최근 외부구입가격 인상이 예상됨에 따라 해당 부품을 자가제조하는 방안을 검토하고 있다. 다음은 ㈜감평이 부품 100단위를 자가제조할 경우의 예상제조원가 자료이다.

구 분	부품 100단위당 금액
직접재료원가	₩25,000
직접노무원가	30,000(₩100/직접노무시간)
변동제조간접원가	20,000(직접노무원가의 2/3)
고정제조간접원가	100,000(전액 유휴생산설비 감가상각비)

㈜감평은 현재 보유하고 있는 유휴생산설비를 이용하여 매년 필요로 하는 부품 400단위를 충분히 자가제조할 수 있는 것으로 예상하고 있으며, 부품은 한 묶음의 크기를 100단위로 하는 묶음생산방식으로 생산할 예정이다. 해당 부품을 자가제조하는 경우, 직접노무시간이 학습률 90%의 누적평균시간 학습모형을 따를 것으로 추정된다. ㈜감평이 부품 400단위를 자가제조할 경우, 단위당 제조원가는?

① ₩655　　　　② ₩712　　　　③ ₩750

④ ₩905　　　　⑤ ₩1,000

13 회계사 2012

사업개시 후 2년간의 20×1년과 20×2년의 손익자료는 다음과 같다.

구분	20×1년	20×2년
매출액	₩1,000,000	₩3,000,000
직접재료원가	400,000	1,200,000
직접노무원가	100,000	224,000
제조간접원가	200,000	500,000
판매관리비	150,000	150,000
영업이익	₩150,000	₩926,000

20×1년부터 20×3년까지의 단위당 판매가격, 시간당 임률, 단위당 변동제조간접원가, 총고정제조간접원가, 총판매관리비는 일정하다. 직접노무시간에는 누적평균시간 학습모형이 적용된다. 매년 기초 및 기말 재고는 없다. 20×3년의 예상매출액이 ₩4,000,000이라면 예상영업이익은 얼마인가?

① ₩1,327,700
② ₩1,340,800
③ ₩1,350,300
④ ₩1,387,700
⑤ ₩1,398,900

MEMO

원가 · 조업도 · 이익분석

- CVP분석의 의의 및 가정을 이해한다.
- 손익분기점을 활용한 다양한 분석을 이해한다.
- 확장된 CVP분석을 이해한다.

본 장에서는 CVP분석을 이해한다. CVP분석은 가격, 원가 및 조업도와 이익과의 관계를 체계적으로 분석하는 것이다. CVP분석의 핵심은 손익분기점을 계산하는 것이다. 손익분기점은 수익에서 비용을 차감한 이익이 영(0)인 상황에서의 판매량 또는 매출액을 의미하며, 손익분기점을 이용하여 목표이익, 안전한계, 영업레버리지 등 다양한 CVP분석을 할 수 있다.

더 나아가서 경영자가 영업이익보다 현금흐름에 대한 정보를 가지고 의사결정을 해야 한다면 현금흐름분기점을 계산하여 이용할 수 있다. 그리고 법인세를 고려한 CVP분석, 계단원가행태에서의 CVP분석, 복수의 제품을 제조·판매하는 경우 CVP분석 등 CVP분석을 확장해서 활용할 수 있다. 이러한 내용을 포함하여 본 장을 통해서 다양한 CVP분석방법을 알아보자.

1 원가 · 조업도 · 이익분석(CVP분석)

1.1 CVP분석의 의의

경영자들은 어떤 제품을 얼마나 생산할지, 얼마에 판매할지, 원가구조를 어떻게 구성할지 등을 결정해야 한다. 이러한 의사결정을 할 때 가격, 원가 및 조업도와 이익과의 관계를 체계적으로 분석해야 하며, 이를 **원가 · 조업도 · 이익분석**(cost－volume－profit analysis: CVP분석)이라고 한다.

CVP분석은 단기적 의사결정에 활용되는데, 단기적으로 가격, 원가 및 조업도의 변화에 따라 이익이 어떻게 달라지는가를 분석하기 때문이다. CVP분석은 다음과 같은 단기적 의사결정에 주로 활용된다.

① 몇 단위를 판매해야 손익분기점인가?
② 몇 단위를 판매해야 목표이익을 달성할 수 있는가?
③ 현재 판매량이 손익분기점까지 얼마나 여유가 있는가?
④ 현재 원가구조에서 영업레버리지는 어느 수준인가?

1.2 CVP분석의 가정

CVP분석을 단순화하기 위해서 일반적으로 다음과 같은 가정이 필요하다.

(1) 선형성

수익과 원가는 조업도와 **선형관계를 가정**한다. 즉, 수익과 변동원가는 조업도에 따라 비례적으로 변하고, 고정원가는 조업도와 관계없이 일정하다고 가정한다. 선형성 가정은 단기적으로 조업도의 변화가 크지 않을 때 타당한데, 대부분의 고정원가는 단기적으로 일정하기 때문이다.

(2) 관련범위

수익 및 원가와 조업도 간에 적절한 선형관계를 가정하기 위해서는 **관련범위를 결정하는 것이 중요**하다. 다음 〈그림 11－1〉과 같이 실제로는 총수익 및 총원가와 조업도 간에 비선형관계이고, 관련범위를 어디서부터 어디까지로 정하느냐에 따라 서로 다른 선형 관계가 추정되기 때문이다.

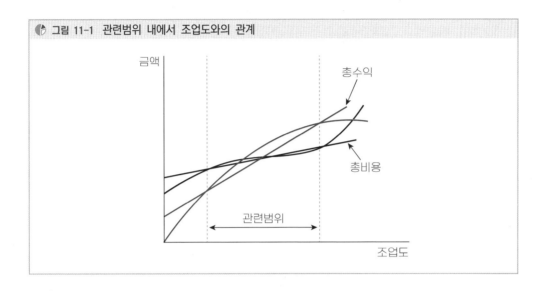

그림 11-1 관련범위 내에서 조업도와의 관계

(3) 생산량과 판매량의 일치

CVP분석에서는 **생산량과 판매량이 일치하는 것을 가정**한다. 즉, 생산한 제품이 모두 판매된다고 가정함으로써 재고자산의 변화가 없는 것으로 본다. CVP분석은 단기적 의사 결정을 위한 분석도구이기 때문에 당기에 발생한 원가만 고려하고 전기에 발생한 원가 를 고려하지 않는다.

(4) 일정한 매출배합

제품의 종류가 여러 가지인 경우에 **매출배합이 일정하다고 가정**한다. 매출배합이란 총판매량 중에서 각 제품이 차지하는 상대적 판매비율을 말한다. 실제로는 매출배합이 수시로 변하지만 CVP분석을 단순화하기 위해서 일정한 매출배합을 가정하는 것이다.

(5) 가격과 원가에 대한 확실성

가격과 원가가 확실하게 주어진 것으로 가정한다. 즉, 가격과 원가를 확실하게 파악 가능하며, 원가 중에서도 변동원가와 고정원가를 확실하게 구분가능하다고 가정한다.

2 손익분기점

손익분기점(beak-even point: BEP)이란 수익과 비용이 일치하여 이익이 영(0)이 되는 판매량이나 매출액을 말한다. 손익분기점 이상으로 판매할 경우에는 이익이 발생하고, 그 이하로 판매할 경우에는 손실이 발생하는 전환점으로 목표이익 등 다양한 경영계획을 세울 때 사용된다.

2.1 손익분기점의 계산

손익분기점을 구하는 방법에는 등식법과 공헌이익법이 있으며, 다음 예 1을 통해서 각 방법을 살펴보자.

예 1	손익분기점의 계산

㈜강북은 제품 T를 생산하고 있으며, 20×1년 8월에 제품 T의 제조 및 판매와 관련된 자료는 다음과 같다.

판매수량	500대
단위당 판매가격	₩1,000
단위당 변동원가	400
고정원가	180,000

(1) 등식법

등식법(equation method)은 매출액, 총비용, 및 영업이익 간의 관계를 등식으로 나타내어 손익분기점을 구하는 방법이다. 매출액(TR), 총비용(TC) 및 영업이익(π) 간의 관계를 다음과 같은 식으로 나타낼 수 있다.

$$\pi = TR - TC$$

π : 영업이익 　　TR : 매출액
TC : 총비용

위의 식에서 매출액(TR)을 단위당 판매가격(P)×판매량(Q)으로 나타낼 수 있다. 또한 총비용(TC)을 변동원가와 고정원가(FC)로 구분할 수 있으며, 다시 변동원가를 단위당 변동원가(V)×판매량(Q)으로 나타낼 수 있다. 이것을 다음과 같이 정리할 수 있다.

$$\pi = P \times Q - V \times Q - FC$$
$$= (P - V) \times Q - FC$$

P : 단위당 판매가격 Q : 판매량
V : 단위당 변동원가 FC : 고정원가

예 1에서 20×1년 8월에 ㈜강북의 영업이익(π)과 손익분기점($\pi = 0$)을 위의 등식을 이용하여 계산하면 다음과 같다.

- $\pi = (\text{₩}1,000 - 400) \times 500\text{대} - 180,000$
  $\pi = \text{₩}120,000$

- $0 = (\text{₩}1,000 - 400) \times Q - 180,000$
  $Q = 300\text{대}$

따라서 20×1년 8월에 ㈜강북의 영업이익은 ₩120,000이고, 제품 T의 손익분기점 판매량은 300대, 손익분기점 매출액은 ₩300,000(=₩1,000×300대)이다.

(2) 공헌이익법

공헌이익(contribution margin)이란 매출액에서 변동원가를 차감한 값을 말하며, 다음과 같이 나타낼 수 있다.

$$CM = P \times Q - V \times Q$$
$$= (P - V) \times Q$$
$$= \frac{(P - V)}{P} \times TR$$

CM : 공헌이익

위에 식에서 $(P - V)/P$는 단위당 공헌이익($P - V$)을 단위당 판매가격(P)으로 나눈 것으로 **공헌이익률**(contribution margin ratio)을 의미한다. 등식법의 등식을 이용하여 공헌이익법에서 손익분기점($\pi = 0$)인 판매량(Q_{BEP})과 매출액(TR_{BEP})을 다음과 같이 나타낼 수 있다.

$$Q_{BEP} = \frac{FC}{(P-V)}$$

$$TR_{BEP} = \frac{FC}{(P-V)/P}$$

Q_{BEP} : 손익분기점 판매량
TR_{BEP} : 손익분기점 매출액

예 1에서 ㈜강북의 손익분기점($\pi = 0$)인 판매량(Q_{BEP})과 매출액(TR_{BEP})을 위의 공헌이익을 이용하여 계산하면 다음과 같다.

- $Q_{BEP} = \dfrac{₩180,000}{(₩1,000-400)} = 300$대

- $TR_{BEP} = \dfrac{₩180,000}{(₩1,000-400)/1,000} = ₩300,000$

예 1에서 CVP분석을 통한 ㈜강북의 손익분기점($\pi = 0$)을 CVP그래프로 나타내면 다음 〈그림 11−2〉와 같다. 여기서 손익분기점은 매출액($TR = 1,000X$)과 총비용($TC = 180,000 + 400X$)의 직선이 만나는 점이다.

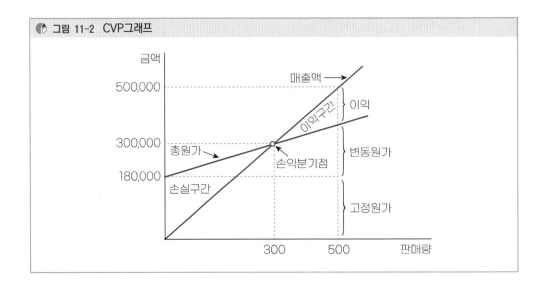

그림 11-2 CVP그래프

한편, CVP그래프를 이익·조업도(profit－volume: PV)그래프로 단순화하여 나타내면 다음 〈그림 11－3〉과 같다. PV그래프란 조업도(판매량)의 변동에 따른 이익의 변동을 그래프로 나타낸 것을 말한다. 여기서 손익분기점은 이익($\pi=600X-180,000$)과 조업도 또는 판매량을 나타내는 X축이 만나는 점이다.

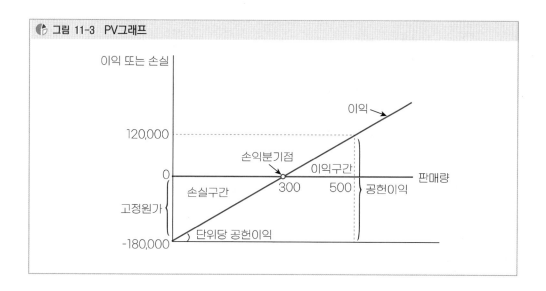

🕞 그림 11-3 PV그래프

2.2 목표이익분석

CVP분석을 이용하면 손익분기점뿐만 아니라 경영자가 원하는 **목표이익**(target income)을 달성하는 데 필요한 판매량이나 매출액을 계산할 수 있으며, 이러한 분석방법을 목표이익분석이라고 한다.

공헌이익법을 통해서 목표이익을 달성하는 데 필요한 판매량과 매출액을 계산할 수 있다. 예 1에서 목표이익이 ₩150,000이라면 목표이익을 달성하는 데 필요한 판매량(Q_{TI})과 매출액(TR_{TI})을 다음과 같이 계산할 수 있다.

- $Q_{TI} = \dfrac{₩180,000+150,000}{(₩1,000-400)} = 550$대

- $TR_{TI} = \dfrac{₩180,000+150,000}{(₩1,000-400)/1,000} = ₩550,000$

따라서 목표이익을 달성하는 데 필요한 판매량(Q_{TI})과 매출액(TR_{TI})을 다음과 같이 나타낼 수 있다.

$$Q_{TI} = \frac{FC + TI}{(P - V)}$$

$$TR_{TI} = \frac{FC + TI}{(P - V)/P}$$

Q_{TI} : 목표이익 판매량 TR_{TI} : 목표이익 매출액

TI : 목표이익

예제 1. CVP분석과 목표이익분석

㈜수원모바일은 휴대폰을 제조·판매하는 회사이다. 20×1년 8월에 휴대폰의 제조 및 판매와 관련된 자료는 다음과 같다.

판매수량	7,000대
단위당 판매가격	₩150
단위당 변동원가	100
고정원가	210,000

물음)

1. 20×1년 8월에 영업이익을 계산하시오.
2. 20×1년 8월에 손익분기점인 판매량과 매출액을 계산하시오.
3. 목표이익 ₩270,000을 달성하기 위한 판매량과 매출액을 계산하시오.
4. 목표이익이 매출액의 20%인 경우, 목표이익을 달성하기 위한 판매량과 매출액을 계산하시오.

[풀이]

1. 20×1년 8월 영업이익
   - $\pi = (₩150 - 100) \times 7{,}000$대 $- 210{,}000$
     $= ₩140{,}000$
2. 20×1년 8월 손익분기점인 판매량과 매출액

   - $Q_{BEP} = \dfrac{₩210{,}000}{(₩150 - 100)} = 4{,}200$대

   - $TR_{BEP} = \dfrac{₩210{,}000}{(₩150 - 100)/150} = ₩630{,}000$

3. 목표이익 ₩270,000을 달성하기 위한 판매량과 매출액

- $Q_{TI} = \dfrac{₩210,000 + 270,000}{(₩150 - 100)} = 9,600대$

- $TR_{TI} = \dfrac{₩210,000 + 270,000}{(₩150 - 100)/150} = ₩1,440,000$

4. 매출액의 20%인 목표이익을 달성하기 위한 판매량과 매출액

- $TR_{TI} = \dfrac{₩210,000 + TR_{TI} \times 20\%}{(₩150 - 100)/150}$

  $TR_{TI} = ₩1,575,000$

- $Q_{TI} = ₩1,575,000 \div 150 = 10,500대$

2.3 안전한계

경영자는 예상 또는 실제 매출액에서 손실이 날 수 있는 손익분기점까지 얼마의 여유가 있는지에 대한 정보를 필요로 하며, 이를 **안전한계**(margin of safety)라고 한다. 즉, 안전한계는 예상 또는 실제 매출액과 손익분기점 매출액 간의 차이를 의미하며, 다음과 같이 나타낼 수 있다.

$$MS = TR - TR_{BEP}$$
$$= (Q - Q_{BEP}) \times P$$

MS : 안전한계 매출액

안전한계를 매출액으로 나누어 비율 형태로 나타낸 것을 **안전한계율**(margin of safety ratio)이라고 하며, 예상매출액과 실제매출액의 안전한계수준을 비교할 때 유용하다. 안전한계율은 다음과 같이 나타낼 수 있다.

$$MS_{ratio} = \frac{TR - TR_{BEP}}{TR} = \frac{Q - Q_{BEP}}{Q}$$

MS_{ratio} : 안전한계율

예제 **2.** 안전한계

예제 1에서와 마찬가지로, ㈜수원모바일은 휴대폰을 제조·판매하는 회사이다. 20×1년 8월에 휴대폰의 제조 및 판매와 관련된 자료는 다음과 같다.

판매수량	7,000대
단위당 판매가격	₩150
단위당 변동원가	100
고정원가	210,000

물음)

1. 20×1년 8월에 안전한계와 안전한계율을 계산하시오.
2. 20×1년 9월에 예상판매량이 8,000대일 때 안전한계율을 계산하고, 8월의 안전한계율과 비교하시오.

[풀이]

1. 8월 안전한계와 안전한계율(손익분기점 판매량은 예제 1 참조)

   - $MS = (7,000대 - 4,200) \times ₩150 = ₩420,000$

   - $MS_{ratio} = \dfrac{₩420,000}{7,000대 \times ₩150} = 40\%$

2. 9월 예상판매량이 8,000대일 때 안전한계율

   - $MS_{ratio} = \dfrac{(8,000대 - 4,200) \times ₩150}{8,000대 \times ₩150} = 47.5\%$

따라서 9월 예상판매량 8,000대가 8월 판매량 7,000대보다 7.5%만큼 더 안전하다고 할 수 있다.

2.4 원가구조와 영업레버리지

원가구조(cost structure)란 기업 내에서 발생한 변동원가와 고정원가의 상대적인 비율을 말한다. 기업이 속한 업종의 특성에 따라 다양한 원가구조를 갖는다. 예를 들면, 서비스와 같은 노동집약적인 산업은 노무비 등 변동원가에 대한 비중이 크고, 반도체와 같은 자본집약적 산업은 설비장치 등 고정원가에 대한 비중이 크다. 따라서 일반적으로 서비스 산업에 속한 기업의 공헌이익률은 낮고, 반도체 산업에 속한 기업의 공헌이익률은 높다.

영업레버리지(operating leverage)란 매출액의 변화에 따라 영업이익이 얼마나 변화하는지를 나타내는 개념이다. 다음 〈표 11−1〉에서 보는 것처럼 고정원가 비중이 클수록 영업이익의 변화율이 커지는데, 이를 **영업레버리지 효과**라고 한다.

📈 **표 11-1 영업레버리지 효과**

구분	제품 X		제품 Y	
매출액	₩1,000,000	₩2,000,000	₩1,000,000	₩2,000,000
변동원가	(200,000)	(400,000)	(700,000)	(1,400,000)
공헌이익	800,000	1,600,000	300,000	600,000
고정원가	(700,000)	(700,000)	(200,000)	(200,000)
영업이익	₩100,000	₩900,000	₩100,000	₩400,000

〈표 11−1〉에서 보는 것처럼 고정원가 비중이 큰 제품 X의 경우 매출액이 100% 증가할 때 영업이익이 800% 증가하지만, 고정원가 비중이 작은 제품 Y의 경우 매출액이 100% 증가할 때 영업이익은 300% 증가한다는 것을 알 수 있다. 이러한 영업레버리지 효과를 다음과 같이 **영업레버리지도**(degree of operation leverage)로 나타낼 수 있다.

$$DOL = \frac{\text{영업이익의 변화율}}{\text{매출액의 변화율}}$$

$$= \frac{\text{공헌이익}}{\text{영업이익}} \quad 1$$

$$= \frac{1}{\text{안전한계율}} \quad 2$$

$$DOL : \text{영업레버리지도}$$

---

1 $\frac{\triangle \pi}{\triangle TR} = \frac{P-V}{P}$를 의미하므로, 공헌이익률($CM_{ratio}$)과 같다.

따라서 $DOL = \frac{\triangle \pi / \pi}{\triangle TR / TR} = \frac{TR \times (\triangle \pi / \triangle TR)}{\pi} = \frac{TR \times CM_{ratiio}}{\pi} = \frac{\text{공헌이익}}{\text{영업이익}}$

2 안전한계율(MS_{ratio}) $= \frac{TR - TR_{BEP}}{TR} = \frac{TR - (FC/CM_{ratio})}{TR} = 1 - \frac{FC}{CM} = \frac{CM - FC}{CM} = \frac{1}{DOL}$

〈표 11-1〉에서 매출액이 ₩1,000,000일 때 제품 X의 영업레버리지도(*DOL*)를 다음과 같이 계산할 수 있다.

- 제품 X의 $DOL = \dfrac{800\%(\text{영업이익의 변화율})}{100\%(\text{매출액의 변화율})}$

$= \dfrac{₩800,000(\text{영업이익})}{₩100,000(\text{공헌이익})}$

$= \dfrac{1}{0.125(\text{안전한계율})} = 8$

또한 매출액이 ₩1,000,000일 때 제품 Y의 영업레버리지도(*DOL*)를 다음과 같이 계산할 수 있다.

- 제품 Y의 $DOL = \dfrac{300\%(\text{영업이익의 변화율})}{100\%(\text{매출액의 변화율})}$

$= \dfrac{₩300,000(\text{영업이익})}{₩100,000(\text{공헌이익})}$

$= \dfrac{1}{0.333(\text{안전한계율})} = 3$

따라서 매출액의 변화율과 영업레버리지도(*DOL*)를 이용해서 다음과 같이 제품 X와 제품 Y의 영업이익 변화율을 계산할 수 있다.

- 제품 X의 영업이익 변화율 = 100% × 8 = 800%
- 제품 Y의 영업이익 변화율 = 100% × 3 = 300%

2.5 민감도분석

민감도분석(sensitivity analysis)이란 모형에서 하나 또는 둘 이상의 독립변수가 변화할 때 종속변수가 어떻게 변하는지를 분석하는 방법이다. CVP분석과 관련하여 민감도분석은 판매량, 단위당 판매가격, 단위당 변동원가, 고정원가, 매출배합 등이 변화할 때 손익분기점이나 영업이익 등이 어떻게 변하는지를 파악할 수 있다.

예제 **3.** 영업레버리지도와 민감도분석

예제 1에서와 마찬가지로, ㈜수원모바일은 휴대폰을 제조·판매하는 회사이다. 20×1년 8월에 휴대폰의 제조 및 판매와 관련된 자료는 다음과 같다.

판매수량	7,000대
단위당 판매가격	₩150
단위당 변동원가	100
고정원가	210,000

물음)

1. 20×1년 8월에 영업레버리지도를 계산하시오.

2. 20×1년 9월에 예상판매량이 8,400대일 때 영업레버리지도를 이용하여 영업이익을 계산하시오.

3. 20×1년 8월에 단위당 변동원가가 ₩90, 고정원가가 ₩280,000으로 가정하고 (물음 1)과 (물음 2)를 다시 답하시오.

4. 20×1년 8월에 단위당 변동원가가 ₩110, 고정원가가 ₩140,000으로 가정하고 (물음 1)과 (물음 2)를 다시 답하시오.

[풀이]

1. 8월 영업레버리지도(공헌이익과 영업이익은 예제 1 참조)

   - $DOL = \dfrac{₩350,000(공헌이익)}{₩140,000(영업이익)} = 2.5$

2. 9월 예상판매량이 8,400대이라면 20% 증가한 판매량이므로 영업이익의 변화는 다음과 같이 계산한다.
   - 영업이익의 변화율 = 2.5×20% = 50%
   - 9월 예상영업이익 = ₩140,000×(1+50%) = ₩210,000

3. 8월 단위당 변동원가가 ₩90이고 고정원가가 ₩280,000일 때 영업레버리지도
   - $DOL = \dfrac{₩420,000(공헌이익)}{₩140,000(영업이익)} = 3$
   - 영업이익의 변화율 = 3×20% = 60%
   - 월 예상영업이익 = ₩140,000×(1+60%) = ₩224,000

4. 8월 단위당 변동원가가 ₩1100이고 고정원가가 ₩140,000일 때 영업레버리지도
   - $DOL = \dfrac{₩280,000(공헌이익)}{₩140,000(영업이익)} = 2$

- 영업이익의 변화율＝2×20%＝40%
- 9월 예상영업이익＝₩140,000×(1＋40%)＝₩196,000

(물음 3)과 (물음 4)를 통해서 고정원가 비중이 클수록 영업이익의 변화율이 커진다는 것을 알 수 있다.

---

3 확장된 CVP분석

3.1 현금흐름분기점

경영자가 영업 일부의 중단 여부를 결정할 때 영업이익보다는 현금흐름에 대한 정보를 더 중요하게 고려한다. 만약 영업손실이더라도 양(+)의 현금흐름을 나타낸다면 영업을 계속하는 것이 더 적절할 수 있기 때문이다.

현금흐름분기점(cash break-even point)이란 현금유입액과 현금유출액이 같아지는 판매량 또는 매출액을 말한다. 즉, 감가상각비와 같은 비현금항목을 제외하고 현금항목만을 고려한 손익분기점을 의미하는 것이다. 따라서 현금흐름분기점을 다음과 같이 나타낼 수 있다.

$$Q_{CBEP} = \frac{FC - 비현금고정원가}{(P-V)}$$

$$TR_{CBEP} = \frac{FC - 비현금고정원가}{(P-V)/P}$$

Q_{CBEP} : 현금흐름분기점 판매량
TR_{CBEP} : 현금흐름분기점 매출액

예 1에서 고정원가 ₩180,000 중에서 비현금고정원가가 ₩60,000이라고 가정하면, 현금흐름분기점 판매량(Q_{CBEP})과 매출액(TR_{CBEP})을 계산하면 다음과 같다.

- $Q_{CBEP} = \dfrac{₩180,000 - 60,000}{(₩1,000 - 400)} = 200대$

- $TR_{CBEP} = \dfrac{\text{₩}180{,}000 - 60{,}000}{(\text{₩}1{,}000 - 400)/1{,}000} = \text{₩}200{,}000$

현금흐름분기점을 PV그래프에 나타내면 다음 〈그림 11-4〉와 같다. 여기서 현금흐름분기점은 현금흐름이익($\pi = 600X - 120{,}000$)과 조업도 또는 판매량을 나타내는 X축이 만나는 점이다.

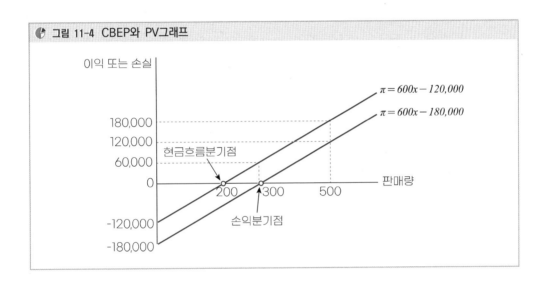

🕒 그림 11-4 CBEP와 PV그래프

3.2 법인세를 고려한 CVP분석

기업들은 이익에 대해서 법인세를 부담하기 때문에 CVP분석을 할 때에도 법인세를 고려하는 것이 현실적인 방법이다. 법인세를 고려한 영업이익(π)을 다음과 같이 나타낼 수 있다.

$$\pi = [(P - V) \times Q - FC] \times (1 - t)$$

$$t \ : \ \text{법인세율}$$

예 1에서 법인세율이 20%라고 가정할 경우 PV그래프는 다음 〈그림 11-5〉와 같다. 손익분기점 이상에서는 법인세를 고려한 영업이익($\pi = 480X - 144{,}000$)을 나타낸다.

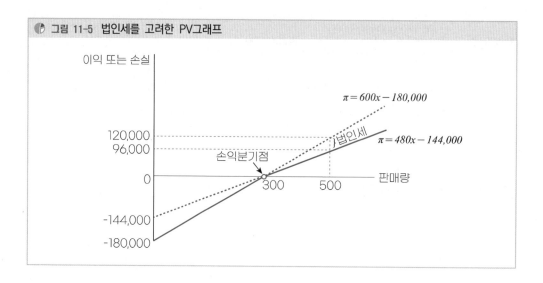

그림 11-5 법인세를 고려한 PV그래프

위의 식을 이용하여 세후목표이익을 달성하는 데 필요한 판매량(Q_{TI})과 매출액(TR_{TI})을 다음과 같이 나타낼 수 있다.

$$Q_{TI} = \frac{FC + TI/(1-t)}{(P-V)}$$

$$TR_{TI} = \frac{FC + TI/(1-t)}{(P-V)/P}$$

예제 4. 법인세를 고려한 CVP분석

예제 1에서와 마찬가지로, ㈜수원모바일은 휴대폰을 제조·판매하는 회사이다. 20×1년 8월에 휴대폰의 제조 및 판매와 관련된 자료는 다음과 같다.

판매수량	7,000대
단위당 판매가격	₩150
단위당 변동원가	100
고정원가	210,000
법인세율	25%

물음)

1. 20×1년 8월에 세후이익을 계산하시오.
2. 세후목표이익 ₩270,000을 달성하기 위한 판매량과 매출액을 계산하시오.
3. 세후목표이익이 매출액의 20%인 경우, 목표이익을 달성하기 위한 판매량과 매출액을 계산하시오.

[풀이]

1. 8월 세후이익

   • $\pi = [(₩150 - 100) \times 7,000대 - 210,000] \times (1 - 25\%)$
     $= ₩105,000$

2. 세후목표이익 ₩270,000을 달성하기 위한 판매량과 매출액

   • $Q_{TI} = \dfrac{₩210,000 + 270,000/(1 - 25\%)}{(₩150 - 100)} = 11,400대$

   • $TR_{TI} = \dfrac{₩210,000 + 270,000/(1 - 25\%)}{(₩150 - 100)/150} = ₩1,710,000$

3. 매출액의 20%인 세후목표이익을 달성하기 위한 판매량과 매출액

   • $TR_{TI} = \dfrac{₩210,000 + TR_{TI} \times 20\%/(1-25\%)}{(₩150 - 100)/150} = ₩3,150,000$

   • $Q_{TI} = ₩3,150,000 \div 150 = 21,000대$

3.3 계단원가와 CVP분석

2장 2.3절 '원가행태에 따른 분류'에서 준고정원가 또는 계단원가란 일정한 관련범위 내에서 조업도가 변화함에도 불구하고 총원가는 일정하지만, 관련범위를 벗어나면 원가발생액이 변동하여 새로운 관련범위 내에서 총원가가 일정한 원가라고 설명하였다. 따라서 어떤 제품에서 발생하는 원가행태가 계단원가인 경우 관련범위마다 CVP분석을 해야 하며, 관련범위마다 다른 손익분기점이 나타날 수 있다.

예 1에서 고정원가가 조업도에 따라 달라지며, 0에서 400대까지 ₩180,000이고, 400대를 초과하는 경우 ₩270,000이라고 가정하자. 이 경우에 400대까지의 손익분기점과 400대를 초과하는 손익분기점을 다음과 같이 계산한다.

① 조업도가 0~400대일 때

- $Q_{BEP} = \dfrac{\text{\#}180,000}{(\text{\#}1,000 - 400)} = 300$대

② 조업도가 400대를 초과할 때

- $Q_{BEP} = \dfrac{\text{\#}270,000}{(\text{\#}1,000 - 400)} = 450$대

계단원가가 발생하는 경우 CVP그래프로 나타내면 다음 〈그림 11−6〉과 같다. 여기서 손익분기점은 매출액($TR = 1,000X$)과 400대를 기준으로 총비용($TC = 180,000 + 400X$ 또는 $TC = 270,000 + 400X$)의 직선이 만나는 두 개의 점이다.

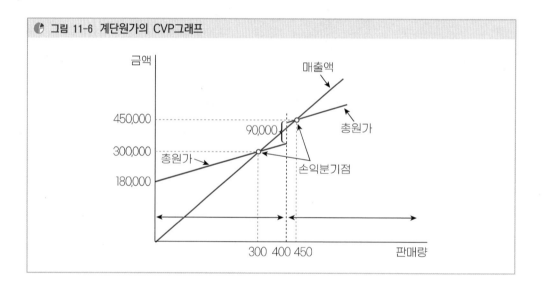

그림 11-6 계단원가의 CVP그래프

3.4 매출배합과 CVP분석

지금까지는 하나의 제품만을 대상으로 CVP분석을 하였다. 그러나 일반적으로 많은 기업들이 복수의 제품을 제조·판매하고 있다. 이러한 경우 기업들의 이익은 제품의 매출배합에 따라 달라진다.

매출배합(sales mix)이란 총판매량 또는 총매출액 중에서 각 제품이 차지하는 상대적인 비율을 말한다. 예를 들면, 제품 X, Y, Z의 판매량이 각각 500대, 300대, 200대라면 판매량에 의한 매출배합은 5 : 3 : 2이다. 그러나 제품 X, Y, Z의 매출액이 각각

₩6,000, ₩3,000, ₩1,000이라면 매출액에 의한 매출배합은 6 : 3 : 1이 된다. 복수의 제품에 대한 손익분기점이나 목표이익 등을 구하는 방법에는 꾸러미법, 평균공헌이익법 및 평균공헌이익률법이 있으며, 다음 예 2를 통해서 각 방법을 살펴보자.

| 예 2 | 매출배합 |

㈜강남은 제품 A, B, C를 제조·판매하는 회사이다. 20×1년 8월에 각 제품의 제조 및 판매와 관련된 자료는 다음과 같다.

	제품 A	제품 B	제품 C	합계
판매수량	500대	400대	100대	1,000대
단위당 판매가격	₩2,000	₩1,500	₩4,000	
단위당 변동원가	400	900	2,800	
단위당 공헌이익	600	600	1,200	
고정원가				₩330,000

(1) 꾸러미법

꾸러미법은 매출배합에 포함되는 복수의 제품을 하나의 꾸러미에 묶어 판매한다고 가정하여 손익분기점이나 목표이익 판매량을 계산하는 방법이다.

예 2에서 제품 A, B, C의 판매량에 의한 매출배합은 5 : 4 : 1이다. 따라서 제품 A 5대, 제품 B 4대, 제품 C 1대를 한 꾸러미에 묶어 판매한다고 가정하면 꾸러미의 단위당 공헌이익은 다음과 같이 계산된다.

• 꾸러미 단위당 공헌이익 $= ₩600 \times 5 + ₩600 \times 4 + ₩1,200 \times 1 = ₩6,600$

꾸러미 손익분기점 판매량은 다음과 같이 계산된다.

• 꾸러미 손익분기점 판매량 $= \dfrac{₩330,000}{₩6,600} = 50$꾸러미

판매량에 의한 매출배합이 5 : 4 : 1이므로, 손익분기점 판매량은 제품 A 250대($=50$꾸러미$\times 5$), 제품 B 200대($=50$꾸러미$\times 4$), 제품 C 50대($=50$꾸러미$\times 1$)이다.

(2) 평균공헌이익법

평균공헌이익법은 매출배합에 포함되는 복수의 제품의 평균공헌이익을 이용하여 손익분기점이나 목표이익 판매량을 계산하는 방법이다. 예 2에서 제품 A, B, C의 판매량에 의한 매출배합은 5 : 4 : 1이다. 따라서 단위당 평균공헌이익은 다음과 같이 계산된다.

- 단위당 평균공헌이익 $= ₩600 \times 50\% + ₩600 \times 40\% + ₩1,200 \times 10\% = ₩660$

단위당 평균공헌이익을 이용하면 손익분기점 판매량은 다음과 같이 계산된다.

- 손익분기점 판매량 $= \dfrac{₩330,000}{₩660} = 500$대

손익분기점 500대를 판매량에 의한 매출배합인 5 : 4 : 1로 배분하면, 제품 A 250대($=500$대$\times50\%$), 제품 B 200대($=500$대$\times40\%$), 제품 C 50대($=500$대$\times10\%$)이다.

(3) 평균공헌이익률법

평균공헌이익률법은 매출배합에 포함되는 복수의 제품의 평균공헌이익률을 이용하여 손익분기점이나 목표이익 매출액을 계산하는 방법이다.

예 2에서 평균공헌이익률은 다음과 같이 계산된다.

- 평균공헌이익률 $= \dfrac{총공헌이익}{총매출액}$

$$= \frac{₩600 \times 500대 + ₩600 \times 400대 + ₩1,200 \times 100대}{₩2,000 \times 500대 + ₩1,500 \times 400대 + ₩4,000 \times 100대} = 33\%$$

평균공헌이익률을 이용하면 손익분기점 매출액은 다음과 같이 계산된다.

- 손익분기점 매출액 $= \dfrac{₩330,000}{33\%} = ₩1,000,000$

매출액에 의한 매출배합이 5 : 3 : 2이므로, 손익분기점 매출액은 제품 A ₩500,000($=₩1,000,000\times50\%$), 제품 B ₩300,000($=₩1,000,000\times30\%$), 제품 C ₩200,000($=₩1,000,000\times20\%$)이다. 따라서 손익분기점 판매량은 제품 A 250대($=₩500,000\div2,000$), 제품 B 200대($=₩300,000\div1,500$), 제품 C 50대($=₩200,000\div4,000$)이다.

예제 5. 매출배합과 CVP분석

㈜포항전자는 컴퓨터, 노트북 및 태블릿을 제조·판매하는 회사이다. 20×1년 8월에 각 제품의 제조 및 판매와 관련된 자료는 다음과 같다.

	컴퓨터	노트북	태블릿	합계
판매수량	600대	100대	300대	1,000대
단위당 판매가격	₩2,000	₩5,000	₩1,000	
단위당 변동원가	1,000	3,000	600	
단위당 공헌이익	1,000	2,000	400	
고정원가				₩552,000

물음)

1. 꾸러미법을 이용하여 손익분기점에서 각 제품의 판매량을 계산하시오.
2. 평균공헌이익률법을 이용하여 손익분기점에서 각 제품의 매출액을 계산하시오.
3. 20×1년 8월에 안전한계와 안전한계율을 계산하시오.
4. 평균공헌이익법을 이용하여 목표이익 ₩828,000을 달성하기 위한 각 제품의 판매량을 계산하시오.

[풀이]

1. 꾸러미법을 이용한 손익분기점 판매량

   컴퓨터, 노트북, 태블릿의 판매량에 의한 매출배합은 6 : 1 : 3이므로, 꾸러미의 단위당 공헌이익은 다음과 같이 계산된다.

   - 꾸러미 단위당 공헌이익 = ₩1,000×6 + ₩2,000×1 + ₩400×3 = ₩9,200

   - 꾸러미 손익분기점 판매량 = $\dfrac{₩552,000}{₩9,200}$ = 60꾸러미

   판매량에 의한 매출배합이 6 : 1 : 3이므로, 손익분기점 판매량은 컴퓨터 360대(= 60꾸러미×6), 노트북 60대(= 60꾸러미×1), 태블릿 180대(= 60꾸러미×3)이다.

2. 평균공헌이익률법을 이용한 손익분기점 매출액

   - 평균공헌이익률 = $\dfrac{총공헌이익}{총매출액}$

     $= \dfrac{₩1,000×600대 + ₩2,000×100대 + ₩400×300대}{₩2,000×600대 + ₩5,000×100대 + ₩1,000×300대} = 46\%$

- 손익분기점 매출액 $= \dfrac{\text{\textwon}552,000}{46\%} = \text{\textwon}1,200,000$

매출액에 의한 매출배합이 6 : 2.5 : 1.5이므로, 손익분기점 매출액은 컴퓨터 ₩720,000 (= ₩1,200,000 × 60%), 노트북 ₩300,000(= ₩1,200,000 × 25%), 태블릿 ₩180,000(= ₩1,200,000 × 15%)이다.

3. 20 × 1년 8월에 안전한계와 안전한계율

- $MS = TR - TR_{BEP} = \text{\textwon}2,000,000 - 1,200,000 = \text{\textwon}800,000$

- $MS_{ratio} = \dfrac{TR - TR_{BEP}}{TR} = \dfrac{\text{\textwon}800,000}{\text{\textwon}2,000,000} = 40\%$

4. 평균공헌이익법을 이용한 목표이익 ₩828,000의 판매량

컴퓨터, 노트북, 태블릿의 판매량에 의한 매출배합은 6 : 1 : 3이므로, 단위당 평균공헌이익은 다음과 같이 계산된다.

- 단위당 평균공헌이익 $= \text{\textwon}1,000 \times 60\% + \text{\textwon}2,000 \times 10\% + \text{\textwon}400 \times 30\% = \text{\textwon}920$

- 목표이익 ₩828,000의 판매량 $= \dfrac{\text{\textwon}552,000 + 828,000}{\text{\textwon}920} = 1,500대$

목표이익 ₩828,000을 달성하기 위한 1,500대를 판매량에 의한 매출배합인 6 : 1 : 3으로 배분하면, 컴퓨터 900대(= 1,500대 × 60%), 노트북 150대(= 1,500대 × 10%), 태블릿 450대 (= 1,500대 × 30%)이다.

"'아바타'로 두드리는 계산기 … 손익분기점 달성은?"

'아바타: 물의 길'의 연출자 제임스 카메론 감독은 자신의 작품이 "손익분기점에 도달하려면 역사상 세 번째 또는 네 번째로 높은 수익을 올려야 한다"고 매거진 GQ 인터뷰에서 언급한 바 있다. 그의 말대로라면 '아바타: 물의 길'은 최소 20억 달러의 월드 와이드 매출 규모를 넘어서야 한다. 현재 전 세계 역대 흥행 3위 흥행작은 '타이타닉'으로, 20억 달러(2조 8,000억원)를 벌어들였다.

그렇다면 '아바타: 물의 길'의 제작비 규모는 어느 정도일까. 세계 최대 규모의 영화정보 사이트 IMDB는 3억 5,000만 달러로 추산하고 있다. 원화로 환산하면 4,600억원 가량이다. 1편의 추산 제작비에서 30%가 늘어난 규모이다. 그야말로 천문학적 규모라 할 만하다.

이 같은 상황은 일반적인 영화의 손익분기점에 대한 관심을 새삼 환기시킨다. 손익분기점은 극장 관람료 등 한 편의 영화가 거둬들이는 매출액이 제작비 규모와 일치하는 지점이다. 매출액 규모가 제작비를 뛰어넘는 순간부터 그만큼 수익이 된다.

한국의 영화업계는 통상적으로 한 작품의 손익분기점을 제작비 규모의 3배에 해당하는 극장 관객수로 따져왔다. 100억원의 제작비가 투입된 작품은 그 3배의 관객수, 즉 300만명이 손익분기점인 셈이다. 극장 영화 관람료를 장당 최대 1만원으로 가정하고 한국영화를 기준으로 투자배급사와 각 극장은 관람료 수입을 4,500원 : 5,500원의 비율로 나눠 갖는다. 투자배급사는 4,500원 가운데 배급 수수료 등 비용을 뺀 평균 3,600~3,800원가량을 관객 1인당 객단가로 본다. 여기에 전체 관객수를 곱해 대략의 손익분기점을 계산한다.

최근 개봉작 '올빼미'의 예를 들어 살펴보자. 최근 언론 보도에 따르면 '올빼미'의 제작비 규모는 90억원이다. 적지 않은 매체들이 '올빼미'가 11일 현재까지 누적 210만여 명을 불러 모아 손익분기점을 넘겼다고 전했다. 위의 단순 산술방식으로 보면, '올빼미'의 손익분기점은 90억원 제작비 규모의 3배에 해당하는 270만명이 되어야 한다.

통상 업계의 손익분기점 산술 방식과 사실임을 전제로 한 언론 보도 내용의 차이는 대체 왜 생겨나는 걸까. 극장 영화 관람료 상승을 간극의 한 요소로 꼽을 수 있다. 평일 평균 영화 관람료가 올해 상반기 기준 1만 78원(영화진흥위원회 '영화티켓지수로 알아본 영화관람 가격 적정성 점검' 보고서)라는 점에서 한 편의 영화가 벌어들이는 장당 티켓 수입 규모가 예전보다 커졌다.

또한 종전의 지상파 및 방송채널은 물론 OTT(온라인 동영상 서비스)와 IPTV(양방향 TV 서비스) 등 온라인 상영 규모가 커지는 등 급속히 달라진 영화의 부가판권 시장 환경이 또 하나의 잣대로 떠오른 배경이기도 하다. 기존의 극장 관객수에 인상된 관람료와 온라인 상영 등 부가판권 시장의 매출 규모 등이 합쳐지면 그만큼 한 편의 영화가 찍는 손익분기점이 예전과는 달라지는 것이다. 종전의 단순 산술방식보다 손익분기점이 그만큼 낮아진다는 얘기다.

(아이즈 2022년 12월 12일)

Talk about

✓ 투자배급사의 영화 한 편에 대한 손익분기점을 계산하기 위한 변동원가와 고정원가는 각각 무엇인가? 그리고 전체 관객수로 계산하는 손익분기점이 점차 낮아지는 이유는 무엇인가?

Let's Talk

"한대 팔면 '현대차 7배' 남기는 테슬라 ··· 분기 순익 59% 늘었다"

미국 전기차 업체 테슬라가 작년 4분기에 시장 전망치를 웃도는 실적을 올렸다. 25일(현지시간) 테슬라는 실적 발표를 통해 지난해 4분기 매출이 243억 2,000만 달러(약 30조 716억원), 순이익은 36억 9,000만 달러 (약 4조 5,626억원)를 기록했다고 밝혔다. 매출은 2021년 4분기 대비 36% 증가했고, 순이익은 59% 늘었다.

매출은 금융정보업체 레피니티브가 집계한 월가의 전망치 241억 6,000만 달러보다 약간 많았다. 전체 수익의 대부분을 차지하는 자동차 매출은 213억 달러로 1년 전보다 33% 늘었다. 테슬라는 지난해 4분기 40만 5,278대의 차량을 판매하고, 43만 9,701대를 생산했다고 밝혔다. 지난해 1년간 인도한 차량은 131만 대로 역대 최대다.

차종별로 보면 세단인 모델3과 스포츠유틸리티차량(SUV) 모델Y가 합쳐 전년 동기보다 31% 증가한 38만 8,131대를 기록해, 전체 판매량의 96%를 차지했다. 고급 세단 모델S와 고급 SUV 모델X 판매량은 지난해 같은 기간 대비 46% 증가한 총 1만 7,147대로 나타났다. 4분기 테슬라의 순이익을 판매 대수로 나누면 한 대 당 순이익이 910달러(약 1,125만원)로 나온다.

현대차가 이날 발표한 4분기 당기순이익은 1조 7,099억원으로, 판매량(103만 8,874대)을 고려하면 차량 한 대당 순이익은 약 165만원이다. 테슬라가 현대차보다 약 7배 높은 수준이다. 일본 경제지 니혼게이자이신문(닛케이)은 이날 테슬라의 2022년 전체 매출액 대비 영업이익률은 16.8%로, 회계 기준이 달라 단순 비교는 어렵지만 도요타(6.7%)보다 높다고 전했다.

닛케이는 테슬라의 이익이 높은 것은 미국에서 인플레이션이 본격적으로 시작된 이후인 2021년부터 주력 차량 가격을 단계적으로 인상한 배경도 있다고 소개했다. 닛케이에 따르면 지난 4분기 테슬라의 차량 부분 매출액을 판매 대수로 나눠 구한 평균 단가는 5만 2,574달러(약 6,499만원)로 2년 전보다 약 1,000 달러(약 123만 6,000원) 올랐다.

테슬라는 올해 총 180만대를 생산할 것이라고 밝혔다. 일론 머스크 최고경영자(CEO)는 실적 발표 뒤 "공장 가동 중단과 공급망 문제 등에도 지난 한 해 동안 이런 결과를 얻었다"고 말했다. 그러면서 테슬라 차량 수요가 줄어들고 있다는 전망을 일축했다. 그는 "1월 현재까지 받은 주문은 생산량에 비해 두 배로 테슬라 역사상 가장 많다"며 "자동차 시장 전체가 위축됐지만 수요는 좋을 것"이라고 예상했다.

지난 13일 테슬라는 세계에서 가장 큰 시장인 중국과 미국에서 일부 모델 가격을 최대 20% 인하했다. 머스크 CEO는 "가격 할인이 일반 소비자에게 큰 영향을 줬다"며 "이로 인해 수요가 더 늘었다"고 전했다. 실적 발표 뒤 시간 외 거래에서 테슬라 주가는 약 5% 급등했다. 다만 머스크 CEO는 올해 불확실한 경제 상황을 언급하면서 "단기적으로 비용 절감 계획을 빨리 이루고, 생산 속도를 더욱 높이겠다"고 밝혔다.

(중앙일보 2023년 1월 26일)

Talk about

✓ 테슬라의 자동차 한 대당 순이익이 1,125만원이고 현대자동차는 165만원으로 7배의 차이가 나는 이유가 무엇 때문이라고 생각하는가?

객관식 문제

01 회계사 2021

원가·조업도·이익(CVP) 분석에 대한 다음 설명 중 옳지 않은 것은? (단, 아래의 보기에서 변동되는 조건 외의 다른 조건은 일정하다고 가정한다)

① 생산량과 판매량이 다른 경우에도 변동원가계산의 손익분기점은 변화가 없다.

② 영업레버리지도가 3이라는 의미는 매출액이 1% 변화할 때 영업이익이 3% 변화한다는 것이다.

③ 법인세율이 인상되면 손익분기 매출액은 증가한다.

④ 안전한계는 매출액이 손익분기 매출액을 초과하는 금액이다.

⑤ 단위당 공헌이익이 커지면 손익분기점은 낮아진다.

02 경영지도사 2015

원가·조업도·이익(CVP) 분석모형에서 판매수량이 증가한 경우에 관한 설명으로 옳은 것은?

① 공헌이익률의 증가　　　　② 손익분기점의 하락

③ 공헌이익의 증가　　　　　④ 고정원가의 증가

⑤ 손익분기점의 상승

03 감정평가사 2023

단일 제품을 생산·판매하는 ㈜감평의 당기 생산 및 판매 관련 자료는 다음과 같다.

구 분	금액
단위당 판매가격	₩1,000
단위당 변동제조원가	600
연간 고정제조간접원가	600,000
단위당 변동판매관리비	100
연간 고정판매관리비	120,000

㈜감평은 단위당 판매가격을 10% 인상하고, 변동제조원가 절감을 위한 새로운 기계장치 도입을 검토하고 있다. 새로운 기계장치를 도입할 경우, 고정제조간접원가 ₩90,000이 증가할 것으로 예상된다. ㈜감평이 판매가격을 인상하고 새로운 기계장치를 도입할 때, 손익분기점 판매수량 1,800단위를 달성하기 위하여 절감해야 하는 단위당 변동제조원가는?

① ₩50
② ₩52.5
③ ₩70
④ ₩72.5
⑤ ₩75

04 경영지도사 2018

㈜한국은 단일제품을 생산·판매하고 있으며, 제품 단위당 판매가격은 ₩25이고 변동원가율은 60%이다. 연간 고정원가가 ₩50,000일 때, 원가·조업도·이익 분석에 관한 설명으로 옳지 않은 것은?

① 공헌이익률은 40%이다.
② 손익분기점 판매량은 5,000개이다.
③ 매출액이 ₩125,000이면, 안전한계는 0이다.
④ 고정원가가 20% 감소하면, 손익분기점 판매량은 20% 감소한다.
⑤ 법인세율이 30%일 경우, 세후목표이익 ₩14,000을 달성하기 위한 판매량은 6,400개이다.

05 감정평가사 2020

㈜감평은 단일 제품 A를 생산·판매하고 있다. 제품 A의 단위당 판매가격은 ₩2,000, 단위당 변동비는 ₩1,400, 총고정비는 ₩90,000이다. ㈜감평이 세후목표이익 ₩42,000을 달성하기 위한 매출액과, 이 경우의 안전한계는? (단, 법인세율은 30%이다)

	매출액	안전한계		매출액	안전한계
①	₩300,000	₩100,000	②	₩440,000	₩140,000
③	₩440,000	₩200,000	④	₩500,000	₩140,000
⑤	₩500,000	₩200,000			

06 세무사 2023

㈜세무는 단일 제품을 생산하여 판매한다. 제품 단위당 판매가격은 ₩1,000, 단위당 변동원가는 ₩600, 총 고정원가는 ₩1,900,000으로 예상된다. 세법에 의할 경우 총 고정원가 중 ₩100,000과 단위당 변동원가 중 ₩50은 세법상 손금(비용)으로 인정되지 않을 것으로 예상된다. ㈜세무에 적용될 세율이 20%인 경우 세후순이익 ₩41,000을 얻기 위한 제품의 판매수량은?

① 4,050단위   ② 4,450단위   ③ 4,750단위
④ 5,000단위   ⑤ 5,100단위

07 경영지도사 2017

㈜한국의 올해 매출액은 ₩1,000이며, 공헌이익률은 60%이다. 매출액을 제외한 단위당 판매가격, 단위당 변동원가, 총고정원가는 올해 수준이고 영업레버리지도가 2라면 올해 손익분기점 매출액은?

① ₩100   ② ₩300   ③ ₩500
④ ₩700   ⑤ ₩900

08 관세사 2015

㈜관세의 전기 매출은 ₩1,000, 공헌이익은 ₩600, 영업레버리지도는 3이었다. 당기의 원가 구조는 전기와 동일하다. 당기 총변동원가가 ₩500이라면 당기의 영업이익은 얼마인가?

① ₩320   ② ₩350   ③ ₩380
④ ₩400   ⑤ ₩420

09 세무사 2022

㈜세무는 단일제품을 생산·판매하고 있다. 제품 단위당 판매가격은 ₩7,500으로 매년 일정하게 유지되고, 모든 제품은 생산된 연도에 전량 판매된다. 최근 2년간 생산량과 총제조원가에 관한 자료는 다음과 같다. 20×2년 1월 1일에 인력조정 및 설비투자가 있었고, 이로 인해 원가구조가 달라진 것으로 조사되었다.

기간		생산량	총제조원가
20×1년	상반기	200단위	₩1,200,000
	하반기	300	1,650,000
20×2년	상반기	350	1,725,000
	하반기	400	1,900,000

다음 중 옳은 것은? (단, 20×2년 초의 인력조정 및 설비투자 이외에 원가행태를 변화시키는 요인은 없으며, 고저점법으로 원가함수를 추정한다)

① 20×2년의 영업레버리지도는 2.5이다.
② 20×2년의 안전한계율은 약 33%이다.
③ 20×1년에 비해 20×2년의 영업레버리지도는 증가하였다.
④ 20×1년에 비해 20×2년에 연간 총고정제조원가는 ₩200,000 증가하였다.
⑤ 20×1년에 비해 20×2년의 연간 손익분기점 판매량은 50단위 증가하였다.

10 세무사 2021

㈜세무의 20×1년 매출액은 ₩3,000,000이고 세후이익은 ₩360,000이며, 연간 고정비의 30%는 감가상각비이다. 20×1년 ㈜세무의 안전한계율은 40%이고 법인세율이 25%일 경우, 법인세를 고려한 현금흐름분기점 매출액은? (단, 감가상각비를 제외한 수익발생과 현금유입시점은 동일하고, 원가(비용)발생과 현금유출시점도 동일하며, 법인세 환수가 가능하다)

① ₩1,080,000 ② ₩1,200,000 ③ ₩1,260,000
④ ₩1,800,000 ⑤ ₩2,100,000

11 [세무사 2023]

㈜세무는 단일 제품을 생산·판매한다. 제품 단위당 판매가격은 ₩100, 단위당 변동원가는 ₩60으로 일정하나, 고정원가는 제품 생산범위에 따라 상이하다. 제품 생산범위가 첫 번째 구간(1~1,000단위)에서 두 번째 구간(1,001~2,000단위)으로 넘어가면 고정원가가 ₩17,600 증가한다. 첫 번째 구간의 손익분기점이 860단위인 경우, 두 번째 구간의 손익분기점은 몇 단위인가?

① 1,150단위 ② 1,200단위 ③ 1,250단위
④ 1,300단위 ⑤ 1,440단위

12 [세무사 2022]

㈜세무는 제품 A와 B를 생산·판매하고 있다. 제품별 판매 및 원가에 관한 자료는 다음과 같다.

구분	제품 A	제품 B	합계
판매량	?	?	100단위
매출액	₩200,000	₩300,000	₩500,000
변동원가	?	?	375,000
고정원가			150,000

제품A의 단위당 판매가격은 ₩4,000이다. 손익분기점에 도달하기 위한 제품B의 판매량은? (단, 매출배합은 일정하다고 가정한다)

① 55단위 ② 60단위 ③ 80단위
④ 85단위 ⑤ 90단위

13 [감정평가사 2021]

㈜감평은 제품 A와 제품 B를 생산·판매하고 있다. 20×1년 ㈜감평의 매출액과 영업이익은 각각 ₩15,000,000과 ₩3,000,000이며, 고정원가는 ₩2,250,000이다. 제품 A와 제품 B의 매출배합비율이 각각 25%와 75%이며, 제품 A의 공헌이익률이 23%이다. 제품 B의 공헌이익률은?

① 29.25% ② 34.4% ③ 35%
④ 37.4% ⑤ 39%

14 관세사 2021

㈜관세는 제품 A, B, C를 생산 및 판매하고 있으며, 20×1년 3월 제품에 관한 자료는 다음과 같다.

구분	A제품	B제품	C제품
단위당 판매가격	₩150	₩100	₩250
단위당 변동원가	105	80	125
공통고정원가	₩18,000		

제품 A, B, C의 매출구성비(매출액기준)가 3:2:5이다. ㈜관세가 3월에 세후순이익 ₩12,000을 달성하기 위한 총매출액은? (단, 법인세율은 40%이다)

① ₩80,000   ② ₩100,000   ③ ₩120,000
④ ₩140,000   ⑤ ₩160,000

15 관세사 2023

㈜관세는 제품 X와 Y를 생산·판매한다. 두 제품의 20×1년도 예산자료는 다음과 같다.

구분	제품 X	제품 Y
생산 및 판매량	1,000단위	2,000단위
단위당 판매가격	₩200	₩150
공헌이익률	25%	40%

총고정비는 ₩102,000이고, 예상 법인세율은 30%이다. 손익분기점 분석과 관련하여 옳지 않은 것은? (단, 예산 매출배합은 일정하게 유지된다)

① 제품X와 제품Y의 매출액기준 배합비율은 각각 40%와 60%이다.
② 회사전체 손익분기점 매출액은 ₩300,000이다.
③ 회사전체 세전목표이익 ₩85,000을 얻기 위해서는 제품Y의 매출액이 ₩330,000이어야 한다.
④ 회사전체의 예산판매량이 10% 증가하면 세후영업이익은 25% 증가한다.
⑤ 회사전체의 20×1년도 실제 판매량이 2,700단위라면, 세후영업이익은 ₩51,000으로 예상된다.

16 회계사 2022

㈜대한은 제품 A, 제품 B, 제품 C를 생산 및 판매한다. ㈜대한은 변동원가계산제도를 채택하고 있으며, 20×1년도 예산을 다음과 같이 편성하였다.

구분	제품 A	제품 B	제품 C
판매량	2,500단위	5,000단위	2,500단위
단위당 판매가격	₩100	₩150	₩100
단위당 변동원가	60	75	30

㈜대한은 20×1년도 영업레버리지도(degree of operating leverage)를 5로 예상하고 있다. 세 가지 제품의 매출액 기준 매출구성비율이 일정하다고 가정할 때, ㈜대한의 20×1년 예상 손익분기점을 달성하기 위한 제품 C의 매출액은 얼마인가?

① ₩160,000 ② ₩180,000 ③ ₩200,000
④ ₩220,000 ⑤ ₩250,000

17 감정평가사 2023

㈜감평은 제품 X, Y, Z를 생산·판매하고 있으며, 각 제품 관련 자료는 다음과 같다.

구분	제품 X	제품 Y	제품 Z
매출배합비율(매출수량기준)	20%	60%	20%
단위당 공헌이익	₩12	₩15	₩8
손익분기점 매출수량	?	7,800단위	?

㈜감평은 제품 Z의 생산중단을 고려하고 있다. 제품 Z의 생산을 중단하는 경우에 고정비 중 ₩4,000을 회피할 수 있으며, 제품 X와 Y의 매출배합비율(매출수량기준)은 60%와 40%로 예상된다. ㈜감평이 제품 Z의 생산을 중단할 경우, 목표이익 ₩33,000을 달성하기 위한 제품 X의 매출수량은?

① 6,900단위 ② 7,800단위 ③ 8,400단위
④ 8,700단위 ⑤ 9,000단위

18 회계사 2018

㈜대한은 20×1년도 예산을 다음과 같이 편성하였다.

구분	제품 A	제품 B	회사전체
매출액	₩125,000	₩375,000	₩500,000
변동원가	75,000	150,000	225,000
공헌이익			275,000
고정원가			220,000
세전이익			55,000
법인세비용			11,000
세후이익			₩44,000

경영자는 예산을 검토하는 과정에서 20×1년에 제품 C의 판매를 추가하기로 하였다. 20×1년도 제품 C의 예상매출액은 ₩125,000이고 변동원가율은 30%이다. ㈜대한의 고정원가는 회사전체 매출액 구간별로 다음과 같은 행태를 갖는다.

회사전체 매출액	고정원가
₩0 ~ ₩500,000	₩220,000
₩500,001 ~ ₩1,000,000	300,000

상기 예산손익계산서에 제품 C를 추가함으로써 나타나는 변화에 대한 설명으로 옳은 것은? (단, ㈜대한에 적용되는 법인세율은 20%이다)

① 회사전체 평균공헌이익률은 55%에서 60%로 높아진다.
② 제품C의 매출액이 회사전체 매출액에서 차지하는 비중은 25%이다.
③ 손익분기점에 도달하기 위한 회사전체 매출액은 ₩100,000만큼 증가한다.
④ 회사전체의 영업레버리지도(degree of operating leverage)는 5에서 5.8로 높아진다.
⑤ 회사전체 세후이익은 ₩8,000만큼 증가한다.

19 회계사 2019

㈜대한은 단일제품을 생산하며 20×1년의 판매가격 및 원가자료는 다음과 같다.

항목	단위당 금액
판매가격	₩50
변동제조원가	20
변동판매비	5

고정제조원가와 고정판매비는 각각 ₩20,000과 ₩10,000이다. ㈜대한의 경영자는 판매촉진을 위해 인터넷 광고를 하려고 한다. 인터넷 광고물 제작에는 ₩5,000의 고정판매비가 추가로 지출된다. 인터넷 광고를 하지 않을 경우 판매량은 1,200단위와 1,800단위 사이에서 균등분포(uniform distribution)를 이루고, 인터넷 광고를 하면 판매량은 1,500단위와 2,000단위 사이에서 균등하게 분포한다. ㈜대한이 인터넷 광고를 함으로써 기대영업이익은 얼마나 증가 또는 감소하는가?

① ₩0   ② ₩1,250 증가   ③ ₩1,250 감소

④ ₩2,250 증가   ⑤ ₩2,250 감소

20 세무사 2020

㈜세무는 외부 판매대리점을 통해 건강보조식품을 판매하고 있는데, 20×1년도 손익계산서 자료는 다음과 같다.

구분	금액
매출액	₩100,000
변동매출원가	45,000
고정매출원가	15,000
변동판매비와 관리비(판매대리점 수수료)	18,000
고정판매비와 관리비	4,000
영업이익	18,000

㈜세무는 20×1년에 판매대리점에게 매출액의 18%를 판매대리점 수수료로 지급하였는데, 20×2년에는 판매대리점 대신 회사 내부판매원을 통해 판매하려고 한다. 이 경우, 내부판매원에게 매출액의 15%에 해당하는 수수료와 고정급여 ₩8,000이 지출될 것으로 예상된다. ㈜세무가 20×2년에 내부판매원을 통해 20×1년과 동일한 영업이익을 얻기 위해 달성해야 할 매출액은?

① ₩75,000   ② ₩81,818   ③ ₩90,000

④ ₩100,000   ⑤ ₩112,500

21 세무사 2023

㈜세무는 당기에 영업을 처음 시작하였으며, 실제원가계산을 사용한다. 당기 제품 생산량은 2,000단위이다. 제품 단위당 판매가격은 ₩1,000, 단위당 직접재료원가는 ₩280, 단위당 직접노무원가는 ₩320이고, 당기 총 고정제조간접원가는 ₩200,000, 총 고정판매관리비는 ₩300,000이다. 변동제조간접원가와 변동판매관리비는 존재하지 않는다. 변동원가계산에 의한 손익분기점은 전부원가계산에 의한 손익분기점보다 몇 단위 더 많은가?

① 100단위   ② 150단위   ③ 200단위
④ 250단위   ⑤ 300단위

MEMO

12

의사결정과 관련원가

- 의사결정과 관련원가의 의의를 이해한다.
- 다양한 특수상황에서의 의사결정을 이해한다.

본 장에서는 의사결정과 관련원가를 이해한다. 경영자는 조직의 목표를 효율적으로 달성하고자 최선의 대안을 선택하려 할 것이고, 이러한 의사결정과정에서 여러 대안 간에 차이를 발생시키는 미래원가, 즉 관련원가를 고려할 것이다. 의사결정 기간에 따라 크게 단기의사결정과 장기의사결정으로 구분할 수 있으며, 주로 단기의사결정과정에서 관련원가를 고려하게 된다.

더 나아가 일회성의 특별주문을 수락할 것인지 아니면 거절할 것인지, 제품을 제조하는 데 필요한 부품을 자가제조할 것인지 아니면 외부에서 구입할 것인지, 영업손실이 발생하고 있는 제품라인을 폐지하고 새로운 제품라인을 추가할 것인지, 제한된 자원이 있는 경우 매출배합을 어떻게 구성할 것인지에 대한 특수의사결정을 할 때 역시 관련원가를 고려하게 된다. 이러한 내용을 포함하여 본 장을 통해서 다양한 상황에서의 의사결정을 알아보자.

1 의사결정과 관련원가의 개념

1.1 의사결정의 의의

의사결정(decision making)이란 조직의 목표를 달성하기 위하여 기업에게 주어진 여러 가지 행동 대안 중에서 최선의 대안을 선택하는 것을 말한다. 경영자는 의사결정을 통해서 조직의 목표를 효율적으로 달성하고자 하는데, 의사결정 기간에 따라 크게 단기의사결정과 장기의사결정으로 구분할 수 있다.

(1) 단기의사결정

단기의사결정은 제품의 생산 및 판매계획과 같은 일상적인 의사결정과 일회성 특별주문을 수락할 것인지 아니면 거절할 것인지, 부품을 자가제조하는 것이 유리한지 아니면 외부구입하는 것이 유리한지에 대한 의사결정과 같은 특수의사결정이 있다. 이러한 의사결정과정에서 관련원가를 고려하게 된다.

(2) 장기의사결정

장기의사결정은 설비투자와 같은 기업의 장기적 경영계획과 관련된 의사결정을 말한다. 장기의사결정은 관련원가보다는 경제전망이나 산업의 성장가능성 등 미래에 대한 예측을 더 많이 고려하게 된다.

1.2 관련원가의 의의

관련원가(relevant costs)란 여러 대안 간에 차이가 있는 미래원가로서 특정 의사결정과 직접적으로 관련된 원가를 말한다. 즉, 관련원가는 향후에 발생할 것으로 예상되는 미래원가로서 과거원가는 관련원가가 아니다. 또한 관련원가는 여러 대안 간에 차이가 있어야 하며, 미래원가라도 여러 대안 간에 차이가 없다면 관련원가가 아니다.

어떠한 원가가 관련원가인지 아닌지 여부는 절대적으로 정해진 것이 아니라 의사결정하는 내용이나 상황에 따라 달라진다. 따라서 어떤 의사결정을 할 때에는 해당 원가가 관련원가일 수 있지만, 또 다른 의사결정을 할 때에는 관련원가가 아닐 수도 있다.

관련원가를 고려할 때 **관련수익**(relevant revenue)을 함께 고려해야 한다. 관련원가와 마찬가지로 관련수익도 여러 대안 간에 차이가 있는 미래수익으로서 특정 의사결정과 직접적으로 관련된 수익을 말한다. 따라서 관련수익은 여러 대안 간에 차이가 있을 때 고려하지만, 차이가 없을 때는 고려할 필요가 없다.

1.3 증분접근법과 총액접근법

관련원가를 분석하는 방법으로 증분접근법과 총액접근법이 있다. **증분접근법**(incremental approach)은 여러 대안 간에 차이가 발생하는 관련수익과 관련비용만을 고려하여 최선의 대안을 선택하는 방법이다.

총액접근법(total approach)은 각 대안의 총수익과 총비용을 계산하여 순이익의 크기를 비교하여 최선의 대안을 선택하는 방법이다. 그러나 총액접근법은 모든 대안의 수익과 비용을 추정하는 데 비용과 노력이 많이 소요되며, 복잡한 추정과정에서 불필요한 정보를 습득하여 오히려 잘못된 의사결정을 할 수 있기 때문에 일반적으로 잘 사용하지 않는 방법이다.

다음 예 1을 통해서 증분접근법과 총액접근법을 살펴보자.

예 1	증분접근법과 총액접근법

㈜노원은 제품 S를 제조·판매하는 회사이다. 20×1년 8월에 제품 S의 예상 제조 및 판매와 관련된 자료는 다음과 같다.

예상판매수량	500대
단위당 판매가격	₩1,000
단위당 변동원가	400
고정원가	180,000

한편, 단위당 변동원가에는 부품 A의 원가 ₩500이 포함되어 있다. 부품 A를 외부에서 구입할 경우 단위당 ₩700이며, 부품 A를 생산하지 않을 경우 ₩20,000의 고정원가를 절감할 수 있다.

(1) 증분접근법

증분접근법을 사용하는 경우 관련원가만 다음과 같이 비교한다.

	자가제조	외부구입	차이
변동원가	₩(200,000)❶	₩(210,000)❷	₩10,000
고정원가	(180,000)	(160,000)❸	(20,000)
합 계	₩(380,000)	₩(370,000)	₩(10,000)

❶ ₩400×500대＝₩200,000
❷ (₩400－50＋70)×500대＝₩210,000
❸ ₩180,000－20,000＝₩160,000

따라서 부품 A를 자가제조하는 것보다 외부에서 구입하는 것이 ₩10,000만큼 더 유리하다는 것을 알 수 있다.

(2) 총액접근법

총액접근법을 사용하는 경우 총수익과 총비용을 다음과 같이 비교한다.

	자가제조	외부구입	차이
총 수 익	₩500,000	₩500,000	₩0
변동원가	(200,000)	(210,000)	10,000
고정원가	(180,000)	(160,000)	(20,000)
이 익	₩120,000	₩130,000	₩(10,000)

증분접근법과 마찬가지로 부품 A를 자가제조하는 것보다 외부에서 구입하는 것이 ₩10,000만큼 더 유리하다는 것을 알 수 있다. 그러나 앞서 언급한 것처럼 총액접근법은 관련수익과 관련비용 이외에 모든 수익과 비용을 추정하는 데 비용과 노력이 많이 소요될 뿐만 아니라 복잡한 추정과정으로 오히려 잘못된 의사결정을 할 수 있다. 따라서 본서에서는 증분접근법을 사용하여 관련원가를 분석하고자 한다.

2 특수의사결정

앞서 언급한 것처럼 특수의사결정은 단기의사결정 중에 하나이며, 다음과 같은 의사결정을 의미한다.

① 특별주문의 수락 또는 거절
② 자가제조 또는 외부구입
③ 제품라인의 추가 또는 폐지
④ 제한된 자원이 있는 경우

2.1 특별주문의 수락 또는 거절

일반적으로 주문은 일상적이고 반복적이지만, 가끔 예상치 못한 일회성 특별주문을 요청받는 경우가 있다. 이러한 경우 생산능력에 여유가 있고 특별주문가격이 기존 시장가격과 유사하다면 해당 특별주문을 수락할 것이다.

그러나 생산능력에 여유가 없거나 특별주문가격이 기존 시장가격보다 낮은 경우에는 해당 주문을 수락할지 아니면 거절할지 여부를 결정해야 한다. 이때 **특별주문으로 인해 증가하는 매출액과 변동원가**, 즉 공헌이익 증가분과 기존 판매량의 감소로 인한 공헌이익 감소분을 모두 고려해야 한다. 또한 추가적인 설비자산의 사용으로 인해 증가하는 고정원가까지 고려하여 수락여부를 결정한다.

예제 **1.** 특별주문의 수락 또는 거절

㈜전주에코는 배터리를 제조·판매하는 회사이다. 20×1년 8월에 배터리의 예상 제조 및 판매와 관련된 자료는 다음과 같다.

예상판매수량	10,000대
단위당 판매가격	₩300
단위당 변동원가	200
고정원가	400,000

한편, 20×1년 8월에 배터리 1,000대를 ₩290에 판매할 수 있는 특별주문을 받았다. 특별주문을 수락할 경우 추가로 단위당 변동원가 ₩20, 고정원가 ₩40,000이 발생할 것으로 예상된다.

물음)

다음의 조건에서 특별주문을 수락할지 아니면 거절할지에 대해 의사결정하시오.

1. 월간 최대생산능력이 12,000대인 경우
2. 월간 최대생산능력이 10,500대인 경우

[풀이]

1. 월간 최대생산능력이 12,000대인 경우

예상판매수량이 10,000대이므로 특별주문 1,000대를 수락하더라도 기존 판매량이 감소되지 않는다. 따라서 특별주문으로 인해 증가하는 공헌이익과 고정원가만 고려한다.

특별주문을 수락할 경우 증분 공헌이익	₩70,000[1]
특별주문을 수락할 경우 증분 고정원가	(40,000)
증분 이익	₩30,000

[1] 증가하는 공헌이익 = (₩290 − 200 − 20) × 1,000대 = ₩70,000

따라서 특별주문을 수락하는 것이 ₩30,000만큼 더 유리하다.

2. 월간 최대생산능력이 10,500대인 경우

예상판매수량이 10,500대이므로 특별주문 1,000대를 수락하면 기존 판매량이 500대 감소한다. 따라서 특별주문으로 인해 증가하는 공헌이익과 고정원가뿐만 아니라 감소하는 공헌이익도 고려해야 한다.

특별주문을 수락할 경우 증분 공헌이익	₩20,000[1]
특별주문을 수락할 경우 증분 고정원가	(40,000)
증분 이익	(₩20,000)

[1] 증가하는 공헌이익 = (₩290 − 200 − 20) × 1,000대 = ₩70,000
　 감소하는 공헌이익 = (₩300 − 200) × 500대 = ₩50,000
　 증분 공헌이익 = ₩70,000 − 50,000 = ₩20,000

따라서 특별주문을 거절하는 것이 ₩20,000만큼 더 유리하다.

2.2 자가제조 또는 외부구입

제품을 생산하는 과정에서 필요한 부품을 외부에서 구입하는 것이 일반적이지만, 부품의 안정적인 수급과 일정한 품질유지를 위해 직접 제조하는 것이 유리할 수도 있다. 이와 같이 필요한 부품을 자가제조할지 아니면 외부에서 구입할지에 대한 의사결정을 할 때 다음 사항을 고려해야 한다.

우선 계량적 요소와 비계량적 요소를 함께 고려해야 한다. 계량적 요소란 자가제조할 때 원가와 외부에서 구입할 때 원가를 의미한다. 비계량적 요소란 부품의 수급이나 품질관리와 같이 계량화하기 어려운 요소들을 의미한다.

또한 **부품을 자가제조하지 않고 외부에서 구입하는 경우에 기존설비를 임대하거나 다른 제품을 생산하는 데 사용할 수 있다면 임대수익이나 다른 제품의 공헌이익을 의사결정에 고려해야 한다.**

예제 **2.** **자가제조 또는 외부구입**

㈜경북전자는 선풍기를 제조·판매하는 회사이다. 20×1년 8월에 선풍기의 예상 제조 및 판매와 관련된 자료는 다음과 같다.

예상판매수량	15,000대
단위당 판매가격	₩500
단위당 변동원가	350
고정원가	450,000

한편, 단위당 변동원가에는 부품 중 모터의 원가 ₩100이 포함되어 있으며, 외부에서 구입할 경우 ₩120이다.

물음)

다음의 조건에서 선풍기 부품 중 모터를 자가제조할지 아니면 외부에서 구입할지에 대해 의사결정하시오.

1. 여유 설비자산을 임대하는 경우 월간 ₩250,000의 임대수익이 발생하는 경우
2. 여유 설비자산을 이용하여 선풍기를 추가로 2,500대를 제조할 수 있는 경우

[풀이]

1. 월간 ₩250,000의 임대수익이 발생하는 경우

   부품을 외부에서 구입하는 경우 ₩250,000의 임대수익이 발생하지만, 추가적인 단위당 변동원가 ₩20(=₩120 - 100)이 발생한다.

외부에서 구입하는 경우 증분 임대수익	₩250,000
외부에서 구입하는 경우 증분 변동원가	(300,000)❶
증분 이익	(₩50,000)

   ❶ 증분 변동원가 = ₩20 × 15,000대 = ₩300,000

   따라서 부품을 자가제조하는 것이 ₩50,000만큼 더 유리하다.

2. 선풍기를 추가로 2,500대를 제조할 수 있는 경우

   부품을 외부에서 구입하는 경우 선풍기를 추가로 2,500대 제조하여 공헌이익이 증가하지만, 추가적인 단위당 변동원가 ₩20(=₩120 - 100)이 발생한다.

외부에서 구입하는 경우 증분 공헌이익	₩325,000❶
외부에서 구입하는 경우 증분 변동원가	(300,000)
증분 이익	₩25,000

   ❶ 증분 공헌이익 = (₩500 - 250 - 120) × 2,500대 = ₩325,000

   따라서 부품을 외부에서 구입하는 것이 ₩25,000만큼 더 유리하다.

2.3 제품라인의 추가 또는 폐지

운영 중인 제품라인 중 수익성이 저하되거나 손실이 발생하고 있다면 해당 제품라인을 유지할지 또는 폐지하고 다른 제품라인을 추가할지 여부를 의사결정해야 한다. 이러한 의사결정은 회사전체 이익에 얼마만큼 영향을 미치는지를 고려해야 한다.

이때 제품라인을 유지하거나 폐지함으로써 변동하는 공헌이익뿐만 아니라 회피가능한 고정원가도 고려해야 한다. 즉, 특정 제품라인과 관련된 감독자급여는 회피가능한 고정원가이지만, 특정 제품라인과 관련 없는 공통고정원가(예: 감가상각비)는 회피불가능한 고정원가이다.

예제 **3.** 제품라인의 추가 또는 폐지

㈜부산테크는 컴퓨터, 노트북 및 태블릿을 제조·판매하는 회사이다. 20×1년 8월에 각 제품의 예상 제조 및 판매와 관련된 자료는 다음과 같다.

	컴퓨터	노트북	태블릿	합계
예상판매수량	600대	100대	300대	1,000대
단위당 판매가격	₩2,000	₩5,000	₩1,000	
단위당 변동원가	1,000	3,000	600	
단위당 공헌이익	1,000	2,000	400	
감독자급여	252,000	80,000	100,000	₩432,000
공통고정원가	40,000	40,000	40,000	120,000

한편, ㈜부산테크는 손실이 발생하고 있는 태블릿 라인을 유지할지 아니면 폐지할지 여부를 고민하고 있다. 태블릿 라인을 폐지할 경우 감독자급여는 회피가능하지만, 공통고정원가는 회피불가능하다.

물음)

1. 태블릿 라인을 유지할지 아니면 폐지할지 여부에 대해 의사결정하시오.
2. 태블릿 라인을 폐지하는 경우 여유 설비자산을 이용하여 노트북을 추가로 46대를 제조할 수 있는 경우에 태블릿 라인을 유지할지 아니면 폐지할지 여부에 대해 의사결정하시오. 단, 노트북을 추가 제조할 경우에 감독자급여 ₩80,000이 추가로 발생할 것으로 예상된다.

[풀이]

1. 태블릿 라인의 유지 또는 폐지

   감독자급여는 회피가능하므로 태블릿 라인을 유지할지 아니면 폐지할지 여부를 의사결정할 때 고려해야 하지만, 공통고정원가는 회피불가능하므로 고려하지 않는다.

태블릿 라인의 공헌이익	₩120,000❶
태블릿 라인의 감독자급여	(100,000)
증분 이익	₩20,000

   ❶ 태블릿 라인의 공헌이익 = (₩1,000 − 600) × 300대 = ₩120,000

   따라서 태블릿 라인을 유지하는 것이 ₩20,000만큼 더 유리하다.

2. 노트북의 추가 제조 여부

   태블릿 라인의 유지 또는 폐지를 의사결정할 때 고려한 증분 이익과 노트북의 추가 제조 여부를 의사결정할 때 고려한 증분이익을 비교해야 한다.

노트북 라인의 추가 공헌이익	₩92,000[1]
노트북 라인의 추가 감독자급여	(80,000)
증분 이익	₩12,000

❶ 노트북 라인의 추가 공헌이익 = (₩5,000 – 3,000) × 46대 = ₩92,000

따라서 노트북을 추가로 제조하면 ₩12,000의 증분 이익이 발생하지만 태블릿 라인을 유지하면 ₩20,000의 증분 이익이 발생하므로, 태블릿 라인을 유지하는 것이 ₩8,000만큼 더 유리하다.

2.4 제한된 자원이 있는 경우

일반적으로 기업에서 생산에 투입되는 물적·인적 자원은 제한되어 있다. 따라서 기업의 경영자는 제한된 자원을 사용하여 이익을 극대화할 수 있는 방법에 대해 의사결정해야 한다. 이러한 의사결정에는 제약조건이 하나인 경우와 둘 이상인 경우로 구분된다.

(1) 제약조건이 하나인 경우

제약조건이 하나인 경우에는 공헌이익을 극대화시키는 방법을 선택한다. 즉, 제한된 자원의 단위당 공헌이익이 가장 큰 제품은 우선적으로 생산하는 것이다. 예를 들면, 기계를 사용할 수 있는 시간이 제한되어 있다면 해당 기계시간당 공헌이익이 가장 큰 제품을 우선적으로 생산한다.

예제 4. 제약조건이 하나인 경우

㈜인천자동차는 트럭, 버스, 밴을 제조·판매하는 회사이다. 20×1년 8월에 각 제품의 예상 제조 및 판매와 관련된 자료는 다음과 같다.

	트럭	버스	밴	합계
예상판매수량	300대	150대	200대	650대
단위당 판매가격	₩4,000	₩6,000	₩3,000	
단위당 변동원가	2,500	4,000	2,000	
단위당 공헌이익	1,500	2,000	1,000	
고정원가				₩520,000
단위당 기계시간	1시간	2시간	0.8시간	

한편, ㈜인천자동차가 이용할 수 있는 월간 기계시간은 600시간이다.

물음)

㈜인천자동차가 공헌이익을 극대화하기 위해서 어느 제품을 얼마나 생산해야 하는가?

[풀이]

월간 사용할 수 있는 기계시간이 600시간이므로 기계시간단위당 공헌이익이 큰 제품부터 우선적으로 생산한다. 제품별 기계시간단위당 공헌이익은 다음과 같다.

	트럭	버스	밴
단위당 공헌이익	₩1,500	₩2,000	₩1,000
단위당 기계시간	1시간	2시간	0.8시간
기계시간당 공헌이익	₩1,500	₩1,000	₩1,250

만약 수요에 제한이 없다면 기계시간단위당 공헌이익이 가장 큰 트럭만 600대(600대×1시간 =600시간) 생산하는 것이 공헌이익(600대×₩1,500＝₩900,000)이 가장 클 것이다.

그러나 예상판매수량이 있으므로 이를 적용하여 기계시간단위당 공헌이익이 가장 큰 트럭을 우선적으로 300대(300대×1시간＝300시간) 생산하고, 다음으로 기계시간단위당 공헌이익이 큰 밴을 200대(200대×0.8시간＝160시간) 생산한다. 마지막으로 기계시간단위당 공헌이익이 가장 작은 버스를 70대(70대×2시간＝140시간) 생산한다. 이렇게 생산하는 경우 ㈜인천자동차의 공헌이익은 다음과 같다.

	트럭	버스	밴	합계
예상판매수량	300대	70대	200대	570대
매 출 액	₩1,200,000	₩420,000	₩600,000	₩2,220,000
변동원가	750,000	280,000	400,000	1,430,000
공헌이익	₩450,000	₩140,000	₩200,000	₩790,000

(2) 제약조건이 둘 이상인 경우

제약조건이 둘 이상인 경우에는 공헌이익을 극대화시키기 위한 선형계획법(linear programming method)을 사용한다. 제약조건이 두 개인 경우에는 그래프를 이용하여 문제를 쉽게 풀 수 있으나, 제약조건이 셋 이상인 경우에는 심플렉스법(simplex method)과 같은 방법을 이용해야 한다.

제약조건이 두 개인 경우 그래프를 이용하는 방법은 다음과 같은 단계에 따라 문제를 해결한다.

① 목적함수를 수식으로 표현
② 제약조건을 수식으로 표현
③ 실행가능영역 표시
④ 최적해의 산출

1) 목적함수를 수식으로 표현

기업이 달성하고자 하는 목적을 수식으로 표현한다. 이러한 목적함수에는 이익극대화, 공헌이익극대화, 원가최소화 등이 있다.

2) 제약조건을 수식으로 표현

제약조건을 수식으로 표현한다. 이러한 제약조건에는 노동시간, 기계시간 등이 있다.

3) 실행가능영역 표시

위에서 제시한 제약조건을 그래프에 표시한 후에 모든 제약조건을 만족하는 실행가능영역을 그래프에 표시한다.

4) 최적해의 산출

실행가능영역 내에서 목적함수의 값을 최대화 또는 최소화할 수 있는 최적해를 산출한다.

예제 5. 제약조건이 두 개인 경우

㈜제주바이크는 바이크 모델 P와 모델 Q를 제조·판매하는 회사이다. 20×1년 8월에 각 제품의 판매가격과 원가와 관련된 자료는 다음과 같다.

	모델 P	모델 Q	합계
단위당 판매가격	₩6,000	₩10,000	
단위당 변동원가	4,000	7,000	
단위당 공헌이익	2,000	3,000	
고정원가			₩230,000
단위당 기계시간	1시간	2시간	
단위당 노동시간	2시간	1시간	

한편, ㈜제주바이크가 이용할 수 있는 월간 기계시간은 600시간이고, 노동시간은 720시간이다.

물음)

㈜제주바이크가 공헌이익을 극대화하기 위해서 어느 제품을 얼마나 생산해야 하는가?

[풀이]

우선 목적함수와 제약조건을 수식으로 다음과 같이 표현한다.

- 목적함수: $Y = 2,000P + 3,000Q$
- 제약조건: $P + 2Q \leq 600$

  $2P + Q \leq 720$

  $P, Q \geq 0$

위의 제약조건을 그래프에 표시하고, 이를 만족하는 실행가능영역을 그래프에 표시하면 다음 〈그림 12-1〉과 같다.

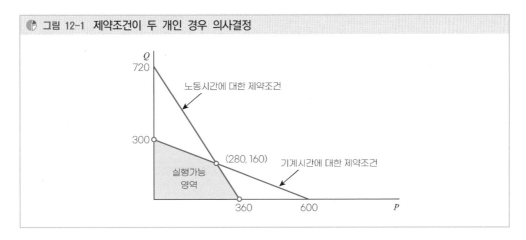

🍀 **그림 12-1 제약조건이 두 개인 경우 의사결정**

〈그림 12-1〉과 같이 목적함수인 공헌이익을 최대화할 수 있는 점은 (0, 300), (280, 160), (360, 0) 중의 하나이며, 이때 각각의 공헌이익은 다음과 같다.

모델 P, 모델 Q 생산량	공헌이익
(0, 300)	₩900,000❶
(280, 160)	1,040,000❷
(360, 0)	720,000❸

❶ ₩2,000×0개＋₩3,000×300개＝₩900,000

❷ ₩2,000×280개＋₩3,000×160개＝₩1,040,000

❸ ₩2,000×360개＋₩3,000×0개＝₩720,000

따라서 모델 P를 280대 생산하고, 모델 Q를 160대 생산하는 경우에 공헌이익이 ₩1,040,000으로 최대화된다.

보론 불확실성하의 의사결정

의사결정은 관련 상황의 확실성 여부에 따라 확실성하의 의사결정과 불확실성하의 의사결정으로 구분할 수 있다. 지금까지 본문에서 다루었던 의사결정 문제들은 확실성하의 의사결정이다. 여기서는 불확실성하의 의사결정모형에 대해 다룬다.

1 불확실성하의 의사결정

실제 경영자들이 하는 대부분의 의사결정은 불확실성하에서 이루어진다. 이러한 경우 경영자는 계량적인 분석을 도와주는 **불확실성하의 의사결정모형**을 사용할 수 있다. 불확실성하의 의사결정모형은 다음 두 단계에 따라 계산한다.

① 선택가능한 대안과 발생가능한 상황의 결합으로 나타나는 성과 계산(성과표의 작성)
② 각 대안별 성과와 확률분포를 이용한 기대가치 계산

기대가치는 다음 식을 이용하여 계산한다.

$$기대가치 = \sum R(x_i) \times P(x_i)$$

x_i : 상황　　　　　$R(x_i)$: x_i의 성과
$P(x_i)$: x_i의 확률

다음 예 3을 통해서 불확실성하의 의사결정모형을 살펴보자.

| 예 3 | 불확실성하의 의사결정 |

전문 CEO는 카지노를 운영하는 ㈜강원파라다이스로부터 다음과 같은 연봉에 대한 대안을 제시받았다.

- 대안 1: $Y = 300,000 + 40X$
- 대안 2: $Y = 200X$

  X: 고객수 Y: 연봉

연간 고객수와 그 발생확률은 다음과 같다.

연간 고객수	발생확률
1,500명	60%
2,500명	40%

선택가능한 대안(대안 1과 대안 2)과 발생가능한 상황(고객수 1,500명과 고객수 2,500명)을 결합하여 계산된 성과를 다음과 같이 성과표에 작성한다.

대 안	상 황	
	고객수가 1,500명일 경우 $P(x_1) = 60\%$	고객수가 2,500명일 경우 $P(x_2) = 40\%$
1	₩360,000❶	₩400,000❷
2	300,000❸	500,000❹

❶ ₩300,000 + 40 × 1,500명 = ₩360,000
❷ ₩300,000 + 40 × 2,500명 = ₩400,000
❸ ₩200 × 1,500명 = ₩300,000
❹ ₩200 × 2,500명 = ₩500,000

각 대안별 성과와 확률분포를 이용하여 다음과 같이 기대가치를 계산한다.

- 대안 1의 기대가치 = ₩360,000 × 60% + 400,000 × 40% = ₩376,000
- 대안 2의 기대가치 = ₩300,000 × 60% + 500,000 × 40% = ₩380,000

따라서 전문 CEO는 기대가치를 극대화하는, 즉 급여가 높은 대안 2를 선택한다.

불확실성이 존재하는 경우에 경영자는 의사결정을 하기 전에 미래의 불확실성을 감소시킬 수 있는 정보를 얻고자 할 것이다. 정보의 가치는 구입하고자 하는 정보의 정확성에 좌우된다. 만약 불확실성을 완전히 제거할 수 있는 완전한 정보라면 가치가 높을 것이고, 일부의 불확실성만을 제거할 수 있는 불완전한 정보라면 가치가 낮을 것이다. 불확실성이 존재하는 상황에서 완전정보의 기대가치와 불완전정보의 기대가치에 대해서 알아보자.

2 완전정보의 기대가치

예 3에서 전문 CEO가 대안 2를 선택하고, 만약 고객수가 1,500명이라면 ₩300,000의 급여를 받을 것이다. 그러나 전문 CEO가 고객수가 1,500명이라는 것을 미리 알았다면 대안 1을 선택할 것이고, ₩360,000의 급여를 받을 것이다. 따라서 **완전정보의 기대가치**(expected value of perfect information)란 완전정보를 이용하여 얻게 되는 기대가치의 증가분 또는 완전정보를 획득하기 위해 지불할 수 있는 최대금액을 의미하며, 다음과 같이 계산한다.

완전정보의 기대가치＝완전정보하의 기대가치－현재정보하의 기대가치

완전정보하의 기대가치는 완전정보하에서 각 상황별로 최적의 의사결정에 의한 성과에 각 상황별 확률을 곱해서 더한 것을 의미한다. 예를 들면, 완전정보를 가정한다면 예 3에서 고객수 1,500명이 예상되는 경우에는 대안 1을 선택하고 고객수 2,500명이 예상되는 경우에는 대안 2를 선택한 성과에 해당 상황에 따른 확률을 곱해서 더한 것이 완전정보하의 기대가치이고, 다음과 같이 계산한다.

- 완전정보하의 기대가치＝₩360,000×60%＋500,000×40%＝₩416,000

현재정보하의 기대가치는 현재의 정보하에서 최적의 의사결정을 할 때의 기대가치를 의미하며, 불확실성하에서 기대가치를 극대화하는 의사결정과 동일하다.

- 현재정보하의 기대가치＝₩300,000×60%＋500,000×40%＝₩380,000

따라서 완전정보의 기대가치는 다음과 같이 계산한다.

- 완전정보의 기대가치＝₩416,000－380,000＝₩36,000

3 불완전정보의 기대가치

　불완전정보의 기대가치(expected value of imperfect information)란 불완전정보를 이용하여 얻게 되는 기대가치의 증가분 또는 불완전정보를 획득하기 위해 지불할 수 있는 최대금액을 의미하며, 다음과 같이 계산한다.

　　　불완전정보의 기대가치＝불완전정보하의 기대가치－현재정보하의 기대가치

　불완전정보하의 기대가치는 불완전정보하에서 각 상황별로 최적의 의사결정에 의한 성과에 각 상황별 확률을 곱해서 더한 것을 의미하며, 다음 단계에 따라 계산한다.

① 발생가능한 각 상황을 전문가의 예측(불완전정보)과 결합하는 표를 작성한다.
② 전문가의 예측(불완전정보)을 보고받을 확률을 계산한다.

$$P(I_j) \ = \ \sum P(I_j \,|\, x_i) \times P(x_i)$$

　　x_i : 상황　　　　　　　$P(x_i)$: x_i의 확률
　　I_j : 특정 예측정보　　　$P(I_j)$: I_j의 확률

③ 베이지안 정리(Baysian theorem)를 이용하여 각 상황별 발생가능성에 대한 사전확률을 사후확률로 수정한다.

$$P(x_i \,|\, I_j) \ = \ \frac{P(x_i \bigcap I_j)}{P(I_j)} \ = \ \frac{P(I_j \,|\, x_i) \times P(x_i)}{P(I_j)}$$

④ 사후확률을 이용하여 각 불완전정보하에서 대안별 기대가치를 계산하여 최적의 대안을 결정한다.

$$\text{불완전정보하의 기대가치} = \sum R(x_i) \times P(x_i \,|\, I_j)$$

$$R(x_i) : x_i\text{의 성과}$$

⑤ 각 상황별 최적의 대안에 의한 성과를 전문가의 예측(불완전정보)을 보고받을 확률 ($P(I_j)$)로 곱하여 더한다.

예 3에서 다음의 자료가 추가된다고 가정하자. 전문 CEO는 ㈜강원파라다이스의 고객수를 예측하기 위해서 컨설팅업체에게 문의하였으나 컨설팅업체도 완전정보를 가지고 있지 못하므로 고객수가 1,500명일 경우는 80%의 확률로 정확히 예측하고, 고객수가 2,500명일 경우는 60%의 확률로 정확히 예측한다. 우선 다음과 같이 발생가능한 각 상황을 전문가의 예측(불완전정보)과 결합하는 표를 작성한다.

불완전정보	상 황	
	고객수가 1,500명일 경우 $P(x_1)=60\%$	고객수가 2,500명일 경우 $P(x_2)=40\%$
I_1 : 1,500명 예측	$P(I_1\|x_1)=0.8$	$P(I_1\|x_2)=0.4$
I_2 : 2,500명 예측	$P(I_2\|x_1)=0.2$	$P(I_2\|x_2)=0.6$

그리고 다음과 같이 결합확률을 계산하는 표를 작성하여 전문가의 예측(불완전정보)을 보고받을 확률을 계산한다.

불완전정보	결합확률		$P(I_j)$
	x_1	x_2	
I_1	$P(I_1\|x_1)\times P(x_1)$ $=0.8\times0.6=0.48$	$P(I_1\|x_2)\times P(x_2)$ $=0.4\times0.4=0.16$	$P(I_1)=0.64$
I_2	$P(I_2\|x_1)\times P(x_1)$ $=0.2\times0.6=0.12$	$P(I_2\|x_2)\times P(x_2)$ $=0.6\times0.4=0.24$	$P(I_2)=0.36$
합계	0.60	0.40	1

베이지안 정리(Baysian theorem)를 이용하여 각 상황별 발생가능성에 대한 사전확률을 다음과 같이 사후확률로 수정한다.

불완전정보	결합확률		$P(I_j)$	사후확률	
	x_1	x_2		x_1	x_2
I_1	0.48	0.16	0.64	$\dfrac{0.48}{0.64}$	$\dfrac{0.16}{0.64}$
I_2	0.12	0.24	0.36	$\dfrac{0.12}{0.36}$	$\dfrac{0.24}{0.36}$
합계	0.60	0.40	1		

위에서 계산한 사후확률을 이용하여 다음과 같이 각 불완전정보하에서 대안별 기대
가치를 계산하여 최적의 대안의 결정한다.

(1) 고객수가 1,500명일 것이라는 전문가의 정보(I_1)를 받을 경우($P(I_1) = 0.64$)

대 안	상 황	
	고객수가 1,500명일 경우 $P(x_1 \mid I_1) = \dfrac{0.48}{0.64}$	고객수가 2,500명일 경우 $P(x_2 \mid I_1) = \dfrac{0.16}{0.64}$
1	₩360,000	₩400,000
2	300,000	500,000

- 대안 1의 기대가치 $= ₩360,000 \times \dfrac{0.48}{0.64} + ₩400,000 \times \dfrac{0.16}{0.64} = ₩370,000$

- 대안 2의 기대가치 $= ₩300,000 \times \dfrac{0.48}{0.64} + ₩500,000 \times \dfrac{0.16}{0.64} = ₩350,000$

따라서 고객수가 1,500명일 것이라는 전문가의 정보(I_1)를 받을 경우 최적의 대안은
1안이고, 이때의 기대가치는 ₩370,000이다.

(2) 고객수가 2,500명일 것이라는 전문가의 정보(I_2)를 받을 경우($P(I_2) = 0.36$)

대 안	상 황	
	고객수가 1,500명일 경우 $P(x_1 \mid I_2) = \dfrac{0.12}{0.36}$	고객수가 2,500명일 경우 $P(x_2 \mid I_2) = \dfrac{0.24}{0.36}$
1	₩360,000	₩400,000
2	300,000	500,000

- 대안 1의 기대가치 $= ₩360,000 \times \dfrac{0.12}{0.36} + ₩400,000 \times \dfrac{0.24}{0.36} = ₩386,667$

- 대안 2의 기대가치 $= ₩300,000 \times \dfrac{0.12}{0.36} + ₩500,000 \times \dfrac{0.24}{0.36} = ₩433,333$

따라서 고객수가 2,500명일 것이라는 전문가의 정보(I_2)를 받을 경우 최적의 대안은
2안이고, 이때의 기대가치는 ₩433,333이다.

마지막으로 각 상황별 최적의 대안에 의한 성과를 전문가의 예측(불완전정보)을 보고 받을 확률($P(I_j)$)로 곱하여 더한다.

- 불완전정보하의 기대가치＝₩370,000×64%＋433,333×36%＝₩392,800

따라서 불완전정보의 기대가치는 다음과 같이 계산한다.

- 불완전정보의 기대가치＝₩392,800－380,000＝₩12,800

Let's Talk

"경영 의사결정과 원가회계, 효자와 계륵 구별하는 척도"

얼마 전 중소기업 A사 대표로부터 원가회계에 대한 컨설팅 의뢰가 있었다. 대표의 고민은 다양한 제품을 생산하고 있지만 투입되는 원가에 대한 정확한 정보를 보고받지 못하는 데 있었다. 대표는 40여 년의 관련 산업 경력으로 경험칙에 따른 원가 수준이 있었지만, 회계팀에서 집계해 보고한 제품의 원가와는 상당한 차이가 있었다. 일반적으로 중소기업 대표들은 사업 초기에 원가에 대한 중요성을 대수롭지 않게 생각하는 경향이 많다. 사업 초기에는 생산하는 제품이 다양하지 않아 기간별 지출되는 비용으로 발생되는 원가를 가늠할 수 있기 때문이다. 그러나 사업이 성장하면서 제품의 종류도 다양해지고, 제품에 따른 비용도 다양하게 발생하고, 생산 공장도 늘어나면서 더 이상 기간별 지출되는 비용으로 원가를 가늠할 수 없는 상황에 이르게 된다.

A사의 경우도 위와 비슷한 상황으로 3곳의 공장에서 다양한 제품들을 생산하고 있었다. 대표가 내부적으로 산출된 원가금액에 의구심을 가진 것은 특정 제품의 마진이 시장에서 평가하고 있는 금액과 상이했기 때문이다. 시장에서는 특정제품의 마진이 거의 발생하지 않을 것이라고 평가하고 있지만, 내부적으로는 얼마간 마진이 발생된다고 경영진에게 보고되고 있었다. 과연 시장의 원가정보와 회사가 산출한 원가정보 중 어느 것이 맞을까? 결과는 시장의 원가정보가 맞는 것으로 확인됐다. 그렇다면 회사에서 산출된 원가정보가 틀린 이유는 무엇일까? 그것은 바로 잘못된 원가배부를 통해 특정제품의 원가를 다른 제품 원가로 전가하는 원가왜곡이 발생했기 때문이다.

중소기업 B사는 크게 두 개의 제품군을 생산하고 있었다. '가' 제품군은 대량 생산을 기반으로 하는 저품질에 낮은 판매가격으로 제품단위당 마진이 낮은 제품군이었고, 다른 하나인 '나' 제품군은 생산량은 많지 않지만 고품질에 높은 판매가격으로 제품단위당 마진이 높은 제품군이었다. B회사의 경영진은 '가' 제품군을 통해 회사 이익창출이 거의 발생되지 않는다는 원가정보를 바탕으로 마진이 낮은 '가' 제품군은 자체 생산을 포기하거나 외주생산으로 변경하고, 마진율이 높은 '나' 제품을 대량생산하기로 경영의사결정을 내렸다. 이후 '가' 제품군 생산시설 대부분을 외부로 매각하고, '나' 제품군 생산시설을 신규로 매입해 대량으로 생산하기 시작했다. 결과는 어떻게 됐을까? B회사는 '나' 제품군의 매출 하락 및 재고 누적으로 워크아웃에 이르게 됐다.

'가' 제품군은 생산투입공수 및 생산시간이 '나' 제품군에 비해 매우 적고, 그에 따라 제품생산에 필요한 원가가 매우 낮아서 실제 제품단위당 마진이 계산된 것보다 높았던 것이다. 포기한 '가' 제품군은 회사의 계륵이 아닌 효자였지만 잘못된 원가를 통해 계륵으로 평가돼 회사가 경영위기에 이르게 된 주요한 원인을 제공했다는 것이다.

원가를 정확히 산출한다는 것은 매우 어려운 일이다. 그렇지만 회사에 정말 필요한 정보를 산출하는 첫 단계로 그 중요성을 간과해서는 안 될 것이며, 올바른 경영의사결정을 위해 반드시 필요한 정보라는 것을 꼭 기억해야 할 것이다.

(매일경제 2015년 8월 10일)

Talk about

✓ 경영자가 제품라인을 폐지할지 아니면 유지할지에 대한 의사결정을 할 때 고려해야 하는 것들은 무엇인가?

"올리느냐 마느냐, 그것이 문제로다, 가격 인상의 경영학"

가격 인상은 '고양이 목에 방울 달기'다. 원자재, 최저임금이 오르면 동종 업종이 모두 가격 인상 압박을 받게 된다. 하지만 먼저 가격을 인상하면 여론의 십자 포화를 맞으니 서로 눈치만 본다. 이럴 때 총대를 메는 것은 대개 '1위 기업'이다. 농심, 스타벅스, 교촌치킨, 오비맥주 등이 대표 사례다.

스타벅스가 지난 1월 중순 아메리카노 가격을 4,100원에서 4,500원으로 약 10%(400원) 올리자 투썸플레이스, 할리스, 탐앤탐스, 커피빈도 기다렸다는 듯 줄줄이 가격을 인상했다. 치킨 업계에서는 교촌치킨이 지난해 11월 제품 가격을 평균 8.1% 인상하자, bhc도 한 달 뒤 일부 제품 가격을 1,000~2,000원 올린 바 있다.

역풍을 무릅쓰고 1등 기업이 총대를 메는 이유는 뭘까. 크게 세 가지다. 첫째, 높은 점유율에서 오는 자신감이다. 1위 기업은 소비자 선호가 가장 높은 만큼, 가격 인상 후에도 수요 감소가 가장 덜할 것이라는 일종의 배짱이다. 업계에서 가장 먼저 가격 인상을 단행한 한 1위 기업 관계자는 "소비자에게는 원성을 사지만 업계에서는 '고맙다'는 인사를 받는다. 원성도 오래가지는 않더라. 가격 인상 후 2개월 정도는 다소 주문량이 감소하지만 3개월 뒤에는 다시 이전 수요가 회복되는 것을 수차례 경험했다. 그만큼 소비자 충성도가 있기에 가능한 것"이라고 말했다.

둘째, 1위 기업의 가격이 곧 '업계 표준'이 되는 '닻 내림 효과(anchoring effect)'다. 배가 닻(anchor)을 내리면 닻과 배를 연결한 밧줄의 범위 내에서만 움직이게 된다. 즉, 1위 기업이 가격을 인상하면, 그것이 '새로운 업계 표준 가격'으로 받아들여진다는 얘기다. 그간 스타벅스가 아메리카노 한 잔에 4,100원을 받으니 투썸플레이스, 할리스, 탐앤탐스 등도 한동안 똑같이 4,100원을 받은 것이 대표 사례다.

셋째, 모종의 '간접 담합'이 있을 수 있다. 동종 업계 실무자들은 경쟁사라도 친한 경우가 많다. 정부나 학계에서 주관하는 각종 모임에 참석하다 보면 자주 만나게 되고, 협회 차원에서 공동 대응을 하는 경우도 많기 때문이다. 이들은 각자 정보 보고를 위해 경쟁사 동향 파악에 주력하게 되고, 그러다 보면 경쟁사와 정보 교환이 불가피하다. 한 업계 관계자는 "동종 업계 실무자끼리 단톡방을 운영하거나 체육대회 같은 친목 모임을 갖는 경우가 많다. 여기서 주고받은 내밀한 정보들을 바탕으로 각 사 경영진이 의사 결정을 내린다. 가격 인상 같은 중요한 의사결정도 사전에 실무자 선에서 인상률과 인상 일정이 교환, 조정되는 경우가 적잖다"고 귀띔했다.

김수미 맥킨지 부파트너는 "영업 인력에 대한 교육, 인센티브, 핵심 성과 지표 등 포괄적인 성과 관리 시스템이 뒷받침돼야 안정적인 가격 인상 효과를 누릴 수 있다. 영업 인력이 자신감이 있어야 고객과의 효과적인 커뮤니케이션이 가능하다. 벤더가 아닌 파트너로서 자리매김해 '윈-윈'이 되는 대화로 이어질 수 있게 해야 한다"고 강조했다.

(매일경제 2022년 2월 11일)

Talk about

✓ 제품의 가격인상이 회사 전체의 공헌이익에 미치는 긍정적인 효과와 부정적인 효과는 무엇이라고 생각하는가?

객관식 문제

01 세무사 2020

㈜세무는 20×1년에 오토바이를 생산·판매하고 있다. 오토바이 1대당 판매가격은 ₩200이며, 단위당 제조원가 내역은 다음과 같다.

구분	금액
직접재료원가	₩86
직접노무원가	45
변동제조간접원가	9
고정제조간접원가	42
단위당 제조원가	₩182

㈜세무는 경찰청으로부터 순찰용 오토바이 100대를 ₩180에 공급해달라는 특별주문을 받았다. 특별주문에 대해서는 오토바이를 순찰용으로 변경하기 위해 네비게이션을 장착하는데 1대당 ₩10의 원가가 추가적으로 발생한다. 또한 경찰청 로고 제작을 위해 디자인 스튜디오에 ₩1,200을 지급해야 한다. 현재 ㈜세무의 생산능력은 최대생산능력에 근접해 있으므로 특별주문을 수락하면 기존 오토바이 10대의 생산을 포기해야 한다. ㈜세무가 경찰청의 특별주문을 수락할 때, 증분이익은?

① ₩0 ② 증분이익 ₩800 ③ 증분이익 ₩1,000

④ 증분이익 ₩1,200 ⑤ 증분이익 ₩1,400

02 세무사 2020

㈜세무는 20×1년 연간 최대생산량이 8,000단위인 생산설비를 보유하고 있다. ㈜세무는 당기에 제품 7,000단위를 단위당 ₩1,000에 판매할 것으로 예상하며, 단위당 변동제조원가는 ₩500, 단위당 변동판매관리비는 ₩100이다. ㈜세무는 거래처로부터 제품 2,000단위를 판매할 수 있는 특별주문을 받았으며, 단위당 변동제조원가와 단위당 변동판매관리비는 변화가 없다. 이 특별주문을 수락한다면, 예상판매량 중 1,000단위를 포기해야 한다. 이때, 특별주문 제품의 단위당 최저판매가격은?

① ₩500 ② ₩600 ③ ₩800

④ ₩900 ⑤ ₩1,000

03 회계사 2022

㈜대한은 A필터와 B필터를 생산 및 판매하고 있으며, 이익극대화를 추구한다. ㈜대한의 최대조업도는 월 12,000기계시간이며, ㈜대한이 20×1년 2월에 대해 예측한 A필터와 B필터의 자료는 다음과 같다.

구분	A필터	B필터
시장수요량	2,500단위	1,500단위
단위당 직접재료원가	₩290	₩400
단위당 직접노무원가	100	150
단위당 변동제조간접원가(기계시간당 ₩40)	80	160
단위당 변동판매관리비	50	90
단위당 고정원가	20	20
단위당 판매가격	840	1,280

㈜대한은 20×1년 2월의 판매예측에 포함하지 않았던 ㈜민국으로부터 B필터 500단위를 구입하겠다는 일회성 특별주문을 받았다. ㈜대한이 ㈜민국의 특별주문을 수락하더라도 해당 제품의 단위당 변동원가는 변하지 않는다. ㈜대한이 ㈜민국의 특별주문을 수락하여 20×1년 2월 영업이익을 ₩180,000 증가시키고자 할 경우에 특별주문의 단위당 판매가격은 얼마인가? (단, 특별주문과 관련하여 생산설비의 증설은 없다)

① ₩1,300   ② ₩1,350   ③ ₩1,400
④ ₩1,450   ⑤ ₩1,500

04 감정평가사 2023

범용기계장치를 이용하여 제품 X와 Y를 생산·판매하는 ㈜감평의 당기 예산자료는 다음과 같다.

구분	제품 X	제품 Y
단위당 판매가격	₩1,500	₩1,000
단위당 변동원가	1,200	800
단위당 기계가동시간	2시간	1시간
연간 정규시장 판매수량	300단위	400단위
연간 최대기계가동시간	1,000시간	

㈜감평은 신규거래처로부터 제품 Z 200단위의 특별주문을 요청받았다. 제품 Z의 생산에는 단위당 ₩900의 변동원가가 발생하며 단위당 1.5 기계가동시간이 필요하다. 특별주문 수락 시 기존 제품의 정규시장 판매를 일부 포기해야 하는 경우, ㈜감평이 제시할 수 있는 단위당 최소판매가격은? (단, 특별주문은 전량 수락하든지 기각해야 한다)

① ₩900   ② ₩1,125   ③ ₩1,150
④ ₩1,200   ⑤ ₩1,350

05 세무사 2022

㈜세무는 A부품을 매년 1,000단위씩 자가제조하여 제품생산에 사용하고 있다. A부품을 연간 1,000단위 생산할 경우 단위당 원가는 다음과 같다.

구분	단위당 원가
변동제조원가	₩33
고정제조간접원가	5
합계	₩38

최근에 외부의 공급업자로부터 A부품 1,000단위를 단위당 ₩35에 납품하겠다는 제안을 받았다. A부품을 전량 외부에서 구입하면 연간 총고정제조간접원가 중 ₩400이 절감되며, A부품 생산에 사용하던 설비를 다른 부품생산에 활용함으로써 연간 ₩200의 공헌이익을 추가로 얻을 수 있다. ㈜세무가 외부 공급업자의 제안을 수락하면, A부품을 자가제조할 때보다 연간 영업이익은 얼마나 증가(혹은 감소)하는가?

① ₩1,400 감소   ② ₩1,400 증가   ③ ₩3,600 감소
④ ₩3,600 증가   ⑤ ₩4,800 감소

06 회계사 2021

㈜대한은 제품에 사용되는 부품 A를 자가제조하고 있으나, 외부 공급업체로부터 부품 A와 동일한 제품을 구입하는 방안을 검토 중이다. ㈜대한의 회계팀은 아래의 자료를 경영진에게 제출하였다.

구 분	부품 A 1단위당 금액
직접재료원가	₩38
직접노무원가	35
변동제조간접원가	20
감독관 급여	40
부품 A 전용제조장비 감가상각비	39
공통관리비의 배분	41

- 매년 10,000개의 부품 A를 생산하여 모두 사용하고 있다.
- 만일 외부에서 부품 A를 구입한다면 감독관 급여는 회피가능하다.
- 부품 A 전용제조장비는 다른 용도로 사용하거나 외부 매각이 불가능하다.
- 공통관리비는 회사 전체의 비용이므로 외부 구입 여부와 관계없이 회피가 불가능하다.
- 만일 부품 A를 외부에서 구입한다면, 제조에 사용되던 공장부지는 다른 제품의 생산을 위해서 사용될 예정이며, 연간 ₩240,000의 공헌이익을 추가로 발생시킨다.

㈜대한의 경영진은 부품 A를 자가제조하는 것이 외부에서 구입하는 것과 영업이익에 미치는 영향이 무차별하다는 결론에 도달하였다. 이 경우 외부 공급업체가 제시한 부품 A의 1단위당 금액은 얼마인가?

① ₩93 ② ₩117 ③ ₩133
④ ₩157 ⑤ ₩196

07 세무사 2021

㈜세무는 제품 A와 제품 B를 생산하고 있는데, ㈜대한으로부터 제품 A 전량을 단위당 ₩18에 공급하는 제안을 받았다. 이 제안을 검토하기 위해 ㈜세무의 회계부서에서 분석한 제품 A에 대한 원가자료는 다음과 같다.

구분	단가	1,000단위
직접재료원가	₩5	₩5,000
직접노무원가	4	4,000
변동제조간접원가	1	1,000
감독자급여	3	3,000
특수기계감가상각비	2	2,000
공통간접원가배분액	5	5,000
제조원가 합계	₩20	₩20,000

제품 A를 생산하지 않을 경우 제품 A 감독자는 추가비용 없이 해고가능하고, 특수기계는 제품 A 제조에만 사용되는 전용기계이다. 공통간접원가는 공장임대료 등으로 제품 A 생산라인을 폐쇄하더라도 감소하지 않는다. 제품 A를 생산하지 않을 경우 그에 대한 여유생산능력으로 제품 B를 추가 생산할 수 있는데, 이로 인해 증가되는 수익은 ₩5,000이고 증가되는 원가는 ₩3,000이다. ㈜세무가 ㈜대한의 제안을 받아들이면 자가생산하는 것보다 얼마나 유리(불리)한가?

① ₩3,000 유리
② ₩3,000 불리
③ ₩4,000 유리
④ ₩4,000 불리
⑤ ₩5,000 불리

08 관세사 2016

㈜관세의 20×1년도 부문별 예산손익계산서는 다음과 같다.

구분	사업부 A	사업부 B	사업부 C	합계
매출액	₩20,000	₩30,000	₩50,000	₩1000,000
변동원가	(8,000)	(21,000)	(35,000)	(64,000)
공헌이익	12,000	9,000	15,000	36,000
추적가능고정원가	(6,000)	(8,000)	(10,000)	(24,000)
공통고정원가	(2,000)	(3,000)	(5,000)	(10,000)
영업이익	₩4,000	(₩2,000)	₩0	₩2,000

각 사업부문이 폐쇄되면 각 사업부의 추적가능고정원가의 70%는 회피가능하며, 공통고정원가는 매출액 기준으로 각 사업부문에 배부한다. 20×1년 현재 경영자는 사업부 B를 폐쇄하면 사업부 A의 매출액이 20% 증가할 것으로 예상한다. 만약 ㈜관세가 사업부 B를 폐쇄하기로 결정한다면, 20×1년도 예산상의 영업이익은?

① ₩6,600 감소   ② ₩3,400 감소   ③ ₩1,000 감소
④ ₩2,400 증가   ⑤ ₩5,600 증가

09 회계사 2017

㈜한국은 제품 A와 제품 B를 생산·판매하고 있다. 제품 A와 제품 B 각각에 대한 연간최대 조업도 100,000단위의 활동수준에서 예상되는 20×1년도 생산 및 판매와 관련된 자료는 다음과 같다.

구분	제품 A	제품 B
단위당 판매가격	₩120	₩80
단위당 변동원가:		
직접재료원가	₩30	₩12
직접노무원가	₩20	₩15
변동제조간접원가	₩7	₩5
변동판매관리비	₩12	₩8
단위당 고정원가:		
추적가능 고정제조간접원가	₩16	₩18
공통고정비	₩15	₩10
단위당 총원가	₩100	₩68
연간최대생산능력	100,000단위	100,000단위

제품별 추적가능 고정제조간접원가는 해당 제품의 생산을 중단하면 회피가능하나, 공통고정비는 제품 A 혹은 제품 B의 생산을 중단해도 계속해서 발생한다. ㈜한국은 20×1년 초에 향후 1년 동안 제품 A 80,000단위와 제품 B 60,000단위를 생산·판매하기로 계획하였다. 그런데 ㈜한국이 기존의 계획을 변경하여 20×1년에 제품 B를 생산하지 않기로 한다면, 제품 A의 20×1년도 연간 판매량은 원래 계획한 수량보다 15,000단위 증가할 것으로 예측된다. ㈜한국이 20×1년에 제품 B의 생산을 전면 중단할 경우, 이익에 미치는 영향은?

① ₩165,000 감소   ② ₩165,000 증가   ③ ₩240,000 증가
④ ₩265,000 감소   ⑤ ₩265,000 증가

10 감정평가사 2021

㈜감평은 제품라인 A, B, C부문을 유지하고 있다. 20×1년 각 부문별 손익계산서는 다음과 같다.

구분	A부문	B부문	C부문	합계
매출액	₩200,000	₩300,000	₩500,000	₩1,000,000
변동원가	100,000	200,000	220,000	520,000
공헌이익	100,000	100,000	280,000	480,000
고정원가				
급여	30,000	50,000	80,000	160,000
광고선전비	10,000	60,000	70,000	140,000
기타배부액	20,000	30,000	50,000	100,000
영업이익	₩40,000	(₩40,000)	₩80,000	₩80,000

㈜감평의 경영자는 B부문의 폐쇄를 결정하기 위하여 각 부문에 관한 자료를 수집한 결과 다음과 같이 나타났다.

- 급여는 회피불능원가이다.
- 광고선전비는 각 부문별로 이루어지기 때문에 B부문을 폐쇄할 경우 B부문의 광고선전비는 더 이상 발생하지 않는다.
- 기타배부액 총 ₩100,000은 각 부문의 매출액에 비례하여 배부한 원가이다.
- B부문을 폐쇄할 경우 C부문의 매출액이 20% 감소한다.

㈜감평이 B부문을 폐쇄할 경우 ㈜감평 전체 이익의 감소액은? (단, 재고자산은 없다)

① ₩36,000 ② ₩46,000 ③ ₩66,000
④ ₩86,000 ⑤ ₩96,000

11 회계사 2023

㈜대한은 보조부문 S1과 S2, 제조부문 P1과 P2를 사용하여 제품을 생산하고 있다. 20×3년도에 각 보조부문이 생산하여 타부문에 제공할 용역의 양과 보조부문의 원가에 관한 예산자료는 다음과 같다.

• 보조부문의 용역생산량과 타부문에 제공할 용역량					
보조부문	보조부문의 용역생산량	각 보조부문이 타부문에 제공할 용역량			
		S1	S2	P1	P2
S1	400단위	–	80단위	200단위	120단위
S2	400단위	160단위	40단위	40단위	160단위

- S1과 S2의 변동원가는 각각 ₩260,000과 ₩40,000이다.
- S1과 S2의 고정원가는 각각 ₩40,000과 ₩40,000이다.

20×2년 말 ㈜대한은 ㈜민국으로부터 현재 부문 S2에서 제공하고 있는 용역을 단위당 ₩400에 공급해 주겠다는 제안을 받았다. 이 제안을 20×3년 초에 수락할 경우, ㈜대한은 부문 S2의 고정원가를 50%만큼 절감할 수 있다. 그리고 부문 S2의 설비는 타사에 임대하여 연간 ₩20,000의 수익을 얻을 수 있다. 20×3년 초에 ㈜대한이 ㈜민국의 제안을 수락하여 부문 S2를 폐쇄하고 ㈜민국으로부터 용역을 구입하기로 결정하는 경우, 이러한 결정이 ㈜대한의 20×3년도 이익에 미치는 영향은 얼마인가?

① ₩800 증가 ② ₩1,000 증가 ③ ₩1,200 증가
④ ₩1,400 증가 ⑤ ₩1,600 증가

12 세무사 2023

㈜세무는 A, B, C 세 종류의 제품을 생산·판매하고 있으며, 관련 자료는 다음과 같다.

구분	제품 A	제품 B	제품 C
매 출 액	₩100,000	₩200,000	₩150,000
변동원가	70,000	110,000	130,000
고정원가	20,000	40,000	30,000
이 익	10,000	50,000	(10,000)

각 제품별 고정원가는 회사 전체적으로 발생하는 고정원가 ₩90,000을 각 제품의 매출액에 비례하여 배분한 것으로, 제품 생산 여부나 생산 및 판매 수량에 관계없이 일정하게 발생한다. 손실이 발생하고 있는 제품 C의 생산을 중단하는 경우 제품 A의 매출액은 50% 증가하고, 제품 B의 매출액은 변화 없을 것으로 예상된다. 제품 C의 생산을 중단하면 회사 전체 이익은 얼마나 감소하는가?

① ₩1,000   ② ₩3,000   ③ ₩5,000
④ ₩7,000   ⑤ ₩9,000

13 감정평가사 2018

㈜감평은 세 종류의 제품 A, B, C를 독점 생산 및 판매하고 있다. 제품생산을 위해 사용되는 공통설비의 연간 사용시간은 총 40,000시간으로 제한되어 있다. 20×1년도 예상 자료는 다음과 같다. 다음 설명 중 옳은 것은?

구분	제품 A	제품 B	제품 C
단위당 판매가격	₩500	₩750	₩1,000
단위당 변동원가	₩150	₩300	₩600
단위당 공통설비사용시간	5시간	10시간	8시간
연간 최대 시장수요량	2,000단위	3,000단위	2,000단위

① 제품단위당 공헌이익이 가장 작은 제품은 C이다.
② 공헌이익을 최대화하기 위해 생산할 제품 C의 설비 사용시간은 12,000시간이다.
③ 공헌이익을 최대화하기 위해 생산할 총제품수량은 5,000단위이다.
④ 공헌이익을 최대화하기 위해서는 제품 C, 제품 B, 제품 A의 순서로 생산한 후 판매해야 한다.
⑤ 획득할 수 있는 최대공헌이익은 ₩2,130,000이다.

14 회계사 2016

㈜한국은 동일한 직접재료 M을 사용하여 세 가지 제품 A, B, C를 생산·판매한다. 다음은 ㈜한국이 생산·판매하고 있는 각 제품의 단위당 판매가격, 변동원가 및 공헌이익에 관한 자료이다.

구 분	제품 A	제품 B	제품 C
단위당 판매가격	₩900	₩1,350	₩1,200
단위당 변동원가			
직접재료원가	160	320	200
기타변동원가	480	590	700
단위당 공헌이익	₩260	₩440	₩300

㈜한국은 공급업체로부터 직접재료 M을 매월 최대 4,000kg까지 구입가능하며, 직접재료 M의 구입가격은 kg당 ₩400이다. ㈜한국의 각 제품에 대한 매월 최대 시장수요량은 400단위이다. ㈜한국이 이익을 최대화하기 위해 각 제품을 매월 몇 단위씩 생산·판매하여야 하는가?

	제품 A	제품 B	제품 C			제품 A	제품 B	제품 C
①	400단위	50단위	400단위		②	400단위	300단위	0단위
③	200단위	400단위	0단위		④	0단위	400단위	160단위
⑤	0단위	250단위	400단위					

15 세무사 2020

㈜세무는 제약자원인 특수기계를 이용하여 제품 A, 제품 B, 제품 C를 생산·판매한다 제품의 생산·판매와 관련된 자료는 다음과 같다.

구분	제품 A	제품 B	제품 C
단위당 판매가격	₩50	₩60	₩120
단위당 변동원가	20	36	60
단위당 특수기계 이용시간	2시간	1시간	3시간

특수기계의 최대이용가능시간이 9,000시간이고, 각각의 제품에 대한 시장수요가 1,000단위(제품 A), 3,000단위(제품 B), 2,000단위(제품 C)로 한정되어 있을 때, ㈜세무가 달성할 수 있는 최대공헌이익은?

① ₩181,250   ② ₩192,000   ③ ₩196,250

④ ₩200,000   ⑤ ₩211,250

16 관세사 2016

㈜관세는 제품 A와 제품 B를 생산하여 판매하고 있으며, 두 제품에 대한 시장수요는 무한하다. 제품 A와 제품 B의 생산에 사용되는 재료는 연간 총 2,400kg, 기계사용시간은 연간 총 3,000시간으로 제한되어 있다. 제품의 생산 및 판매와 관련된 자료가 다음과 같을 때, ㈜관세가 달성할 수 있는 연간 최대 공헌이익은?

구분	제품 A	제품 B
단위당 판매가격	₩1,000	₩1,500
단위당 변동제조원가	₩500	₩800
단위당 변동판매관리비	₩200	₩300
단위당 재료소요량	2kg	2kg
단위당 기계사용시간	2시간	3시간

① ₩360,000   ② ₩400,000   ③ ₩420,000
④ ₩600,000   ⑤ ₩720,000

17 세무사 2022

㈜세무는 제품 A와 B를 생산하고 있으며, 제품 생산에 관한 자료는 다음과 같다.

구분	제품 A	제품 B
제품 단위당 공헌이익	₩30	₩50
제품 단위당 기계시간	0.5시간	1시간
제품 단위당 노무시간	1.5시간	2시간

월간 이용가능한 기계시간은 1,000시간, 노무시간은 2,400시간으로 제한되어 있다. 월간 고정원가는 ₩20,000으로 매월 동일하고, 제품 A와 B의 시장수요는 무한하다. ㈜세무가 이익을 극대화하기 위해서는 제품 A와 B를 각각 몇 단위 생산해야 하는가?

	제품 A	제품 B		제품 A	제품 B
①	0단위	1,000단위	②	800단위	500단위
③	800단위	600단위	④	900단위	500단위
⑤	1,600단위	0단위			

보론 객관식 문제

01 회계사 2018

㈜대한은 제품A와 제품B 중 어느 것을 생산·판매할 것인지 결정하기 위해 외부경제연구소로부터 시장 상황에 대한 예측정보를 얻으려고 한다.

(1) ㈜대한은 미래의 시장 상황을 호황과 불황으로 나누고, 외부 경제연구소의 예측정보를 얻기 전에 각 상황에 대한 확률과 영업이익을 다음과 같이 예상하였다.

대안	시장 상황	
	호황(확률 : 60%)	불황(확률 : 40%)
제품A	₩1,200	₩900
제품B	₩850	₩1,100

(2) 외부경제연구소는 시장 상황에 대해 호황이라고 예측하는 정보(R1) 또는 불황이라고 예측하는 정보(R2)를 제공한다.

(3) ㈜대한은 시장 상황에 대해 사전에 예상한 확률과 외부경제연구소의 예측정확도를 고려하여 각 정보(R1과 R2)가 제공될 확률을 계산하였다. 각각의 정보가 제공될 확률, 정보가 주어졌을 때의 최적대안 및 최적대안의 기대영업이익은 다음과 같다.

구분	R1	R2
정보가 제공될 확률	56%	44%
최적대안	제품A	제품B
최적대안의 기대영업이익	₩1,157	₩1,032

㈜대한이 외부경제연구소의 예측정보에 대해 지불할 수 있는 최대금액은 얼마인가?

① ₩10 ② ₩12 ③ ₩22
④ ₩55 ⑤ ₩80

02 세무사 2019

㈜세무는 공정이 정상인지에 대해 조사 여부를 결정하고자 한다. 공정 조사비용은 ₩20,000 이며, 조사 후 공정이 비정상 상태일 때 교정비용은 ₩30,000이다. 공정이 비정상인데 조사 하지 않으면, 손실 ₩90,000이 발생한다. 공정이 정상일 확률은 60%, 비정상일 확률은 40% 이다. 공정 상태에 대해 완전한 예측을 해 주는 완전정보시스템이 있다면 그 완전정보를 얻기 위해 지불할 수 있는 최대금액은?

① ₩4,000   ② ₩12,000   ③ ₩16,000

④ ₩20,000   ⑤ ₩32,000

03 회계사 2021

㈜대한은 월드컵에서 한국 축구팀이 우승하면, 10억 원 상당의 경품을 증정하는 이벤트를 실시할 예정이다. 동 경품 이벤트의 홍보효과로 인해 ㈜대한의 기대현금유입액은 한국 축구팀의 우승 여부에 관계없이 3억 원이 증가할 것으로 예상된다. ㈜대한은 경품 이벤트에 대비하는 보험상품에 가입할 것을 고려하고 있다. 동 보험상품 가입 시 한국 축구팀이 월드컵에서 우승하는 경우, 보험사가 10억 원의 경품을 대신 지급하게 된다. 동 상품의 보험료는 1억 원이며, 각 상황에 따른 기대현금흐름은 다음과 같다.

구분	기대현금흐름(보험료 제외)	
	월드컵 우승 성공	월드컵 우승 실패
보험 가입	3억 원	3억 원
보험 미가입	(−) 7억 원	3억 원

한국 축구팀이 월드컵에서 우승할 가능성이 최소한 몇 퍼센트(%)를 초과하면 ㈜대한이 보험상품에 가입하는 것이 유리한가? (단, 화폐의 시간가치는 고려하지 않는다)

① 5%   ② 10%   ③ 20%

④ 30%   ⑤ 40%

04 세무사 2021

㈜세무는 기존에 생산중인 티셔츠 제품계열에 새로운 색상인 하늘색과 핑크색 중 한 가지 제품을 추가할 것을 고려중이다. 추가될 제품은 현재의 시설로 생산가능하지만, 각각 ₩200,000의 고정원가 증가가 요구된다. 두 제품의 판매단가는 ₩10, 단위당 변동원가는 ₩8으로 동일하다. 마케팅부서는 두 제품의 시장수요에 대해 다음과 같은 확률분포를 제공하였다.

수요량	기대확률	
	하늘색	핑크색
50,000단위	0.0	0.1
100,000	0.2	0.1
200,000	0.2	0.2
300,000	0.4	0.2
400,000	0.2	0.4

㈜세무의 기대영업이익을 최대화하는 관점에서 두 제품 중 상대적으로 유리한 제품과 유리한 영업이익차이 모두를 올바르게 나타낸 것은?

① 핑크색, ₩30,000   ② 하늘색, ₩32,000   ③ 핑크색, ₩34,000

④ 하늘색, ₩36,000   ⑤ 핑크색, ₩38,000

05 회계사 2023

㈜대한은 제품A를 생산하여 판매하려고 한다. 제품A의 단위당 제조원가는 ₩200이며, 단위당 판매가격은 ₩500이다. 제품A는 판매되지 못하면 전량 폐기처분해야 하며, 미리 생산한 제품A가 전량 판매된 후에는 추가로 생산하여 판매할 수 없다. ㈜대한이 예상한 제품A의 판매량은 다음과 같다.

판매량	확률
500개	0.4
600개	0.3
700개	0.3

제품A의 판매량에 관하여 완전한 예측을 해주는 완전정보시스템이 있다면, 다음 설명 중 옳은 것은?

① 기존정보하의 기대가치는 ₩155,000이다.
② 기존정보하에서는 생산량이 700개인 대안을 선택할 것이다.
③ 완전정보하의 기대가치는 ₩17,000이다.
④ 완전정보의 기대가치는 ₩177,000이다.
⑤ 기존정보하에서 기대가치가 가장 큰 대안을 선택하였고 실제로 제품A가 500개 판매된 경우 예측오차의 원가는 ₩20,000이다.

06 세무사 2023

㈜세무는 기계 A, B 중 하나를 구입하고, 이를 사용하여 신제품을 생산하려 한다. 관련 자료를 근거로 작성한 성과표(payoff table)는 다음과 같다. 성과표에서 $P(S_i)$는 확률을 의미하고, 금액은 이익을 의미한다.

상황 / 대안	S1 = 호황 $P(S1) = 0.4$	S2 = 불황 $P(S2) = 0.6$
기계 A	₩9,000	₩1,000
기계 B	7,000	K

기계 A의 기대이익이 기계 B의 기대이익보다 더 크며, 호황일 때는 기계 A의 이익이 더 크고 불황일 때는 기계 B의 이익이 더 크다. 완전정보의 기대가치(EVPI)가 ₩600인 경우, 성과표에서 K는 얼마인가?

① ₩1,500   ② ₩2,000   ③ ₩2,200
④ ₩2,300   ⑤ ₩2,500

MEMO

13

종합예산

- 예산의 역할을 이해한다.
- 종합예산의 편성과정을 이해한다.
- 고정예산과 변동예산의 차이를 이해한다.

기업을 경영하는 경영자는 미래의 불확실성에 효과적으로 대응하기 위하여 사전에 계획을 수립할 필요가 있다. 예산이란 미래에 대한 경영활동의 계획을 화폐단위로 계량화하여 나타낸 것이다. 예산은 예산편성의 기준이 되는 조업도에 따라 고정예산과 변동예산으로 구분할 수 있다. 고정예산은 목표로 설정한 하나의 계획된 조업도를 기준으로 예산을 편성하는 방법이고, 변동예산은 사후적인 실제조업도에 기준하여 예산을 편성하는 방법이다.

종합예산은 기업 내 각 부문의 유기적인 운영을 위하여 종합적으로 설정되는 예산이며, 모든 부문의 목표를 요약하여 판매, 생산, 구매, 재무 등 기능별로 작성된다. 이러한 종합예산의 편성과정을 이해하고 각각의 단계를 학습한다.

1 예산의 의의

　기업을 경영하는 경영자는 미래의 불확실성에 효과적으로 대응하기 위하여 사전에 계획을 수립할 필요가 있다. 계획을 세워야 무엇이 필요하고, 어떤 결과가 나올지 예측하고, 발생할 수 있는 문제에 대한 준비를 할 수 있다. 미래의 계획을 수립하지 않는 조직은 오늘날 급변하고 있는 환경하에서 기업의 전반적인 문제나 미래의 목적을 달성할 수 없게 된다.

　예산(budget)이란 미래에 대한 경영활동의 계획을 화폐단위로 계량화하여 나타낸 것이다. 일반적으로 예산은 조직의 목표를 설정하고 한정된 자원을 효율적으로 배분한다는 관점에서 중요하게 인식되며, 사전에 계획을 수립하게 하는 것은 예산의 가장 중요한 기능이라 할 수 있다. 또한 예산은 계획과 실제 성과를 비교하여 평가하고, 피드백을 제공하는 통제기능과 계획을 통해 기업 전체와 기업 내 부서들의 목표를 조정하는 기능도 가지고 있다.

　일반적으로 기업의 계획단계에서 특정 기간에 대한 예산을 작성하는 것을 **예산편성**(budgeting)이라고 한다. 예산통제는 예산을 이용하여 기업의 경영활동을 통제하고, 경영활동의 결과를 기업이 계획한 목표와 일치시키는데 사용하는 것을 의미한다. 예산편성은 조직의 목표를 설정하고 한정된 자원을 효율적으로 배분하기 위해 필수적으로 수행해야 하는 단계이다.

2 예산의 특징과 기능

2.1 예산의 특징

(1) 예산주체

　기업의 계획수립 및 통제 목적을 위해 예산주체는 한 부서(예: 기획부)나 부문과 같은 조직의 일부분, 회계나 총무와 같은 특정 기능을 중심으로 이루어진다. 예산편성은 계획단계에서 특정 기간에 대한 예산을 설정하는 것을 의미하는데, 예산을 편성하기 전에 예산주체가 정의되어야만 한다.

　예산주체가 각 부서에 예산편성 지침을 통보하고, 지침에 따라 각 부서가 예산을 수립한다. 각 부서의 예산을 취합한 후 예산주체의 예산조정 과정을 통해 각 부서 간 의사소통과 예산조정이 이루어진다.

(2) 예산기간

예산은 미래의 일정기간을 계획하는 예측치이다. 예산기간은 경영자의 계획수립의 필요, 예산활동의 특성, 예산활동의 기능에 따라 단기나 장기일 수 있다. 보통 예산은 월, 분기, 반기, 1년, 5년 등 그 기간이 명확하게 명시되어야 한다. 예산기간이 짧아질수록 예산은 보다 구체화될 수 있다.

(3) 계량화

예산은 계량화를 통해 모든 계획이 화폐단위를 이용한 공통적인 측정치로 단순화될 때 유용한 정보를 제공한다. 계량화는 경영자로 하여금 비용과 효익을 비교하여 자원이 가장 적절하게 배분되었는지 평가할 수 있도록 해준다.

2.2 예산의 기능

(1) 계획수립

기업에서 경영활동을 수행하기 위해 계획을 수립하지 않고서는 그 목표를 달성할 수 없다. 기업의 계획수립은 한정된 자원을 필요한 곳에 적절히 나누어 사용하는 효율적인 배분에 중점을 두며, 기업의 목표를 달성하기 위한 기업 내 구성원의 노력을 이끌어내는 데 사용된다. 예산편성은 계획수립 시 특정 기간의 목표를 구체화하는 하나의 틀을 제공한다.

(2) 조정, 협조 그리고 의사소통

공식적인 예산은 기업 내 조직의 다양한 계획을 통합시킨다. 예산의 편성과정은 기업 내 조직에 속한 모든 구성원의 생각을 교환하고 계획을 조정하는 도구이다. 그러나 기업의 규모가 커지고 경영활동의 책임이 하부단위로 위임되면 각 부서의 행동을 기업 전체의 목표와 일치시키는 것이 점점 어려워진다. 따라서 예산의 편성과정에서 잠재적인 문제가 노출될 때 조직의 하부단위들은 협력하여 문제해결 방안을 찾아내야 한다. 또한 기업 내 다양한 부서의 계획을 조정하기 위해 부서별 경영자 간 의사소통이 활발해야 한다. 이를 통해 예산은 조정 및 의사소통 기능을 가지게 된다.

(3) 성과평가 및 통제기능

예산은 미래 운영활동에 대한 경영층의 추정치이므로 경영자는 계획과 실제 성과와의 차이를 비교, 분석함으로써 각 부서와 부서를 책임지는 경영자의 성과를 평가하고, 이를 기초로 피드백을 제공함으로써 계획을 적절히 변화, 개선시켜 나가는 통제기능을 수행해야 한다. 예산은 예산주체에 의한 성과평가의 기준치이며, 기업이 최선의 노력으로 달성해야 할 목표이다. 예산은 미래에 대한 기대치를 제시하고 경영자에게 자신의 업적을 감시하는 기초를 제공한다. 예산은 기대 성과와 실제 성과와의 비교를 통하여 부서별 경영자가 얼마나 효율적으로 목표를 달성하였는가를 측정할 수 있도록 해주며, 부서별 경영자가 기업 전체의 목표를 이룰 수 있는 행동을 장려한다.

2.3 예산의 역기능

경영자의 보상제도는 예산 및 목표달성과 직접 연계되어 있다. 보상이 예산과 연계되어 있는 경우 일부 경영자는 조직에 역기능적인 행동을 보인다. 경영자는 가능한 한 보상을 많이 받기 위해 성과를 조작할 위험이 존재하며, 단기적인 목표달성을 위한 근시안적인 시각에 따라 장기적인 목표달성을 침해할 가능성도 존재한다. 또한 경영자는 목표달성을 위해 목표를 낮추거나 필요 이상의 과잉자원을 요구할 수 있다. 예를 들어, 판매부서의 경영자는 매출의 증가에만 집중하게 되고, 생산부서의 경영자는 제품의 생산량이나 품질에만 신경을 쓸 수 있다. 이러한 경우 조직전체로 보면 최적 수준의 자원이 할당되지 않는 문제가 발생할 수 있다.

3 예산의 분류

3.1 고정예산과 변동예산

예산은 예산편성의 기준이 되는 조업도에 따라 고정예산과 변동예산으로 구분할 수 있다.

(1) 고정예산

고정예산(static budget)은 목표로 설정한 특정조업도를 기준으로 하여 예산을 편성한다. 고정예산은 예산기간 동안 조업도나 기타 상황이 변하더라도 조정되지 않는 예산이다. 이러한 고정예산은 다음과 같은 2가지 특징을 가지고 있다.

첫째, 고정예산은 하나의 계획된 조업도 수준을 갖는 예산편성의 경우에만 적합하다. 고정예산을 이용하게 되면 조업도 수준에 대한 통제만이 가능하다. 둘째, 실적은 항상 하나의 계획된 조업도 수준의 예산과 비교된다. 즉, 실제조업도 수준이 계획된 조업도 수준을 달성했거나 미달했는지와 관계없이 실적은 계획된 조업도 수준의 예산과 비교된다.

(2) 변동예산

변동예산(flexible budget)은 조업도의 변동에 따라 다르게 예산을 편성한다. 변동예산은 여러 수준의 사후적인 실제조업도에 기준하여 예산을 편성하는 방법이다. 따라서 변동예산은 수익과 원가가 일정한 범위의 조업도 내에서 어떠한 행태를 나타내는지 파악해야만 수립될 수 있다.

변동예산의 편성절차는 다음과 같다.

① 조업도의 기준을 설정한다. 조업도 기준은 판매량, 생산량, 기계시간 등을 사용할 수 있다.
② 예산기간 동안 조업도 수준을 예측하여 관련범위를 결정한다.
③ 관련범위 내에서 발생할 것으로 예상되는 비용의 행태를 분석하여 모든 비용을 고정원가와 변동원가로 구분한다.
④ 조업도 한 단위당 변동원가를 산정한다.
⑤ 관련범위 내의 각 조업도 수준에서의 총변동원가를 계산한다.
⑥ 관련범위 내의 각 조업도 수준에서의 고정원가를 계산한다.
⑦ 관련범위 내의 각 조업도 수준에서의 변동예산을 편성한다.

변동예산은 다음과 같은 2가지 특징을 가지고 있다.

첫째, 변동예산은 하나의 계획된 조업도 수준보다는 관련범위 내의 모든 조업도 수준에 적합한 예산편성방법이다. 이를 위해 변동예산에서는 모든 비용을 변동원가와 고정원가로 구분하여 여러 수준의 조업도에 맞추어 예산을 작성하므로 체계적인 계획을 수립할 수 있도록 한다. 둘째, 변동예산은 예산편성을 조업도 수준에 따라서 탄력적으로 수립할 수 있게 해준다. 변동예산은 경영환경이 변하면 이에 맞추어 달성가능한 조업도 수준에서 적절히 변경되어 편성된다. 이러한 경우 실제조업도와 계획된 조업도의 차이를 고려하지 않고, 실제조업도와 실제조업도 수준에서의 예산을 기준으로 실적을 비교하기 때문에 효과적인 평가와 통제의 수단으로 활용할 수 있다.

3.2 권위적 예산, 참여적 예산, 자문적 예산

예산은 편성 시 조직구성원이 참여하는 정도에 따라 권위적 예산, 참여적 예산, 자문적 예산으로 구분할 수 있다.

(1) 권위적 예산

권위적 예산(authoritative budget)은 조직구성원이 참여하지 않고 최고경영자가 독자적으로 예산을 설정하여 통보하는 상의하달식으로 편성한 예산이다. 권위적 예산은 최고경영자가 예산을 할당하고 기업 내 부문 간 조정을 수행하므로 빠르고 효율적이다. 그러나 최고경영자가 업무 전반에 대한 이해도가 부족한 경우 예산편성 시 적절한 목표수준을 도출할 수 없다는 단점이 존재한다. 또한 권위적 예산은 예산편성 시 조직구성원이 참여하지 않기 때문에 조직구성원에 대한 동기부여와 기업 전체와의 목표일치성이 결여된다는 단점이 있다.

(2) 참여적 예산

참여적 예산(participative budget)은 모든 계층의 조직구성원이 예산편성에 적극적으로 참여하는 하의상달식으로 편성한 예산이다. 조직구성원이 예산편성에 참여함으로써 조직구성원의 사적정보를 활용할 수 있고, 조직구성원의 다양한 관점을 예산에 반영할 수 있다. 또한 조직구성원에게 예산목표를 달성하고자 하는 동기를 부여할 수 있으며, 조직구성원과 기업 전체의 목표일치성을 높일 수 있다. 그러나 조직구성원이 스스로 예산을 편성함에 따라 많은 노력과 시간이 필요하고, 조직구성원이 유리한 성과평가를 받기 위해 예산을 느슨하게 편성하는 예산슬랙을 유발할 가능성이 있다는 단점도 존재한다.

(3) 자문적 예산

자문적 예산(consultative budget)은 최고경영자가 예산에 대해 조직구성원에게 자문이나 의견을 요청한 후 최고경영자가 편성하는 예산이다. 즉, 최고경영자는 조직구성원의 의견을 듣지만 최종적인 예산은 혼자서 결정하는 방식이다. 대규모 조직에서는 조직구성원 모두의 완전한 참여가 사실상 불가능하기 때문에 자문적 예산편성 방식을 취하게 된다.

3.3 영기준예산

전통적인 예산편성 방식은 전년도 예산을 이용하여 당해년도 예산을 편성한다. 과거의 예산에 일정비율을 증가 또는 감소시켜 예산을 편성하는 증분예산이 이에 해당한다. 그러나 **영기준예산**(zero-based budget)은 경영자가 예산을 편성할 때 전년도 예산을 고려하지 않고 모든 예산을 최초로 수립하는 것처럼 원점에서 편성한 예산이다. 영기준예산은 전년도 예산이 미래기간의 예산을 전혀 정당화시켜 주지 못한다는 생각에 기초하고 있다. 영기준예산은 과거에 발생한 비능률이 미래기간에 반영되지 않는다는 장점이 있으나 매년 원점에서 출발하여 예산을 새로 편성하기 때문에 시간과 비용이 불필요하게 많이 소요된다는 단점도 있다.

3.4 연속예산

일반적으로 예산은 일정기간을 정하여 편성되는데, **연속예산**(rolling budget 또는 continuous budget)은 일정기간에 대하여 예산을 편성한 후 기간이 경과함에 따라 지나간 기간에 대한 예산을 제외하고, 새로운 기간에 대한 예산을 포함시켜 항상 일정한 기간의 예산이 유지되도록 편성하는 예산이다. 예를 들어, 20×1년의 1년 예산을 편성했을 때 1개월의 기간이 지나면 20×1년의 1월에 대한 예산을 제외하고 20×2년 1월에 대한 예산을 포함하여 1년 동안의 예산이 계속 유지되도록 하는 것이다. 연속예산은 연말에 집중되는 예산편성을 위한 업무부담을 1년에 걸쳐 고르게 분산시키고, 미래의 일정 기간에 대한 지속적인 관심을 기울일 수 있다는 장점이 있으나, 지속적으로 예산편성 업무를 수행해야 하는 단점도 있다.

4 종합예산

4.1 종합예산의 의의 및 상호관계

종합예산(master budget)은 기업 내 각 부문의 유기적인 운영을 위하여 종합적으로 설정되는 예산이며, 모든 부문의 목표를 요약하여 판매, 생산, 구매, 재무 등 기능별로 작성된다. 종합예산은 크게 두 부분으로 나눌 수 있다. 기업의 운영을 위한 운영예산과 재무활동을 위한 재무예산이다.

운영예산은 판매, 생산, 원재료의 구입 및 사용에 대한 계획을 기초로 하여 판매예산, 기말재고예산, 제조예산, 원재료구입예산, 제조원가예산, 매출원가예산 등을 작성한다. 재무예산은 자금의 조달, 투자 및 차입 등 현금의 유입과 유출에 대한 계획을 기초로 하여 현금예산, 자본예산 등을 작성한다. 운영예산을 통해 예산상 순이익을 산출하고, 예산손익계산서를 작성할 수 있으며, 재무예산을 통해 현금예산이 작성되면 예산재무상태표 및 예산현금흐름표를 작성할 수 있다. 결국, 종합예산은 다음 회계기간 동안 기업의 운영활동을 설명할 수 있는 예산의 최종 결과로써 모든 개별예산의 재무추정치를 요약한 것이다. 종합예산은 아래 〈그림 13-1〉과 같이 포괄적인 계획으로써 상호의존적인 개별예산으로 구성된다.

4.2 종합예산의 편성 절차

종합예산을 편성할 때 기업 차원에서 이익목표를 설정한 후 부서별로 배분한다. 이를 토대로 각 사업부문별, 사업장별로 예산을 수립하고, 예산편성을 담당하는 부서에서는 각 부서별로 작성된 예산을 취합 및 조정하여 종합예산을 편성한다. 위의 〈그림 13-1〉과 같이 종합예산의 출발점은 판매예산을 작성하는 것이다. 판매예산을 작성하기 위해서는 먼저 미래의 수요를 예측, 즉 판매예측을 해야 한다.

(1) 판매예산

판매예산은 종합예산 편성의 출발점이며, 다른 모든 예산의 기초가 된다. 판매예산은 판매량과 판매수익에 관한 경영자의 예측치이며, 제품에 대한 다른 예산의 추정치는 경영자가 예측한 매출액에 기초하고 있기 때문에 판매예산이 가장 먼저 편성된다. 따라

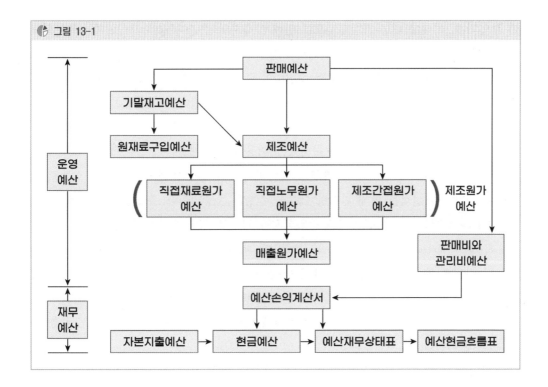

그림 13-1

서 판매예산이 잘못 편성되면 이어지는 모든 예산은 기업이 미래에 수행해야 할 활동에 대한 합리적인 지표가 되지 못한다.

　판매예산은 판매량 예측에서 출발하는데 판매량 예측은 예산기간 동안 기업의 모든 활동을 결정하는 중요한 요소이기 때문에 신중히 수행되어야 한다. 판매량 예측에 고려해야 할 요소들의 예는 다음과 같다.

① 과거의 판매량(추세)
② 경제상황(예: 금리, 환율, 실업률 등 경제지표)
③ 시장수요
④ 산업의 경쟁정도
⑤ 판매가격정책
⑥ 판매촉진정책
⑦ 판매원의 능력
⑧ 판매량의 계절적 변화 등

판매량 예측은 이처럼 다양한 요소들을 고려하여 이루어져야 하기 때문에 많은 노력이 투입되며, 미래에 대한 불확실성으로 인해 예측자의 주관이 많이 개입된다. 가장 신뢰할 수 있는 판매예산을 편성하기 위해서 기업은 판매량 예측을 위한 전문가를 고용하고 가능한 한 많은 원천으로부터 정보를 수집하여 주관이 개입되는 것을 줄이고자 한다.

　판매량 예측 방법은 다양하다. 판매활동을 직접 수행하는 판매원들로부터 의견을 취합하거나 외부 시장조사기관을 활용할 수도 있으며, 통계적 예측모형을 이용할 수도 있다. 이 중 통계적 예측모형은 과거자료를 이용하여 시계열분석이나 회귀분석을 통해 판매량 예측을 하는 방법이다. 시계열분석은 과거의 추세가 미래에도 지속될 것으로 가정하여 과거 판매실적을 통해 판매량 예측을 수행하는 방법이다. 회귀분석은 시계열분석과 같이 과거자료를 활용하는 것은 동일하지만 판매에 영향을 주는 특정 요인(예: 광고선전비 지출액, 경제지표 등)을 파악하고, 특정 요인과 과거 판매량의 관계를 분석한 후 미래에 변동될 것으로 예상되는 특정 요인의 값을 통해 예상판매량을 구하는 방법이다. 그러나 어떤 판매량 예측 방법을 사용하더라도 판매량 예측과 관련된 불확실성을 완전히 제거할 수는 없다는 점을 유의해야 한다. 따라서 판매량 예측 방법은 원가-효익 분석을 통해 선택해야 한다.

　판매량 예측이 이루어지면 판매예산은 제품별 예산판매량과 단위당 판매가격을 곱하여 편성한다.

판매예산(매출액) = 예산판매량 × 단위당 판매가격

〈종합예산 편성을 위한 기초자료〉

㈜서울의 20×1년 1분기 예산을 편성하기 위한 자료는 다음과 같다.

(1) 기초재무상태표

재무상태표

20×1년 1월 1일

현금	₩100,000	매입채무	₩100,000
매출채권	200,000	자본금	500,000
원재료	25,000	이익잉여금	175,000
(2,500kg×@10)			
제품	100,000		
(1,000개×@100)			
유형자산	500,000		
감가상각누계액	(150,000)		
	₩775,000		₩775,000

(2) 판매자료

제품 단위당 판매가격은 ₩150이며, 월별 예상판매량은 다음과 같다.

	1월	2월	3월
예산판매량	5,000개	5,500개	6,000개

(3) 제조원가

제품 단위당 표준변동제조원가는 다음과 같다.

직접재료원가	5kg×@10 = ₩50
직접노무원가	2시간×@10 = ₩20
변동제조간접원가	2시간×@8 = ₩16

월별 고정제조간접원가는 ₩153,000으로 가정하며, 이는 감가상각비 ₩30,000이 포함된 금액이다.

(4) 재고 보유정책

제품의 월말재고량은 다음 달 예상판매량의 20% 수준을 유지하고, 원재료의 월말재고량은 다음 달 제품 생산에 필요한 수량의 10% 수준을 유지한다. 월말 재공품은 보유하지 않는 것으로 가정한다.

(5) 판매관리비

변동판매관리비는 제품 단위당 ₩10이고, 월별 고정판매관리비는 ₩110,000으로 가정하며, 이는 감가상각비 ₩20,000이 포함된 금액이다.

(6) 매출대금 회수조건

월별 매출은 모두 외상으로 이루어지며, 매출액 중 70%는 판매한 달에 회수되고, 나머지는 판매한 다음 달에 모두 회수된다.

(7) 매입대금 지급조건

원재료 구입은 모두 외상으로 이루어지며, 매입액 중 60%는 구입한 달에 지급하고, 나머지는 구입한 다음 달에 모두 지급한다.

(8) 기타 지급조건

원재료 구입액과 감가상각비를 제외한 나머지 모든 제조원가, 판매비와 관리비는 발생한 달에 모두 현금으로 지급한다.

예제 1. 판매예산

물음)

〈종합예산 편성을 위한 기초자료〉를 활용하여 ㈜서울의 20×1년 1분기 월별 판매예산을 편성하시오.

[풀이]

판매예산			
	1월	2월	3월
예산판매량	5,000개	5,500개	6,000개
단위당 판매가격	@150	@150	@150
매출액	₩750,000	₩825,000	₩900,000

(2) 제조예산

판매예산이 편성되었으면 다음으로 제조예산을 수립한다. 제조예산은 다음 연도, 다음 분기 또는 다음 월에 생산해야 할 제품의 수량을 결정하는 것으로서 '생산예산'이라고도 한다. 제조예산은 판매예산과 기말재고예산에 의해 결정되며, 직접재료원가예산, 직접노무원가예산, 제조간접원가예산을 편성하는 출발점이다.

생산해야 할 수량은 판매예산에서 결정되는 예산판매량과 기말재고예산에서 결정되는 재고의 변화량에 의해 결정된다. 기업이 기말재고에 대한 예산을 적절하게 수립하지 못한다면 재고를 불필요하게 많이 보유함으로써 보관비용, 유지비용과 같은 비용이 발생할 수 있다. 반대로, 재고를 적절하게 유지하지 못함으로써 판매 기회 상실에 따른 기회비용이 발생할 수도 있다.

제조예산은 기본적으로 예산기간의 예산판매량에 기말 목표재고량을 가산한 후 실제로 보유하고 있는 기초 재고량을 차감하여 예산을 편성하며, 다음과 같은 식으로 표현할 수 있다.

제조예산＝예산판매량＋기말 목표재고량－기초 실제재고량

예제 **2.** 제조예산

물음)

〈종합예산 편성을 위한 기초자료〉를 활용하여 ㈜서울의 20×1년 1월과 2월의 제조예산을 편성하시오.

[풀이]

	제조예산	
	1월	2월
예산판매량	5,000개	5,500개
기말 목표재고량	1,100개 (5,500개×20%)	1,200개 (6,000개×20%)
기초 실제재고량	1,000개 (기초재무상태표 수량)	1,100개 (5,500개×20%)
제품생산량	5,100개	5,600개

(참고) 만약 기업이 제품을 생산하여 판매하는 제품제조기업이 아니라 상품을 구입하여 판매하는 상품매매기업인 경우에는 제조예산, 제조원가예산, 원재료구입예산을 편성하는 대신 상품구입예산을 편성한다. 위의 예제에서 제품생산량을 상품구입량으로 대체하고 상품단위당 구입가격을 곱하면 상품매입액을 계산할 수 있다.

(3) 제조원가예산

제조예산이 편성된 다음에는 생산에 투입될 제조원가에 대한 예산을 편성한다. 제조원가예산은 제조예산에 따른 목표생산량을 생산할 때 발생할 것으로 예상되는 제조원가에 대한 예산이다. 제조원가예산은 직접재료원가, 직접노무원가 및 제조간접원가예산으로 구성된다. 이 중 직접재료원가, 직접노무원가 및 변동제조간접원가는 사전에 설정한 제품 단위당 표준변동제조원가를 이용하고, 고정제조간접원가는 일정기간 동안 발생될 것으로 예상되는 총액을 이용한다.

1) 직접재료원가예산

직접재료원가예산과 관련하여 먼저 원재료구입예산을 편성해야 한다. 원재료구입예산은 목표생산량을 생산하는데 사용될 원재료사용량과 기말 원재료재고량을 충족시키기 위하여 구입해야 할 원재료수량과 금액을 결정하는 예산이다. 구입해야 할 원재료수량은 제조예산에서 결정되는 목표생산량과 기말재고예산에서 결정되는 원재료재고의 변화량에 의해 결정된다.

　　원재료구입예산은 원재료 목표구입량에 원재료 단위당 구입가격을 곱하여 산출한다. 원재료 목표구입량은 목표생산량을 생산하는 데 사용될 원재료사용량에 기말 원재료재고량을 가산한 후 실제로 보유하고 있는 기초 원재료재고량을 차감하여 계산한다. 원재료사용량은 제품을 생산하기 위해 소요되는 단위당 원재료 소요량을 제조예산을 통해 산출한 목표생산량에 곱하여 산출하며, 기말 원재료재고량은 기말재고예산을 통해 결정된 수량을 활용한다.

$$
\begin{aligned}
원재료구입예산 &= 원재료\ 목표구입량 \times 원재료\ 단위당\ 구입가격 \\
&= (원재료사용량 + 기말\ 원재료재고량 - 기초\ 원재료재고량) \\
&\quad \times 원재료\ 단위당\ 구입가격 \\
&= (목표생산량 \times 제품단위당\ 원재료\ 소요량 + 기말\ 원재료재고량 \\
&\quad - 기초\ 원재료재고량) \times 원재료\ 단위당\ 구입가격
\end{aligned}
$$

　　다음으로 직접재료원가예산은 제조예산에서 결정된 목표생산량을 생산하는 데 투입해야 할 직접재료원가에 대한 예산이며, 목표생산량에 제품단위당 직접재료원가를 곱하여 편성한다. 또는 목표생산량을 생산하기 위해 필요한 원재료수량에 원재료단위당 원가를 곱해서 산출할 수도 있다.

$$
\begin{aligned}
직접재료원가예산 &= 목표생산량 \times 제품단위당\ 직접재료원가 \\
&= 목표생산량 \times 제품단위당\ 원재료수량 \times 원재료단위당\ 원가
\end{aligned}
$$

예제 **3.** 원재료구입예산

물음)

〈종합예산 편성을 위한 기초자료〉를 활용하여 ㈜서울의 20×1년 1월의 원재료구입예산을 편성하시오.

[풀이]

원재료구입예산	
	1월
원재료사용량	25,500kg (5,100개x5kg)
기말 목표재고량	2,800kg (5,600개x5kgx10%)
기초 실제재고량	2,500kg (기초 재무상태표 수량)
원재료 목표구입량	25,800kg
단위당 구입가격	@10
원재료매입액	₩258,000

2) 직접노무원가예산

직접노무원가예산은 제조예산에서 결정된 목표생산량을 생산하기 위해 투입해야 할 직접노동시간과 직접노무원가를 편성하는 데 사용된다. 목표생산량의 변동에 따라 투입되는 직접노동시간을 관리해야 하는데, 근로기준법, 최저임금법 등 노동과 관련된 법률이나 기업 내 노동조합 등을 고려하여 직접노동시간에 대한 계획을 매우 신중하게 수립해야 한다. 직접노무원가예산은 목표생산량에 제품단위당 직접노무원가를 곱하여 편성한다. 또는 목표생산량을 생산하기 위해 필요한 직접노동시간에 시간당 임률을 곱하여 산출할 수도 있다.

> 직접노무원가예산 = 목표생산량 × 제품단위당 직접노무원가
> = 목표생산량 × 제품단위당 직접노동시간 × 시간당 임률

3) 제조간접원가예산

제조간접원가예산은 제조예산에서 결정된 목표생산량을 생산하는 데 발생하는 직접재료원가와 직접노무원가를 제외한 다른 모든 제조원가에 대한 예산이다. 제조간접원가예산은 목표생산량에 비례하여 발생하는 변동제조간접원가와 목표생산량과 관계없이 일정하게 발생하는 고정제조간접원가로 구분하여 편성한다. 변동제조간접원가는 목표생산량에 원가동인 또는 배분기준을 통해 산정된 제품단위당 배부율을 곱하여 편성하고, 고정제조간접원가는 예산편성 시 추정된 원가항목의 총액을 이용하여 편성한다.

> 변동제조간접원가예산＝목표생산량×제품단위당 배부율
>
> 고정제조간접원가예산＝목표생산량과 관계없이 일정

예제 4. 제조원가예산

물음)

〈종합예산 편성을 위한 기초자료〉를 활용하여 ㈜서울의 20×1년 1월과 2월의 제조원가예산을 편성하시오.

[풀이]

제조원가예산		
	1월	2월
직접재료원가예산	₩255,000 (5,100개x@50)	₩280,000 (5,600개x@50)
직접노무원가예산	102,000 (5,100개x@20)	112,000 (5,600개x@20)
변동제조간접원가예산	81,600 (5,100개x@16)	89,600 (5,600개x@16)
고정제조간접원가예산	153,000	153,000
합계	₩591,600	₩634,600

(4) 매출원가예산

매출원가예산은 제품의 예산판매량에 대한 원가를 산정하는 예산이다. 매출원가예산은 기초제품재고액에 당기제품제조원가를 가산하고 기말제품재고액을 차감하여 산출한다.

매출원가예산＝기초제품재고액＋당기제품제조원가－기말제품재고액

예제 5. 매출원가예산

물음)

〈종합예산 편성을 위한 기초자료〉를 활용하여 ㈜서울의 20×1년 1월의 매출원가예산을 편성하시오. 단, 선입선출법을 적용한다.

[풀이]

매출원가예산	
	1월
기초제품재고액	₩100,000 (기초 재무상태표 금액)
당기제품제조원가	591,600 (제조원가예산 금액, 예제 4)
기말제품재고액	127,600 (591,600÷5,100개x1,100개)
매출원가	₩564,000

(5) 판매관리비예산

판매관리비예산은 제품을 판매 및 관리하는 활동에서 발생할 것으로 예상되는 판매비와 관리비를 편성하는 예산이다. 판매관리비예산은 원가행태에 따라 변동판매관리비와 고정판매관리비로 구분하여 편성한다. 판매관리비예산은 종합예산 편성과정에서 판매예산을 편성할 때 부분적으로 편성되어야 한다. 변동판매관리비는 판매예산을 통해 산출된 예상매출액과 직접적으로 관련있는 비용이며, 고정판매관리비는 예상매출액에 상관없이 일정하게 발생하는 비용이다. 판매관리비예산 편성 시 주의해야 할 점은 제조원가예산과 달리 목표생산량이 아니라 예산판매량을 기준으로 예산을 편성해야 한다는 것이다.

변동판매관리비예산＝예산판매량×제품단위당 예산변동판매관리비
고정판매관리비예산＝예산판매량과 관계없이 일정

예제 **6.** 판매관리비예산

물음)

〈종합예산 편성을 위한 기초자료〉를 활용하여 ㈜서울의 20×1년 1월과 2월의 판매관리비예산을 편성하시오.

[풀이]

판매관리비예산		
	1월	2월
예산판매량	5,000개	5,500개
단위당 변동판매관리비	@10	@10
고정판매관리비	₩110,000	₩110,000
판매비와 관리비	₩160,000	₩165,000

(6) 예산손익계산서

예산손익계산서는 예산기간 동안의 경영성과를 나타내며, 예산기간 동안 기대되는 수익과 비용을 반영하여 작성한다. 예산손익계산서는 판매예산, 매출원가예산 및 판매관리비예산을 바탕으로 작성된다. 구체적으로 살펴보면, 매출액은 판매예산을 통해 산출되며, 매출원가는 제조예산, 제조원가예산을 통해 편성된 매출원가예산에서 산출되고, 판매비와 관리비는 판매관리비예산을 통해 산출된다.

예제 **7.** 예산손익계산서

물음)

〈종합예산 편성을 위한 기초자료〉를 활용하여 ㈜서울의 20×1년 1월의 예산손익계산서를 작성하시오.

[풀이]

예산손익계산서		
	1월	
매출액	₩750,000	(판매예산 금액)
매출원가	564,000	(매출원가예산 금액)
매출총이익	186,000	
판매비와 관리비	160,000	(판매관리비예산 금액)
영업이익	₩26,000	

(7) 현금예산

현금예산은 예산기간 동안 예상되는 현금유입액과 현금유출액에 대한 예산이다. 현금예산은 기업이 지불능력을 보유하고 있는지, 필요한 현금을 창출할 수 있는 능력이 있는지를 나타낸다. 현금초과액 또는 현금부족액은 현금유입액과 현금유출액의 차이로 계산된다. 현금유입액이 현금지출액을 초과하면 현금초과액이 발생하고, 현금지출액이 현금유입액을 초과하면 현금부족액이 발생한다. 기업은 현금부족액이 예상되면 사전에 자금조달계획을 마련하고, 현금초과액이 예상되면 사전에 자금사용계획을 수립할 수 있다. 이와 같이 현금예산은 단순히 기말 시점의 잔액을 확인하는 것이 아니라 기업의 유동성에 문제가 없는지 파악하고 대비할 수 있게 해준다.

1) 현금유입액

현금유입액은 예산기간 동안 기업에 유입될 것으로 예상되는 현금으로, 상품이나 제품을 매출한 경우에 발생한다. 매출은 현금매출과 외상매출로 구분되며, 외상매출은 매출채권의 회수정책에 따라 현금유입이 결정된다. 회수정책을 통해 예산기간 동안의 회수율을 파악하고 매출채권의 회수액을 계산할 수 있다. 또한 현금유입액은 비유동자산 등의 매각, 자금의 차입, 유상증자 등에 의해서도 발생한다.

2) 현금유출액

현금유출액은 예산기간 동안 기업에서 유출될 것으로 예상되는 현금으로, 상품이나 제품을 매입한 경우에 발생한다. 매입은 현금매입과 외상매입으로 구분되며, 외상매입은 매입채무의 상환정책에 따라 현금유출이 이루어진다. 상환정책을 통해 예산기간 동안의 지급률을 파악하고 매입채무의 지급액을 계산할 수 있다. 제품제조기업의 경우에는 원재료구입과 관련하여 현금유출액이 발생하며, 상품매매기업의 경우에는 상품구입과 관련하여 현금유출액이 발생할 것이다. 또한 현금유출액은 직접노무원가와 제조간접원가의 지급, 비유동자산의 매입, 차입금의 상환, 판매비와 관리비의 지급, 배당금 지급 등으로 인해 발생한다. 단, 감가상각비나 대손상각비와 같은 비현금고정원가는 현금이 유출되는 비용이 아니므로 현금유출액을 계산할 때 제외하고 계산할 수 있도록 해야 한다.

예제 8. 현금예산

물음)

〈종합예산 편성을 위한 기초자료〉를 활용하여 ㈜서울의 20×1년 1월의 현금예산을 편성하시오.

[풀이]

현금예산		
Ⅰ. 기초현금		₩100,000
Ⅱ. 현금유입액		
1. 매출채권 회수		
1) 기초 매출채권	₩200,000	
2) 1월 회수분 (750,000×70%)	525,000	725,000
Ⅲ. 현금유출액		
1. 매입채무 지급		
1) 기초 매입채무	100,000	
2) 1월 지급분 (258,000×60%)	154,800	
2. 직접노무원가 지급	102,000	
3. 변동제조간접원가 지급	81,600	
4. 고정제조간접원가 지급	123,000	
5. 변동판매관리비 지급	50,000	
6. 고정판매관리비 지급	90,000	701,400
Ⅳ. 기말현금		₩123,600

(8) 예산재무상태표

예산재무상태표는 예산기간 말 현재 기업의 재무상태를 나타낸다. 예산재무상태표는 기초재무상태표의 계정별 잔액에서 출발하여 예산기간 중에 발생한 각 계정의 증감사항을 반영하여 작성한다.

예제 **9.** 예산재무상태표

물음)

〈종합예산 편성을 위한 기초자료〉를 활용하여 ㈜서울의 20×1년 1월의 예산재무상태표를 작성하시오.

[풀이]

예산재무상태표			
20×1년 1월 31일			
현금	₩123,600	매입채무 (258,000x40%)	₩103,200
매출채권 (750,000x30%)	225,000	자본금	500,000
원재료 (2,800kgx@10)	28,000	이익잉여금	201,000
제품 (1,100개x@116)	127,600		
유형자산	500,000		
감가상각누계액	(200,000)		
	₩804,200		₩804,200

객관식 문제

01 세무사 2021

손세정제를 제조하는 ㈜세무의 20×1년도 직접재료예산과 관련된 자료는 다음과 같다. 이를 바탕으로 구한 2분기의 직접재료구매예산액은?

	1분기	2분기	3분기	4분기
판매예산에 따른 각 분기별 제품판매량				
	1,000통	3,000통	5,000통	2,000통

- 판매예산에 따른 각 분기별 제품판매량
- 각 분기별 기말목표 제품재고량은 다음 분기 판매량의 20%로 한다.
- 각 분기별 기말목표 재료재고량은 다음 분기 제품생산량에 필요한 재료량의 10%로 한다.
- 손세정제 1통을 만드는 데 20kg의 재료가 필요하다.
- 재료의 구입단가는 kg당 ₩2이다.

① ₩106,000　　　　② ₩124,000　　　　③ ₩140,000
④ ₩152,000　　　　⑤ ₩156,000

02 감정평가사 2022

다음은 ㈜감평의 20×1년 상반기 종합예산을 작성하기 위한 자료의 일부이다. 4월의 원재료 구입예산액은?

- 예산판매량
  3월: 2,000단위　　4월: 2,500단위　　5월: 2,400단위　　6월: 2,700단위
- 재고정책
  제품: 다음 달 예산판매량의 10%를 월말재고로 보유한다.
  원재료: 다음 달 생산량에 소요되는 원재료의 5%를 월말재고로 보유한다.
- 제품 1단위를 생산하는 데 원재료 2kg이 투입되며, kg당 구입단가는 ₩10이다.

① ₩49,740　　　　② ₩49,800　　　　③ ₩49,860
④ ₩52,230　　　　⑤ ₩52,290

03 _{관세사 2020}

㈜관세의 20×1년 분기별 예산자료 일부이다.

	1분기	2분기	3분기
목표판매량	550단위	650단위	600단위
분기말 목표재료재고	120g	100g	110g

제품은 단일 공정을 통해 생산되며, 재료는 공정 초에 전량 투입된다. 제품 1단위를 생산하기 위하여 재료 2g이 투입된다. 1분기 말 재공품 수량은 40단위(완성도 30%)이다. 다음 분기 목표판매량의 10%를 제품재고로 보유한다. 선입선출법을 적용할 때 2분기의 재료구입량은? (단, 공손과 감손은 발생하지 않는다)

① 1,150g   ② 1,190g   ③ 1,210g   ④ 1,270g   ⑤ 1,330g

04 _{관세사 2022}

㈜관세의 20×1년도 2분기 직접재료예산 관련 자료이다. 5월의 직접재료구입예산은? (단, 매월 말 재공품 재고는 무시한다)

- 제품 예산생산량은 4월 1,000단위, 5월 1,200단위, 6월 1,500단위이다.
- 월말 직접재료의 목표재고량은 다음 달 생산량에 필요한 직접재료량의 5%이다.
- 제품 1단위를 생산하는 데 직접재료 2kg이 투입되며, 직접재료의 구입단가는 kg당 ₩10이다.

① ₩22,800   ② ₩23,700   ③ ₩24,300
④ ₩25,200   ⑤ ₩25,500

05 _{세무사 2020}

다음은 ㈜세무의 20×1년도 2/4분기 판매량 예산이다. 월말 제품재고는 다음 달 판매량의 10%를 보유하는 정책을 유지하고 있으며, 제품 단위당 직접노무시간은 4월 3시간, 5월 3시간, 6월에는 4시간 소요될 것으로 예상하고 있다. 시간당 임금이 4월에 ₩50, 5월부터 매월 ₩5씩 상승한다고 할 때, 6월의 직접노무원가예산은? (단, 7월의 판매량 예산은 5,000단위이다)

4월: 3,000단위   5월: 4,000단위   6월: 4,000단위

① ₩780,000   ② ₩960,000   ③ ₩984,000
④ ₩1,080,000   ⑤ ₩1,200,000

06 회계사 2021

㈜대한의 20×2년 1월부터 4월까지의 예상 상품매출액은 다음과 같다.

월	예상 매출액
1월	₩4,000,000
2월	₩5,000,000
3월	₩6,000,000
4월	₩7,000,000

㈜대한은 20×1년 동안 월말 재고액을 다음 달 예상 매출원가의 10%(이하 재고비율)로 일정하게 유지하였다. 만약 20×2년 초부터 재고비율을 20%로 변경·유지한다면, 20×2년 3월 예상 상품매입액은 재고비율을 10%로 유지하는 경우에 비해 얼마나 증가하는가? (단, ㈜대한의 매출총이익률은 30%로 일정하다고 가정한다)

① ₩50,000　　　　② ₩60,000　　　　③ ₩70,000

④ ₩80,000　　　　⑤ ₩90,000

07 세무사 2017

㈜세무의 외상매출대금은 판매 당월(첫째 달)에 60%, 둘째 달에 35%, 셋째 달에 5% 회수된다. 20×1년 12월 31일 재무상태표의 매출채권 잔액은 ₩70,000이며, 이 중 ₩60,000은 20×1년 12월 판매분이고, ₩10,000은 20×1년 11월 판매분이다. 20×2년 1월에 현금매출 ₩80,000과 외상매출 ₩350,000이 예상될 때, 매출과 관련된 20×2년 1월의 현금유입액과 1월말 매출채권 잔액은?

	현금유입액	매출채권 잔액
①	₩335,000	₩145,000
②	₩345,000	₩145,000
③	₩345,000	₩147,500
④	₩352,500	₩145,000
⑤	₩352,500	₩147,500

08 세무사 2022

㈜세무는 상품매매업을 영위하고 있으며, 20×2년 1분기의 매출액 예산은 다음과 같다.

구분	1월	2월	3월
매출액	₩100,000	₩120,000	₩150,000
매출원가율	80%	75%	70%

㈜세무의 20×1년 말 재무상태표에 표시된 상품재고는 ₩10,000이고, 매입채무는 ₩42,400이다. ㈜세무는 20×2년에 매월 기말재고로 다음 달 예상 매출원가의 10%를 보유한다. 매월 상품매입은 현금매입 40%와 외상매입 60%로 구성되며, 외상매입대금은 그 다음 달에 모두 지급한다. 상품매입으로 인한 2월의 현금지출예산은?

① ₩74,000　　　　② ₩84,000　　　　③ ₩85,500

④ ₩91,500　　　　⑤ ₩95,000

09 관세사 2023

상품매매기업인 ㈜관세는 20×1년도 1월과 2월의 매출액을 다음과 같이 예상하고 있다.

구분	1월	2월
예상매출액	₩120,000	₩150,000

㈜관세의 전기 말 재무상태표에 표시된 상품재고액은 ₩25,500, 매입채무는 ₩34,000이었다. ㈜관세는 상품원가의 120%로 판매가격을 책정하며, 월말재고는 다음 달 매출원가의 30%를 보유한다. 매월 구입한 상품의 70%는 현금매입이고, 나머지 30%는 외상매입이다. 외상매입 대금은 구입한 달의 다음 달에 전부 지급한다. ㈜관세가 상품매입과 관련하여 20×1년도 1월에 지급할 금액은? (단, 매입에누리, 매입환출, 매입할인은 발생하지 않는다)

① ₩110,000　　　　② ₩110,200　　　　③ ₩112,000

④ ₩112,400　　　　⑤ ₩113,400

10 감정평가사 2020

㈜감평의 20×1년 4월 초 현금잔액은 ₩450,000이며, 3월과 4월의 매입과 매출은 다음과 같다.

구분	매입액	매출액
3월	₩600,000	₩800,000
4월	500,000	700,000

매출은 모두 외상으로 이루어지며, 매출채권은 판매한 달에 80%, 그 다음 달에 20%가 현금으로 회수된다. 모든 매입 역시 외상으로 이루어지고, 매입채무는 매입액의 60%를 구입한 달에, 나머지 40%는 그 다음 달에 현금으로 지급한다. ㈜감평은 모든 비용을 발생하는 즉시 현금으로 지급하고 있으며, 4월 중에 급여 ₩20,000, 임차료 ₩10,000, 감가상각비 ₩15,000이 발생하였다. ㈜감평의 4월말 현금잔액은?

① ₩540,000　　　　② ₩585,000　　　　③ ₩600,000
④ ₩630,000　　　　⑤ ₩720,000

MEMO

CHAPTER

14

자본예산

1. 자본예산의 의의
2. 투자안의 현금흐름 추정
3. 투자안의 평가 방법

학습 목표

- 자본예산의 편성과정을 이해한다.
- 투자안의 현금흐름을 추정하는 방법을 이해한다.
- 투자안을 평가하는 방법을 이해한다.

자본예산은 기업의 주요 투자안을 탐색, 평가, 계획하여 최적투자안을 선택하고 자금을 조달하는 일련의 과정이다. 여기서의 투자안은 공장, 기계 등 설비투자의 자본적 지출을 의미하며, 종합예산 대비 거액의 자금이 소요되고, 투자효과가 장기적으로 나타난다. 이러한 자본예산의 편성과정을 학습한다.

투자안에 대한 의사결정에 있어서 가장 중요한 사항은 미래 현금흐름을 추정하는 것이다. 투자안의 현금흐름을 투자시점의 현금흐름, 투자기간 중 영업현금흐름 및 투자종료시점의 현금흐름으로 구분하여 학습한다.

투자안을 평가하는 방법은 화폐의 시간가치를 고려하는 순현재가치법, 내부수익률법, 수익성지수법 등이 있으며, 화폐의 시간가치를 고려하지 않는 회수기간법, 회수기간의 역수법, 회계적이익률법 등이 있다. 투자안을 평가하는 각각의 방법에 대해 학습한다.

1 자본예산의 의의

자본예산(capital budget)은 기업의 주요 투자안을 탐색, 평가, 계획하여 최적투자안을 선택하고 자금을 조달하는 일련의 과정이다. 여기서의 투자안은 공장, 기계 등 설비투자의 자본적 지출을 의미하며, 종합예산 대비 거액의 자금이 소요되고, 투자효과가 장기적으로 나타난다. 종합예산의 편성이 단기적 의사결정이라면 자본예산의 편성은 장기적 의사결정에 해당한다.

자본예산은 투자로부터의 현금흐름이 1년을 초과하여 나타나는 투자안에 대한 결정과 선택된 투자안에 대한 계획 및 평가 과정을 의미한다. 신규 공장이나 건물의 건축과 같은 투자안은 20년 또는 그 이상의 효익을 제공한다. 이러한 투자안에 대해 투자가 이루어지고 나면 상당한 비용을 감수해야만 해당 투자안을 철회할 수 있다. 또한 투자안의 투자기간이 길면 길수록 투자안에서 발생할 것으로 예상되는 효익과 원가를 예측하기 어려워진다. 따라서 자본예산 편성은 기업의 장기적인 정책과 일관성을 유지해야 한다.

자본예산은 크게 심사와 선택이라는 2가지 의사결정으로 구분된다. 심사 의사결정은 제안되거나 탐색된 투자안들이 기업의 투자요건을 만족하는지 검토하는 과정이고, 선택 의사결정은 심사과정을 통과한 여러 가지 투자안 중에서 특정 투자안을 선택하는 과정이다.

자본예산 편성 방법은 일반적으로 다음의 절차로 진행된다.

투자기회의 탐색 → 투자안의 효익과 원가의 추정 → 투자안의 평가 → 자본예산 편성

투자기회의 탐색은 경영자 또는 기업의 각 부문에서 이루어질 수 있다. 경영자 수준에서 공장이나 건물의 신축과 같은 투자안을 제안할 수 있으며, 각 부문의 필요에 따라 신규설비의 구매, 기존설비의 대체와 같은 투자안을 제안할 수 있다. 각 부문은 투자안에 대한 신청서를 작성하여 투자안의 분석을 전담하는 부문 또는 경영자의 평가를 받을 수 있도록 한다. 해당부문이나 경영자는 기업의 장기적인 목표를 달성할 수 있는 투자안을 선정해야 한다.

투자안의 채택 여부는 제안된 투자안에서 발생될 것으로 예상되는 효익과 비용에 따라 달라진다. 투자안에서 발생하는 효익은 수익의 발생 또는 원가의 절감 형태로 나타난다. 투자안의 효익은 투자안의 내용연수 동안 측정되어야 하며, 내용연수가 종료되는

시점의 잔존가치 또한 투자안의 평가 시 효익에 포함되어야 하는 항목이다. 장기적으로 효익을 창출할 수 있는 투자안, 즉 내용연수가 긴 투자안은 추정치를 구하기 쉽지 않지만 투자안의 효익에 대한 추정치는 투자안이 평가되는 시점에서 예측해야 한다. 한편, 투자안에서 발생하는 원가는 투자안의 효익보다 추정하기가 쉽지만 제안된 투자안의 모든 기대원가를 포함하는 것이 중요하다.

특정 투자안에 대한 평가는 체계적인 절차에 따라야 하며, 각각의 투자안에 대한 내용연수, 효익 및 원가 등 투자안에 대한 정보를 획득할 수 있는 관련 자료가 요구된다. 기업은 평가를 통해 투자안이 어떻게 기업의 경쟁능력을 개선시킬 수 있는지 파악해야 한다.

2 투자안의 현금흐름 추정

투자안에 대한 의사결정에 있어서 가장 중요한 사항은 미래 현금흐름을 추정하는 것이다. 투자안의 현금흐름을 투자시점별로 구분하여 현금흐름을 추정하는 방법을 설명하고자 한다.

2.1 투자시점의 현금흐름

투자시점의 현금흐름을 계산하기 위해 다음의 요소를 고려해야 한다. 먼저, 최초투자액이다. 최초투자액은 새로운 자산의 구입가액과 해당 자산의 설치 등에 필요한 부대비용을 포함한다. 신규자산에 대한 투자액은 현금유출로 처리된다. 법인세를 고려한다면, 신규자산 투자액에 대한 투자세액공제가 존재하는 경우 투자세액공제에 따라 감소하는 법인세 금액을 현금유입으로 인식한다.

다음으로, 기존자산의 처분과 관련된 금액이다. 신규자산에 투자하면서 기존자산을 처분하는 경우 처분가액에 해당하는 금액을 현금유입으로 인식한다. 법인세를 고려한다면, 기존자산 처분에 따라 처분손익이 발생했을 때 처분손익에 대한 법인세 효과를 반영하여 현금흐름을 계산해야 한다. 처분이익이 발생하는 경우에는 법인세가 증가함에 따라 해당 금액만큼 현금유출로 인식하고, 처분손실이 발생하는 경우에는 법인세가 감소함에 따라 해당 금액만큼 현금유입으로 인식한다.

> 기존자산 처분에 따른 현금흐름＝처분가액－(처분가액－장부가액)×법인세율

　　마지막으로, 기업이 신규자산을 구입하면서 기업의 규모가 커진다면 기업의 운영에 필요한 운전자본이 증가하게 된다. 일반적으로 운전자본은 영업과 관련된 유동자산(매출채권, 재고자산 등)에서 영업과 관련된 유동부채(매입채무 등)를 차감하여 측정한다. 운전자본의 증가는 현금흐름 측면에서 현금유출, 운전자본의 감소는 현금흐름 측면에서 현금유입에 해당된다. 손익계산서를 통해 현금흐름을 측정한다면 매출액 중 외상매출액에 해당하는 금액은 실제 현금으로 유입되지 않기 때문에 실제 현금흐름과 차이가 발생한다. 따라서 현금흐름을 계산할 때 운전자본을 반영함으로써 그 차이를 조정한다. 그리고 투자시점에 증가한 운전자본은 투자종료시점에 동일한 금액의 운전자본이 감소하는 것으로 가정한다. 즉, 투자시점에서 운전자본이 증가한 금액을 현금유출로 인식하고, 투자종료시점에서는 동일한 금액을 현금유입으로 인식한다.

> 법인세를 고려하지 않는 경우 투자시점의 순현금유출액
> ＝최초투자액－기존자산 처분가액＋운전자본 증가액

> 법인세를 고려하는 경우 투자시점의 순현금유출액
> ＝최초투자액－투자세액공제－기존자산 처분에 따른 현금흐름＋운전자본 증가액
> ＝최초투자액－투자세액공제－{기존자산 처분가액－(기존자산 처분가액
> 　－기존자산 장부가액)×법인세율}＋운전자본 증가액

2.2 투자기간 중 현금흐름

　　투자기간 중 현금흐름은 신규자산의 내용연수 동안 영업활동을 통해 창출되는 현금유입으로 계산할 수 있다. 투자를 통한 현금유입은 수익이 증가하거나 원가가 감소하는 형태로 나타날 수 있다. 2가지 경우 모두 영업이익의 증가로 이어진다. 영업이익을 통해 투자기간 중 현금흐름을 구하는데, 일반적으로 현금유입을 수반하지 않는 영업수익은 없고, 현금유출을 수반하지 않는 영업비용은 감가상각비만 해당되는 것으로 가정한다.

　　투자기간 중 현금흐름은 현금유입액에서 현금유출을 수반하는 비용과 법인세를 차감하여 계산한다. 법인세는 발생주의 이익에 기초하여 산정되기 때문에 감가상각비가 비

용으로 처리된 영업이익을 기준으로 계산해야 한다. 감가상각비는 현금유출을 수반하지 않는 비용이기 때문에 법인세를 산출할 때 감가상각비에 법인세율을 곱한 금액만큼 법인세를 낮추는 역할을 한다. 이를 감가상각비의 감세효과라고 하며, 법인세로 인한 현금유출을 줄여주는 만큼 현금유입이 되는 것으로 보아 현금흐름을 계산한다. 또한 감가상각비는 신규자산과 기존자산의 감가상각비 차액만을 고려해야 한다. 신규자산 구입에 따라 신규자산에 대한 감가상각비가 증가하지만, 기존자산의 처분에 따라 기존자산에 대한 감가상각비는 발생하지 않기 때문이다. 투자기간 중 운전자본이 증가하는 경우 투자시점과 유사하게 현금유출로 인식하고, 투자종료시점에서 동일한 금액을 현금유입으로 인식한다.

법인세를 고려하지 않는 경우 투자기간 중 순현금유입액
= 영업이익 + 감가상각비 증가액

법인세를 고려하는 경우 투자기간 중 순현금유입액
= 영업이익 × (1 − 법인세율) + 감가상각비 증가액
= 세전현금흐름 − 영업이익 × 법인세율
= 세전현금흐름 × (1 − 법인세율) + 감가상각비 증가액 × 법인세율
　여기서, 세전현금흐름은 법인세를 고려하지 않는 경우 투자기간 중 순현금유입액과 동일

2.3 투자종료시점의 현금흐름

　신규자산의 내용연수가 종료되면, 신규자산의 처분가액에 해당하는 현금유입이 발생한다. 일반적으로 투자시점에서 예상한 잔존가치로 처분된다고 가정하여 잔존가치에 해당하는 현금유입액을 인식한다. 잔존가치를 현금유입으로 인식할 때 신규자산과 기존자산의 잔존가치 차이만큼만 인식한다. 신규자산을 구입하여 기존자산을 투자시점에 처분했기 때문에 투자종료시점에 기존자산을 처분할 기회를 포기하게 되었기 때문이다.
　투자시점에서 기존자산을 처분하는 경우와 유사하게 신규자산의 처분에 따라 처분손익이 발생했을 때 처분손익에 대한 법인세 효과를 반영하여 현금흐름을 계산해야 한다. 처분이익이 발생하는 경우에는 법인세가 증가함에 따라 해당 금액만큼 현금유출로

인식하고, 처분손실이 발생하는 경우에는 법인세가 감소함에 따라 해당 금액만큼 현금유입으로 인식한다. 또한 투자시점이나 투자기간 중 증가한 운전자본이 있다면 투자종료시점에 동일한 금액을 현금유입으로 인식한다.

> 법인세를 고려하지 않는 경우 투자종료시점의 순현금유입액
> =자산 처분가액＋운전자본 회수액

> 법인세를 고려하는 경우 투자종료시점의 순현금유입액
> =자산 처분가액－(자산 처분가액－자산 장부가액)×법인세율＋운전자본 회수액

예제 1. 투자안의 현금흐름 추정

㈜서울은 신제품을 생산·판매하기 위해 신기계를 구입하려고 한다. 신기계의 취득원가는 ₩110,000이며, 내용연수는 5년, 잔존가치는 ₩10,000이다. 신기계는 내용연수가 종료될 때 잔존가치로 처분할 수 있다고 가정한다. 구기계의 취득원가는 ₩100,000, 잔존내용연수는 5년, 잔존가치는 영(0)이고, 장부금액은 ₩40,000이다. 현재 구기계를 처분하는 경우 ₩20,000에 처분할 수 있다. 신기계를 구입하는 경우 운전자본은 ₩10,000만큼 증가하며, 신기계 구입에 따라 매년 예상되는 증분수익은 ₩50,000, 증분비용은 ₩35,000이다. 감가상각비를 제외한 모든 수익과 비용은 현금유입과 현금유출을 수반한다. ㈜서울은 감가상각방법으로 정액법을 사용하고 있으며, ㈜서울의 법인세율은 30%로 가정한다.

물음)
1. 법인세를 고려하지 않는 경우 투자시점, 투자기간 중, 투자종료시점의 현금흐름을 계산하시오.
2. 법인세를 고려하는 경우 투자시점, 투자기간 중, 투자종료시점의 현금흐름을 계산하시오.

[풀이]
1-1. 법인세를 고려하지 않는 경우 투자시점의 현금흐름
    ＝(－)₩110,000(신기계 취득원가)＋20,000(구기계 처분가액)－10,000(운전자본 증가액)
    ＝(－)₩100,000(유출)
1-2. 법인세를 고려하지 않는 경우 투자기간 중 현금흐름
    ＝₩50,000(증분수익)－35,000(증분비용)
    ＝₩15,000(유입)

(참고) 영업이익의 증감

$\quad\quad$ = ₩50,000(증분수익) − 35,000(증분비용) − 12,000(감가상각비 증가액)

$\quad\quad$ = ₩3,000

1-3. 법인세를 고려하지 않는 경우 투자종료시점의 현금흐름

$\quad$ = ₩10,000(신기계 처분가액) − 0(구기계 처분가액) + 10,000(운전자본 회수액)

$\quad$ = ₩20,000(유입)

2-1. 법인세를 고려하는 경우 투자시점의 현금흐름

$\quad$ = (−)₩110,000(신기계 취득원가) + 20,000(구기계 처분가액) + 6,000[1](구기계 처분손실
$\quad\quad$ 에 따른 법인세 절감액) − 10,000(운전자본 증가액)

$\quad$ = (−)₩94,000(유출)

$\quad$ [1] (₩40,000 − 20,000)×30% = ₩6,000

2-2. 법인세를 고려하는 경우 투자기간 중 현금흐름

$\quad$ = ₩3,000(영업이익 증가액)×(1−30%) + 12,000(감가상각비 증가액)

$\quad$ = ₩14,100(유입)

$\quad$ (또는)

$\quad$ = ₩15,000(증분수익 − 증분비용)×(1−30%) + 12,000(감가상각비 증가액)×30%

$\quad$ = ₩14,100(유입)

2-3. 법인세를 고려하는 경우 투자종료시점의 현금흐름

$\quad$ = ₩10,000(신기계 처분가액) − 0(구기계 처분가액)±0[2](신기계 처분손익에 따른 법인세
$\quad\quad$ 증감액) + 10,000(운전자본 회수액)

$\quad$ = ₩20,000(유입)

$\quad$ [2] (₩10,000 − 10,000)×30% = ₩0

---

3 투자안의 평가 방법

투자안의 평가 방법은 화폐의 시간가치를 고려하는지에 따라 2가지 방법으로 나눌 수 있다. 화폐의 시간가치를 고려하는 할인현금흐름방법으로는 순현재가치법, 내부수익률법, 수익성지수법 등이 있으며, 화폐의 시간가치를 고려하지 않는 비할인현금흐름방법으로는 회수기간법, 회수기간의 역수법, 회계적이익률법 등이 있다.

3.1 할인현금흐름방법

할인현금흐름방법(discounted cash flow method)은 투자안을 평가할 때 화폐의 시간가치 개념을 사용하는 방법이다. 할인현금흐름방법은 다음의 가정을 기초로 하여 이루어진다. 첫째, 투자안으로부터의 현금유입은 각 기간 말에 발생하는 것으로 가정한다. 둘째, 기업은 현재가치를 산출하기 위한 이자율인 자본비용을 산정할 수 있는 것으로 가정한다. 자본비용은 이론적으로 기업이 조달한 모든 자금에 지급되는 각종 이자율의 가중평균으로 계산할 수 있다. 그러나 실무에서는 부채나 자본으로 조달된 자금이 연중 수시로 바뀌기 때문에 자본비용을 계산하기가 매우 어렵다. 따라서 자본비용을 산정할 수 있다는 가정을 통해 투자안을 평가하게 된다. 마지막으로, 투자안을 평가할 때 사용되는 이자율은 투자안의 전체기간 동안 적합한 것으로 가정한다. 이는 투자안으로부터 발생하는 현금유입은 투자안을 평가할 때 사용되는 이자율로 재투자될 수 있다는 것을 의미한다. 이러한 3가지 가정을 바탕으로 특정 투자안과 관련된 모든 현금유입과 현금유출은 현재가치로 할인된다.

(1) 순현재가치법

순현재가치법은 기업이 산정한 자본비용을 사용하여 특정 투자안과 관련된 현금유입의 현재가치와 현금유출의 현재가치 간 차이를 측정하는 데 사용된다. 투자안에서 발생할 것으로 예상되는 모든 현금유입의 현재가치와 모든 현금유출의 현재가치의 차이를 **순현재가치**(net present value: NPV)라고 한다. 순현재가치법에서는 순현재가치를 계산하여 투자안의 채택 여부를 결정한다. 여러 투자안을 선택할 수 있는 경우에는 순현재가치가 영(0)보다 큰 투자안을 모두 채택할 수 있으며, 상호배타적인 투자안을 선택하는 경우에는 순현재가치가 가장 큰 투자안을 채택하면 된다.

$$\text{순현재가치} = \text{현금유입의 현재가치} - \text{현금유출의 현재가치}$$
$$= \sum_{t=1}^{n} \frac{CF_t}{(1+CE)^t} - CF_0$$

$CF_t = t$시점의 현금흐름, $CF_0 = $현금유출, $CE = $자본비용

예제 **2. 순현재가치법**

㈜서울은 신제품을 생산·판매하기 위해 다음과 같은 신기계를 구입하려고 한다. 신기계의 취득원가는 ₩150,000이며, 내용연수는 3년, 잔존가치는 영(0)이다. 내용연수 종료 후 신기계의 추정처분가치는 없는 것으로 가정한다. 신기계 구입에 따라 매년 예상되는 증분수익은 ₩100,000, 증분비용은 ₩84,500(감가상각비 ₩50,000 포함)이다. 감가상각비를 제외한 모든 수익과 비용은 현금유입과 현금유출을 수반한다. ㈜서울은 감가상각방법으로 정액법을 사용하고 있으며, ㈜서울의 법인세율은 30%, ㈜서울의 자본비용은 10%로 가정한다.

연금의 현가표(n=3)				
8%	9%	10%	11%	12%
2.577	2.531	2.487	2.444	2.402

물음)

위의 조건을 모두 고려하여 신기계의 순현재가치를 구하시오.

[풀이]

{(₩100,000 − 84,500)×(1 − 30%) + 50,000}×2.487 − 150,000 = ₩1,333.95

또는

{(₩100,000 − 34,500)×(1 − 30%) + 50,000x30%}×2.487 − 150,000 = ₩1,333.95

---

(2) 내부수익률법

　　내부수익률법은 특정 투자안을 통해 창출한 수익률을 측정하는데 사용된다. **내부수익률**(internal rate of return: IRR)은 투자안에서 발생할 것으로 예상되는 모든 현금유입의 현재가치와 모든 현금유출의 현재가치를 일치시키는 할인율이다. 현금유입의 현재가치와 현금유출의 현재가치가 일치하면 투자안의 순현재가치는 영(0)이다. 즉, 내부수익률은 투자안의 순현재가치가 영(0)이 되는 할인율을 의미한다. 내부수익률이 산정되고 나면 기업에서 산정한 자본비용과 비교하여 투자안의 수락 여부를 결정한다. 즉, 자본비용보다 큰 내부수익률을 창출하는 투자안을 수락하게 되는 것이다.

$$\sum_{t=1}^{n} \frac{CF_t}{(1+IRR)^t} - CF_0 = 0 \quad \text{또는} \quad \sum_{t=1}^{n} \frac{CF_t}{(1+IRR)^t} = CF_0$$

$$CF_t = t\text{시점의 현금흐름,} \quad CF_0 = \text{현금유출,} \quad IRR = \text{내부수익률}$$

예제 3. 내부수익률법

예제 2에서와 마찬가지로, ㈜서울은 신제품을 생산·판매하기 위해 다음과 같은 신기계를 구입하려고 한다. 신기계의 취득원가는 ₩150,000이며, 내용연수는 3년, 잔존가치는 영(0)이다. 내용연수 종료 후 신기계의 추정처분가치는 없는 것으로 가정한다. 신기계 구입에 따라 매년 예상되는 증분수익은 ₩100,000, 증분비용은 ₩84,500(감가상각비 ₩50,000 포함)이다. 감가상각비를 제외한 모든 수익과 비용은 현금유입과 현금유출을 수반한다. ㈜서울은 감가상각방법으로 정액법을 사용하고 있으며, ㈜서울의 법인세율은 30%, ㈜서울의 자본비용은 10%로 가정한다.

연금의 현가표(n=3)				
8%	9%	10%	11%	12%
2.577	2.531	2.487	2.444	2.402

물음)

위의 조건을 모두 고려하여 신기계의 내부수익률을 구하시오.

[풀이]

연금의 현가표에서 2.465(₩150,000÷60,850)에 해당하는 이자율은 없다. 따라서 가장 가까운 수치를 나타내는 이자율을 먼저 찾은 후 보간법을 적용하여 내부수익률을 산출한다. 보간법은 두 이자율 간격 내에서 선형을 가정하여 해당되는 이자율을 찾는 과정이다.

2.444(11%의 연금현가계수) < 2.465 < 2.487(10%의 연금현가계수)

10% + {(2.487 - 2.465)/(2.487 - 2.444) × 1%} = 10.51%

또는

11% - {(2.465 - 2.444)/(2.487 - 2.444) × 1%} = 10.51%

[참고]

Excel의 '목표값 찾기' 기능을 활용하여 내부수익률을 구할 수도 있다.

먼저, 다음과 같이 현금유출과 현금유입액을 입력한 후 수식을 입력한다.

신기계	1차연도	2차연도	3차연도	내부수익률	목표값
150,000	60,850	60,850	60,850		32,550

여기서, 32,550이 나타난 셀의 수식은 $\sum_{t=1}^{3} \dfrac{60,850}{(1+\text{내부수익률})^t} - 150,000$으로 나타낼 수 있으며, 현재 내부수익률이 영(0)으로 입력되어 있기 때문에 32,550으로 결과가 보여진다.

다음으로 데이터 → 가상분석 → 목표값 찾기를 클릭하고, 수식 셀을 32,550이 입력된 셀로 선택한 후 찾는 값을 영(0)으로, 값을 바꿀 셀을 내부수익률이 계산될 셀로 선택한다. 확인 버튼을 누르면 아래와 같이 현금유출과 현금유입액을 일치시키는 내부수익률이 계산된다.

신기계	1차연도	2차연도	3차연도	내부수익률	목표값
150,000	60,850	60,850	60,850	0.10501053	0

(3) 수익성지수법

순현재가치법으로 투자안을 평가한다면 영(0)보다 큰 순현재가치를 창출하는 모든 투자안은 채택될 수 있다. 그러나 투자안에 투자할 수 있는 자금이 한정적이라면 기업은 양(+)의 순현재가치를 창출하는 투자안 중 일부에만 투자가 가능할 것이다. 이때, 독립적인 투자안들의 우선순위를 결정하기 위해 수익성지수를 활용할 수 있다. **수익성지수** (profit index: PI)는 투자액 ₩1당 창출하는 수익을 의미하며, 투자의 효율성을 나타내는 지표이다. 수익성지수는 투자안으로부터 예상되는 현금유입의 현재가치를 현금유출의 현재가치로 나눈 값이다. 수익성지수는 규모가 서로 다른 투자안의 순현재가치를 비교가능한 수치로 전환시킨다. 여러 투자안을 선택할 수 있는 경우에는 수익성지수가 1보다 큰 투자안을 모두 채택할 수 있으며, 상호배타적인 투자안을 선택하는 경우에는 수익성지수가 큰 투자안부터 채택하는 것이 유리하다.

$$\text{수익성지수} = \text{현금유입의 현재가치}/\text{현금유출의 현재가치}$$

$$= \frac{\sum_{t=1}^{n} \dfrac{CF_t}{(1+CE)^t}}{CF_0}$$

$CF_t = t$시점의 현금흐름, $CF_0 = $현금유출, $CE = $자본비용

예제 4. 수익성지수법

예제 2에서와 마찬가지로, ㈜서울은 신제품을 생산·판매하기 위해 다음과 같은 신기계를 구입하려고 한다. 신기계의 취득원가는 ₩150,000이며, 내용연수는 3년, 잔존가치는 영(0)이다. 내용연수 종료 후 신기계의 추정처분가치는 없는 것으로 가정한다. 신기계 구입에 따라 매년 예상되는 증분수익은 ₩100,000, 증분비용은 ₩84,500(감가상각비 ₩50,000 포함)이다. 감가상각비를 제외한 모든 수익과 비용은 현금유입과 현금유출을 수반한다. ㈜서울은 감가상각방법으로 정액법을 사용하고 있으며, ㈜서울의 법인세율은 30%, ㈜서울의 자본비용은 10%로 가정한다.

연금의 현가표(n=3)				
8%	9%	10%	11%	12%
2.577	2.531	2.487	2.444	2.402

물음)

위의 조건을 모두 고려하여 신기계의 수익성지수를 구하시오.

[풀이]

$\{(₩100,000-84,500)\times(1-30\%)+50,000\}\times2.487/150,000=1.01$

또는

$\{(₩100,000-34,500)\times(1-30\%)+50,000\times30\%\}\times2.487/150,000=1.01$

3.2 비할인현금흐름방법

비할인현금흐름방법은 할인현금흐름방법과 달리 현금흐름이 평균적으로 발생한다고 가정하기 때문에 보다 단순하다는 장점이 있지만, 특히, 이자율과 자본비용이 높은 경우에 분석결과를 항상 신뢰할 수 없다는 단점 또한 존재한다.

(1) 회수기간법

회수기간(payback period)이란 투자안에 소요된 투자액을 회수하는 데 걸리는 기간을 의미한다.

회수기간＝투자액/연간순현금유입액

회수기간법은 회수기간을 중심으로 투자안을 평가하는 방법이다. 구체적으로, 회수기간법은 기업에서 미리 설정한 목표회수기간과 투자안의 회수기간을 비교하여 투자안을 평가하며, 회수기간이 빠른 투자안이 더 바람직하다고 판단한다. 즉, 투자안의 회수기간이 목표회수기간보다 짧으면 채택하고, 길면 기각한다.

예제 5. 회수기간법

예제 2에서와 마찬가지로, ㈜서울은 신제품을 생산·판매하기 위해 다음과 같은 신기계를 구입하려고 한다. 신기계의 취득원가는 ₩150,000이며, 내용연수는 3년, 잔존가치는 영(0)이다. 내용연수 종료 후 신기계의 추정처분가치는 없는 것으로 가정한다. 신기계 구입에 따라 매년 예상되는 증분수익은 ₩100,000, 증분비용은 ₩84,500(감가상각비 ₩50,000 포함)이다. 감가상각비를 제외한 모든 수익과 비용은 현금유입과 현금유출을 수반한다. ㈜서울은 감가상각방법으로 정액법을 사용하고 있으며, ㈜서울의 법인세율은 30%, ㈜서울의 자본비용은 10%로 가정한다.

연금의 현가표(n=3)				
8%	9%	10%	11%	12%
2.577	2.531	2.487	2.444	2.402

물음)

위의 조건을 모두 고려하여 신기계의 회수기간을 구하시오.

[풀이]

₩150,000÷60,850=2.47년

(2) 긴급회수기간법

긴급회수기간법은 투자안에 발생할 것으로 예상되는 현금흐름과 투자안의 잔존가치로부터 소요된 투자액이 얼마나 빨리 회수되는지를 결정하는 방법이다. 회수기간법은 투자안의 현금흐름만 사용하여 회수기간을 산출하는 반면, 긴급회수기간법은 언제든지 기업이 투자를 철회하는 경우 잔존가치가 회수된다는 가정에 기초한다. 긴급회수기간법은 투자안에 수반되는 위험을 평가하는 데 추가정보를 제공한다.

예제 **6.** 긴급회수기간법

예제 2에서와 마찬가지로, ㈜서울은 신제품을 생산·판매하기 위해 다음과 같은 신기계를 구입하려고 한다. 신기계의 취득원가는 ₩150,000이며, 내용연수는 3년, 잔존가치는 ₩10,000이다. 신기계는 언제든지 잔존가치로 처분할 수 있다고 가정한다. 신기계 구입에 따라 매년 예상되는 증분수익은 ₩100,000, 증분비용은 ₩84,500(감가상각비 ₩50,000 포함)이다. 감가상각비를 제외한 모든 수익과 비용은 현금유입과 현금유출을 수반한다. ㈜서울은 감가상각방법으로 정액법을 사용하고 있으며, ㈜서울의 법인세율은 30%, ㈜서울의 자본비용은 10%로 가정한다.

연금의 현가표(n=3)				
8%	9%	10%	11%	12%
2.577	2.531	2.487	2.444	2.402

물음)

위의 조건을 모두 고려하여 신기계의 긴급회수기간을 구하시오.

[풀이]

3년차 회수기간: (₩150,000 − 60,850 − 60,850) ÷ (60,850 + 10,000) = 0.4년

긴급회수기간: 2년 + 0.4년 = 2.4년

(3) 회수기간의 역수법

회수기간의 역수를 산정하여 투자안의 내부수익률 추정치를 계산할 수 있다. 다만, 연간순현금유입액이 일정한 경우에만 사용할 수 있다.

$$회수기간의\ 역수 = 1/회수기간$$
$$= 연간순현금유입액/투자액$$

회수기간의 역수를 활용한 추정치는 항상 실제 내부수익률보다 크게 산출되는데, 투자안의 내용연수가 적어도 회수기간의 2배가 되는 경우에 해당 추정치는 내부수익률의 합리적 추정치가 될 수 있다. 투자안의 수명이 길어지면 길어질수록 회수기간의 역수를 활용한 추정치는 실제 내부수익률에 근접한다.

(4) 회계적이익률법

회계적이익률법은 투자안에서 발생할 것으로 예상되는 발생주의 순이익을 활용한 투자수익률을 측정하여 투자안을 평가하는 방법이다. 회계적이익률법은 기업에서 미리 설정한 목표이익률과 투자안의 **회계적이익률**(accounting rate of return: ARR)을 비교하여 투자안을 평가하며, 투자안의 회계적이익률이 목표이익률보다 크면 채택하고, 작으면 기각한다. 회계적이익률법은 사용하기 쉬우며, 회계적이익률을 계산하기 위한 자료를 재무제표에서 쉽게 확인할 수 있는 장점이 있다.

투자안의 순이익 = 투자안의 수익 − 투자안의 비용
회계적이익률 = 투자안의 순이익/투자액

회계적이익률법은 분모로 사용되는 투자액에 따라 그 결과가 달라진다. 일반적으로, 투자액은 최초투자액을 사용하는 경우와 평균투자액을 사용하는 경우로 구분할 수 있다. 최초투자액은 투자시점의 순현금유출액을 사용하여 계산하며, 평균투자액은 투자시점의 순현금유출액과 투자종료시점의 순현금유입액의 평균을 사용하여 계산한다.

예제 **7.** 회계적이익률법

예제 2에서와 마찬가지로, ㈜서울은 신제품을 생산·판매하기 위해 다음과 같은 신기계를 구입하려고 한다. 신기계의 취득원가는 ₩150,000이며, 내용연수는 3년, 잔존가치는 영(0)이다. 내용연수 종료 후 신기계의 추정처분가치는 없는 것으로 가정한다. 신기계 구입에 따라 매년 예상되는 증분수익은 ₩100,000, 증분비용은 ₩84,500(감가상각비 ₩50,000 포함)이다. 감가상각비를 제외한 모든 수익과 비용은 현금유입과 현금유출을 수반한다. ㈜서울은 감가상각방법으로 정액법을 사용하고 있으며, ㈜서울의 법인세율은 30%, ㈜서울의 자본비용은 10%로 가정한다.

연금의 현가표(n=3)				
8%	9%	10%	11%	12%
2.577	2.531	2.487	2.444	2.402

물음)

1. 위의 조건을 모두 고려하여 신기계의 평균투자액에 대한 회계적이익률을 구하시오.

2. 위의 조건을 모두 고려하여 신기계의 최초투자액에 대한 회계적이익률을 구하시오.

[풀이]

1. 평균투자액: ₩(150,000 + 0)÷2 = ₩75,000

   회계적이익률: ₩10,850÷75,000 = 14.47%

2. 회계적이익률: ₩10,850÷150,000 = 7.23%

객관식 문제

01 세무사 2003

다음 중 자본예산기법에 대한 설명으로 적절하지 않은 것은?

① 순현재가치법에서 순현재가치란 투자안으로부터 생기는 현금수입의 현재가치에서 현금지출의 현재가치를 차감한 잔액이다.

② 내부수익률법에서 내부수익률이란 현금수입과 현금지출을 현재가치로 환산할 때 동일한 금액이 되게 하는 수익률을 의미한다.

③ 회수기간이란 투자안으로부터 유입되는 현금이 최초의 투자지출액을 회수하는 데 소요되는 시간을 의미하는데 이 기법은 주로 위험이 적고 안정적인 투자안을 평가하는 데 사용되는 것이 바람직하다.

④ 회계이익률법에서 회계이익률이란 손익계산서에서 계산된 이익과 투자액의 비율이다.

⑤ 회수기간의 역수는 투자안의 연간순현금유입액을 최초투자액으로 나눈 것으로, 투자안으로부터의 연간현금유입액이 일정하게 발생하고 투자안의 내용연수가 최소한 회수기간의 2배 이상인 상황에서 내부수익률의 근사한 추정치로 사용할 수 있다.

02 세무사 2005

다음 중 자본예산을 위해 사용되는 순현가법(NPV)과 내부수익률법(IRR)에 대한 설명으로 옳은 것은?

① 내부수익률법은 복리계산을 하지 않으므로 순현가법보다 열등하다.

② 특정 투자안의 수락 타당성에 대해 두 방법은 일반적으로 다른 결론을 제공한다.

③ 내부수익률법은 현금이 할인율이 아닌, 내부수익률에 의해 재투자된다고 가정한다.

④ 내부수익률법은 순현가법과 달리, 여러 가지 수준의 요구수익률을 사용하여 분석할 수 있으므로 더 우수하다.

⑤ 순현가법은 분석 시점에 초기 투자액이 없는 경우에는 사용할 수 없다.

03 세무사 2021

㈜세무는 온라인 교육을 확대하기 위해 새로운 온라인 강의설비를 ₩280,000에 구입할 것을 검토하고 있다. 이 설비는 향후 5년에 걸쳐서 강사료, 시설관리비 등에서 ₩330,000의 현금절감효과를 가진다. 현금절감액은 연중 균일하게 발생하지만, 연도별 현금흐름은 다음과 같이 균일하지 않다. 이러한 상황에서 설비투자에 대한 회수기간은?

연도	1	2	3	4	5
현금절감액	₩100,000	₩80,000	₩60,000	₩50,000	₩40,000

① 3.2년　　　　　　② 3.4년　　　　　　③ 3.5년
④ 3.6년　　　　　　⑤ 3.8년

04 세무사 2015

㈜세무는 올해 초에 신제품 생산을 위한 전용기계 도입여부를 순현재가치법으로 결정하려고 한다. 신제품의 판매가격은 단위당 ₩500이며, 생산 및 판매와 관련된 단위당 변동비는 ₩300, 그리고 현금유출을 수반하는 고정비를 매년 ₩600,000으로 예상한다. 전용기계의 구입가격은 ₩1,000,000이고, 정액법으로 감가상각한다(내용연수 5년, 잔존가치 없음). 할인율은 10%이며 법인세율이 40%이고, 매출액, 변동비, 현금유출 고정비, 법인세는 전액 해당년도 말에 현금으로 회수 및 지급된다. 전용기계 도입이 유리하기 위해서는 신제품을 매년 최소 몇 단위를 생산 판매해야 하는가? (단, 10%, 5년의 단일금액의 현가계수는 0.621이고, 정상연금의 현가계수는 3.791이다)

① 4,198단위　　　　② 4,532단위　　　　③ 5,198단위
④ 5,532단위　　　　⑤ 6,652단위

05 회계사 2004

㈜대한은 자동화설비를 ₩50,000에 구입하려고 한다. 이 회사의 원가담당자는 설비를 도입함으로써 다음과 같은 현금운영비가 절감할 것으로 예상하고 있다. 이때 내부수익률은 얼마인가?

연도	금액
1차연도	₩20,000
2차연도	₩20,000
3차연도	₩20,000

연금의 현가표(n=3)			
8%	9%	10%	11%
2.577	2.531	2.487	2.444

① 9.17%　　　　② 9.50%　　　　③ 9.70%
④ 10.17%　　　　⑤ 10.83%

※ ㈜서울의 다음 〈자료〉를 이용하여 6번부터 10번에 대해 각각 답하시오.

㈜서울은 신제품을 생산·판매하기 위해 다음과 같은 신기계를 구입하려고 한다.
- 신기계 취득원가: ₩500,000
- 신기계 내용연수: 5년
- 신기계 잔존가치: 영(0)
- 매년 예상되는 증분수익: ₩250,000
- 매년 예상되는 증분비용: ₩210,000(감가상각비 ₩100,000 포함)

㈜서울은 감가상각방법으로 정액법을 사용하고 있으며, ㈜서울의 법인세율은 20%, ㈜서울의 자본비용은 10%로 가정한다. 감가상각비를 제외한 모든 수익과 비용은 현금유입과 현금유출을 수반한다.

연금의 현가표(n=5)				
8%	9%	10%	11%	12%
3.993	3.890	3.791	3.696	3.605

06

내용연수 종료 후 신기계의 추정처분가치가 ₩100,000이라고 가정하면, 신기계의 처분으로 인한 현금유입액은 얼마인가?

① ₩60,000
② ₩80,000
③ ₩100,000
④ ₩120,000
⑤ ₩140,000

07

신기계의 순현재가치는 얼마인가?

① (−)₩24,140
② (−)₩12,128
③ ₩412
④ ₩13,480
⑤ ₩27,076

08

신기계의 내부수익률은 얼마인가?

① 8.03%
② 9.03%
③ 9.97%
④ 10.03%
⑤ 10.97%

09

신기계의 회수기간은 얼마인가?

① 3년
② 3.57년
③ 3.79년
④ 4.17년
⑤ 5년

10

신기계의 평균투자액에 대한 회계적이익률은 얼마인가?

① 11%
② 11.8%
③ 12%
④ 12.8%
⑤ 16%

MEMO

15

책임회계와 성과평가

- 책임회계의 의의를 이해한다.
- 책임중심점을 이해한다.
- 이익중심점의 성과평가 방법을 이해한다.
- 투자중심점의 성과평가 방법을 이해한다.
- 이전가격 결정방법을 이해한다.

기업이 미래의 불확실성에 효율적으로 대응하기 위해서는 장·단기 계획을 수립하고, 계획을 수립한 내용이 제대로 이행되고 있는지를 지속적으로 모니터링하여 통제를 수행하고, 통제한 내용을 성과평가에 반영하여 미래 경영활동의 지침으로 활용한다. 장·단기 계획을 수립하는 활동이 앞서 학습한 종합예산과 자본예산이라고 한다면, 통제와 성과평가에 해당하는 내용을 본 장에서 학습한다.

1 책임회계의 의의

의사결정 권한을 누가 보유하는지에 따라 기업 내 조직을 중앙집권화 조직과 분권화 조직으로 구분할 수 있다. 중앙집권화 조직은 의사결정 권한이 최고경영자에게 집중되어 있는 조직이고, 분권화 조직은 의사결정 권한이 하위관리자에게 위임되어 있는 조직이다. 분권화 조직은 하위관리자에게 의사결정 권한을 부여하는 대신 최고경영자가 하위관리자의 성과를 평가하고, 해당 관리자는 평가된 결과에 대해 책임을 진다. 분권화 조직에서는 각각의 조직들이 생산활동, 영업활동, 관리활동 등에 대한 의사결정을 내리고 독립적으로 활동을 수행한다. 이때, 하위관리자에게 권한과 책임이 부여된 각각의 조직단위를 책임중심점이라고 한다.

책임회계(responsibility accounting)란 기업 내에 여러 책임중심점을 설정하고, 책임중심점별로 계획과 실적을 비교하여 해당 책임중심점 관리자에 대한 성과평가를 수행하는 회계시스템을 의미한다. 즉, 책임회계는 분권화된 조직을 효율적으로 통제하기 위해 여러 개의 책임중심점으로 조직활동을 분할하고, 각 책임중심점별로 성과를 측정하여 평가하는 시스템인 것이다.

조직에서의 통제란 수립한 계획과 실적을 비교하는 것을 의미하며, 이를 성과평가에 반영한다는 의미를 포함한다. 성과평가를 수행할 때에는 각각의 조직이 통제할 수 없는 항목은 제외하고, 통제할 수 있는 항목에 대해서만 성과평가를 수행하는 것이 바람직하다. 따라서 적절한 성과평가가 이루어지기 위해서는 각각의 조직이 통제할 수 있는 항목이 무엇인지, 즉 책임의 범위가 어디까지인지 정하는 작업이 우선되어야 한다.

따라서 책임회계에서는 책임중심점 관리자의 통제가능성에 따라 발생한 원가를 통제가능원가와 통제불능원가로 분류하고, 이 중 통제가능원가에 중점을 두어 성과평가를 수행하고, 통제불능원가는 성과평가 대상에서 제외해야 한다. 여기서 통제가능원가는 관리자가 그 발생을 통제할 수 있는 원가를 의미하며, 통제불능원가는 관리자가 그 발생을 통제할 수 없는 원가를 의미한다.

2 책임중심점

기업마다 가지고 있는 고유한 특성이 다르기 때문에 기업별 책임중심점의 형태도 다르게 나타날 수 있지만, 일반적으로 책임중심점은 원가중심점, 수익중심점, 이익중심점 및 투자중심점의 4가지 형태로 나눌 수 있다.

2.1 원가중심점

원가중심점(cost center)은 이익은 창출하지 못하고 원가를 발생시키는 단위조직이다 (예: 시설관리 및 보수를 담당하는 조직 등). 원가중심점은 단지 원가의 발생에 대해서만 책임을 지는 책임중심점으로서 판매나 수익의 창출 또는 이익의 발생에 대해서는 책임지지 않는다. 모든 하위조직이 원가를 발생시키기 때문에 원가중심점은 가장 흔한 형태의 책임중심점이다.

원가중심점에 대해서는 제조원가에 대한 표준을 바탕으로 실제생산량에 근거한 변동예산과 실제 발생한 원가를 비교하여 성과를 평가한다. 원가중심점의 성과평가는 9장에서 자세히 설명한다.

2.2 수익중심점

수익중심점(revenue center)은 수익의 획득에 대해서만 책임을 지는 책임중심점이다. 수익중심점은 판매나 수익의 창출에 대해서만 책임을 지고, 원가의 발생이나 이익의 발생에 대해서는 책임지지 않는다. 대표적으로 판매부서가 수익중심점에 해당된다.

수익중심점에 대해서는 사전에 판매될 것으로 기대되는 예상판매량을 기초로 하여 설정한 예산매출액과 사후에 집계한 실제매출액을 비교하여 성과를 평가한다.

2.3 이익중심점

이익중심점(profit center)은 수익의 창출뿐만 아니라 원가에 대해서도 책임을 지는 책임중심점이다. 수익중심점과 같이 수익의 획득만을 고려하면 수익을 올리기 위해 발생되는 비용을 고려하지 않을 수 있다. 이러한 경우 수익을 올리는 활동에만 집중하게 되고,

기업 전체의 이익에는 악영향을 줄 수 있다. 따라서 수익중심점의 관리자에게 통제가능한 수익과 비용에 대해 동시에 책임을 지도록 하여 이익중심점으로 관리함으로써 이러한 문제를 방지할 수 있다. 일반적으로 분권화된 조직의 각 사업부가 이익중심점에 해당된다. 이익중심점은 하나의 기업이 될 수도 있지만, 생산부서나 판매부서와 같은 기업의 특정 부서로 구성되는 것이 일반적이다. 이익중심점은 표준변동원가 손익계산서를 이용하여 성과를 평가한다.

2.4 투자중심점

투자중심점(investment center)은 원가, 수익 및 이익뿐만 아니라 투자의사결정에 대해 책임을 지는 책임중심점이다. 투자의사결정에 대한 책임은 고정자산 및 재고자산의 구입과 처분 등 자금이 투자됨에 따라 부담해야 하는 책임을 의미한다. 이익을 창출하기 위해 대규모의 투자가 필요한 조직은 이익중심점보다 투자중심점으로 운영하는 것이 더 바람직하다. 이익중심점은 이익을 획득하는데 투자된 자금을 전혀 고려하지 않지만, 투자중심점은 이익을 획득하는데 사용된 투자액을 고려하여 투자된 자금 ₩1당 벌어들인 이익으로 성과를 평가하기 때문이다. 투자중심점은 다른 유형의 책임중심점보다 권한이 가장 많이 위임되고, 그 규모도 큰 책임중심점이다. 기업 전체조직이 투자중심점에 해당된다.

3 이익중심점의 성과평가

3.1 이익중심점의 성과보고서

이익중심점의 성과보고서는 영업활동을 수행한 결과 산출된 실제영업이익과 예산영업이익의 차이를 비교하는 보고서로서 이익중심점의 관리자에 대한 성과평가를 수행하고, 어느 부문에서 어떠한 원인에 의하여 차이가 발생했는지 분석할 수 있게 해준다. 구체적으로, 이익중심점의 성과보고서는 실제성과와 실제산출량에 근거한 변동예산, 고정예산을 비교하는 형식으로 작성하며, 성과평가 목적에 보다 유용한 정보를 제공해주는 변동원가계산 손익계산서 형식으로 작성한다.

이익중심점의 성과보고서에서는 총 세 개의 영업이익 차이가 발생한다. 먼저, 실제영업이익과 고정예산 영업이익의 차이를 고정예산차이라고 한다. **고정예산차이**는 변동예산차이와 매출조업도차이로 구분되며, **변동예산차이**는 실제영업이익과 변동예산 영업이익의 차이, **매출조업도차이**는 변동예산 영업이익과 고정예산 영업이익의 차이를 의미한다.

> 고정예산차이 = 실제영업이익 − 고정예산 영업이익
>
> 변동예산차이 = 실제영업이익 − 변동예산 영업이익
>
> 매출조업도차이 = 변동예산 영업이익 − 고정예산 영업이익

그림 15-1 이익중심점 성과보고서 형식

	실제성과	변동예산	고정예산
매출액	실제판매량×@실제판매가격	실제판매량×@예산판매가격	예산판매량×@예산판매가격
변동원가			
변동매출원가	실제판매량×@실제변동원가	실제판매량×@예산변동원가	예산판매량×@예산변동원가
변동판매관리비	실제판매량×@실제변동원가	실제판매량×@예산변동원가	예산판매량×@예산변동원가
공헌이익	실제판매량×@실제공헌이익	실제판매량×@예산공헌이익	예산판매량×@예산공헌이익
고정원가			
고정제조간접원가	실제(총액)	예산(총액) =	예산(총액)
고정판매관리비	실제(총액)	예산(총액) =	예산(총액)
영업이익	실제 영업이익	변동예산 영업이익	고정예산 영업이익

변동예산차이 ← 실제 영업이익 ~ 변동예산 영업이익
매출조업도차이 ← 변동예산 영업이익 ~ 고정예산 영업이익
고정예산차이 ← 실제 영업이익 ~ 고정예산 영업이익

변동예산차이는 실제성과와 변동예산의 단위당 판매가격, 단위당 변동원가 및 고정원가 차이로 구성된다. 매출조업도차이는 실제성과와 고정예산의 판매량 차이로 인한 영업이익의 차이이며, 변동예산과 고정예산의 고정원가는 동일하기 때문에 변동예산 공헌이익과 고정예산 공헌이익의 차이로 구할 수도 있다.

이러한 차이 중 이익중심점에서 책임지는 부분은 변동예산차이 중 단위당 판매가격, 단위당 변동원가 중 판매관리비의 차이 및 매출조업도차이이다. 단위당 변동원가 중 제조원가의 차이는 제조부문인 원가중심점의 성과평가와 관련있다는 점에 주의해야 한다.

판매관리비에서 발생하는 차이는 비교적 단순하고, 원인을 파악하기 어렵기 때문에 판매가격과 판매량 차이를 중심으로 매출액에서 발생한 차이(매출총차이)를 분석한다. 또한 이익중심점에서는 원가차이에 대해서 고려하지 않기 때문에 매출총차이 분석에 사용

되는 원가자료는 제조원가, 판매관리비 모두 표준변동원가를 활용한다. 매출총차이 분석
은 단일제품인 경우와 복수제품인 경우로 나누어 설명할 수 있는데, 복수제품인 경우 매
출배합의 차이에서 발생하는 효과를 추가적으로 분석해야 한다.

3.2 단일제품인 경우 매출총차이 분석

단일제품인 경우 매출총차이는 실제공헌이익과 고정예산 공헌이익의 차이를 의미한
다. 실제공헌이익은 실제판매가격에서 표준변동원가를 차감하여 산출하고, 고정예산 공
헌이익은 예산판매가격에서 표준변동원가를 차감하여 산출한다. 여기서, 표준변동원가를
사용하는 이유는 매출총차이를 판매가격에 의한 차이와 판매량에 의한 차이로 구분하여
분석하기 위해서이다. 매출총차이는 매출가격차이와 매출조업도차이로 구분된다.

매출가격차이는 실제판매량하에서 실제판매가격과 예산판매가격의 차이가 공헌이익
에 미치는 영향을 의미하며, 실제매출액과 변동예산 매출액의 차이로 계산한다. 실제판
매가격이 예산판매가격보다 크면 유리한 차이, 실제판매가격이 예산판매가격보다 작으
면 불리한 차이가 발생한다. 만약 매출가격차이를 실제변동원가를 적용하여 산출한 실제
공헌이익과 변동예산 공헌이익의 차이로 계산하는 경우 판매부문이 통제할 수 없는 변
동제조원가의 차이가 포함되기 때문에 주의해야 한다.

매출조업도차이는 단위당 예산공헌이익(단위당 예산판매가격 − 단위당 표준변동원가)하에서
실제판매량과 예산판매량의 차이가 공헌이익에 미치는 영향을 의미하며, 변동예산 공헌
이익과 고정예산 공헌이익의 차이로 계산한다. 실제판매량이 예산판매량보다 많으면 유
리한 차이, 실제판매량이 예산판매량보다 적으면 불리한 차이가 발생한다. 만약 매출조
업도차이를 변동예산 매출액과 고정예산 매출액의 차이로 계산하는 경우 판매량의 차이
가 변동원가에 미치는 영향을 반영할 수 없기 때문에 주의해야 한다.

매출총차이 = 실제판매량 × (실제판매가격 − 표준변동원가)
　　　　　 − 예산판매량 × (예산판매가격 − 표준변동원가)

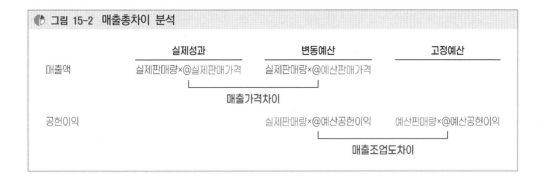

그림 15-2 매출총차이 분석

단일제품인 경우 매출총차이 분석 도표

3.3 복수제품인 경우 매출총차이 분석

기업이 상호대체 가능한 여러 가지 제품을 판매하는 경우 사전에 설정한 매출배합의 성과에 대한 정보를 분석할 필요가 있다. 여기서 매출배합이란 총판매량 중에서 각 제품의 판매량이 차지하는 상대적인 비율을 의미한다.

단일제품인 경우와 동일하게 매출총차이는 매출가격차이와 매출조업도차이로 구분된다. 다만, 복수제품인 경우 매출조업도차이는 매출배합차이와 매출수량차이로 구분되며, 매출수량차이는 다시 시장점유율차이와 시장규모차이로 구분된다.

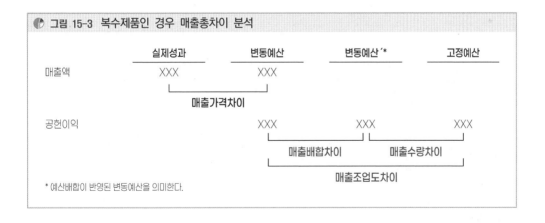

그림 15-3 복수제품인 경우 매출총차이 분석

* 예산배합이 반영된 변동예산을 의미한다.

(1) 매출배합차이와 매출수량차이

매출배합차이는 판매하는 제품들에 대한 기업의 예산매출배합률과 실제매출배합률이 달라져서 발생하는 차이를 의미한다. 구체적으로, 실제판매량을 기준으로 실제매출배합률과 예산매출배합률의 차이가 공헌이익에 미치는 영향을 나타낸다. 예산공헌이익이 더 큰 제품의 실제매출배합이 예산매출배합보다 높아지면 유리한 차이가 발생하고, 반대로 예산공헌이익이 더 낮은 제품의 실제매출배합이 예산매출배합보다 높아지면 불리한 차이가 발생한다.

　　매출수량차이는 기업이 예상한 제품 간 매출배합률이 유지된다는 가정하에 제품판매량의 변화를 나타내는 차이를 의미한다. 구체적으로, 매출수량차이는 실제판매량과 예산판매량의 차이로서 실제판매량이 예산판매량보다 많으면 유리한 차이가 발생한다. 따라서 매출수량차이를 순수한 판매량의 차이로 볼 수 있다.

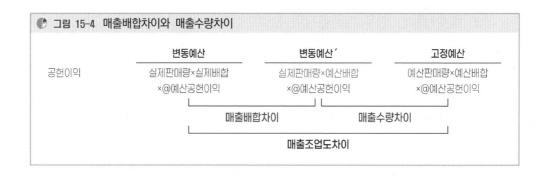

그림 15-4　매출배합차이와 매출수량차이

예제 1.　매출배합차이와 매출수량차이

㈜서울은 제품 A와 B를 생산·판매하고 있다. 20×1년 1월 관련 자료는 다음과 같다.

	제품 A	제품 B
실제 단위당 판매가격	₩7	₩12
예산 단위당 판매가격	6	10
예산 단위당 변동원가	4	6
예산판매량	144단위	36단위
실제판매량	126	84

물음)

1. 매출가격차이를 구하시오.
2. 매출배합차이를 구하시오.
3. 매출수량차이를 구하시오.

[풀이]

매출액	실제성과	변동예산
제품 A	126×₩7 = ₩882	126×₩6 = ₩756
제품 B	84×₩12 = ₩1,008	84×₩10 = ₩840
합계	₩1,890	₩1,596

공헌이익	변동예산	변동예산′	고정예산
제품 A	126×₩2 = ₩252	210×0.8×₩2 = ₩336	144×₩2 = ₩288
제품 B	84×₩4 = ₩336	210×0.2×₩4 = ₩168	36×₩4 = ₩144
합계	₩588	₩504	₩432

- 제품 A의 예산매출배합: 144개/(144+36)=0.8
- 제품 B의 예산매출배합: 36개/(144+36)=0.2

- 매출가격차이: ₩1,890 − 1,596 = ₩294(유리)
- 매출배합차이: ₩588 − 504 = ₩84(유리)
- 매출수량차이: ₩504 − 432 = ₩72(유리)

(2) 시장점유율차이와 시장규모차이

기업의 실제판매량과 예상판매량의 차이에 대한 정보를 제공하는 매출수량차이는 다시 기업이 통제가능한 차이인 시장점유율차이와 기업이 통제불가능한 차이인 시장규모차이로 구분할 수 있다. 단일제품인 경우에는 매출조업도차이를 시장점유율차이와 시장규모차이로 구분할 수 있다. **시장점유율차이**는 실제 시장규모하에서 기업의 시장점유율이 예상보다 확대 또는 축소되어 나타나는 매출수량차이를 의미한다. 기업이 해당 기업이 속한 산업 전체의 평균적인 영업성과보다 더 높은 성과를 달성하였다면, 즉 시장점유율이 높아졌다면 유리한 차이가 발생하고, 시장점유율이 낮아진 경우에는 불리한 차이가 발생한다.

반면, **시장규모차이**는 기업이 속한 산업 전체의 시장규모가 확대 또는 축소되어 나타나는 매출수량차이를 의미하며, 기업이 속한 산업 전체의 환경이 변화함에 따라 발생하기 때문에 기업이 통제불가능한 부분이다. 따라서 시장규모차이는 성과평가 시 제외하는 것이 바람직하다.

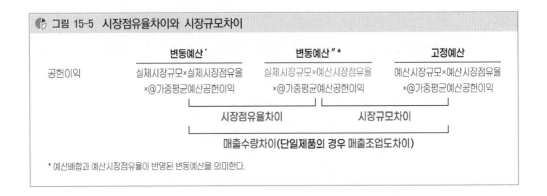

그림 15-5 시장점유율차이와 시장규모차이

복수제품인 경우 개별제품별로 시장점유율과 시장규모를 알 수 있다면 개별제품별로 각각 시장점유율차이와 시장규모차이를 계산한다. 그러나 개별제품별 시장점유율과 시장규모를 알 수 없고, 복수제품 전체의 시장점유율과 시장규모만 알 수 있을 때에는 복수제품을 합하여 시장점유율차이와 시장규모차이를 계산한다. 이때, 개별제품 단위당 예산공헌이익에 예산매출배합을 곱하여 더한 단위당 가중평균예산공헌이익을 활용한다.

> 단위당 가중평균예산공헌이익
> = Σ(제품별 단위당 예산공헌이익 × 제품별 예산매출배합률)

예제 2. 시장점유율차이와 시장규모차이

예제 1에서와 마찬가지로, ㈜서울은 제품 A와 B를 생산·판매하고 있다. 20×1년 1월 관련 자료는 다음과 같다.

	제품 A	제품 B
실제 단위당 판매가격	₩7	₩12
예산 단위당 판매가격	6	10
예산 단위당 변동원가	4	6
예산판매량	144단위	36단위
실제판매량	126	84

㈜서울은 제품 A와 제품 B의 전체 시장규모를 3,000개로 예상하였으나 실제 시장규모는 2,400개에 불과하였다.

물음）

1. 시장점유율차이를 구하시오.
2. 시장규모차이를 구하시오.

[풀이]

	변동예산′	변동예산″	고정예산
공헌이익	2,400×8.75%×@2.4＝₩504	2,400×6%×@2.4＝₩345.6	3,000×6%×@2.4＝₩432

- 단위당 가중평균예산공헌이익: ₩2×0.8＋4×0.2＝@2.4
- 실제시장점유율: 210개÷2,400＝8.75%
- 예산시장점유율: 180개÷3,000＝6%

- 시장점유율차이: ₩504－345.6＝₩158.4(유리)
- 시장규모차이: ₩345.6－432＝(－)₩86.4(불리)

4 투자중심점의 성과평가

투자중심점은 수익과 원가뿐만 아니라 투자에 대해서도 책임을 지는 중심점으로서 가장 포괄적이고 광범위한 책임중심점이다. 사용가능한 자원의 규모가 다른 여러 투자중심점의 성과를 평가할 때 단순히 벌어들인 수익, 지출한 원가 또는 이익의 크기로 비교하게 되면 공정한 평가가 이루어질 수 없다. 이익을 획득하기 위해 투자된 투자액을 고려하지 못하기 때문이다. 투자중심점을 평가하기 위한 합리적인 평가지표는 투자된 자원 ₩1당 창출한 이익의 크기일 것이다. 투자중심점의 성과를 평가하기 위한 지표는 규모가 서로 다른 다양한 사업부의 성과를 비교하는 공통기준을 제공해준다. 투자중심점의 성과를 평가하기 위한 지표는 투자수익률, 잔여이익, 경제적 부가가치 등이 있다.

4.1 투자수익률

투자수익률(return on investment: ROI)은 일정한 투자액에 대하여 창출된 이익의 비율이며, 영업이익을 영업자산으로 나누어 계산한다. 영업자산은 현재의 영업활동에 사용하기 위한 현금, 매출채권, 토지, 건물 등의 자산을 의미한다. 영업자산은 기초영업자산, 기말영업자산 또는 기초와 기말을 평균한 평균영업자산 등 여러 개념으로 평가할 수 있다. 투자중심점의 성과를 투자수익률로 평가한다면, 신규투자안에 투자한 이후의 투자수익률이 투자 이전의 투자수익률 보다 높아지는 경우에 신규투자안을 채택하게 될 것이다.

> 투자수익률＝투자중심점 영업이익/투자중심점 영업자산

투자수익률은 듀퐁(Dupont)분석을 이용하여 매출액이익률과 자산회전율로 구분할 수 있다. 기업이 외부에서 조달한 투자자금 ₩1으로 상품을 구매하여 외부로 판매한다고 할 때, ₩1은 재고자산을 구매할 때 유출되고, 재고자산이 판매되면 매출채권을 거쳐 다시 현금으로 유입된다. 이때, 처음 ₩1에 이익이 더해져서 돌아오게 될 것이며, ₩1에 대해 발생한 이익의 비율을 이익률이라고 볼 수 있다.

이때 ₩1의 매출액에 대한 이익률을 측정하는 매출액이익률은 영업이익을 매출액으로 나누어 산출한다. 그리고 ₩1의 현금이 유출되고 다시 유입되는 과정이 몇 번이나 일어났는지, 즉 몇 번의 회전이 발생하였는지 측정하는 지표가 자산회전율이다. 자산회전율은 매출액을 영업자산으로 나누어 산출한다. 투자수익률과 매출액이익률이 수익성을 나타내는 지표라면 자산회전율은 기업이 소유하고 있는 자산을 얼마나 효율적으로 사용하는지 측정할 수 있는 활동성을 나타내는 지표이다.

> 투자수익률
> ＝매출액이익률×자산회전율
> ＝(투자중심점 영업이익/투자중심점 매출액)×(투자중심점 매출액/투자중심점 영업자산)

위 식을 활용한다면 투자수익률을 올리기 위해서 매출액의 증가, 비용의 감소, 영업자산의 감소를 통해 매출액이익률과 자산회전율을 높이는 방법을 생각해 볼 수 있다. 매출액 증가율이 비용의 증가율보다 높다면, 매출액이익률과 자산회전율이 모두 높아져 투자수익률이 높아진다. 비용이 감소한다면 매출액이익률이 높아져 투자수익률이 증가한다. 영업자산이 감소한다면 자산회전율이 높아져 투자수익률이 증가한다.

투자중심점의 성과를 투자수익률로 평가하게 되면 규모와 업종이 상이한 경우라도 투자수익률이라는 단일 수치에 의해 성과평가가 가능하게 되며, 투자된 자원 ₩1당 창출한 이익의 크기로 평가함으로써 최적투자를 촉진시킬 수 있다. 그러나 기업 전체의 투자수익률을 높일 수 있는 신규투자안이 있더라도 투자중심점인 개별 사업부의 관점에서 투자수익률이 높아지지 않는다면 해당 신규투자안에 투자하지 않는 준최적화 현상이 발생할 수 있는 단점 또한 존재한다. 여기서 준최적화 현상이란 부분적으로는 최적이지만 전체적으로는 최적이 아닌, 즉 투자중심점인 개별 사업부의 관점에서는 최적이지만 기업 전체 관점에서는 최적이 아닌 현상이다.

4.2 잔여이익

잔여이익(residual income: RI)은 영업이익에서 영업자산의 투자액으로부터 최소한 창출해야 하는 이익을 차감한 금액이다.

$$잔여이익 = 투자중심점\ 영업이익 - (투자중심점\ 영업자산 \times 필수투자수익률)$$

필수투자수익률은 기업이 투자에서 최소한으로 창출해야 하는 수익률을 의미하며, 기업이 사전에 설정한 투자의 자본비용 또는 내재비용을 의미한다. 투자중심점의 필수투자수익률은 기업의 자본비용을 기초로 투자중심점과 관련된 위험 수준을 반영하여 결정한다. 즉, 위험이 높은 투자중심점의 필수투자수익률은 높게, 위험이 낮은 투자중심점의 필수투자수익률은 낮게 적용된다. 투자중심점을 잔여이익으로 평가하게 되면, 투자중심점의 경영자들은 필수투자수익률보다 높은 투자수익률을 창출하는 신규투자안을 선택하게 된다. 필수투자수익률보다 높은 투자수익률을 창출한다는 것은 결국 신규투자안의 잔여이익이 영(0)보다 크게 되는 것을 의미한다. 앞서 설명한 투자수익률로 투자중심점을 평가하게 되면 필수투자수익률보다 크지만 기존의 투자수익률이나 목표투자수익률보다 낮은 투자수익률을 창출하는 신규투자안을 기각하게 되는 준최적화 현상이 나타날 수 있는데, 잔여이익으로 투자중심점을 평가하게 되면 이와 같은 문제점을 해결할 수 있다. 필수투자수익률보다 높은 투자수익률을 창출하는 신규투자안을 채택하기 때문에 투자중심점뿐만 아니라 기업 전체 관점에서도 합리적인 의사결정을 수행할 수 있다.

그러나 잔여이익은 ₩1당 창출한 이익의 크기를 나타내는 비율로 측정하지 않고, 총액 개념으로 측정한다. 따라서 투자중심점의 투자규모가 다를 경우, 투자규모가 큰 투자중심점의 잔여이익이 더 크게 측정될 개연성이 있기 때문에 투자중심점의 성과를 직접 비교할 수 없게 되는 단점 또한 존재한다.

4.3 경제적 부가가치

경제적 부가가치(economic value added: EVA)는 영업활동으로 창출된 순가치의 증가분이며, 세후영업이익에서 자기자본비용과 타인자본비용을 활용하여 산출된 가중평균자본비용을 투자된 자본에 곱한 금액을 차감하여 산출한다. 경제적 부가가치는 영업이익에서 국가에 납부하는 법인세, 채권자 등에게 지출하는 타인자본비용, 주주 등에게 지출하는 자기자본비용을 차감하고 남은 특수한 형태의 잔여이익 개념으로 볼 수 있다.

투자된 자본은 총자산에서 유동부채를 차감한 금액으로 계산한다. 가중평균자본비용은 타인자본비용과 자기자본비용을 각각의 자본구성비율에 따라 가중평균한 자본비용이다. 가중평균자본비용을 산출할 때 타인자본비용에 법인세를 고려하는데, 이는 부채로 인해 발생하는 이자비용이 영업이익을 감소시켜 법인세를 줄이는 효과가 있기 때문이다. 자기자본비용은 다른 투자안에 투자하였을 때 벌어들일 수 있는 이익, 즉 주주의 입장에서 기회비용을 의미한다.

경제적 부가가치로 투자중심점을 평가하게 되면, 투자중심점의 경영자들은 신규투자안의 경제적 부가가치가 영(0)보다 큰 경우 신규투자안을 채택하며, 신규투자안의 경제적 부가가치가 영(0)보다 작은, 즉 음(−)인 경우 신규투자안을 기각한다.

경제적 부가가치
= 투자중심점 영업이익 × (1 − 법인세율) − (총자산 − 유동부채) × 가중평균자본비용
= 투자중심점 세후영업이익 − (총자산 − 유동부채) × 가중평균자본비용

가중평균자본비용
= 타인자본비용 × (1 − 법인세율) × 타인자본/(타인자본 + 자기자본) + 자기자본비용
  × 타인자본/(타인자본 + 자기자본)

예제 3. 투자중심점의 성과평가

㈜서울의 각 부문별 20×1년도 회계자료는 아래와 같으며 ㈜서울에 적용되는 법인세율은 25%로 가정한다.

구분	A	B	C
평균영업자산	₩1,300,000	₩1,200,000	₩1,500,000
영업이익	300,000	330,000	350,000
필수투자수익률	15%	19%	16%
가중평균자본비용	12	16	13

물음)

1. 각 부문의 투자수익률을 구하시오.
2. 각 부문의 잔여이익을 구하시오.
3. 각 부문의 경제적 부가가치를 구하시오. 단, 평균영업자산이 총자산과 동일하며 유동부채는 없다고 가정한다.

[풀이]

	A	B	C
1. 투자수익률	₩300,000÷1,300,000 =23.08%	₩330,000÷1,200,000 =27.5%	₩350,000÷1,500,000 =23.33%
2. 잔여이익	₩300,000−(1,300,000 ×15%)=₩105,000	₩330,000−(1,200,000 ×19%)=₩102,000	₩350,000−(1,500,000 ×16%)=₩110,000
3. 경제적 부가가치	₩300,000×(1−25%) −(1,300,000×12%) =₩69,000	₩330,000×(1−25%) −(1,200,000×16%) =₩55,500	₩350,000×(1−25%) −(1,500,000×13%) =₩67,500

5 이전가격 결정

5.1 이전가격 결정의 의의

투자중심점 또는 이익중심점인 사업부의 성과를 평가하는 데 어려운 요소 중 하나는 기업 내 사업부 간 재화나 서비스가 이전되는 경우이다. 각 사업부에서는 기업 외부와의 거래만 수행하는 것이 아니라 기업 내 사업부 간 재화나 서비스를 주고받는 거래를 수행하게 된다. 이때, 기업 내에서 재화나 서비스를 공급하는 사업부를 판매사업부라고 하고, 재화나 서비스를 구입하는 사업부를 구매사업부라고 한다. 판매사업부의 최종산출물은 구매사업부의 투입물이 되거나, 또 다른 구매사업부에 의해 사용되거나, 기업 외부에 판매되기도 한다. 이와 같이 동일한 기업 내 사업부 간 이루어지는 재화나 서비스의 이전을 이전거래 또는 대체거래라고 하며, 이전되는 재화나 서비스의 가격을 **이전가격** 또는 **대체가격**(transfer price: TP)이라고 한다. 이러한 이전가격은 판매사업부 입장에서 수익이 되고, 구매사업부 입장에서는 원가나 비용이 될 것이다.

기업 전체의 관점에서는 이전가격이 수익인 동시에 원가로 인식되기 때문에 이전거래로 인한 손익은 발생하지 않으므로 이전가격을 얼마로 결정하는지는 중요한 문제가 아닐 수 있다. 그러나 이전가격의 책정은 판매사업부와 구매사업부의 성과평가에 영향을 줄 수 있기 때문에 각 사업부 관점에서는 매우 중요한 문제이다. 판매사업부의 관점에서 이전가격은 수익을 결정하는 요소이며, 구매사업부의 관점에서 이전가격은 원가를 결정하는 요소이기 때문에 이전가격에 따라 각 사업부의 이익이 크게 달라질 수 있다. 기업 내 사업부 간 거래규모가 크면 클수록 이전가격이 각 사업부의 성과평가에 미치는 영향은 더욱 커지게 된다.

이전가격의 결정은 판매사업부의 관점에서 특정 재화나 서비스를 기업 내 구매사업부에 공급할 것인지 아니면 기업 외부에 판매할 것인지를 결정하고, 구매사업부의 관점에서는 특정 재화나 서비스를 기업 내 판매사업부로부터 구매할 것인지 아니면 기업 외부에서 구매할 것인지를 결정하는 것이다. 분권화가 이루어진 조직에서는 이와 같은 의사결정의 권한이 각 사업부에 위임되어 자율적으로 결정된다. 그러나 각 사업부의 자율적인 결정이 기업 전체의 관점에서는 비합리적인 결과를 가져올 수 있다. 기업 전체의 관점에서는 기업 내 사업부 간 재화나 서비스를 이전하는 것이 유리하지만, 개별 사업부의 관점에서는 외부 판매 또는 외부 구매가 더 유리할 수 있기 때문이다. 따라서 이전가격의 결정은 기업 전체의 관점에서도 이익에 영향을 줄 수 있는 중요한 문제이다.

5.2 이전가격 결정

이전가격이 기업 전체와 기업 내 각 사업부 간 이해관계를 얼마나 잘 반영하는가에 따라 이전거래의 성립 여부가 결정된다. 이전가격은 판매사업부에게는 수익, 구매사업부에게는 원가가 되기 때문에 이전가격에 따라 각 사업부의 성과평가와 이전거래에 대한 의사결정이 달라진다. 이전가격은 각 사업부의 이익을 극대화하면서 기업 전체의 이익을 극대화할 수 있는 범위 내에서 결정되는 것이 바람직하다.

판매사업부의 관점에서는 이전가격이 이전거래에 따른 수익을 의미하기 때문에 이전가격이 클수록 좋으며 그 상한이 존재하지 않는다. 따라서 판매사업부의 관점에서는 최소한 이전거래에서 발생하는 원가만큼을 보장받을 수 있는 최소이전가격을 설정한다. 만약 판매사업부가 충분한 여유생산능력을 보유하고 있다면 기회원가는 영(0)이 되어 최소이전가격은 제품을 생산하는 데 필요한 원가가 된다. 그러나 판매사업부에 충분한 여유생산능력이 없다면 기존의 생산제품을 줄이고 구매사업부에서 요구하는 제품을 생산함으로써 기존의 생산제품에서 얻을 수 있는 이익만큼을 기회원가로 고려해야 된다.

최소이전가격 = 단위당 변동원가 + 단위당 기회원가

반대로, 구매사업부 관점에서는 이전가격이 이전거래에 따른 원가를 의미하기 때문에 이전가격이 작을수록 좋으며 그 하한이 존재하지 않는다. 따라서 구매사업부의 관점에서는 최대한 외부에서 구입하는 가격에 해당하는 최대이전가격을 설정한다. 만약 이전거래를 통해 구매한 제품과 외부에서 구입하는 제품의 차이로 인해 구매사업부에서 최종 제품을 생산하기 위한 가공원가가 추가로 지출된다면 해당 추가가공원가 금액만큼을 이전가격에서 조정할 필요가 있다.

최대이전가격 = Min(외부구입가격, 최종제품 판매가격 − 추가가공원가)

정리하면, 판매사업부의 경우 이전가격이 최소이전가격보다 크거나 같은 경우 이전거래를 할 것이고, 구매사업부의 경우 이전가격이 최대이전가격보다 작거나 같은 경우 이전거래를 할 것이다. 이와 같이 두 사업부 간 이해관계가 상충되기 때문에 이전가격이 판매사업부 관점의 최소이전가격과 구매사업부 관점의 최대이전가격 사이에서 결정될 것이다. 만약 이전가격이 최소이전가격보다 작거나, 최대이전가격보다 크다면 이전거래는 성립될 수 없다.

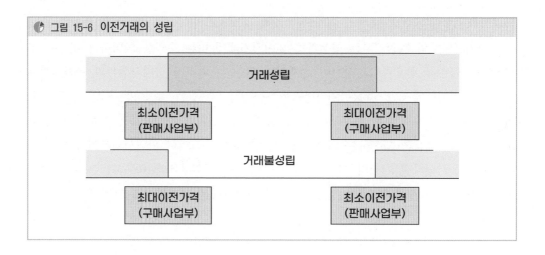

그림 15-6 이전거래의 성립

5.3 이전가격 결정방법

기업 전체 혹은 판매사업부나 구매사업부의 상황에 따라 이전가격에 영향을 미치는 요인은 매우 많다. 따라서 이전가격을 결정하기 위해서는 최소이전가격과 최대이전가격의 범위 내에서 다음과 같은 방법을 사용한다.

(1) 시장가격기준

시장가격기준은 이전되는 재화나 서비스의 시장가격을 이전가격으로 결정하는 방법이다. 시장가격은 판매사업부가 외부에 판매할 때 받는 가격이자 동시에 구매사업부가 외부에서 구매할 때 지불하는 가격이다. 시장가격은 시장에서 움직이는 거래당사자들 간 결정되는 가격으로서 가장 객관적인 가격이다. 그러나 사업부 간 거래되는 일부 재화나 서비스는 시장이 형성되지 않아 시장가격이 존재하지 않을 개연성도 있다. 이러한 경우에는 해당 재화나 서비스와 가장 유사한 재화나 서비스의 시장가격을 기초로 이전되는 재화나 서비스의 특성을 반영한 수정시장가격을 이전가격으로 활용할 수 있다.

(2) 원가기준

원가기준은 이전되는 재화나 서비스의 원가를 기준으로 이전가격을 결정하는 방법이다. 실제원가는 확정적이며, 비교적 쉽게 이해되고 관리되기 때문에 시장가격기준의 대안적인 방법으로 사용된다. 만약 실제원가를 이전가격으로 사용한다면 실제원가를 전부원가, 변동원가 또는 총원가 중 어떤 방법으로 측정할 것인지 결정할 필요가 있다. 그러나 실제원가를 이전가격으로 사용하는 경우 적용이 쉬운 반면, 각 사업부의 성과를 측정하는 데 문제가 발생할 수 있다. 먼저, 판매사업부는 자신의 부문에서 발생한 비능률적인 부분까지 원가에 반영함으로써 구매사업부에 이전시키려는 유인이 발생할 수 있다. 이러한 경우에는 실제원가 대신 표준원가를 이전가격으로 사용한다면 실제원가와 표준원가에서 발생하는 차이는 판매사업부의 성과에 반영되기 때문에 판매사업부에서 발생한 비능률적인 부분이 구매사업부로 이전되지 않는다. 다음으로, 판매사업부의 입장에서는 원가기준으로 이전가격을 설정하게 되면 이익을 창출할 수 없게 된다. 이러한 경우에는 실제원가에 기업 전체 관점에서 산출한 적정이윤을 가산하여 이전가격을 결정할 수 있다.

(3) 협상가격기준

협상가격기준은 판매사업부와 구매사업부가 협상을 통하여 서로 합의된 가격을 이전가격으로 결정하는 방법이다. 협상이 효과적으로 이루어지려면 판매사업부와 구매사업부 모두 내부 협상이 성공적이지 않은 경우 기업 외부와 거래할 수 있는 능력을 가지고 있어야 한다. 판매사업부나 구매사업부가 오로지 상대방과 거래만 가능하다고 한다면, 양방향 독점인 상태에서 합리적인 협상이 이루어질 수 없을 것이며, 기업 전체 관점에서 최고경영자가 개입하게 된다면 이는 사업부 간 협상을 통해 이전가격을 결정하는 협상가격기준과는 거리가 있다. 따라서 이전가격과 관련된 판매사업부와 구매사업부 모두 내부 및 외부와 거래가 가능하며, 각 사업부의 협상이나 외부와의 거래에 영향을 줄 수 있는 기업 수준의 제약이 없을 때 협상가격기준이 적용될 수 있다.

예제 4. 이전가격결정

㈜서울은 사업부 A와 사업부 B를 이익중심점으로 운영하고 있다. 사업부 A는 현재 일반형 제품 A를 매월 50,000단위 생산하여 판매하고 있으나, 고급형 제품 A는 생산하고 있지 않다. 그러나 사업부 B는 사업부 A에 고급형 제품 A를 매월 15,000단위 공급해 줄 것을 요청하였다. 이를 위해 ㈜서울은 제품 A에 대한 원가분석을 수행하였다. 해당 원가분석에 따르면 고급형 제품 A의 단위당 변동제조원가는 ₩140, 단위당 포장 및 배송비는 ₩10으로 예상된다. 사업부 A가 고급형 제품 A 한 단위를 생산하기 위해서는 일반형 제품 A 두 단위의 생산을 포기해야 한다. 일반형 제품 A는 현재 단위당 ₩500에 판매되고 있으며, 단위당 변동제조원가는 ₩200, 단위당 포장 및 배송비는 ₩50이다. 사업부 A의 제품 A와 관련된 고정원가는 사업부 B의 요청을 수락하더라도 변동이 없을 것으로 예상하였다.

물음)

사업부 A가 현재와 동일한 월간 영업이익을 유지하기 위해서 사업부 B에 제시해야 할 고급형 제품 A 한 단위당 최소판매가격을 구하시오. (단, 사업부 A의 월초 재고 및 월말 재고는 없다고 가정한다)

[풀이]

₩140(고급형 제품 A의 단위당 변동제조원가)+10(고급형 제품 A의 단위당 포장 및 배송비)+ 30,000×(500−200−50)÷15,000(고급형 제품 A 생산에 따른 일반형 제품 A를 생산·판매 하지 못하는 기회비용)=₩650

"'성공확률 25%' 조직 개편 어떻게 할까"

많은 기업들이 전략을 새로 세우거나 사업 우선순위를 변경한 뒤 조직을 다시 설계한다. 성과가 기대에 못 미치거나 업무가 제대로 돌아가지 않을 때, 비용 절감, 새로운 성장 방향 모색, 조직 문화 쇄신 등을 위해 조직구조를 변경하기도 한다.

조직의 설계나 개편은 많은 시간과 노력을 요한다. 조직 개편 이후 구성원들이 혼란에서 벗어나고 적응하는 데 드는 비용도 상당하다. 이런 고비용의 조직 개편이 효과를 내고 있을까.

세계적 컨설팅사들의 조사에 따르면 성과는 기대에 못 미쳤다. 베인앤드컴퍼니는 57건의 조직 개편 사례에서 실적 개선을 가져온 사례는 3건당 1건 미만이었다고 발표했다. 보스턴컨설팅그룹은 세계 35개국 1,000명 이상 대기업 임원 1,600명 중 조직 개편이 성공적이라고 답한 이는 절반도 안 됐다고 밝혔다. 실패할 경우 기회 상실과 비용 발생 외에 경영수지 악화, 생산성 하락, 시장 포지션 약화, 직원 만족 저하와 같은 부작용도 나타났다. 맥킨지가 2015년 1,324개 기업을 대상으로 조사한 결과에서도 성공 사례는 4분의 1 미만이었다. 개편 이후 오히려 활력을 잃은 회사는 44%였고 성과 개선에 실패한 기업도 3분의 1이나 됐다.

조직 개편이 기대만큼 효과를 내지 못하는 이유는 전략과 한 방향으로 구조를 설계하지 못하거나 적합한 사람을 배치하지 못하거나 협업과 같은 과정적 측면을 간과해서다.

◆ 사업 우선순위가 첫째 고려 요소

조직 설계의 첫 단계는 새로운 전략이나 사업 우선순위에 적합한 구조를 어떻게 짤지 고민하는 것이다. 기업은 새로운 고객 확보, 글로벌 시장 진출, 신제품의 신속한 출시, 대대적 비용 절감, 획기적인 혁신, 새로운 조직문화 구축 등 다양한 목표에 따라 무엇을 기준으로 조직을 구성할지 정해야 한다.

기업의 구조는 기능·제품·시장·지역·프로세스 등에 따라 사업부·매트릭스·네트워크 구조를 만든다. 소규모 기업일 때는 기능별로 운영하다 규모가 커지면 유사한 제품·시장·지역·프로세스 등을 기준으로 사업을 짠다. 규모가 더 커지면 구조가 뒤섞인 매트릭스 구조를 만든다. 외부 협력과 부족한 역량을 확보하기 위해 타 기업들과 네트워크를 구성하기도 한다. 최근에는 민간 기업뿐만 아니라 공공기관에서도 네트워크 구조를 갖춘다. 주민이 9만 4,000명인 미국 조지아 주 샌디스프링스 시청에는 공무원이 7명뿐이다. 이들은 다양한 민간 기업들과 네트워크를 이뤄 시정을 운영한다.

부서화의 기준은 경쟁 상황이나 전략의 변화에 따라 바뀌거나 혼합된다. 소비재 회사들은 전통적으로 시장별·지역별 구조를 갖는 경우가 많았다. 초대형 유통업체들은 구매 파워가 커짐에 따라 규모의 경제도 살리고 공급자 파워를 키우기 위해 제품 중심 조직으로 재편하기도 한다. 각각의 조직은 장단점을 지녀 모든 상황에 적합한 부서화 기준이란 없다.

조직 단위를 정하고 나면 각 부서의 인원수와 관리자가 담당할 직원 수(통제 폭)를 정해야 한다. 인원 수는 업무량을 고려해야 하며 통제 폭은 업무 특성과 구성원들의 역량 및 태도를 감안해야 한다. 통제 폭이 좁을수록 계층은 늘어난다. 일반적으로 통제 폭이 7명 미만이거나 계층의 수가 8개 이상이면 의사결정

속도가 떨어지고 관료화가 심해진다. 가능한 한 계층 수를 줄이면 업무의 본질에 초점을 맞추게 돼 생산성이 올라간다.

부서를 편성한 뒤 책임 중심점을 정해야 한다. 원가 또는 비용 발생에 대해 책임지는 원가 중심점은 제조부서나 연구개발부서에 적합하다. 수익과 매출의 발생을 책임지는 수익 중심점은 영업부서에 알맞다. 수익과 원가를 통제해 이익까지 책임져야 하는 이익 중심점은 사업부 조직에 적당하다. 책임 중심점 설정은 회사 전체의 손익 구조 결정에 중요한 기능을 한다.

책임 중심점에는 적절한 수직·수평적 권한이 주어져야 한다. 수직적 권한 배분은 최고경영자(CEO)에게 직접 보고할 활동과 자율적으로 처리할 업무가 무엇인지 정하는 것에서 출발한다. 소규모 기업은 CEO가 거의 모든 활동을 챙길 수 있지만 규모가 커지면 경영상 아주 중요한 요소만 관장하고 나머지는 위임하게 된다. 리스크나 브랜드 관리 등 일관성이 중요한 사안, 연구·개발이나 생산 등 규모의 경제가 중요한 활동, 전략적 중요성이 높은 사안은 집권화하는 것이 효과적이다. 수평적 권한 배분은 영업·제조·연구개발·관리 등 어디에 상대적으로 많은 권한을 부여할 것인지 사업 특성이나 CEO의 경영 스타일에 따라 결정하면 된다.

◆ 역량에 따라 적재적소에 사람들을 배치하라

구조가 결정되면 각 조직별로 사람들을 배치해야 한다. 이후 회사의 사명·비전·전략을 실행할 핵심 성공 요인과 반드시 수행해야 할 역할과 책임을 정한다. 전략 실행에 적합한 리더와 구성원을 정하기 위해서는 필요한 역량의 수준을 파악해야 한다. 리더 선정은 실행력, 전문성, 인재 관리 능력, 변화 관리 능력 중 하나 이상을 갖추고 있는지 봐야 한다. 이들 역량 중 상대적으로 어떤 것이 더 중요한지는 각 부서의 상황에 따라 달라진다. 신규 사업을 주로 하는 부서는 실행력과 변화 관리 능력이 더 필요하고 안정된 사업을 운영하는 리더라면 전문성과 인재 관리 능력이 더 요구된다.

리더의 역량 파악은 인터뷰, 분석 및 발표, 사례 분석, 집단 토의, 비즈니스 게임 등 전문가들의 평가센터 기법을 활용하는 것이 효과적이다. 구성원들의 역량은 단순한 '감'이나 평판을 기준으로 판단하지 말고 역량 모델을 활용하거나 해당 역할을 수행하는 데 필수적인 역량이 무엇인지 기준을 정해 판단해야 한다.

◆ 협업 촉진 위한 '역할협의서' 합의 중요

조직 구성원을 배치하고 나면 모든 사람들이 서로 협업하며 성과를 낼 수 있는 틀을 만들고 책임의식을 높여 줘야 한다. 모든 구성원들은 성과에 대해 개인 책임과 공동 책임을 명확히 알아야 한다. 구성원들의 역할과 책임을 명확히 하려면 CEO부터 자신의 역할에 대해 명확한 내용을 정해야 한다. 개인 책임과 공동 책임에 관해 정하고 핵심 성과지표와 의사결정 권한을 규정한 뒤 '역할협의서'를 작성한다. 역할협의서는 자신의 역할과 책임을 단순히 기술하는 게 아니라 상사와 동료 및 부하들과 내용을 공유하고 협의하는 과정을 통해 작성돼야 한다.

역할협의서는 CEO 및 상위 2~3개 계층까지 작성하는 것이 바람직하다. 먼저 CEO가 자신의 역할협의서를 작성한 뒤 직속 임원들에게 내용을 설명하고 조직 전체의 목표와 역할 분담에 대해 논의한다. 직속 임원들도 각자 역할협의서를 작성하고 토론을 통해 모호하거나 갈등이 발생할 수 있는 내용에 대해 수정 및 보완한다. 임원들은 자신의 직속 부하들(주로 팀장들)을 모아 동일한 과정을 진행한다.

역할협의서는 결과물보다 합의에 이르는 과정 자체가 더 중요하다. 작성 절차를 잘 준수하면 윗사람과 아랫사람이 한두 차례 대화를 나누는 것만으로 서로 책임져야 할 사항, 핵심 성과 지표, 의사결정 권한, 바람직한 행동 등을 폭넓게 논의하고 이해할 수 있다. 또한 의사결정을 더디게 만드는 요인, 책임 소재의 모호성, 협업 저해 요인 등을 찾아낼 수 있다.

조직 설계는 톱에서 방향만 정하고 원칙에 따라 현업의 책임하에 진행하는 것이 좋다. 부서화 기준 결정이나 책임 중심점 설정 또는 집권화 여부 등은 톱에서 정하되 구체적인 방안은 현업에 맡기는 것이 바람직하다. 자기 조직에 대해 가장 잘 알고 있는 사람은 현업의 리더들이기 때문이다. 또한 조직 개편은 기업의 사정이 좋지 않아 어쩔 수 없이 시행하는 것보다 사정이 좋을 때 선제적으로 하는 것이 성공 가능성을 높인다.

조직 구조는 설계된 순간이 최적 상태이고 이후로는 조금씩 부적합 상태로 빠지기 마련이다. 한 번에 완벽한 조직을 설계하려 하지 말고 지속적으로 보완해 나간다는 자세로 진행해야 한다.

(한경비즈니스 칼럼 2017년 2월 7일)

Talk about

✓ 기업의 경영전략(ex. 차별화전략, 원가우위전략, 집중화전략)에 따른 조직 개편이 어떻게 이루어져야 효과적인 조직 개편을 수행할 수 있겠는가?

객관식 문제

01 회계사 2009

투자중심점(investment center)의 투자성과 평가지표에 관한 다음의 설명 중 가장 타당하지 않은 것은?

① 투자수익률(return on investment: ROI)은 투하자본에 대한 투자이익의 비율을 나타내는 수익성 지표이며, 매출이익률에 자산회전율을 곱하여 계산할 수 있다.

② 투자수익률은 기업의 여러 투자중심점의 성과를 비교하는 데 유용할 수 있지만, 투자수익률의 수준이 투자중심점 경영자의 성과평가기준으로 사용될 경우에는 목표불일치 문제를 야기할 수 있다.

③ 잔여이익에 의한 투자중심점 성과평가는 투자수익률에 의한 준최적화 문제를 해결할 수 있으며, 각기 다른 투자규모의 투자중심점들의 성과를 잔여이익에 의하여 직접적으로 비교평가 할 수 있는 장점이 있다.

④ 경제적부가가치(economic value added: EVA)는 세후영업이익에서 투하자본에 대한 자본비용을 차감하여 계산할 수 있다.

⑤ 경제적부가가치의 관점에서는 영업이익이 당기순이익보다 기업의 경영성과를 평가하는 데 유용한 지표라고 본다.

02 관세사 2020

성과평가방법에 관한 설명으로 옳은 것은?

① 투자수익률(ROI)은 사업부의 역기능적 행동, 즉, 준최적화의 문제를 해소한다.

② 잔여이익(RI)은 투자중심점별로 투자규모가 다른 경우 성과 비교에 유용하다.

③ 투자수익률(ROI)과 잔여이익(RI)에서 채택된 최적 투자안은 같아야 한다.

④ 균형성과표(BSC)를 적용할 때 관점의 수와 명칭은 모든 조직에 동일하게 적용되어야 한다.

⑤ 경제적부가가치(EVA)는 타인자본비용뿐만 아니라 자기자본비용도 고려한다.

03 회계사 2022

㈜대한은 20×1년 실제결과와 고정예산을 비교하기 위해 다음과 같은 자료를 작성하였다.

구분	실제결과	고정예산
판매량	30,000단위	25,000단위
매출액	₩1,560,000	₩1,250,000
변동원가		
제조원가	900,000	625,000
판매관리비	210,000	125,000
공헌이익	₩450,000	₩500,000
고정원가		
제조원가	47,500	37,500
판매관리비	62,500	62,500
영업이익	₩340,000	₩400,000

㈜대한은 20×1년 시장규모를 250,000단위로 예측했으나, 실제 시장규모는 400,000단위로 집계되었다. ㈜대한은 20×1년도 실제 판매량이 고정예산 판매량보다 증가하였으나, 영업이익은 오히려 감소한 원인을 파악하고자 한다. 이를 위해 매출가격차이(sales price variance), 시장점유율차이, 시장규모차이를 계산하면 각각 얼마인가? (단, U는 불리한 차이, F는 유리한 차이를 의미한다)

	매출가격차이	시장점유율차이	시장규모차이
①	₩60,000 F	₩200,000 U	₩300,000 F
②	₩60,000 U	₩200,000 F	₩300,000 U
③	₩60,000 F	₩300,000 U	₩400,000 F
④	₩80,000 F	₩200,000 U	₩300,000 F
⑤	₩80,000 U	₩300,000 F	₩400,000 U

04 세무사 2020

㈜세무는 사무실용과 가정용 공기청정기를 판매한다. 다음은 ㈜세무의 20×1년 예산과 실제결과에 대한 자료이다.

(20×1년 예산)

제품	단위당 판매가격	단위당 변동원가	판매수량
사무실용 공기청정기	₩180	₩120	30,000대
가정용 공기청정기	₩135	₩90	90,000대

(20×1년 실제결과)

제품	단위당 판매가격	단위당 변동원가	판매수량
사무실용 공기청정기	₩165	₩112.5	37,800대
가정용 공기청정기	₩120	₩82.5	88,200대

20×1년도 공기청정기의 전체 실제시장규모는 1,050,000대이며, ㈜세무의 시장점유율차이는 ₩1,023,750(유리)이다. ㈜세무가 예상한 20×1년도 전체 공기청정기의 시장규모는?

① 857,143대   ② 923,077대   ③ 1,100,000대
④ 1,150,000대   ⑤ 1,200,000대

05 감정평가사 2021

㈜감평은 평균영업용자산과 영업이익을 이용하여 투자수익률(ROI)과 잔여이익(RI)을 산출하고 있다. ㈜감평의 20×1년 평균영업용자산은 ₩2,500,000이며, ROI는 10%이다. ㈜감평의 20×1년 RI가 ₩25,000이라면 최저필수수익률은?

① 8%   ② 9%   ③ 10%
④ 11%   ⑤ 12%

06 관세사 2022

㈜관세는 가전제품을 생산하여 판매하는 기업으로 투자중심점인 사업부 A, B, C, D를 운영하고 있다. 다음 자료를 이용하여 각 사업부의 성과를 평가할 때 옳지 않은 것은?

	사업부 A	사업부 B	사업부 C	사업부 D
평균영업자산	₩750	₩840	₩800	₩800
영업이익	210	210	220	210
최저필수수익률	10%	10%	12%	10%

① 잔여이익은 사업부 A가 사업부 D보다 크다.
② 잔여이익은 사업부 B가 사업부 C보다 크다.
③ 투자수익률은 사업부 D가 사업부 B보다 크다.
④ 투자수익률은 사업부 C가 사업부 D보다 크다.
⑤ 잔여이익은 사업부 A가 가장 크고, 투자수익률은 사업부 C가 가장 크다.

07 회계사 2023

㈜대한의 A사업부는 단일제품을 생산 및 판매하는 투자중심점이다. A사업부에 대해 요구되는 최저필수수익률은 15%, 가중평균자본비용은 10%, 그리고 법인세율은 40%이다. 다음은 20×3년도 ㈜대한의 A사업부에 관한 예산자료이다.

- A사업부의 연간 총고정원가는 ₩400,000이다.
- 제품 단위당 판매가격은 ₩550이다.
- 제품 단위당 변동원가는 ₩200이다.
- 제품의 연간 생산 및 판매량은 각각 2,000단위이다.
- A사업부에 투자된 평균영업자산과 투하자본은 각각 ₩1,000,000이다.

A사업부의 잔여이익(RI)과 경제적 부가가치(EVA)는 각각 얼마인가?

	잔여이익	경제적 부가가치		잔여이익	경제적 부가가치
①	₩150,000	₩80,000	②	₩150,000	₩90,000
③	₩150,000	₩100,000	④	₩140,000	₩80,000
⑤	₩140,000	₩90,000			

08 관세사 2021

㈜관세는 사업부 성과평가를 위해 각 사업부의 EVA(경제적 부가가치)를 계산한다. 다음은 사업부 중 한 곳인 A사업부의 재무상태표와 포괄손익계산서의 일부 자료이다.

• 총자산 ₩2,000,000	• 유동부채 ₩500,000	• 세전영업이익 ₩400,000

㈜관세의 모든 사업부는 유사한 위험에 직면해 있으므로 각 사업부의 EVA 계산 시 기업전체 가중평균자본비용은 11%를 적용한다. 이 경우 A사업부의 EVA는?(단, 법인세율은 30%이다)

① ₩115,000　　　　　② ₩125,000　　　　　③ ₩145,000

④ ₩215,000　　　　　⑤ ₩235,000

09 세무사 2021

㈜세무는 사업부의 성과를 평가하기 위해 각 사업부의 EVA(경제적부가가치)를 계산하려고 하는데, 사업부 중 한 곳인 남부사업부의 재무상황은 총자산 ₩2,000,000, 유동부채 ₩500,000, 영업이익 ₩400,000이다. ㈜세무의 두 가지 자금원천 중 하나인 타인자본의 시장가치는 ₩6,000,000이고, 그에 대한 이자율은 10%이다. 나머지 원천인 자기자본의 시장가치는 ₩9,000,000이고 그에 대한 자본비용은 15%이다. ㈜세무에게 적용되는 법인세율은 40%이다. 각 사업부의 EVA 계산은 기업전체의 가중평균자본비용을 적용한다. 이러한 상황에서 계산된 남부사업부의 EVA는?

① ₩58,000　　　　　② ₩69,000　　　　　③ ₩72,000

④ ₩74,000　　　　　⑤ ₩78,000

10 세무사 2022

㈜세무는 분권화된 사업부 A와 B를 각각 이익중심점으로 설정하여 운영하고 있다. 현재 사업부A는 부품X를 매월 40,000단위 생산하여 단위당 ₩50에 전량 외부시장에 판매하고 있다. 사업부A의 부품X 생산에 관한 원가자료는 다음과 같다.

구분	금액/단위
단위당 변동제조원가	₩35
월간 최대생산능력	50,000단위

사업부B는 최근에 신제품을 개발했으며, 신제품 생산을 위해서 사업부A에 성능이 향상된 부품Xplus를 매월 20,000단위 공급해 줄 것을 요청했다. 사업부A가 부품Xplus 1단위를 생산하기 위해서는 부품X 2단위를 포기해야 하며, 부품X의 변동제조원가에 단위당 ₩20의 재료원가가 추가로 투입된다. 부품X의 외부 수요량은 매월 40,000단위로 제한되어 있다. 사업부A가 현재의 영업이익을 감소시키지 않기 위해 사업부B에 요구해야 할 부품Xplus의 단위당 최소대체가격은?

① ₩66.25 ② ₩75.50 ③ ₩77.50
④ ₩80.25 ⑤ ₩85.50

11 세무사 2023

㈜세무는 사업부 A와 B를 이익중심점으로 두고 있다. 사업부 A는 부품 S를 생산하여 사업부 B에 대체하거나 외부에 판매할 수 있으며, 사업부 B는 완제품 생산을 위해 필요한 부품 S를 사업부 A에서 구입하거나 외부에서 구입할 수 있다. 부품 S 1,000단위를 대체하는 경우 사업부 A의 단위당 최소대체가격은 ₩160이다. 부품 S 1,000단위를 내부대체하면 대체하지 않는 것에 비해 회사 전체 이익이 ₩50,000 증가한다. 이 경우 부품 S 1,000단위에 대한 사업부 B의 단위당 최대대체가격(M)과 대체로 인하여 증가하는 이익을 두 사업부가 균등하게 나눌 수 있는 대체가격(E)의 합(M+E)은?

① ₩370 ② ₩380 ③ ₩385
④ ₩390 ⑤ ₩395

CHAPTER

16

전략적 원가관리

관   리   회   계

- 다양한 전략적 원가관리방법을 이해한다.
- 균형성과표를 이해한다.
- 영업이익의 전략적 분석방법을 이해한다.

급변하는 경쟁환경 속에서 기업은 목표를 이익의 극대화나 원가의 최소화가 아닌 품질향상과 이를 통한 고객만족으로 바꾸고 있다. 기업이 환경에 능동적으로 대응하면서 고객의 가치를 창출하여 성공하기 위해 원가절감, 품질향상, 시간단축, 혁신과 같은 핵심성공요인이 필요하다. 전략적 원가관리는 경쟁우위를 확보하기 위해 기업의 핵심성공요인을 파악하고, 원가를 분석하고 활용하는 기법으로 정의할 수 있다. 본 장에서는 다양한 전략적 원가관리방법을 학습한다.

다음으로, 재무적 측정치 위주의 기존 성과평가시스템의 한계를 극복하고, 비재무적 측정치를 동시에 활용하여 균형되게 평가하는 전략적 성과평가시스템인 균형성과표, 재무적 관점에서의 성과인 영업이익의 증감을 기업이 채택한 경쟁전략의 실행과 관련하여 변화한 금액으로 분석하는 영업이익의 전략적 분석방법을 학습한다.

1 전략적 원가관리와 가치사슬

어떤 제품이 연구개발에서부터 제조, 판매, 판매 후 고객서비스에 이르기까지 가치
사슬에 따른 여러 단계를 거치게 되는데 전통적인 원가관리는 주로 제조단계에 초점이
맞춰져 있었다. 제조단계에서 발생하는 제조원가를 측정하고 성과를 파악하며, 측정된
제조원가는 외부에 보고되는 재무제표를 작성하는데 사용되었다. 전통적인 원가관리는
단지 제조단계에 초점을 두고 있기 때문에 제조 이전 또는 제조 이후 단계의 원가에 대
한 정보를 제공하지 못함으로써 기업의 전략을 수행하는 데 도움이 되는 정보를 제공하
지 못한다.

가치사슬의 모든 단계에서 발생하는 원가들은 제품의 수익성뿐만 아니라 성과평가
에도 큰 영향을 미친다. 전통적인 원가관리가 단기적 관점에서 제조단계 중심으로 이루
어졌다면, **전략적 원가관리는 장기적 관점에서 가치사슬 전반에 걸친 원가절감을 중심으로
한 전사적 원가관리를 강조**한다.

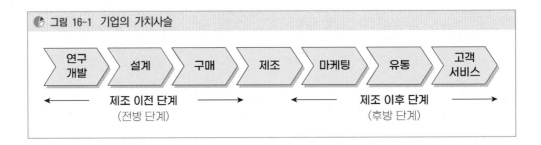

그림 16-1 기업의 가치사슬

2 제품수명주기원가계산

제품수명주기(product life-cycle)란 제품이 기획된 시점부터 폐기되는 시점까지의 전체
단계를 의미하며, 이는 생산자 제품수명주기와 소비자 제품수명주기로 구분된다.

제품수명주기원가계산(product life-cycle costing: LCC)이란 제품수명주기 동안 각 단계
에서 발생하는 모든 원가를 제품별로 집계하는 원가계산을 의미한다. 제품수명주기원가
가운데 약 95% 이상이 제조 이전 단계의 의사결정에 의해 확정되기 때문에 제품수명주
기원가계산에서는 제조 이전 단계를 철저히 통제함으로써 원가를 줄일 수 있다고 본다.

과거에는 제조단계의 제조원가만을 중시하였으며, 제조 이전이나 제조 이후 단계를

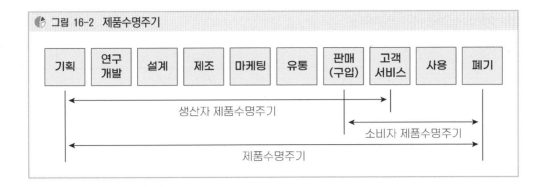

그림 16-2 제품수명주기

중요하게 여기지 않았고 발생하는 원가도 작았다. 그러나 경쟁우위를 확보하고 고객가치를 우선시하는 현 상황에서 제조 이전 단계에서 소비자를 유인할 수 있는 제품개발과 품질개선이 중요하게 되었고, 제조 이후 단계에서 고객만족을 위한 고객서비스가 중요하게 되었다. 즉, 이처럼 중요해진 제조 이전이나 제조 이후 단계를 고려하는 방법이 제품수명주기원가계산이다.

한편, 제품수명주기원가에서 판매단계를 경계로 생산자와 소비자 사이에서 발생하는 원가의 상충관계를 고려할 필요가 있다. 소비자 입장에서 취득비용이 낮지만 이후 사용, 보수, 수선, 처분, 폐기 등에 드는 비용이 높은 제품과 취득비용이 높지만 이후의 비용이 낮은 제품 간 비교문제가 발생할 수 있기 때문이다. 따라서 생산자는 제품에 대한 소비자의 비용을 포함한 모든 제품수명주기원가를 최소화할 것인지 또는 제품수명주기원가를 최소화하기 위한 투자액을 회수할 수 있는지와 같은 문제를 고려하게 된다.

제품수명주기원가계산의 원가요소는 초기투자자본, 운영·보수비용, 처분비용의 상충관계에 의해 결정된다. 즉, 내구성이나 신뢰성이 높은 제품을 설계하면 소비자 비용은 적게 들지만 생산자 비용은 높아질 것이다. 〈그림 16-3〉과 같이 운영·보수비용은 제품의 내구성이나 신뢰성의 감소함수로, 초기투자자본은 제품의 내구성이나 신뢰성의 증가함수로 나타낼 수 있다. 이에 따라 총제품수명주기원가가 최소가 되는 점이 최적의 내구성과 신뢰성을 결정하는 점이 된다. 그러나 제품의 품질보증기간 설정, A/S의 확대 등 판매 이후 제품보증비용의 증가는 소비자 비용이 생산자 비용으로 전환되는 효과를 가져올 수 있다. 이는 생산자 비용을 높여 초기투자자본 곡선을 높이고, 운영·보수비용 자체를 낮춤으로써 최적점을 이동시킬 수 있다. 이는 제품수명주기원가계산에 따른 제조 이전 단계의 중요성을 강조하는 결과일 것이다.

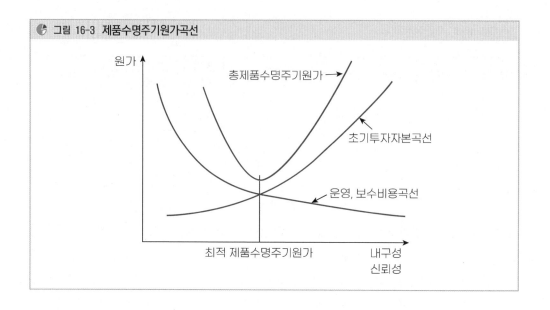

그림 16-3 제품수명주기원가곡선

3 목표원가계산

　　목표원가계산(target costing)은 제조 이전 단계에서 목표가격을 통하여 목표원가를 설정하고, 가치공학 등 불필요한 비용을 줄이는 노력을 통해 목표원가를 달성하고자 하는 원가관리기법이다. 제조 이전 단계에서 경쟁우위를 확보할 수 있는 목표가격을 설정하고, 기업의 목표이익을 차감하여 목표원가를 결정한 후 목표원가를 달성할 수 있도록 제품을 기획하고 공정을 설계함으로써 사전적인 원가절감노력을 기울이려는 것이다.

　　목표원가의 달성을 위해서는 제품수명주기와 원가와의 관계를 살펴볼 필요가 있다. 원가의 결정시점과 원가의 발생시점은 상당한 시차를 두고 있다는 점, 제조 이전 단계인 제품의 기획·설계단계에서 원가의 약 95%가 미리 결정된다는 점은 원가관리 활동의 초점을 제조 이전 단계에 집중해야 원가관리의 혁신이 이루어질 수 있음을 시사한다.

　　원가의 약 5% 정도가 결정되는 제조단계에 초점을 둔 표준원가계산은 제조단계의 원가통제에 초점을 두고, 이미 결정된 원가를 관리하는 기법이기 때문에 원가관리의 효과가 크지 않다. 반면, 목표원가계산은 제조원가의 대부분이 결정되는 제품의 기획·설계단계에서부터 원가절감을 위한 노력을 기울이는 것으로써 그만큼 원가절감을 위한 근본적인 조치를 취할 수 있으며, 제조단계에서 적용되는 표준원가 자체를 낮추려는 목적으로 활용될 수 있다.

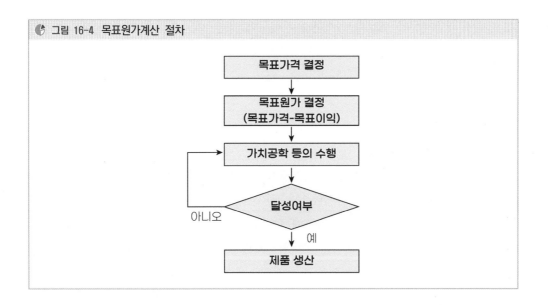

그림 16-4 목표원가계산 절차

4 카이젠원가계산

목표원가계산은 제조 이전 단계에서의 원가절감에 초점을 두고 있다면, **카이젠원가계산**(kaizen costing)은 제품의 수명주기상 제조단계에서 원가를 절감시키는 데 초점을 두고 있다. 카이젠이란 개선의 일본발음을 영어로 표시한 것으로써 커다란 혁신을 통해서가 아니라 프로세스에 대한 지속적인 개선을 이룬다는 의미이다.

카이젠원가계산은 표준원가계산과 차이점이 있다. 표준원가계산의 전형적인 목표는 불리한 차이를 내지 않으면서 원가표준을 달성하는 것이라면, 카이젠원가계산에서는 원가절감 목표를 달성하는 것 자체가 목표이다. 표준원가계산에서 차이분석은 실제원가와 표준원가를 비교하지만, 카이젠원가계산에서 차이분석은 실제원가절감금액과 목표원가절감금액을 비교한다.

카이젠원가계산과 표준원가계산의 또 다른 주요 차이점은 기업 내에서 누가 프로세스를 개선시키고 원가를 절감하는 데 가장 많은 지식을 가지고 있느냐에 대한 가정이다. 표준원가계산에서는 엔지니어와 경영자가 기술적 전문성을 지니고 있기 때문에 가장 많은 지식을 가지고 있다고 가정하고, 엔지니어와 경영자에게 원가통제에 대한 책임을 부여한다. 엔지니어와 경영자가 미리 설정된 표준 및 절차에 따라서 작업자가 수행할 절차를 결정한다. 그러나 카이젠원가계산에서는 작업자들이 실제로 제조단계에서 작업을 하기 때문에 작업자들이 프로세스 개선과 관련하여 가장 많은 지식을 가지고 있다고 가정한다. 따라서 작업자들에게 원가절감에 대한 책임을 부여한다.

5 품질원가계산

품질수준을 개선시킨다는 것은 경쟁력을 확보하는 것뿐만 아니라 다양한 경쟁요소를 동시에 개선시키는 효과를 가져다준다. 과거에 기업들은 불량률 등과 같은 비재무적 측정치로써 품질을 관리하였으나, 최근에는 재무적 측정치인 품질원가로 품질을 분석 및 관리하려고 한다. 품질원가시스템을 구축함으로써 기업의 자원을 효율적으로 사용할 수 있으며, 품질문제의 근본적인 원인을 제거함으로써 지속적인 품질개선을 유지할 수 있게 되고, 품질원가로 인한 기업의 손실을 큰 폭으로 절감할 수 있다.

5.1 품질원가의 구분

품질원가를 분석하고 관리하기 위해서 우선적으로 품질원가를 분류할 수 있어야 한다. **품질원가**(cost of quality: COQ)는 일반적으로 통제원가인 예방원가와 평가원가, 실패원가인 내부실패원가와 외부실패원가 4가지 범주로 구분할 수 있다.

예방원가(prevention costs)는 불량품의 생산을 예방하기 위하여 발생하는 원가이다. 설계엔지니어링(설계개선), 공정엔지니어링(공정개선), 품질엔지니어링(품질개선), 공급업체 평가, 품질교육 등과 관련하여 발생하는 원가이다.

평가원가(appraisal costs)는 불량품을 적발하기 위하여 발생하는 원가이다. 원재료 검사, 재공품 검사, 제품 검사, 제품시험, 검사장비의 유지보수, 현장 및 라인검사 등과 관련하여 발생하는 원가이다.

내부실패원가(internal failure costs)는 불량품이 고객에게 인도되기 전 기업 내부에서 발견되어 발생하는 원가이다. 공손, 재작업 및 재검사, 작업중단 등과 관련하여 발생하는 원가이다.

외부실패원가(external failure costs)는 불량품이 고객에게 인도된 후 기업 외부에서 발견되어 발생하는 원가이다. 반품, 반품의 재작업 및 재검사, 손해배상, 보증수리, 제조물책임 및 판매기회상실에 따른 기회비용 등과 관련하여 발생하는 원가이다.

예방활동에 투자함으로써 다른 품질원가 범주들의 원가를 절감할 수 있기 때문에 예방원가의 효과가 가장 크다. 만약 품질문제를 예방할 수 없다면 조기에 발견하는 것이 차선이다. 평가활동을 통해 불량품을 발견하고 내부실패활동으로 재작업하는 것이 불량제품을 소비자에게 인도한 후 외부실패활동을 통해 개선하는 것보다 원가가 적게 들 것이다. 따라서 이상적인 품질원가의 발생형태는 예방원가 → 평가원가 → 내부실패원가 → 외부실패원가의 순으로 나타난다.

5.2 품질원가의 최소화

전통적 관점에서 불량품은 제조단계에서 당연히 존재할 수밖에 없다고 가정한다. 전통적 관점에서는 실패원가와 통제원가 간 상충관계가 존재한다고 보고 있다. 불량률이 증가함에 따라 실패원가는 증가하며, 통제원가를 증가시킴에 따라 불량률이 감소하여 실패원가가 감소하는 것으로 보기 때문이다. 따라서 실패원가와 통제원가의 한계원가가 일치하는 균형점에서 총품질원가가 최소화된다. 이때, 불량률은 0%보다 크기 때문에 불량품은 제조단계에서 당연히 발생하는 것이며, 이 불량률 수준을 **허용가능품질수준**(acceptable quality level: AQL)이라고 한다.

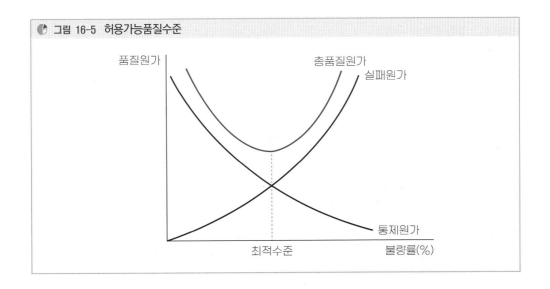

그림 16-5 허용가능품질수준

그러나 현재는 생산자 중심의 시장에서 소비자 중심의 시장으로 변화하고 있다. 생산량을 강조하던 시대에서 제품의 품질을 강조하는 시대로 변화하고 있다. 현대적 관점에서는 실패원가와 통제원가 간 상충관계가 존재하지만 통제원가를 조금만 늘려도 실패원가가 대폭 감소되는 것으로 본다. 통제원가를 증가시켜 불량률이 영(0)에 가깝게 되면 통제원가와 실패원가가 함께 감소할 수 있다고 보기 때문에 불량률이 영(0)이 되는 무결점수준이 품질원가를 최소화시키는 최적수준이 된다.

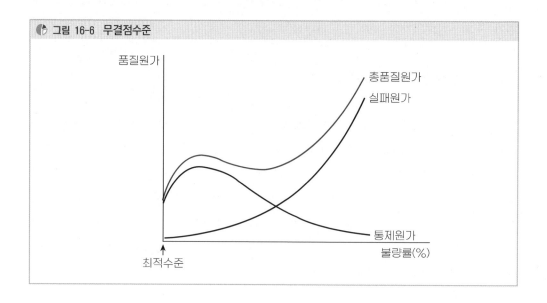

그림 16-6 무결점수준

예제 **1.** 품질원가의 구분

㈜서울은 골프채를 생산하여 판매한다. ㈜서울의 원가관리담당자는 20×1년에 생산 및 판매한 골프채의 품질원가를 분석하여 다음과 같은 품질원가보고서를 작성하였다.

구분	내용	품질원가
예방원가	품질엔지니어링	₩50,000
	불량품 재검사	20,000
평가원가	품질교육	30,000
	제품 검사	10,000
내부실패원가	불량품 재작업	20,000
	반품 재작업	30,000
외부실패원가	검사장비의 유지보수	40,000
	제품 클레임 대응 손해배상원가	90,000
종합계		₩290,000

물음)

1. ㈜서울의 품질원가보고서 오류를 수정하여 예방원가를 구하시오.
2. ㈜서울의 품질원가보고서 오류를 수정하여 평가원가를 구하시오.
3. ㈜서울의 품질원가보고서 오류를 수정하여 내부실패원가를 구하시오.
4. ㈜서울의 품질원가보고서 오류를 수정하여 외부실패원가를 구하시오.

[풀이]

1. 예방원가: ₩50,000(품질엔지니어링) + 30,000(품질교육) = ₩80,000
2. 평가원가: ₩10,000(제품 검사) + 40,000(검사장비의 유지보수) = ₩50,000
3. 내부실패원가: ₩20,000(불량품 재검사) + 20,000(불량품 재작업) = ₩40,000
4. 외부실패원가: ₩30,000(반품 재작업) + 90,000(제품 클레임 대응 손해배상원가) = ₩120,000

---

6 시간원가계산

시간은 품질과 마찬가지로 경쟁우위를 확보하기 위해서 매우 중요한 핵심성공요인 중 하나로 간주된다. 과거에 기업들은 제조시간 등과 같은 비재무적 측정치로써 시간을 관리하였으나, 최근에는 재무적 측정치인 시간원가로 시간을 분석 및 관리하려고 한다. 업무를 빨리 수행하면 수익의 증가 및 원가의 감소에 도움이 되고, 고객주문에 신속하게 대응할 수 있는 능력을 가지고 있다면 재고를 유지할 필요성도 줄어들게 된다.

6.1 고객대응시간

고객대응시간(customer-response time)은 고객이 제품이나 서비스를 주문한 시점부터 고객에게 인도되는 시점까지 소요되는 시간을 의미하며, 접수시간, 생산소요시간, 인도시간으로 구분된다.

접수시간은 판매부분에서 고객주문을 받아 제조부문에 전달하는 데 소요되는 시간을 의미한다. 생산소요시간은 제조부문이 주문을 접수한 시간부터 제품을 완성할 때까지 소요되는 시간을 의미한다. 생산소요시간은 제조 전 대기시간과 실제 제조에 걸리는 제조시간으로 구분된다. 인도시간은 완성된 제품을 고객에게 인도하는 데 소요되는 시간을 의미한다.

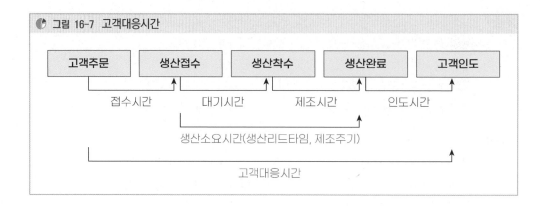

고객대응시간이 짧을수록 시간에 대한 경쟁우위를 확보할 수 있으며, 고객대응시간 중 가장 비중이 높은 생산소요시간의 단축이 중요하다. 생산소요시간을 단축함으로써 원재료가 재고 상태로 남아있는 시간을 단축하여 재고 회전을 증가시킬 수 있으며, 제품을 신속하게 고객에게 인도할 수 있다.

한편, 생산소요시간은 세부적으로 공정시간, 검사시간, 이동시간 및 대기시간으로 구분할 수 있는데, 이 중 제품의 가치를 증가시키는 부가가치시간은 공정시간만 해당되며, 나머지는 모두 비부가가치시간이다. 제조주기효율성은 생산소요시간 중 부가가치시간이 차지하는 비율을 의미하며, 제조주기효율성을 높이기 위해서는 비부가가치시간을 합리적을 단축시켜야 한다.

제조주기효율성＝공정시간/(공정시간＋검사시간＋이동시간＋대기시간)

6.2 정시인도율

정시인도 또는 정시납품은 고객에게 제품이나 서비스를 인도하기로 계획된 시간에 실제로 인도하는 것을 의미한다. **정시인도율**은 고객이 제품주문을 할 때 제품인도가 계획된 시간에 이루어지는 비율이다. 정시인도는 고객의 만족도를 증가시킨다. 그러나 정시인도는 고객대응시간과 생산소요시간 등에 의해 영향을 받게 되며, 생산소요시간이 길어질수록 정시인도는 어려워지는 상충관계에 있다.

6.3 손익분기시간

첨단기술 사업분야에서는 신제품 출시기간이 제품 수익성에 가장 커다란 영향을 미친다. 경쟁사보다 신속하게 신제품을 시장에 출시함으로써 시장 선점 효과 및 지식재산권 확보를 통한 후발주자 견제가 가능해진다. 1980년대에 미국의 휴렛팩커드(HP)사가 신기술과 신제품이 얼마나 빨리 시장에 출시되는지를 측정하고, 강조하기 위해 손익분기시간을 핵심적인 제품개발기법으로 개발하였다.

손익분기시간(break-even time: BET)은 신제품 개발을 승인한 시점으로부터 신제품 개발에 투자된 투자액을 회수하는 데 걸리는 시간을 의미한다. 즉, 신제품에 대한 승인이 이루어진 때부터 투자안으로부터의 순현금유입액의 현재가치 누적액이 순투자지출의 현재가치 누적액과 일치할 때까지 걸리는 시간이다.

손익분기점이 투자안의 투자기간 전체를 대상으로 판매량 또는 매출액을 중심으로 분석하는 반면, 손익분기시간은 시간을 중심으로 분석한다는 측면에서 차이가 존재한다. 또한 회수기간은 투자가 이루어지는 시점부터 계산이 이루어지는 반면, 손익분기시간은 신제품 아이디어가 승인된 시점부터 계산한다는 차이가 존재한다.

7 제약이론

7.1 제약이론의 등장

제약이론(theory of constraints: TOC)이란 모든 기업은 성과를 제약하는 요인이 반드시 하나 이상 존재하므로 이러한 제약요인들을 파악하고, 집중적으로 개선하여 기업의 성과를 향상시키려는 이론을 의미한다. 제약은 크게 내부제약과 외부제약으로 구분할 수 있으며, 내부제약은 기업 내부의 제약사항으로 특정 프로세스의 조업수준의 한계(병목공정) 등이며, 외부제약은 기업 외부의 제약사항으로 판매수요의 부족 등이 해당된다.

제약이론은 Goldratt 박사가 소설 'The Goal'을 통해 제안하였다. 제약이론의 기본 전제는 기업의 목표가 지속적으로 돈을 계속 버는 것이라고 말한다. 돈을 벌기 위해서는 재고를 쌓아두지 말고 고객에게 판매해야 한다. 재고를 쌓아두게 되면 제조주기를 증가시키고, 불량률과 운영비용을 높이고, 매출과 이익을 감소시킨다. 제약이론은 재고를 쌓아두는 경영자에게 잘못된 효익을 제공하는 전부원가계산을 반대하고, 초변동원가계산이라 불리는 변동원가계산의 한 유형을 제안하였다. 제약이론에서는 재료처리량 공헌이익(쓰루풋 공헌이익)의 증대, 재고의 감소, 운영비용의 절감이라는 3가지 기본목표를 달성하고자 한다.

7.2 초변동원가계산

초변동원가계산(throughput costing 또는 super−variable costing)의 가장 큰 특징은 직접재료원가만을 변동원가로 보고, 나머지 모든 원가(직접노무원가, 제조간접원가, 판매관리비)를 고정원가인 운영비용으로 본다.

재료처리량 공헌이익은 기업이 판매를 통해 돈을 창출하는 정도로 정의되며, 매출액에서 직접재료원가를 차감한 금액으로써 고정원가인 운영비용을 회수하고 이익창출에 공헌하는 금액을 의미한다. 재료처리량 공헌이익을 성과측정치로 사용한다면 경영자들은 모든 노력을 판매가능한 제품을 생산하는 데 집중할 것이다. 재료처리량 공헌이익을 증대시킨다면 재고의 감소 및 재고에 드는 돈을 줄이는 효과 또한 나타날 것이다.

재고는 한 조직이 판매할 의도로 구입한 재화에 투자한 돈으로 정의된다. 초변동원가계산에서는 재고에 건물, 기계장치에 대한 투자를 포함한다. 그러나 재고에는 기업에서 창출한 가치는 포함되지 않는다. 따라서 재공품 재고나 제품 재고에 직접노무원가와 제조간접원가 부분은 포함되지 않는다.

운영비용은 기업이 재고를 재료처리량 공헌이익으로 전환시키는 데 사용된 모든 돈으로 정의된다. 따라서 운영비용에는 직접재료원가를 제외한 직접노무원가, 제조간접원가, 판매관리비 등 모든 비용이 포함된다.

초변동원가계산과 변동원가계산 간 중요한 차이점 중 하나는 직접노무원가와 변동제조간접원가의 처리에 있다. 초변동원가계산에서는 재료처리량 공헌이익을 계산할 때 직접노무원가와 변동제조간접원가가 매출에서 차감되지 않으며, 재고에 포함되지도 않고, 운영비용의 일부로 간주된다. 그러나 변동원가계산에서는 직접노무원가와 변동제조간접원가가 변동원가로 간주되어 공헌이익을 산출할 때 매출에서 차감된다.

초변동원가계산, 변동원가계산 및 전부원가계산 영업이익의 차이를 비교하면 다음과 같다.

초변동원가계산의 영업이익

　　+기말재고에 포함된 직접노무원가와 변동제조간접원가

　　−기초재고에 포함된 직접노무원가와 변동제조간접원가

=변동원가계산의 영업이익

　　+기말재고에 포함된 고정제조간접원가

　　−기초재고에 포함된 고정제조간접원가

=전부원가계산의 영업이익

8 균형성과표

　전통적인 성과평가는 재무적 측정치에 주로 의존해 왔다. 그러나 재무적 측정치는 단기적 성과만을 중요시하는 요약된 지표로서 기업의 전략과 연계되어 있지 않고, 경쟁우위를 확보하기 위하여 중요하게 여겨지는 무형의 자산을 측정할 수 없다는 문제점이 있다. 재무적 측정치에 의존하는 성과평가시스템은 경쟁적인 환경에서 기업이 나아가야 할 방향을 제시하고, 기업을 평가하는 데 부적절하다. 재무적 측정치는 고객만족, 품질, 제조주기, 종업원 동기부여 등의 개선에 도움을 주지 못하고, 단지 운영활동의 결과를 말해줄 뿐이기 때문이다. 이러한 전통적 성과평가의 문제점을 보완하기 위하여 균형성과표라는 새로운 성과평가시스템이 등장하게 되었다.

　균형성과표(balanced scorecard: BSC)란 재무적 측정치 위주의 기존 성과평가시스템의 한계를 극복하고, 조직의 비전과 전략 및 이를 달성하기 위한 모든 요소를 4가지 관점에서 균형되게 평가하는 전략적 성과평가시스템이다. 4가지 관점은 재무적 관점과 더불어 미래의 재무성과에 영향을 주는 고객만족, 내부프로세스 및 학습과 성장 등 비재무적 관점과 관련된 3가지의 운영측정지표로 구성된다.

　균형성과표는 먼저, 재무적 성과지표와 비재무적 성과지표 간 균형을 이룰 수 있도록 한다. 재무적 성과지표뿐만 아니라 미래의 기업가치 창출의 원동력이 되는 기업의 무형자산에 대한 관리도 이루어질 수 있도록 한다. 다음으로, 균형성과표는 결과인 후행지표와 과정인 선행지표 간 균형을 이룰 수 있도록 한다. 과정에 대한 이해 없이는 원하는 결과를 지속적으로 달성할 수 없으며, 결과와 연결되지 않는 과정에 대한 개선 노력은 기업의 자원을 비효율적으로 사용할 가능성이 있기 때문이다. 또한 균형성과표는 단기적

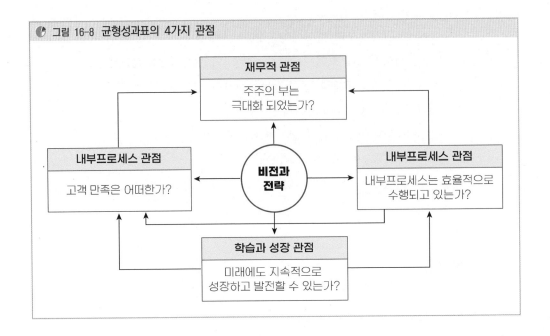

그림 16-8 균형성과표의 4가지 관점

성격의 재무적 목표가 기업의 장기적 가치를 창출하게 하는 나머지 목표와 균형을 이룰 수 있도록 한다. 마지막으로, 균형성과표는 성과지표에 대한 외부적인 시각과 내부적인 시각 간 균형을 이룰 수 있도록 한다. 기업의 성과는 고객 또는 외부 이해관계자와 상호 작용을 통해 창출할 수 있는 것이기 때문에 기업 내부의 운용에 대한 성과지표와 더불어 외부로부터의 성과지표도 관리할 수 있도록 한다.

8.1 재무적 관점

재무적 관점(financial perspective)은 주주의 부를 극대화하려는 관점이다. 영리기업은 재무적 성과를 얻으려는 것이 목적이기 때문에 재무적 성과지표의 비중을 가볍게 여겨서는 안 되며, 다른 관점의 성과지표들과 상호보완적이고 균형적인 관계를 유지해야 한다. 즉, 균형성과표의 모든 성과지표는 궁극적으로 미래의 재무적 성과목표와 연결이 되어야 한다. 재무적 관점의 성과지표로는 투자수익률, 잔여이익, 경제적 부가가치 등이 사용된다. 기업이 재무적 관점의 성과지표를 향상시키려면 수익증가, 원가절감, 투자자산의 효율적 활용 등에 노력을 기울여야 한다.

8.2 고객 관점

　　고객 관점(customer perspective)은 고객만족에 대한 성과를 측정하려는 관점이다. 경영자들은 균형성과표를 통해 기업의 고객서비스에 대해 고객들의 주요 관심사항을 반영한 구체적인 성과지표로 나타내야 한다. 고객은 기업과 직접적인 관계를 맺고 있는 고객뿐만 아니라 잠재적 고객, 사회단체 등 기업을 둘러싼 경영환경 전체가 포함된다. 고객만족을 통해 재무적 성과가 달성된다는 측면에서 고객 관점의 성과지표는 재무적 관점 성과지표의 선행지표이며, 고객만족을 위해 내부프로세스를 개선한다는 측면에서 고객 관점의 성과지표는 내부프로세스 관점 성과지표의 후행지표가 된다. 고객 관점의 성과지표로는 시장점유율, 고객확보율, 고객수익성, 고객유지율, 재구매비율, 고객만족도 등이 사용된다. 기업이 고객 성과지표를 향상시키려면 고객만족도를 높여야 하는데, 고객만족도는 제품이나 서비스의 특성, 이미지와 평판, 고객과의 관계 등에 의하여 결정된다.

8.3 내부프로세스 관점

　　내부프로세스 관점(internal business process perspective)은 기업 내부의 프로세스가 효율적으로 수행되고 있는지 측정하려는 관점이다. 내부프로세스란 기업 내의 원재료, 정보, 인적자원 등과 같은 입력요소를 제품과 서비스 등 산출요소로 변환시키는 과정이나 활동들의 집합을 의미한다. 기업은 고유한 핵심역량을 파악해 향상시킴으로써 기업이 가지고 있는 내부프로세스를 활용하여 고객의 기대를 충족시키고, 성공적인 전략 수행을 통해 재무성과를 높일 수 있다. 따라서 내부프로세스 관점의 성과지표는 고객 관점과 재무적 관점 성과지표의 선행지표이다. 내부프로세스 관점의 성과지표로는 제조주기, 불량률, 원가 등이 있다.

8.4 학습과 성장 관점

　　학습과 성장 관점(learning and growth perspective)은 기존의 프로세스와 제품에 만족하지 않고 혁신적인 발전을 추구하는 정도를 측정하는 관점이다. 기업의 혁신 및 개선, 학습능력은 기업의 가치창출과 직결되는 기본적인 관점이다. 학습과 성장 관점에서는 앞선 3가지 관점에서 설정한 목표를 달성하기 위해 필요한 기업의 핵심역량을 파악하고 구체적인 성과지표를 선정한다. 따라서 학습과 성장 관점의 성과지표는 앞선 3가지 관점 성과지표의 선행지표이다. 학습과 성장 관점의 성과지표로는 교육·훈련시간, 종업원 이직률, 종업원 만족도, 정보시스템 등이 있다.

8.5 전략의 구체화

기업의 환경 및 특성이 파악되면 이를 반영한 비전 및 전략이 검토되어야 한다. 또한 성과지표는 기업의 비전과 전략에 연계되어 선정되어야 한다. 균형성과표는 기업의 비전과 전략 및 4가지 관점의 성과지표가 인과관계에 의해 연결되어 있다는 점을 강조하고, 기업의 비전과 전략을 쉽게 설명하는 수단을 제공한다.

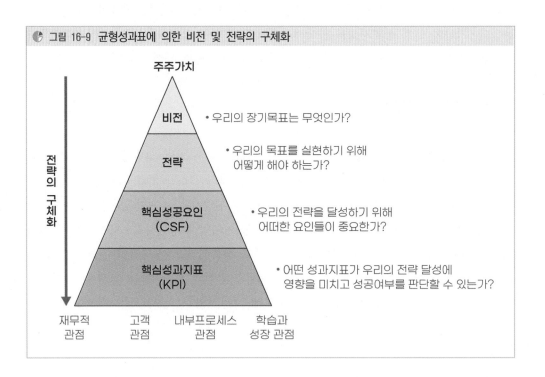

그림 16-9 균형성과표에 의한 비전 및 전략의 구체화

바람직한 성과관리제도는 상위조직에서 검토된 비전 및 전략을 하위조직으로 전파하는 전략의 구체화 과정을 거친다. 전략을 각 관점별 전략목표로 전환하여 균형되고 통합적인 성과평가시스템을 구축한다. 이러한 관점별 전략목표는 각 조직의 가치창출이라는 결과로 나타나야 하며 각 조직의 전략이 달성될 수 있도록 하는 목표들이 되어야 한다. 수립된 전략이 구체적으로 실행되기 위해서는 전략목표를 성공적으로 이끌 수 있는 핵심성공요인과 핵심성과지표가 잘 만들어져야 하고, 핵심성과지표를 달성하기 위한 실

행계획이 잘 만들어져야 한다.

핵심성공요인(critical success factor: CSF)은 균형성과표의 체계에 따라 각 관점별로 나누어 도출되어야 한다. 또한 각 관점별 핵심성공요인에 따라 핵심성과지표도 각 관점별로 정의되어야 전략과 연계가 가능하다. 전략을 달성하기 위한 핵심성공요인이 충족되고 있는지 측정할 수 있는 도구가 핵심성과지표이며, 핵심성과지표로 각 조직의 성과를 측정, 평가하게 되면 해당 조직의 구성원들이 핵심성과지표에 집중하게 되고, 이로 인해 핵심성과지표의 성과가 향상되는 것이다. 핵심성과지표의 성과가 향상된다는 것은 곧 경영전략을 달성한다는 의미이다.

핵심성과지표(key performance indicator: KPI)를 선정할 때 가장 중요한 것은 조직 측면과 더불어 고객 측면의 요소 또한 고려해야 하고, 재무적 지표와 비재무적 지표, 정량적 지표와 정성적 지표 등이 균형을 이루어야 한다. 그러나 다수의 성과지표를 선정하는 경우 측정의 오류가 발생할 수 있다. 따라서 경영전략을 달성하기 위한 핵심성공요인을 적절하게 파악하고, 각 관점별로 적절한 수준의 핵심성과지표를 선정하는 것이 바람직하다.

마지막으로, 전략 달성을 위한 핵심성공요인과 핵심성과지표를 설정했다면, 핵심성공요인 충족을 위한 실행계획을 구체화하고 이를 실천하려는 노력이 필요하다.

9 영업이익의 전략적 분석

기업에서 전략이 성공적으로 실행 및 달성되고 있는지를 평가하기 위해서는 목표와 실제성과를 비교해야 한다. 재무적 관점에서의 성과인 영업이익의 증감을 기업이 채택한 경쟁전략의 실행과 관련하여 변화한 금액으로 분석하는 것을 영업이익의 전략적 분석이라고 한다. 구체적으로, 영업이익의 증감 요인을 구분해보면, 성장요소, 가격보상요소 및 생산성요소로 구분할 수 있다.

9.1 수익의 차이분석

수익의 차이는 크게 **수익의 성장요소**와 **수익의 가격보상요소**에 의해 결정된다. 수익의 성장요소는 판매량의 변화에 따라 수익에 미치는 영향을 의미하며, 기준연도의 수익과 성장요소를 반영한 수익의 차이이다. 즉, 판매가격이 기준연도와 동일하다고 가정할 경우 판매량의 증감에 의한 수익의 증감을 통해서 측정된다. 수익의 가격보상요소는 판

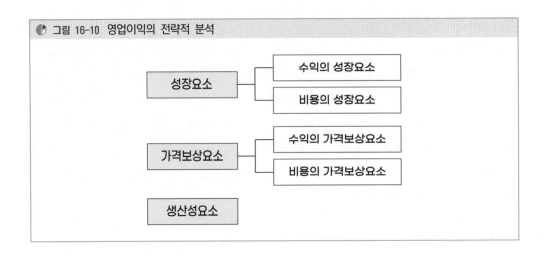

그림 16-10 영업이익의 전략적 분석

매가격 변화가 수익에 미치는 영향을 의미하며, 성장요소를 반영한 수익과 분석연도 수익의 차이로 측정된다. 즉, 실제 판매량을 기준으로 판매가격의 증감에 의한 수익의 증감을 통해서 측정된다.

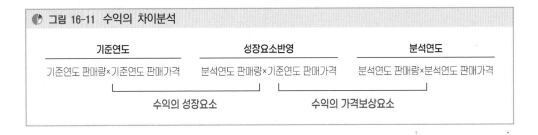

그림 16-11 수익의 차이분석

9.2 비용의 차이분석

비용의 차이는 크게 **비용의 성장요소, 비용의 가격보상요소** 및 **생산성요소**에 의해 결정된다. 수익의 차이와 유사하게 비용의 성장요소는 투입량의 변화에 따라 비용에 미치는 영향을 의미하며, 비용의 가격보상요소는 투입가격 변화가 비용에 미치는 영향을 의미한다. 생산성요소는 생산성의 변화가 영업이익에 미치는 영향을 의미하는데, 여기서 생산성이란 생산요소의 투입량에 대한 제품 산출량의 비율의 의미한다.

비용의 차이를 성장요소, 가격보상요소, 생산성요소로 각각 분리하기 위해서는 3가지 요소 가운데 2가지를 고정해야 한다. 예를 들어, 비용의 성장요소만을 측정하기 위해서는 투입가격과 제품당 투입량을 고정해야 한다. 특히 제품당 투입량을 고정하지 않으면 생산성요소가 성장요소와 가격보상요소에 반영되는 문제가 발생한다. 따라서 생산성요소를 통제하기 위해 생산성중립수량을 구한 후 비용의 차이분석에 활용한다.

생산성중립수량은 분석연도의 산출량을 기준연도에 생산한다고 하였을 때 필요한 투입량을 의미한다. 생산성중립수량을 측정할 때는 변동원가와 고정원가를 구분해야 한다. 변동원가의 경우 기준연도와 분석연도의 생산성중립수량이 달라지지만, 고정원가의 경우 기준연도와 분석연도의 생산성중립수량은 동일하게 적용된다는 점에 주의해야 한다.

> 기준연도의 생산성＝기준연도의 산출량/기준연도의 투입량
> 생산성중립수량＝분석연도의 실제 산출량/기준연도의 생산성

구체적인 비용의 차이분석 방법은 다음과 같다. 비용의 성장요소는 투입가격과 제품당 투입량을 고정한 후 투입량의 증감에 의한 비용의 증감을 통해서 측정된다. 즉, 투입가격이 기준연도와 동일하다고 가정하고, 기준연도의 투입량과 분석연도의 투입량을 기준연도의 생산성을 적용하여 재측정한 생산성중립수량의 차이로 인한 비용의 차이로 측정할 수 있다.

> 비용의 성장요소＝(생산성중립수량－기준연도 투입량)×기준연도 투입가격

비용의 가격보상요소는 투입량을 생산성중립수량으로 고정한 후 투입가격의 변동에 의한 비용의 증감을 통해서 측정된다.

> 비용의 가격보상요소＝생산성중립수량×(분석연도 투입가격－기준연도 투입가격)

생산성요소는 투입가격을 고정한 후 생산성중립수량과 분석연도의 투입량의 차이로 인한 비용의 차이로 측정할 수 있다. 즉, 생산성요소는 실제 투입량이 기준연도를 기준으로 투입되어야 할 양에 비해 얼마나 증감하였는지 분석한다.

> 생산성요소＝(분석연도 투입량－생산성중립수량)×분석연도 투입가격

그림 16-12 비용의 차이분석

기준연도	성장요소반영	가격보상요소반영	분석연도
기준연도 투입량	생산성중립수량	생산성중립수량	분석연도 투입량
×기준연도 투입가격	×기준연도 투입가격	×분석연도 투입가격	×분석연도 투입가격

비용의 성장요소　　비용의 가격보상요소　　생산성요소

예제 2. 영업이익의 전략적 분석

㈜서울의 20×1년과 20×2년의 생산과 판매에 대한 정보는 다음과 같다.

구분	20×1년	20×2년
생산 및 판매량	100단위	150단위
단위당 판매가격	₩300	₩330
단위당 직접재료원가 투입량	2kg	2kg
단위당 직접재료원가	₩50	₩60
단위당 가공원가 투입시간	4시간	5시간
단위당 가공원가	₩20	₩25

물음)

1. 위의 자료를 활용하여 20×1년을 기준으로 20×2년 수익의 성장요소를 구하시오.
2. 위의 자료를 활용하여 20×1년을 기준으로 20×2년 수익의 가격보상요소를 구하시오.
3. 위의 자료를 활용하여 20×1년을 기준으로 20×2년 비용의 성장요소를 구하시오.
4. 위의 자료를 활용하여 20×1년을 기준으로 20×2년 비용의 가격보상요소를 구하시오.
5. 위의 자료를 활용하여 20×1년을 기준으로 20×2년 생산성요소를 계산하시오.

[풀이]

1~2.

	20×1년	성장요소반영	20×2년
매출액	100단위×₩300=₩30,000	150단위×₩300=₩45,000	150단위×₩330=₩49,500

1. 수익의 성장요소: ₩45,000－30,000＝₩15,000(유리)
2. 수익의 가격보상요소: ₩49,500－45,000＝₩4,500(유리)

3~5.

	20×1년	성장요소반영	가격보상요소반영	20×2년
직접재료원가	100단위×2kg× ₩50＝₩10,000	300kg×₩50 ＝₩15,000	300kg×₩60 ＝₩18,000	150단위×2kg× ₩60＝₩18,000
가공원가	100단위×4시간× ₩20＝₩8,000	600시간×₩20 ＝₩12,000	600시간×₩25 ＝₩15,000	150단위×5시간× ₩25＝₩18,750
합계	₩18,000	₩27,000	₩33,000	₩36,750

20×2년 직접재료원가 생산성중립수량: 150단위÷(1단위/2kg)＝300kg

20×2년 가공원가 생산성중립수량: 150단위÷(1단위/4시간)＝600시간

3. 비용의 성장요소: ₩27,000－18,000＝₩9,000(불리)

4. 비용의 가격보상요소: ₩33,000－27,000＝₩6,000(불리)

5. 생산성요소: ₩36,750－33,000＝₩3,750(불리)

"세상을 바꾸는 전략적 장소"

세상을 바꾸는 전략적 "장소(場所)"가 중세 사회에서는 '성당'이었고, 근대 사회에서는 '공장'이었으며, 현대 사회에서는 '실험실'이라는 지적에 반하여 인공지능(AI), 컴퓨팅 기술(computing technology), 정보통신기술(ICT)이 몰고 온 미래 사회의 산업혁명은 "장소"를 초월하여 산업의 변환과 전환(industrial transformation & transition)을 견인할 것이다. 특히, 초지능화와 초연결성이 융합 기술에 의해서 실현되고 있기 때문에 시공을 초월하여 다양한 모든 곳이 전략적인 장소(場所)가 될 것이다. 또한 "장소"라는 하드웨어를 넘어 지능화 소프트파워(s/w power)를 구현하기 위해 기존 기술에 인공지능(AI)을 접목시키는 기술이 각광(脚光)을 받고 있다. 인공지능(AI)의 머신러닝(Machine Learning; ML) 및 딥러닝(Deep Learning; DL)이 산업 전반에 큰 변화와 전환을 가져오고 있기 때문이다. 예를 들어, 기계의 시대에는 기계가 육체노동과 육체노동자를 대체하였고, 정보화 시대에는 컴퓨터와 시스템이 단순 작업과 연산 기능을 대체해 왔다. 그러나 인공지능(AI) 시대에는 시스템에 의한 단순 업무를 뛰어넘어 업무를 수행하는 사무직과 복잡한 업무를 수행하는 전문직을 대체할 것이다.

기술은 항상 새로운 기능을 만들고, 기업 간 경쟁은 필연적으로 가격파괴를 빚어내며, 수익구조는 항상 악화 일로를 걷는다. 가격 인하와 수익성 제고는 양립할 수 없는 딜레마이다. 이런 기업 환경을 효과적으로 대응하기 위한 기업들의 노력은 "원가(costing)"라는 화두로 모아진다. 따라서 원가(原價)의 요인을 규명하고 발생 과정을 효율적으로 제어함으로써 비용의 획기적인 절감을 노린다. 근본적으로 원가관리는 부분 최적화를 전체 최적화로 변환시키는 것이 중요하다. 제조업의 스마트팩토리 구축을 통해 가치 창출에 방해되는 요소를 제거하는 것과 원가 요인을 발라내는 과정을 실시간 기반 피드백(real time based feedback)과 상호작용 기능을 통해 구현해야 할 경영관리 개념은 활동기준경영(Activity Based Management)이다. 이는 기업의 경영활동을 활동(activity)별로 원가 동인을 분석하고, 비부가가치활동을 파악하여 경영 의사결정에 반영하는 것이다. 활동기준경영(ABM) 목표는 품질과 서비스 향상 등으로 고객가치를 통한 기업의 이익 증대를 위함이다. 실행 관점에서 활동기준경영(ABM)은 수익성이 높은 활동 분석을 통해 전략을 수립하여 지속 가능한 운영체계를 형성시키는 가늠자다. 이는 제조 공정개선과 원가절감을 위해 비부가가치활동을 제거하기 위한 가치 분석, 원가절감기회 식별과 성과개선을 위한 노력을 평가하는 원가 분석, 그리고 기업 활동 전반에 걸쳐 활동 기준(activity-based)으로 예산수립절차와 수행 업무를 강화시키는 활동기준예산관리(activity based budgeting) 등이 포함된다. 그러므로 스마트팩토리는 활동기준경영(ABM)을 실현시키는 제조 플랫폼이다.

특히, 제품이나 서비스는 수명주기(life cycle) 관리가 중요하다. 수명주기(life cycle) 동안 발생하는 모든 원가 범위는 연구개발부터 판매 후 서비스와 폐기까지 포함시켜 관리해야 한다. 다른 프로세스 경영이론들이 생산성 향상이나 매출액 증대, 고객만족도 향상 등에 초점을 맞춰 진행된 것에 비해 활동기준경영(ABM)은 기업 활동(activity)의 원가 요인을 파악하여, 이윤 극대화의 방법을 원가 절감에서 찾고 있는 셈이다. 이를 두고 일부 경영전문가들은 활동기준경영(ABM)의 핵심을 기업 활동 분석으로 요약한다. 왜냐하면, 활동(activity)은 기업이 조직 목표를 달성하기 위해 시간과 자원을 활용하려는 구체화된 방법을 의미하기 때문이다.

스마트팩토리도 마찬가지다. 고객과 시장의 개인화된 맞춤 요구에 대응하기 위해서는 실시간 기반 피드백(real time based feedback) 기능을 기본으로 주문 대응과 원가 관점에서 활동기준경영(ABM)이 실현되어야 한다. 따라서 스마트팩토리의 플랫폼은 유용성(operability)을 유지하는 것이 중요하다. 이를 위해서는 수명주기의 단계별 수익성에 대한 집계가 가능해야 하고, 제조 이전이나 서비스 이전 단계에서 대부분의 제품 원가가 결정되는데 이를 활용하여 설계 단계에서 원가절감이 가능하도록 원가 발생의 전주기(life cycle)와 단계별 원가 발생 원인과 흐름을 파악할 수 있어야 한다. 그것이 똑똑한 제조, 즉 스마트팩토리이기 때문이다.

또한, 지능화(intellectualization)를 준비하기 위해 활동기준경영(ABM)이 필수적인 이유는 시장과 제조 현장의 활동(activity)을 계획하고 통제하는 핵심이기 때문이다. 활동기준원가(ABC), 조업도, 시장 대응 역량, 이익 분석뿐만 아니라 모든 원가는 변동원가와 고정원가로 분류할 수 있으며, 수익과 원가의 형태는 항상 선형(linear)이다. 특히, 활동기준원가(ABC, Activity-based Costing)는 제조 자원을 사용하여 고객 주문에 대응하여, 가치를 제공하는 제조 및 서비스 활동을 파악해서 활동을 중심으로 원가를 집계하고 제품과 서비스에 배부하기 위한 원가계산의 새로운 개념이다. 이는 활동(activity)을 원가 대상으로 하여, 서비스나 제품을 생산하기 위해 수행한 활동과 관련된 다양한 측정값을 사용하여 간접 원가를 배부하기 때문에 전통적인 원가회계와 다르다. 즉 전통적인 원가회계는 생산량과 관련된 배부 기준을 사용하여 원가를 배부하기 때문에 서비스나 제품 원가의 왜곡 현상이 나타날 수 있다. 이처럼 지능화(intellectualization)는 기존 관리회계(managerial accounting) 영역에 인공지능 알고리즘을 접목하여 실질적인 활동기준원가(ABC) 관리를 실현시켜 궁극적으로 활동기준경영(ABM)의 유효성을 증진시킬 것이다.

경쟁 치열과 규제 완화 등 구호성 변화를 요구하지만, 연구 개발에 의한 제품 도입과 폐기의 결정, 제품 가격의 결정, 자본 투자의 결정, 예산의 결정 등 잘못된 의사결정의 결과로 초래되는 손실이 점점 커지고 있다. 그 이유는 스마트팩토리를 도입하여 제조 공정의 개선 효과와 자동화로 원가 구조가 변화되고 있으며, 시장과 고객의 개인화된 맞춤 대응으로 인하여 원가의 정확도가 감소하고 있다. 그러나 정보통신기술(ICT)과 컴퓨터 기술의 발달로 정보처리 기술이 진화하고 있어 원가 측정 비용이 감소되고 있는 점도 중요한 특징이다.

빅데이터 및 인공지능과 같은 정보 기술을 활동기준경영(ABM)에 적용시켜, 전체 최적화를 위한 전사적인 전략 수행 역량을 강화해야 한다. 기업 활동(activity)에 의한 실제 비즈니스 데이터와 결합하여 수평 및 수직 경로에서 비즈니스 흐름과 데이터 흐름의 융합을 실현하여야 한다. 또한, 지능화를 통해 효율성을 향상시키기 위해서는 빅데이터 기반 제조 데이터 융합 방식을 지능화 프로세스 개발, 즉 인공지능 알고리즘에 적용시켜 축적의 힘이 발현되도록 디자인해야 한다.

행동 인터넷(IoB)과 활동기준경영(ABM)은 기업 활동 관점에서 상호보완적인 관계에 있다. 활동기준원가(ABC) 개념에서 활동(activity)을 중심으로 원가를 집계하고, 제품과 서비스에 배부하는 목적은 실제 발생하는 원가를 의사결정에 반영하여 스피드 경영뿐만 아니라 기업 활동의 실효성을 향상시키는 데 있다. 또한, 활동기준경영(ABM)을 토대로 전개되는 행동 인터넷(IoB)은 소비자에게 제품과 서비스를 맞춤화하여 차별성뿐만 아니라 수집된 데이터는 데이터 패브릭(data fabric) 기반으로 구축하여 다양한 용도로도 사용할 수 있다. 행동 인터넷(IoB)의 데이터 관리 기술을 활용하여, 고객이 요구하는 문제를 해결하고 판매를 성사시켜 고객을 만족시킬 수 있다. 또한 고객의 구매 패턴, 구매 의향과 의도, 그리고 플랫폼에서 고객의 구매 습관을 실시간으로 분석할 수 있기 때문에 지금까지 의존해 온 여러 고객 설문 조사를 대체할 수 있다. 특히, 다른 설문조사와 다르게 실시간으로 반응을 피드백(feedback) 해 볼 수 있다는 점이 강점이다. 구매 과정에서 고객에 대한 자세한 정보를 획득하여, 알림 및 안내를 실시간으로 제공하고, 상업 및 비영리 캠페인 효과를 테스트해 볼 수도 있다. 예를 들어, 의료 분야에서 의료 제공자는 환자의 상태, 치료에 대한 의지를 평가하거나 라이프스타일에 대한 더 많은 데이터를 얻을 수 있다.

활동(activity)의 명확한 관리를 위해 활동기준경영(ABM)은 ABC(활동기준원가: Activity Based Costing)이라는 분석 기법을 활용한다. 전통적인 원가 계산방식과는 달리 활동기준원가(ABC)는 원가를 발생시키는 기업 활동을 알아낼 수 있어, 그것이 원가에 어느 정도 영향을 끼치는지 추적할 수 있다. 분석 결과는 바로 기업 활동에 투입되는 예산과 평가, 실행, 통제의 기준이 된다. 좋은 예로, 전통적인 자동차 기업들은 기존 원가 계산 방식으로는 불가능한 정확한 제품별 원가를 산정하고 이를 바탕으로 중복 업무를 없애는 데 주력해 왔다. 아웃소싱이 유리한 부품은 협력업체로 과감히 대체했다. 이에 따라 부품의 아웃소싱 비율은 70~80%까지 증가했다. 더 나아가 이들 협력업체에 대해서도 활동기준경영(ABM)을 확대했으며, 제품 설계 단계부터 활동기준경영(ABM)을 활용해 원천적으로 최소 비용이 가능하게 했다. 이 결과 제품개발 기간이 짧아져 신제품 개발 기간이 70% 이상 짧아지는 일대 혁신을 이루어왔다.

결과적으로, 스마트팩토리, 행동 인터넷(IoB), 그리고 활동기준경영(ABM)의 성공적인 도입을 위해서는 최고경영자의 절대적인 관심과 강한 추진력, 그리고 현장 전문가와 조직원의 적극적인 참여가 필요하다. 무엇보다 중요한 것은 자기 기업에 가장 알맞은 활동(activity)이 무엇이냐를 정의하는 작업이 우선돼야 한다. 이러한 정의를 바탕으로 제조 현장 전문가들에 의해 인공지능(AI)을 적용하기 위한 알고리즘(algorithm)이 개발되어야 한다. 자주적으로 개발된 인공지능 알고리즘은 제조 지능화를 시작하는 초석(礎石)이자, 활동기준원가(ABC)를 실시간으로 정확히 판별해 내는 지능화(intellectualization)를 위한 빅데이터 관리 기반의 가치 공학(value engineering)의 문제가 아닐까?

(이데일리 2022년 5월 21일)

Talk about

✓ 빅데이터 및 인공지능과 같은 정보 기술을 제품이나 서비스의 수명주기 단계별로 어떻게 적용해야 성공적인 활동기준경영을 수행할 수 있겠는가?

객관식 문제

01 감정평가사 2021

원가관리기법에 관한 설명으로 옳은 것은?

① 제약이론을 원가관리에 적용한 재료처리량공헌이익(throughput contribution)은 매출액에서 기본원가를 차감하여 계산한다.

② 수명주기원가계산에서는 공장자동화가 이루어지면서 제조이전단계보다는 제조단계에서의 원가절감 여지가 매우 높아졌다고 본다.

③ 목표원가계산은 표준원가와 마찬가지로 제조과정에서의 원가절감을 강조한다.

④ 균형성과표는 전략의 구체화와 의사소통에 초점이 맞춰진 제도이다.

⑤ 품질원가계산에서는 내부실패원가와 외부실패원가를 통제원가라 하며, 예방 및 평가활동을 통해 이를 절감할 수 있다.

02 관세사 2022 변형

전략적 원가관리에 관한 설명으로 옳지 않은 것은?

① 품질원가계산에서 품질검사 장비의 유지 및 보수와 관련된 비용은 예방원가에 해당한다.

② 제품수명주기원가계산은 제품을 기획하는 단계부터 폐기되는 시점까지 모든 원가를 식별하여 측정한다.

③ 원가기획이란 가치공학 등의 기법을 활용하여 설계, 개발, 상품 기획의 단계에서 원가를 절감하는 활동을 말한다.

④ 표준원가계산에서 차이분석은 실제원가를 표준원가와 비교하는데 반하여 카이젠원가계산에서 차이분석은 목표원가절감금액을 실제원가절감금액과 비교한다.

03 회계사 2005

다음 중 다양한 원가계산방법에 대한 설명으로 올바른 것은?

① 목표원가계산(Target Costing)은 표준원가계산과 동일하게 제조단계의 원가절감을 강조한다.
② 개선원가계산(Kaizen Costing)은 점진적이고 지속적인 원가절감보다는 내부프로세스의 혁신적인 변화를 추구한다.
③ 가치사슬원가계산(Supply Chain Costing)은 생산 전 활동과 관련된 원가와 생산 후 활동과 관련된 원가를 구분할 수 있다.
④ 활동기준원가계산(Activity Based Costing)은 비부가가치원가를 계산할 수 없다.
⑤ 제품수명주기원가계산(Life Cycle Costing)은 장기적 의사결정보다는 단기적 의사결정에 더욱 유용하다.

04 회계사 2021 변형

다음 중 원가관리회계의 이론 및 개념들에 대한 설명으로 옳지 않은 것은?

① 제품의 품질수준이 높아지면, 실패원가가 낮아진다. 따라서 품질과 실패원가는 음(−)의 관계를 가진다.
② 제약이론은 주로 병목공정의 처리능력 제약을 해결하는 것에 집중해서 기업의 성과를 높이는 방법이다.
③ 제품수명주기원가계산은 특정 제품이 고안된 시점부터 폐기되는 시점까지의 모든 원가를 식별하여 측정한다.
④ 적시생산시스템(JIT)은 재고관리를 중요하게 생각하며, 다른 생산시스템보다 안전재고의 수준을 높게 설정한다.

05 회계사 2023 변형

예산과 성과평가에 대한 다음 설명 중 옳지 않은 것은?

① 변동예산은 일정범위의 조업도수준에 관한 예산이며 성과평가 목적을 위해 실제원가를 실제조업도수준에 있어서의 예산원가와 비교한다.

② 균형성과표에서 전략에 근거하여 도출한 비재무적 성과측정치는 재무적 성과측정치의 후행지표가 된다.

③ 균형성과표는 조직의 수익성을 최종적인 목표로 설정하기 때문에 네 가지 관점의 성과지표 중에서 재무적인 성과지표를 가장 중시한다.

④ 종합예산은 조직의 각 부문활동에 대한 예산이 종합된 조직전체의 예산이며, 예정조업도를 기준으로 수립하므로 고정예산이다.

06 세무사 2001

아래에서 균형성과표(Balanced Score Card)를 통해 알 수 없는 항목은?

① 고객들의 눈에 비친 회사의 모습

② 주주들의 눈에 비친 회사의 모습

③ 내부프로세스 중 가치유발요인

④ 혁신, 변화/개선의 지속성 여부

⑤ 명료한 성과측정치와 낮은 실행비용

07 관세사 2023

㈜관세는 최근에 신제품X를 개발 완료했다. 신제품X는 향후 3년간 생산 · 판매되며, 예상되는 수익 및 원가는 다음과 같다.

- 연구개발 및 설계원가는 ₩2,000이고, 1차년도에 전액 비용처리한다.
- 생산량은 1차년도에 400단위, 2차년도와 3차년도에는 각각 500단위이다.
- 단위당 판매가격은 ₩100이다.
- 단위당 변동제조원가는 ₩50이고, 생산량 100단위마다 ₩1,000의 작업준비원가가 발생한다.
- 마케팅 및 고객서비스 활동에서 발생하는 연간 고정원가는 ₩15,000이다.

신제품X의 제품수명주기 전체의 총이익은? (단, 생산량은 모두 판매되고, 화폐의 시간가치는 고려하지 않는다)

① ₩7,000　　② ₩9,000　　③ ₩11,000　　④ ₩25,000　　⑤ ₩39,000

08 회계사 2020

㈜대한은 자동차를 생산하여 판매한다. ㈜대한의 원가관리 담당자는 효율적으로 원가를 관리하기 위해 다음과 같이 제품의 품질원가(예방원가, 평가원가, 내부실패원가, 외부실패원가로 구성)를 측정하였다.

내용	품질원가
불량률을 낮추기 위한 생산직원들의 교육훈련비	₩5,400
제조단계에서 발생한 불량품을 폐기하기 위해 지불한 비용	₩6,100
공정별 품질검사를 진행하는 직원들의 관리비	₩3,200
완성품을 검사하는 기계의 수선유지비	₩10,200
고객 제품보증수리센터에서 근무하는 직원의 인건비	₩24,700
높은 품질의 부품조달을 위한 우수협력 업체 조달 비용	₩2,300
품질검사 과정에서 발견한 불량품 재작업으로 인해 발생한 생산직원의 특근수당	₩7,400
제품 리콜로 인해 발생한 미래매출감소의 기회원가	₩9,300
총합계	₩68,600

㈜대한이 지금보다 예방원가를 50% 확대하면 내부실패원가와 외부실패원가를 각각 20%와 10% 절감할 수 있다고 한다. ㈜대한이 지금보다 예방원가를 50% 확대할 때 품질원가의 총합계는 얼마인가?

① ₩65,200　　② ₩66,350　　③ ₩67,280　　④ ₩72,000　　⑤ ₩73,050

09 세무사 2021

㈜세무는 에어컨을 제조하는데, 에어컨의 품질원가를 파악하기 위해 다음의 자료를 수집하였다. 품질원가에 관한 설명으로 옳지 않은 것은?

• 생산판매단위: 6,000개	• 판매단가: ₩1,500
• 단위당 변동원가: ₩800	• 제품설계시간: 1,000시간
• 제품설계 노무임률: ₩80	• 단위당 시험검사시간: 0.5시간
• 시험검사 노무임률: ₩60	• 재작업율: 10%
• 단위당 재작업원가: ₩400	• 보증수리비율: 5%
• 단위당 수리원가: ₩500	• 품질로 인해 상실된 추정판매량: 400개

① 예방원가는 ₩80,000이다.
② 평가원가는 ₩180,000이다.
③ 내부실패원가는 ₩240,000이다.
④ 외부실패원가는 ₩150,000이다.
⑤ 총품질원가는 ₩930,000이다.

10 관세사 2021

㈜관세는 품질원가를 계산하고자 한다. 다음 자료를 바탕으로 계산한 외부실패원가는?

• 품질교육	₩100	• 완성품검사	₩400
• 불량재공품 재작업	₩600	• 보증수리	₩200
• 반품 재작업	₩500	• 설계개선 작업	₩300
• 품질에 따른 판매기회상실 기회비용	₩700		

① ₩700
② ₩900
③ ₩1,200
④ ₩1,400
⑤ ₩1,800

11 세무사 2023

㈜세무의 품질관리 활동원가는 다음과 같다.

활동	원가(또는 비용)	활동	원가(또는 비용)
공손품 재작업	₩400	보증수리원가	₩2,000
납품업체 평가	500	반품 재작업	1,000
불량품 폐기	600	품질교육훈련	1,000
완제품 검사	700	재공품 검사	300

위 원가(비용)를 다양한 유형별로 구분하여 자세히 분석한 결과, 예방원가(prevention cost)를 현재보다 50% 증가시키면 외부실패원가(external failurecost)를 현재보다 40% 절감할 수 있을 것으로 예상하였다. 이를 실행할 경우, 회사의 이익은 얼마나 증가하는가?

① ₩400 ② ₩450 ③ ₩690
④ ₩700 ⑤ ₩850

12 회계사 2018

㈜대한은 20×2년초에 작업공정을 개선하였다. 두 회계기간 동안 생산량, 직접재료원가와 직접노무원가는 다음과 같다.

구분	20×1년	20×2년
생산량	100단위	150단위
직접재료원가	1,000kg × ₩15 = ₩15,000	1,200kg × ₩20 = ₩24,000
직접노무원가	2,000시간 × ₩5 = ₩10,000	2,500시간 × ₩8 = ₩20,000

20×1년을 기준으로, 20×2년에 생산성변동으로 인한 직접재료원가 및 직접노무원가 변화는 총 얼마만큼 유리(또는 불리)한가? (단, 가격변동효과를 제거하기 위해 생산성변동효과는 20×2년도 가격으로 평가한다)

① ₩3,000 유리 ② ₩4,800 불리 ③ ₩5,000 불리
④ ₩8,200 유리 ⑤ ₩10,000 유리

찾아보기INDEX

저자소개

정균범

경영공학박사, 한국과학기술원(KAIST)
現 한성대학교 교수
前 한국과학기술원(KAIST) 경영대학 대우교수

이상혁

경영학박사, 고려대학교
한국공인회계사
세무사
現 한성대학교 교수
　　한국회계정보학회 부회장
前 삼일회계법인
　　한국거래소 파생상품시장본부

김용식

경영학박사, 서강대학교
한국공인회계사
세무사
미국공인회계사
現 한성대학교 교수
　　정부 및 서울시청 각 부처 회계직 공무원 인사위원
　　한국회계학회 이사
　　한국회계정보학회 부회장
　　한국관리회계학회 상임이사
前 Clark University(미국 매사추세츠 주) 방문교수
　　Deloitte 안진회계법인
　　서울시청 재무과
　　중부지방국세청 국세심사위원
　　금융감독원 감독기관 경영평가위원
　　식품의약품안전처 산하기관 경영평가위원

원가관리회계

초판발행   2023년 9월 10일

지은이   정균범·이상혁·김용식
펴낸이   안종만·안상준

편 집   전채린
기획/마케팅   박부하
표지디자인   이솔비
제 작   고철민·조영환

펴낸곳   (주) **박영사**
              서울특별시 금천구 가산디지털2로 53, 210호(가산동, 한라시그마밸리)
              등록 1959. 3. 11. 제300-1959-1호(倫)

전 화   02)733-6771
f a x   02)736-4818
e-mail   pys@pybook.co.kr
homepage   www.pybook.co.kr
ISBN   979-11-303-1819-6   93320

* 파본은 구입하신 곳에서 교환해 드립니다. 본서의 무단복제행위를 금합니다.

정 가   27,000원